親鸞と浄土教

信楽峻麿 著

法藏館

序文

釈尊が説いた仏教とは、愚かな人間が、仏法の智慧を学んで、よりよい人間、仏の「さとり」に向かって、脱皮し成長していくという、人格成熟の道を教えたものです。

それについて、ドイツの心理学者E・フロム（Erich Fromm 一九〇〇～一九八〇）は、著書の『生きるということ』（原題“To have or to be?”）の中で、人間の生き方をめぐって、「持つ」ことと「在る」ことを対比させながら、現代人の生き方は、「持つ」ことそれ自身が、生きる意味になっているのではないか、と厳しく批判しながら、人間のまことの生き方とは、人間本来の欲求である「在る」ことを願って、それぞれの能力を伸ばしながら、絶え間なく成長し、他の人びとと互いに支え合い、愛し合って、共に生きていくことであるといい、釈尊の教えも、イエスの教えも、そのことが中心の課題であったといっています。そしてフロムは、釈尊が、成道ののち、最初に説いたといわれる四諦八正道の教えにもとづいて、人間が自分の性格を変革しつつ、新しい人格にまで成熟していくについては、自分が現に苦しんでいる、不幸、不完全であるということに気づいていること（苦諦）、そしてその不幸、不完全の原因が何であるかを認めていること（集諦）、またその不幸、不完全を克服する方法があることを知っていること（滅諦）、そしてその克服のためには、人生の規範にしたがい、現在の生活習慣を変えなければならないこと（道諦）、この四種の真理の認知とその実践が必要であるといっています。

親鸞が教えたものも、またそれと同じように、仏法の智慧を学びながら、今までとは異なった、念仏を中心とする新しい生活習慣を創出していくことであり、それにおいて、日常生活を超えたところの、宗教的な一元的主体的

「めざめ」体験をもち、それをさまざまな縁をとおして反復し、深化しながら生きていくということでした。そして親鸞は、そのような「めざめ」体験を信心というわけですが、その信心のことを、しばしば「仏に成るべきみと成る」と説いています。親鸞は、ここで仏に成るとはいいませんでしたが、やがて必ず、仏の「さとり」をひらくことのできる「み」と成るというのです。ここでいう「み」とは、大和言葉としての日本固有の語で、心、身、いのち、人格をいうわけで、信心に生きるとは、新しい心、身、いのち、人格を育て、そういう人格主体を確立していくということを意味します。そして私たち一人ひとりが、そういうまことの人格主体を確立していくところ、はじめて私自身の人生と、現実の歴史社会に対する、明確な自己責任というものを自覚し、それを背負うことができるわけであって、そういう人格主体の確立がないところには、責任という問題は自覚されてくるはずはありません。

今日における真宗の伝統教学では、もっぱらその真宗信心を、「たのむ」とか「まかす」といって、つねに二元的対象的に捉えますので、その信心とは、まったく没主体的であって、まさしく「そのまま」の救いを説き、人間一人ひとりにおける、人格変容について語ることは絶えてありません。したがって、そこでは当然に、人格主体ということも、また責任主体ということも、成立するはずはありません。

本願寺教団は、戦後六十年、今日に至るまで、かつて戦時下に犯したさまざまな過誤、その戦争責任をめぐっては、ほとんど清算してはいません。すなわち戦争中、下部組織に指令したところの、親鸞の『教行証文類』に書かれた天皇批判などの文言の削除は、いまもってそのままに放置され、門主の戦争賛美と、それへの追随の消息は、いまも印刷、市販されています。まことに無責任というほかありません。ことに戦時下において、阿弥陀仏と日本の神々は同じだといい、阿弥陀仏と天皇も同じだといい、浄土と靖国神社も同じだといった教学者たちは、戦後において、誰一人としてその責任をとることもなく、明確に自己批判を表明しないままに、戦後の教学を担ってきたわけで、そのことは本願寺派も大谷派においても共通することでした。まさしくこの伝統教学が教える二元的対象的な信心においては、新しい人格主体が確立されることもなく、したがってまた、何らの責任主体も成立しえないことを、自分自身において、そしてまた教団自身において、もののみごとに証明しているわけです。これでは真宗信心は、いつの時代においても、その時その時の体制権力に取り込まれて、自己を喪失していくほかはないでしょう。

しかしながら、まことの親鸞の仏道、真宗念仏の道においては、その信心とは、一元的主体的な「めざめ」体験を意味するものであって、それは「仏に成るべきみと成る」という確かな出来事として、新しい人格主体を形成していくことであり、そこにはまたその必然として、明らかなる責任主体を確立していくこととなります。したがって、真宗信心に生きるものは、何よりも自己自身の人生生活に対しては、その自己実現、その人生成就のための主体的な責任を背負い、また現実の歴史社会に対しても、その創造浄化、その共生発展のための主体的な責任を、明確に荷負することとなるでしょう。そのことは、今日の真宗教団と真宗教学、そしてその仏道を学ぶ真宗人にとっては、もっとも強烈に要請されているところです。私たち真宗念仏者の、これからの歩みが、厳しく問われてくるところです。

なおこの書の刊行については、法藏館社長の西村七兵衛氏と編集担当の和田真雄氏、および平安高等学校教諭の毛利悠氏にお世話になりました。ここに記して厚く御礼を申しあげます。

二〇〇四年五月一日

宇治市木幡の寓居にて

信楽峻麿

親鸞と浄土教　目次

序文

I　キリスト教と浄土教

Ⅱ　浄土教思想

世親の浄土論　117

善　導—その生涯と著作と思想—　133

Ⅲ　親鸞の思想

真宗における聖典削除の問題　381

親鸞と浄土教

Ⅰ　キリスト教と浄土教

宗教多元主義と浄土教

一、はじめに

最近のキリスト教神学界の一部においては、宗教的な真理というものは、唯一に存在するものではなく、同時並列的に多数存在しうるものである、ということがいわれるようになってきた。いわゆる宗教多元主義の主張である。従来のキリスト教神学においては、長く自己の神のみを唯一絶対の真理とし、キリスト教のほかには救済はないと主張して、徹底した排他主義の立場をとってきた。いまも保守的な神学の立場では、その主張が堅持されているようである。しかしながら近年においては、キリストにおける神的な働きは、すべての人間に例外なしに関わるものであって、他の宗教を信奉している人びとであっても、それらは広くいえば「無名のキリスト教徒」である、ということが主張されてくるようになった。そして今日では、そのような包括主義的な解釈を越えて、自己の宗教の真理のほかに、世界の諸宗教が主張する真理も、同時並列的に真理であると承認する、宗教多元主義が語られることとなったわけである。

このことは、多分に現代の世界的な社会的文化的状況の影響によるものと思われる。すなわち、今日では著しい国際化によって、異民族、異文化などのさまざまな交流や対話が進行し、その必然として、諸種にわたる価値観もきわめて多様化することとなってきた。そしてそのような世界的動向をうけて、世界の諸宗教においても、従来の枠組みを越えて、さまざまな出会いや対話が始まってきたわけである。その点、キリスト教神学において、かつてのごとき自己の神のみが唯一真理であるという主張を排して、新しく宗教多元主義を主張するようになったのは、まことに理由のあることだと思われる。

そこでこの問題について、私たち仏教、浄土教、ことに親鸞浄土教の立場からは、いかに考えるべきであろうか。この機会を縁として、いささかの私見を開陳してみたいと思う。

二、宗教多元主義の定義についての確認

宗教多元主義とはすべての宗教についていうのか

そこでまず、ここでいわれる宗教多元主義とはどういうことなのか、その内実についての、いちおうの定義づけについて確認しておきたいと思う。今日このような新しい宗教理解としての、宗教多元主義を主張している著名な神学者J・ヒック氏によれば、

多元主義とは、〈自我中心から実在中心への人間存在の変革〉がすべての偉大な宗教的伝統のコンテクスト内において、さまざまに異なるしかたで生じつつあるものと認める見解のことなのである。救いの道、解放の道がただ一つしかないというのではなく、その道が多数あるという意味での、多元性をいうのである。（『宗教多元主義』間瀬啓允訳、七〇頁）

すなわち、〈実在者そのもの〉は一者であるが、それにもかかわらず、その一者がさまざまなしかたで人間に経験されうるものなのだ、ということである。そしてこの考えが、いま私の提言しつつある多元主義的仮説の

中心部分にあるわけである。(『宗教多元主義』七九頁)

というこことである。そしてまたJ・B・カッブ氏によれば、

私は、宗教的な真理は多くあるという立場を擁護したい。しかし、その理由は、普通よくいわれるものとは異なっている。普通よく見られるものは、さまざまな伝統における見解は、伝統そのものとその伝統が持つ文化的・言語的なシステムから独立した、あるひとつのリアリティと比較することはできないがゆえに、宗教的真理は多くあるとするものである。しかし、それは私の立場とはちがう。私の立場は、異なった文化的・言語的システムは、非常に複雑なリアリティの多様なる特徴に対して、われわれの注意を向けることを要求しているというものである。

われわれは、客観的なリアリティや主観的な経験における共通の側面を、さまざまな仕方で表現していると私は思うし、対話を通してお互いにお互いを理解し、お互いに学ぶことが可能であると考えている。すなわち、このことは重要なことであるが、私は誰もが同一の真理を論じているのだと考えているのである。(「宗教的真理は多か一か」一九九五年一〇月二八日、龍谷大学・比較思想学会シンポジウム・サマリー)

ということである。両者の主張によれば、宗教多元主義とは、基本的には「宗教的な真理とは多様、多元である」ということを主張するものである。とするならば、このような発想は、日本において古くから語られてきたところの、「分けのぼる麓の道は異なれど、同じ高嶺の月を見るかな」という歌に托される万教同根の思想との同異が検討されるべきであり、またそれと異なるものとすれば、どこがどう相違するかについても明確にする必要があるが、いまはそのことについてはふれない。ことにここでいわれる宗教的真理は多様、多元であるといわれるについて、その宗教とは、いかなる宗教を指すのか、世界におけるすべての宗教、その高級、低級を問わず、いかなる邪偽、

低俗なるものをも含む、すべての宗教を指すのか、それとも一定の基準を設けてそれ以上の宗教についてのみいうのか、もしもそうだとすれば、その基準はいかにして設定しうるのか、J・ヒック氏はその主張について、しばしば「偉大な宗教」についてというが、その偉大である宗教とそうでない宗教とをいかにして区分するのであろうか。宗教多元主義を主張するについては、まずその前提として、このことについてこそ明確にすべきであると思われるが、主張者たちはその疑問にはいかに答えるのであろうか。

宗教的真理とは何を指すのか

そしていまひとつ、この宗教多元主義の定義について確認しておきたい点がある。すなわち、ここでいう宗教多元主義とは、宗教的真理とは同時並列的に多様、多元的に存在するということを認める立場であるが、その宗教的真理といわれるものの内実についてである。私の理解するところでは、宗教的真理とはさまざまな内容を含んでいるが、基本的には、その宗教が目指すところの「究極的な実在」「究極的な価値」、すなわち、仏教でいえば、涅槃、空、真如、仏などと表象され、キリスト教でいえば、父なる神、聖霊などと表象されるものと、その究極的な実在、価値が、この世界、世俗に向かって働きかけてきたものとしての「示現」または「啓示」、そのことはまた逆にこの世俗からいえば、この私がその究極的な実在、価値を主体的に経験するための「行道」または「プロセス」でもあって、それは具体的には、仏教、ことに浄土教でいえば、釈迦、名号、念仏などであり、キリスト教でいえば、神の子、イエス、十字架の贖罪などであろう。かくして私の理解によれば、宗教的真理とは、そういう「究極的な実在」「価値」と、その実在、価値に関わる「示現」「啓示」と、それに基づく「行道」「プロセス」の両者を含むもの、すなわち、基本的には、その宗教が目指すところの究極的な世界と、それに到達し、それを経験するための道程を意味するもの、すなわち、その目標とそれへの通路とを考えるわけであるが、そのことは承認されるであろうか。もしもそうであるとするならば、ここで宗教的真理を相対化して、それを同時並列的に捉えて、その多元性、多様性を主張することは、このような「究極的な実在」「究極的な価値」の相対化、その多元性の承認と同時に、そのような実在、価値のこの世界に対する「示現」「啓示」、そしてまた、それに基づくところの私における究極的な実在経験のための「行道」「プロセス」までも、相対化し、同時並列的に捉えることを承認するということになるであろう。しかしながら、この最も具体的な究極的実在への道、私における信心開発の契機としての「行道」「プロセス」を相対化して、それを同時並列的、同価値的に見るという立場に立って、はたしてまことの「行道」、すなわち宗教的生活が成立し、まことの信心、信仰経験というものがなお開けてくるものであろうか。この問題については大きな疑問を抱かざるをえないが、その点については、宗教多元主義の主張者たちはいかに考えるものであろうか。その点については、さらにのちに改めて詳しく論ずることとする。

以上、まず宗教多元主義の定義をめぐって、二点にわたる疑問を呈し、以下、この主張に対する私の見解を明らかにしてゆくこととする。

三、仏教の基本的立場

仏教における究極的な実在

仏教における宗教的真理とは何か、それについては、私見によれば、すでに上に見たごとく、「究極的な実在」「究極的な価値」と、その実在のこの世界、世俗に対する「示現」、そしてまた、それに基づくところのその実在を経験するための「行道」との二面があると考える。そこで、いまはその見解を前提として論述する。

まず、仏教における真理としての「究極的な実在」「究極的な価値」については、それはもとゴータマ・ブッダによって覚醒され、説示されたものであって、彼によって初めて創造され、案出されたものではない。それはゴータマ・ブッダの出生以前から、この世界、宇宙に本来的、根源的に存在していたものとしての、私の存在を含めたこの世界、宇宙を貫く根本原理を、彼が初めて、それについて覚醒し、そのことについて教説したものにほかならないのである。そのことは、ゴータマ・ブッダ自身が、

如来世に出づるも、若しは如来世に出でざるも、このことは定まり、法として定まり、法として確立し、即ち相依性なり。如来はこれを証り、これを知る。（『相応部経典』南伝大蔵経一三、三六頁）

と明かすごとくである。すなわち、仏教が語るところの涅槃、真如などといわれる究極的な実在とは、ゴータマ・ブッダがこの世に出生しようと、あるいはまた出生しなかったとしても、それには関係なく、本来的に存在し、決定していたものであるというわけである。したがって、このような仏教における真理、「究極的な実在」観からすれば、そのような真理は、また他の文化圏の他のいかなる人によっても、同じように覚醒され、発見されうる可能性を持つものであって、それがまったく異なった歴史状況、文化体系に基づいて表象されるところ、表層的には仏教とは異質なる宗教的な教説となっているとしても、本質的には深く通底しているということもありうるといわねばならないわけである。そのことは仏教において、無量無尽なる三世十方の世界にわたって、無数の仏たちが存在すると教説されるゆえんでもある。もとより、その通底が真実であり、正義であるかどうかは、厳密に問われなければならないとしても、そのことの存在の可能性は当然に承認されるべきことである。その点、仏教においては、原理的には、その宗教的真理としての「究極的な実在」「究極的な価値」については、それを相対化して、他の宗

教が語るところの「究極的な実在」「究極的な価値」と、同時並列的に見るという視点に立つことができうるわけであって、ここでいわれる宗教多元主義については、その視点を通すかぎり、充分に肯定、容認しうることである。

仏教における行道の問題

しかしながら、仏教における宗教的真理としての、究極的な実在のこの世界、世俗に対する「示現」と、それに基づくところの、その実在、価値を経験するための「行道」については、すでに上においてふれたごとく、単純にそれを相対化して、他の宗教におけるそれと同時並列的に捉えることには、かなり問題があるように思われるところである。

すなわち、いまはことに仏教における行道について見るならば、仏教における行道とは、その最も原型なるものは、原始経典によれば、

ひとは信仰によって激流を渡り、精励によって海を渡る。勤勉によって苦しみを超え、知慧によって全く清らかとなる。(『小部経典』Sutta-nipāta、『ブッダのことば』中村元訳、岩波文庫、三九頁)

などと説かれるごとく、信を出発点とし、さまざまな行業を修めて、ついには慧を生成してゆくという道であった。そしてそれがさらに深化、発展してくると、出家者の行道としては、信、精進、念、定、慧の五力、さらにはそれに慚と愧を加えた七力が説かれ、また在家者の行道としては、信、戒、聞、施、慧の五財、さらにはそれに慚と愧を加えた七財が明かされてくるようになってきた。これらの行道の構造は、いずれも最初に信が語られ、最後に慧が明かされて、その中間に出家者と在家者の別があるとしても、諸種の行業が説かれているわけで、それは基本的には、信、行、慧という行道であったことが知られるのである。ことにこの行道の最初に位する信とは、それぞれ

の教法、それが明かすところの行道こそが、自己の人生にとって、唯一絶対なる道、究極的な真実なる道であるとして、自己の全存在をかけて主体的に選び取るという決断、そういう自己の人生における根本的な心的態度の確立を意味するものであって、ここに仏教における行道の出発点があるわけである。そしてまた、最後の慧とは、仏教が目指すところの「究極的な実在」「究極的な価値」としての「さとり」の境地を意味するものであって、普通には、涅槃、空、真如、仏などと表象され、より具体的にはさまざまな内実をもって語られるものである。そしてこのような仏教における行道は、その後における仏教教義の展開、深化にともなって、種々に変化し、分裂していったが、それは基本的には、その前後の信と慧とは、何ら変化することなく、中間の行の内容がそれぞれの歴史、社会、文化の変遷にともなってさまざまに捉えられ、語られて、展開していったわけで、仏教におけるいずれの経典、いずれの宗派が説くところの仏道においても、原理的には、その行の内容は異なるとしても、それらはすべて、このような信、行、慧なる構造を原型とすることに変わりはないわけである。

浄土教における行道思想の展開

そこで、いまは浄土教における行道思想の展開について概観するならば、その行道の基本的な綱格は、上に見たごとく、信、行、慧の構造を持つものであったが、まずインド浄土教においては、『無量寿経』に明かされる行道を原点とするわけであるが、今日においては、その『無量寿経』については、サンスクリット本のほかに漢訳のものが五本もあって、それらの間にはかなりの出没、差異があり、その行道の構造について整理して捉えるには、あまりにも複雑であって、ここでは容易には解説できかねるが、そこには在家者の道と出家者の道が説かれており、浄土教の基本の立場からすれば、その在家者の道を明かすことを本意とするものであること、およびその在家者の道については、阿弥陀仏の名号が重要な意義を持っていることが注目されるところである。そして、その後の龍樹（一五〇～二五〇頃）の浄土教思想については、信方便易行の道が語られて、それは信心、三業奉行（憶念、称名、礼敬）、浄心、初地という構造をもち、また世親（四～五世紀頃）の浄土教思想については、起観生信心の道が明かされて、そこでは帰命、五念門行（礼拝、讃嘆、作願、観察、廻向）、妙楽勝真心、往生という構造を持つものであった。そして中国浄土教についていえば、その曇鸞（四七六～五四二頃）の浄土教については、十念相続の道が語られて、それは信心、称名（観仏）、十念相続、往生という構造を持ち、また善導（六一三～六八一）の浄土教については、安心起行の道が語られて、それは安心、起行（読誦、観察、礼拝、称名、讃嘆供養）、作業、三昧発得、往生という構造を持つものであった。そしてそのようなインド、中国の浄土教思想を継承した日本浄土教についていえば、法然（一一三三～一二一二）の浄土教については、心行相応の道が明かされたが、それは三心、称名、臨終来迎（三昧発得）、往生という構造を持つものであった。これらの行道は、それぞれにおいてその表現は異なるとしても、それらはいずれも基本的には、上に見たところの仏道の基本構造としての信、行、慧という綱格に依拠するものであって、自己の主体をかけて教法を選択し、それを深く信受して（信）、諸種の行業を修習し（行）、それによって究極的な実在を経験する（慧）という道であった。そしてこのインド、中国、日本にわたる浄土教思想の展開、継承においては、ことにその行道思想について、次第にその行業の純化が進められて、法然においては、ついに専修念仏として称名念仏の一行が主張されることとなった。そのような法然の浄土教を学んだものが親鸞（一一七三～一二六二）であった。親鸞はその行道を「教、行、証」の道と明かしたが、それはひとえに浄土の教法を信受して（信）、専ら称名念仏を行じ（行）、ついには究極的な実在を経験する（慧）という道を語るものであって、それはまさしく、仏教がその昔、原始経典において、行道の原型として説いたところの信、行、慧の道に、そっくりそのまま重層するものにほかならなかったのである。

以上、まことに概括的ではあったが、親鸞に至るまでの浄土教における行道思想の展開、その純化の跡を見たわけであるが（拙著『浄土教における信の研究』参照）、仏教における行道とは、上記のごとくに、人間一人ひとりがそれぞれの時代の流れの中にあり、さまざまな人間関係、その因縁に育てられることによって、伝統の教法の歴史と出会い、そしてまた、それについての自己の全主体をかけたところの選択、すなわち、この教法、この行道こそが、自己の生きるべき唯一絶対なる真実の道であるという明確な決断を通してこそよく受容され、伝承されてきたものである。その点、仏教における行道とは、このような教法の歴史、多くの先達との人格的な邂逅、出会いと、その一人ひとりにおける主体的な選択、決断において成立し、その不断の積み重ねによってこそ伝統されてきたものであって、私において、宗教的真理としての行道が確かに成り立つためには、この私における「人格的な邂逅」と「主体的な選択」の両者こそが、絶対に不可欠なるものであるといわなければならないわけである。かくして、仏教においては、その宗教的真理としての「行道」とは、それぞれの主体にとっては、この道こそ唯一絶対なる真実の道として、自己の全主体をかけて選び取られるべきものであって、それを他のさまざまな宗教が説くところの「行道」「プロセス」と対比し、それを相対化して、他のそれと同時並列的に捉え、それらを多元的に見るという立場に立つことは決して認められない。仏教における行道とは、「この道ひとつこそ」という最終的、決定的な選びにおいてこそよく成立するものであって、多元的な視点に立って、「この道もよし、あの道もまたよし」というごとき、主体的な選択、決断が欠落したところでは、とうてい成り立つはずのものではないわけである。その意味においては、このような仏教における行道の思想を立場とするかぎり、とうてい宗教多元主義に賛意を表することはできないところである。

四、親鸞浄土教の性格

鎌倉仏教の特性

日本における仏教は、中国、韓国を経由して、六世紀の中頃に伝来したものであるが、仏教が日本において受容されるについては、すでに日本に生成し、伝承されていた古来の日本神道の観念と重層し、また仏教よりも以前に伝来していた中国の儒教とも融合しつつ、またその他さまざまな価値体系と癒着しながら取り入れられ、流布してゆくこととなった。ことに仏教の日本神道との重層ははなはだしく、やがてはいわゆる本地垂迹説という神仏習合の思想が発展していった。確かに、ある思想、文化が、まったく異質の文化的土壌に移植されるについては、何らかの形態をもって、先住の文化的状況と重層、融合しながら受容されてゆくということは、必然的な現象といわざるをえないであろう。その点、日本仏教の伝来、流布については、仏教本来の意義からすれば、その当初から、いささか屈折しながら受容され、伝播していったといわねばならないわけである。

しかしながら、この日本仏教も十二世紀の中頃になると、法然の浄土教を先駆として新しい仏教理解が生まれてきた。いわゆる鎌倉新仏教の誕生である。この鎌倉仏教の特性は、何よりもその思想における専修性、純一性にある。すなわち、法然が「専修念仏」を標榜し、親鸞が「唯以信心」を明かし、道元（一二〇〇～一二五三）が「只管打坐」を主張し、そしてまた一遍（一二三九～一二八九）が「独一名号」を語るごとくである。そこで「専」といい、「唯」といい、「只管」といい、「独一」というものは、いずれもそのことを意味するものである。なおまた、日蓮（一二二二～一二八二）の「唱題成仏」の主張にも同様な傾向を見ることができるようである。

この鎌倉仏教における専修性を形成する基本的要素としては、まず第一には、仏教の本質としての世俗を否定して出世を志向する性格があげられる。仏教伝来以来の奈良時代、平安時代の仏教、南都北嶺を中心とする旧仏教教団は、押しなべていえば、鎮護国家を目的とする国家仏教として、世俗の中に埋没し権力に癒着しつつ、もっぱら体制の側に与して発展し、存続してきたものであった。しかしながら、仏教とは本来において、そういう世俗を否定して出世を志向し、その出世の世界にこそ人生の究竟処を見出さんとするものである。鎌倉仏教は、この世俗の中に転落し埋没した旧仏教を、その根底から鋭く自己否定しつつ、ひとえにその本来の目標である出世性を志向して、新しく生成してきたものである。そしてまた、この鎌倉仏教における第二の専修的性格としては、日本古来の呪術的な民族信仰との癒着から離脱することによって、仏教の根本原意としての主体的な人格変容、人間成長、自己の成仏という基本目標を明確化したという点である。日本仏教は流伝以来、奈良仏教、平安仏教を通じて、神道的な民族信仰と根深く重層し、多くは現世利益的な祈祷を目的とする呪術に転落して、国家的次元での鎮護王城の祈請から、個人的次元での息災延命、一族繁栄などの祈願を行ない、あるいはまた、祖先崇拝の風習と結合して、死者のための追善供養の儀礼に変容していったが、ここにも旧仏教の世俗埋没の姿があった。鎌倉仏教は、このような民族信仰的、呪術的な色彩の濃厚な旧仏教を批判し、それらと決別することによって、いちずに仏教本来の目標としての人間成長、自己の成仏を志向していったわけである。そしてまた、この鎌倉仏教における第三の専修的性格としては、従来の仏教に見られた成仏の行道における諸種の行業性、雑行、雑修性を否定して、唯一の行業を選び取るという態度があげられる。日本仏教はその伝来より奈良仏教にかけて、さまざまな仏教内の教法が重層して受容され、また異教なる神道や儒教とも並立融和の中で理解されていったが、平安仏教もまた密教化し、さらには神仏習合思想も強調されることとなり、その修習すべき行業が多様化して、仏道はさまざまに雑行、雑修されていった。そのことはたとえば、天台宗の比叡山において、思想的立場を異にする浄土念仏の教法と法華観念の教法が併合して理解、実践され、また天台の止観と真言の呪誦が共存して修習されたということや、各種の『往生伝』に見られるところの、阿弥陀仏の浄土に往生するための行業についても、『浄土三部経』のほかに『法華経』や『般若経』などが用いられ、また称名念仏のほかに、持戒、真言呪などの種々の行業が語られていることにも明瞭である。鎌倉仏教は、このような旧仏教の雑行、雑修性を厳しく否定して、その教法の中からそれぞれの経典、論釈を選び取り、自己の成仏にふさわしい唯一の行道を設定して、その行業のいちずな修習による成仏道を明かしたのである。上に指摘した、法然における「専修念仏」、親鸞における「唯以信心」、道元における「只管打坐」、一遍における「独一名号」とは、いずれもこのような唯一の成仏道として選択した専修行業の主張にほかならなかったのである。

鎌倉新仏教の特性としての専修性、純一性とは、概括的には以上の三点に集約して把捉することができるであろう。しかしながら、その中でも、ことにこの成仏の行道としての唯一の行業の選択こそ、その中核をなすものであって、前の二種の性格は、ついにはこの行道の専修性に帰結するといいうると思われる。

親鸞における念仏の意義

この鎌倉新仏教の先駆者であった法然を継承した親鸞における浄土教理解は、その専修性、純一性を、最も純粋に、そしてまたより徹底して学んだものであった。その選択とは、すでに法然が『選択本願念仏集』巻上において「選択とは即ち是れ取捨の義なり」（法然上人全集、三一八頁）と明かしたごとく、それには「選捨」と「選取」の意味があって、あらゆる虚妄、不実なるものを厳しく選び捨ててゆくということと、それに対して、このことこそ唯一絶対にして真実、究極なるものとして選び取るということ、この二つのことが、同時に相即して成り立つことをいうものである。親鸞はその選捨において、まず世俗的な価値としての当時の政治権力やそれに基づく体制の人倫道徳については、徹底して相対化し、それを拒否し、超克して生きていった。また仏教以外の宗教については、日本古来の神道、神祇崇拝の邪偽性を鋭く指摘し、中国伝来の儒教や道教も退けて、そのほかすべての呪術信仰の異執、虚妄性についても厳しく主張した。そしてまた、仏教の内部についても、主として出家者の仏道を明かす聖道教は、すでに時機不相応なる教法になったとして排し、また主として在家者の仏道を明かす浄土教についても、本願他力の念仏の道以外は、すべて未徹底なる権仮の教法であると批判し、ひとり本願他力の念仏の道こそが、唯一絶対真実なる行道であると主張したわけである。親鸞が自己の信念を吐露して、

親鸞におきては、ただ念仏して弥陀にたすけられまひらすべしと、よきひとのおほせをかふりて信ずるほかに、別の子細なきなり。(『歎異抄』真聖全二、七七四頁)

煩悩具足の凡夫、火宅無常の世界は、よろづのことみなもてそらごとたわごと、まことあることなきに、ただ念仏のみぞまことにておはします。(『歎異抄』真聖全二、七九二～七九三頁)

と語るところである。

親鸞は、このように一切の世俗的な価値、そしてまた誤れる宗教的な価値を徹底して選び捨てて、ただひとつなる本願の念仏を、自己の全主体をかけて選び取ったわけである。そしてこのような厳しい選択の行道、その選び捨てと選び取りにおいて、彼は初めて究極的な実在としての阿弥陀仏の願海に帰入しえたのである。

まことの宗教的世界に参入するについては、唯一絶対なる究極的価値としての何かを選び取るという、そういう究極的なものに直接し、その一点に立つということなくしては、決して一切の世俗を相対化し、その一切の価値を

悉く虚妄なるものとして否定するということはできないし、したがってまた宗教的な究極的世界に趣入することは不可能である。そのことは、たとえば、ただ一本の主軸に基づいてこそ、よく車輪が回り、まただ一点を基点としてこそ、よくテコの働きが成り立つようなものである。もしも二本も三本も主軸があったのでは車輪は回転することはできないし、また二点も三点も基点があったのではテコの原理は成立しえないようなものである。ただこのことひとつこそ究極的な真理、真実であるという、徹底した選択においてこそ、よく世俗的価値が否定され、またそれに即してこそ、よく宗教的世界への趣入が成立してくることとなるのである。

かくして、親鸞浄土教の立場からも、すでに上の仏教の基本的立場において論じたごとく、その行道については、「この道ひとつ」という決定的な選択においてこそ成立するものであって、その行道を他の宗教が説くところの「行道」「プロセス」と対比して、自己を相対化し、それらと同時並列的に捉えて、それらを多元的に見るということはとうてい是認できがたいところである。そういう意味においては、親鸞浄土教にとっては、宗教多元主義の主張に対しては反対を表明せざるをえないところである。

親鸞における信心の性格

しかしながら、だからといって、親鸞浄土教の立場では、自己の宗教的真理のみがひとり真実であって、他の宗教はすべて誤謬であり、それらの存在は否定し、排除すべきであるとは決して考えない。親鸞浄土教においては、自己の宗教的真理、ことにその究極的な実在を経験するための「行道」「プロセス」としての念仏行が、唯一絶対の真実であるという立場に立ちつつも、しかも同時に、一切の他の宗教の存在を全面的に肯定するものであって、その意味においては、私は基本的、最終的には、この宗教多元主義の主張に賛意を表したいと思う。しかれば、親鸞浄土教においては、何ゆえにそういうことがいいうるのか。以下そのことをめぐって、さらに論述を進めることとする。

親鸞浄土教においては、その宗教的な真理、究極的な実在についての主体的な経験の相状は、本願他力の信心といわれるものであるが、その信心とは、上の仏教の基本的立場において明かしたところの、仏教における行道の基本的な綱格としての、信、行、慧の道における「信」ではなくて、その行道の上でいえば、むしろ「慧」に相当するところの信心である。すなわち、親鸞浄土教における本願の信心の教説は、その根拠するところを、教理史的に遡ってゆくならば、いうまでもなく『無量寿経』（魏訳）の本願文、および本願成就文に到達するわけであるが、それによれば、その信心とは、本願文では「信楽」、その本願成就文では「信心歓喜」と表記され、その原語については、その『無量寿経』のサンスクリット本についてたずねると、いずれもcitta-prasādaと明かされるものである。この原語は「心が澄んで清らかとなる」、また「心に喜びが生まれてくる」ことを意味するものであり、それは直訳的には「心澄浄」と訳されてきたものである。ここで信心とは心が澄浄になるということであるとは、このprasādaとは、原始経典においては三昧、禅定に重なるものと理解されており（藤田宏達『原始浄土思想の研究』六〇六頁以下参照）、また龍樹の『十住毘婆沙論』巻第五によれば、「信心清浄なる者は華開けて則ち仏を見る」（大正二六、四三頁）と説かれ、そのような境地に住するものは「如来の家に生ずる」（『十住毘婆沙論』巻第一、大正二六、二六頁）と明かされるところである。すなわち、そのprasādaとは、まさしく出世の世界に属するものであって、上の「行道」の構造からすれば、明らかに「慧」の範疇に入るものであるといいうるのである。そのことについては、親鸞浄土教においても、その本願の信心を理解するについて、

智慧の信心（『唯信鈔文意』真聖全二、六二四頁）

しんずるこころのいでくるは、ちゑのおこるとしるべし（『正像末和讃』草稿本左訓、親鸞全集和讃篇、一四五頁）

念仏を信ずるは、すなわちすでに智慧をえて、仏になるべきみとなる（『弥陀如来名号徳』真聖全二、七三五頁）

と明かしているところである。信心とは智慧を意味するというのである。そこでは明確に、その信心が、仏教が目指すところの究極的な実在を経験することであって、それがすでに智慧（さとり）の世界に属するものであることを説いているわけである。そのことについては、親鸞はさらに、その信心を説明するにあたって、

本願を信受するは前念命終なり。

即得往生は後念即生なり。（『愚禿鈔』巻上、真聖全二、四六〇頁）

と明かしているが、そのことは親鸞においては、信心とは古い迷いの生命に死して、新たなるさとりの生命、仏の生命に生まれる、その生命に生かされる、ことであるということを示すものであろう。事実親鸞は、その信心の境地を明かすについて、

信心をえたる人おば、無礙光仏の心光つねにてらし、まもりたまふゆへに、無明のやみはれ、生死のながきよすでにあかつきになりぬとしるべしと也。（『尊号真像銘文』真聖全二、六〇一～六〇二頁）

信心のたまをこころにえたる人は生死のやみにまどはざる（『尊号真像銘文』真聖全二、五九四頁）

信心をうれば、すなわち往生すといふ。（『唯信鈔文意』真聖全二、六四二頁）

などと説いているところである。そしてまた親鸞は、この信心を生きる人を指して「必定の菩薩」（『愚禿鈔』真聖全二、四六〇頁、四七六頁）といい、また「如来とひとしきひと」（『末燈鈔』真聖全二、六八一頁その他）とも説くところである。そのいずれもが、親鸞における信心とは、すでに慧の世界に属するものであることを明確に物語るもの

である。

そして仏教においては、このような智慧を少しでもこの身にそなえ、そのような智慧の眼をもつならば、この世界の一切の現象、存在は、私自身の存在を含めて、すべてが因縁生起、縁起として成立していることが自覚されてくる。すなわち、この縁起とは、

これある時にかれあり。これ生ずる時にかれ生ず。これ無き時にかれなし。これ滅する時にかれ滅す。（『相応部経典』南伝大蔵経一三、四〇頁）

と説かれるごとく、この世界におけるすべての現象や存在は、因果、相依の関係において成立するもので、結果をもたらすところの原因（因）が条件（縁）をもった時にこそ、はじめて結果（果）が現出するわけで、その在り方は、つねにその条件（縁）によって決定され、その原因（因）やそれに関わる条件（縁）がなくなれば、すべて結果（果）は消滅するということを明かすものである。かくしてこの世界の一切の現象、存在は、すべてが本来において無常にして無我なるものであり、それは有にして無、無にして有なる、仮としての存在にほかならないということが知られてくる。仏法を学んでその真理にめざめるもの、親鸞の立場からいえば、その本願念仏の道において信心の智慧をうるものは、そういう仏法の道理、智慧に厳しく照射されつつ、自己自身の存在の縁起性、その無常性、無我性について深く教えられ、それに関わる自己の我執性、虚妄性を凝視し、それにめざめてゆくこととなるわけである。そしてここでは必然に、つねに自己存在を相対化しつつ、自己に対する他者存在をありのままに是認し、それを尊重するという視座が開けてくることとなる。自己否定に即する他者肯定のものの見方の成立とその展開である。そしてそのことの延長において、自己存在とまったく同じ価値を持つものとしての他者存在の発見、それに対する無条件的承認が生まれてくる。それは聖徳太子の言葉でいえば、

われかならず聖なるにあらず、かれかならず愚かなるにあらず、ともにこれ凡夫ならくのみ。（『聖徳太子十七条憲法』日本思想大系、聖徳太子集、一九頁）

と明かされる世界である。

その点、親鸞は『教行証文類』に、その行道において、念仏を選択することにおいて、

仏に帰依せば、終にまたその余のもろもろの天神に帰依せざれと。（「化身土巻」真聖全二、一七五頁）

自ら仏に帰命し、法に帰命し、比丘僧に帰命せよ。余道に事ふることを得ざれ、天を拝することを得ざれ、鬼神を祀ることを得ざれ、吉良日を視ることを得ざれとなり。（「化身土巻」真聖全二、一七五頁）

などと説くごとく、古来の民族信仰化している日本神道を厳しく退けて神祇不拝を主張し、そのように門弟に教示したが、親鸞はまたその信心の智慧の立場から、

よろづの神祇・冥道をあなづりすてたてまつるとまふすこと、このことゆめゆめなきことなり。（『御消息集』真聖全二、七〇〇頁）

念仏を信じたる身にて、天地のかみをすてまふさんとおもふこと、ゆめゆめなきことなり。（『御消息集』真聖全二、七〇〇頁）

とも教誡して、念仏者は決して神祇を侮り、排することがあってはならないと語っている。このように親鸞が、厳しく神祇不拝を主張しつつも、また他面において、その不侮を明かしたということは、再び神祇の崇拝を肯定し、その選択を曖昧にしたということではなく、神祇の邪偽性を指摘し、それに対する崇拝を否定しながらも、またその信心の智慧の立場から、現にそのような神祇を信奉している人びとの存在そのものに対しては、その神祇の存在を含めて、それをそのまま是認し、尊重すべきであると教えたということである。すなわち、そのことは日本神道

が説くところの究極的な真理、実在を、自己の選択した究極的な真理に対等する真理として、ただちに承認したということではなく、その神祇を信奉する人びとの存在を肯定し、尊重するということにおいて、間接的に日本神道の存在を是認したというわけである。ここに親鸞の信心における他の宗教に対する基本の姿勢があったのである。その点からするならば、親鸞浄土教においては、その宗教的な真理の中の「行道」については、それはどこまでも自己の全主体をかけて、このことこそ唯一絶対なる真実として選択されるべきものであって、それは相対化され、同時並列的に捉えられるべきものではなく、その意味においては、宗教多元主義の主張には賛同できかねるところである。しかしながら、そのような基本的な立場を堅持しながらも、親鸞における信心の立場からするならば、すでに上に見たごとく、その信心の内実において、その信心の必然として、自己存在を徹底して相対化しつつ、自己に対する他者存在を全面的に肯定し、それを尊重するという世界が開けてくるわけであって、その点からするならば、一度は否定したはずの宗教多元主義の見解に対しても、改めて賛成しうるということができるのである。

いまキリスト神学の立場から主張されている宗教多元主義とは、上に引用したごとく、

すなわち、「実在者そのもの」は一者であるが、それにもかかわらず、その一者がさまざまなしかたで人間に経験されうるものなのだ。（J・ヒック）

私は誰もが同一の真理を論じているのだと考えているのである。（J・B・カップ）

と明かされるものであって、ことにJ・B・カップ氏によれば、そのような見解の延長として、

以上からの結論は、阿弥陀はキリストである、というものである。すなわち、浄土仏教徒たちが阿弥陀について語るとき言及している実在の全体性の特徴は、キリスト教徒としてわれわれがキリストについて語るとき言及しているものと同一なのである。（『対話を超えて』延原時行訳、一二七頁）

ということを主張するわけであるが、そこにはかなり観念的な操作が加えられており、それに基づいて、阿弥陀仏はキリストであるといって、両者の同一性を論じるものである。しかしながら、私は世界の諸宗教についての総合的な理解、それらの相互間における対話を進めるためには、かかる観念的な操作よりも、それぞれの宗教における具体的な事実を立脚地としてこそ考察され、論究されるべきであると考えるものである。

五、むすび

かくして以上の論述をまとめていうならば、仏教においては、その宗教的真理の中の「宗教的な実在」「宗教的な価値」については、ゴータマ・ブッダの立場からすれば、それはこの世界、宇宙における根本的原理に対する覚醒の内実であって、それはまた他の何人によっても、同じように覚醒され、覚悟されうるわけであり、まったく異なった歴史状況、文化状況に基づいて、異なった表象、表現がとられているとしても、それは本質的には、ゴータマ・ブッダが明かした真理に通底するということもありうるわけであり、その点からすれば、自己における宗教的真理を相対化して、この宗教多元主義の主張について全面的に賛意を表することができるのである。しかしながら、そのような宗教的真理、「究極的な実在」を経験するための「示現」と、それに基づく「行道」については、親鸞浄土教においては、その「行道」とは、自己の全主体をかけて、「この道こそ」唯一絶対の真実と選択し、決断されるべきものであって、それを観念的に相対化して、その他の宗教的真理としての「行道」と同時並列的に捉えるかぎり、その「行道」は成立するはずはない。それは私に即していうならば、「ただ念仏のみぞまことにておはします」という立場である。行道とは観念の問題ではない。最も具体的な私の主体をかけた生きざまの問題として、私自身がいまその道の上に立つか、立たないか、それを取るか、取らないか、ということである。そしてそういう具体的な立場に立つかぎり、宗教多元主義の主張には、とうてい賛成することはできがたいところである。だがまた、親鸞の立場に立つかぎり、その信心の必然として、自己の立場はつねに徹底して相対化され、それに比例して、自己に対する他者はつねに是認され、尊重されてゆくものである。したがって、その視点からするならば、他のいかなる宗教の信奉者の存在も、したがってまたそこで語られる宗教的真理の存在も、それが人類普遍のものであるかぎり、すべて是認されることとなるわけであり、そのかぎりでは、この宗教多元主義は承認しうるものである。以上が私の理解する親鸞浄土教における宗教多元主義の主張に対する基本的な見解である。

以上まことに粗雑な論旨ながら、宗教多元主義に対する親鸞浄土教の姿勢について明らかにした。親鸞の立場からすれば、私の理解するところによれば、キリスト教神学が主張するところの宗教多元主義については、上に論じたごとく、親鸞における念仏、信心の論理において、いささかの但し書きが付せられなければならないが、基本的には賛意を表することができると思われる。そしてまた私がこの論考を通して思うことは、キリスト教が目指し、また仏教が目指すところの宗教的真理が、ただちに同一であるかどうかは別としても、ともに人間が志願するところの、出世としての究極的な真理、真実を求め、それについて語り、それに基づくところの人格変容、人間成長を説くものとして、それぞれの立場は堅持しつつも、従来の古い枠組みを超えて、いっそうの交流、対話を重ねつつ、相互の変革、成熟を遂げてゆくべきであるということである。私の経験によれば、自己変革、自己成熟というものは、同質のものばかりが群れていては、決して生まれてくるものではない。いかに厳しくとも、異質との真剣な交流、対話の積み重ねこそが、よく新しい自己変革、自己成熟をもたらすものである。今後ともキリスト教神学と仏教、浄土教、ことには真宗教学との交流が、いっそう進展し、深化してゆくよう切念してやまないところである。

キリスト教と真宗学―明治真宗教学史の一断層

一、はじめに

近世封建社会から近代文明社会への激しい移行過程であった明治初期において、日本仏教が直面しなければならなかった重大な課題の一つに、キリスト教の日本再伝道があった。日本におけるキリスト教の伝道は、かつて近世初期、一五四九年（天文一八年）、ザビエル（P. F. Xavier）によってその端緒が開かれた。当時のキリスト教は大名などの積極的な支援もあり、一時は非常な勢いをもって日本民衆の中に弘まっていったが、その後、徳川幕府の三百年にわたる徹底的な弾圧のために、日本からほとんど一掃されるまでに至っていた。しかし、幕府の鎖国政策がようやく崩壊し始めた近世末期、キリスト教は――それは天文年間のそれがカソリック系であったのに対してプロテスタント系であったが――再度の日本進入を企て、やがて欧米諸国による強制的な門戸開放と、それに伴う先進文明流入の波に乗って、着々と伝道の地歩を確立することとなった。

この近世末期から近代初期にかけてのキリスト教の日本再進入は、そのまま日本における伝統的宗教としての、仏教に対する侵入蚕食を意味するものでもあって、日本仏教は自己の地盤を擁護するために、全力を挙げてそれに対抗せざるをえなかった。この仏教のキリスト教破斥運動は、近世初期のキリスト教初進入の場合に、仏教側がまったく受け身の形であったのに比べて、きわめて積極的なものであった。我々は明治の仏教が、いかに真剣にかつ激烈にこのキリスト教との対決を試みたかを、明治仏教史や当時の仏教徒によって著わされた数多くの対キリスト教弁駁書を繙くことにより、容易に窺知することができるであろう。しかもこの仏教とキリスト教との対決は、単に異なった二つの宗教が現実的な利害関係によって対立抗争したというのみではなく、東洋の文化と西洋の文化、すなわち風土的民族的にまったく相違した二つの世界に生成展開したところの、二つの文化の対決を意味するものでもあって、それはさらに、厳然として思惟形式を異にした「東洋の形而上学と西洋の形而上学との正面からの取り組み(1)」という思想的対決として、きわめて重大な意味をも含んでいたのである。

ことに真宗は、仏教を立場としながらも、阿弥陀仏崇拝という汎神論的一神教として、外形的にはキリスト教に類似した宗教であるという特殊性を持ちながら、やはり仏教界を代表する一大勢力として、キリスト教への果敢な対決を試みているのであり、真宗教学史上においても幾多の興味ある問題を提起しているようである。以下、これら明治真宗教学史の一断層としての、キリスト教との対決を考察してみたいと思う。

二、真宗教団におけるキリスト教対応

近代におけるキリスト教の日本再伝道は、一八三七年（天保八年）、漂流した日本人の送還を理由に、アメリカの宣教師が入国を試みた、いわゆるモリソン号事件と、それに続く一八五三年（嘉永六年）のペリー来航によって開始された。しかし、すでにそのころ、真宗側からは南渓が『深慨十律』を著わして、

近年羶腥の賊四辺に闌入して互市に托名し、以て機会を窺い我が神州を鯨呑し、ついには三道を斥けて妖教を施さんと欲す。これを洋外に駆けずんばその害果して如何ぞや(2)。

と、再進入を企図しつつあったキリスト教に向かって激しい対決の狼火を上げている。それに次いで、一八五五年（安政二年）には超然が『護法小品』一巻を、その翌一八五六年（安政三年）には月性が『仏法護国論』一巻を著わして、同じようにキリスト教の進入を警告し、それを破斥している。その後、一八五八年（安政五年）に日米通商条約が締結されて、外国との交易が始められるや、当時学林（龍谷大学の前身）の知事であった一空や大麟などは、キリスト教の再進入について黙過すべからざることを自覚し、まず学林の学生一同がいっそう奮起して護法の決意を新たにするよう、激励の達書の下附を本願寺に要望した。(3)真宗教学界では、このころからキリスト教対策の必要性を感じていたようである。しかし、この学林からの要望については、本山は時期尚早であるとして容れなかった。当時、幕府は依然としてキリスト教禁制の高札を掲げていたが、大勢の趨くところ、キリスト教の日本進入は次第に目立ち、リギンス（J. Liggins）、ウィリアムス（C. M. Williams）、ヘボン（J. C. Hepburn）、ブラウン（S. R. Brown）などの宣教師が続々と上陸してくるようになった。ここにおいて一八六一年（文久元年）五月、学林は再びキリスト教進入についての建白書を本願寺に提出し、それへの対処を重ねて要望した。(4)

学林は、その後もしばしば本願寺に書を提出して、キリスト教進入の状勢を報告し、その重大性を警告したが、それと同時に学林自身でも、一八六二年（文久二年）六月には、中国訳の『旧約全書』と『新約全書』を購入する(5)など、キリスト教との対決のための研究に着手したようである。事実、このころより明治初年にかけて、キリスト教弁駁書が最も多く著わされているところから見ても、真宗教学界における対キリスト教研究は、このころから高まっていったと考えられる。そしてまたこの文久二年には、大谷派でも龍温を耶蘇教防禦懸に任じてキリスト教対策に着手した。やがて幕末の政界が急迫を告げ倒幕の空気が全国的に漲るころ、長崎・島原では潜伏キリスト教徒が公然と自己の信仰を表わし始めたが、このことはかつてのキリスト教は幕府の禁圧政策のもとに、完全に絶滅されていたと考えられていただけに、反キリスト教の人びとにとっては非常な驚きであった。と同時に、このことによって、すでに幕府の権力のみではキリスト教を破斥することが不可能であることを知らしめられたのである。かくして一八六七年（慶応三年）、本願寺もようやく真剣にキリスト教対策を考えることとなり、当時、学林の重鎮の一人であった百叡に、キリスト教防禦についての献策を命じた。その方策に従ったものであろうか、その年の末から翌年にかけて、東山・東海・北陸・山陽・山陰・南海の各道に破邪顕正出役を派遣し、キリスト教の伝道状況を視察し、その破斥に努めさせた。またこの年には、淡雲が広如宗主にキリスト教の書籍を三十巻献上したことが記録に残っている[6]。そしてこの慶応三年八月には学林改正の消息が発せられて、社会の急変に対応するための学事刷新が審議されることになったが、その消息と同時に下附された本願寺重役の連書には、

殊に方今の形勢邪教破仏の徒尠なからず、実に厳護法城に尽力すべきは此の時に候[7]。

とあり、学林改正の一つの理由にキリスト教対策が考えられていたことが推察される。また大谷派においても、この年の一月には、本山に耶蘇取締掛を設けてキリスト教対策を協議し、六月には学寮の学生にキリスト教破斥に関する御書を下附して、その奮起を要望した。

その翌一八六八年（明治元年）になると、真宗におけるキリスト教対策もようやく本格的となり、その年の一月、本願寺は学林を中心に玄雄ら二十余名を破邪顕正用掛に任命し、その防禦と破斥に当らしめた。『学林万検』によれば、この年の六月、用掛の一人であった良厳が、長崎で宣教師フルベッキ（G. F. Verbeck）と対決論争したことが告げられており[8]、この破邪顕正用掛は相当に活躍したものと考えられる。そして八月には、学林に外学科を設置してキリスト教対策等破邪顕正のための研究と人材養成が計画された。『学林万検』には、それについて、

一、学科分方の事、右従来正学兼学の次第これあり候へども、別して当今排仏邪教の徒類蔓延仕り候に付いて

　　は、防禦の人材養育仕つらず候では相叶わず候間、御宗乗の外左の学科御分け相成り候事、一乗・三乗・暦
　学・国学・儒学・破邪等(9)

とその学科の分類法を記しているが、この中の破邪学とは主としてキリスト教対策を研究する学科である。この破邪学科の設置こそ数年来学林からその必要性が要望されていたものであるが、この破邪学科を当時の本願寺がいかに重要視していたかは、それとともに規定された学林の学資給費生の定員において、この破邪学科が正学である宗学と同様に、他の学科の定員より二倍の二十名に定められていることによっても充分想像されるであろう。またこの年には大谷派でも、慈影、千巌らを長崎に出張させてキリスト教を研究せしめ、八月には学寮の学生にキリスト教を研究してその破斥に努むべきことを訓じ、さらに高倉の井波屋敷に学寮の分寮として護法場を設置し、本願寺派学林の外学科と同様に破邪顕正の研究対策をたてた。その学科の内容については、国学・儒学・天学・洋教の四科に分類されていたが、その洋教科がキリスト教研究の学科であった。かくしてこの本願寺派における学林の破邪学科と、大谷派における護法場の洋教科の設置によって、真宗におけるキリスト教破斥のための基本的研究と人材養成機関が実現し、キリスト教対策の体制が一応完備されることとなった。またこの年の七月には東西両本願字と興正寺および仏光寺の真宗四派の宗主と学頭が数次にわたって会合し、キリスト教対策についての協議を重ねており、十二月には興正寺の宗主摂信を中心に、京都において諸宗同徳会盟が結成され、仏教各宗連合によるキリスト教対策も計画された。

　次いで翌一八六九年（明治二年）には、本願寺は鉄然を邪教門一件諸向応接懸に任じてキリスト教の破斥に当らしめ、淡雲を東京に派遣してキリスト教の研究に従事せしめるなど、着々とキリスト教対策を進めたが、同時にこの年の安居には、初めてキリスト教破斥のための講義が開かれ、針水は『出埃及記』を、普聞は『創世記』を講じ、

ほかに普聞は「天主教十条誡」についての特別講義をも行なっている。また大谷派でもこの年には、定覚が護法場で『釈教正謬』を、晃耀が「護法総論」を講じ、三河にも新しく護法場を設置するなど、対キリスト教の理論的研究が盛んになっていった。しかし一方キリスト教の教勢もその後次第に増大し、明治新政府も幕府の政策を踏襲して「切支丹邪宗門の儀は是れ迄での通り堅く禁制の事」と、キリスト教禁止を宣言したにもかかわらず、欧米諸国からの激しい抗議を受けて実質的には極めて曖昧な態度をとらざるをえなくなり、長崎・島原で捕縛された潜伏信徒数千人も、やがて無条件で放免することとなった。このキリスト教に対する国家統制の崩壊と政策の変化とは、国家の禁制政策に依存し、それを基本的立場としていた真宗のキリスト教対策に、大きな動揺をもたらすこととなった。このころ広如宗主が明如上人に宛てた書簡に、

此の度は東京にて諸藩寄合と申す事大事件の談合あり、知行返籍の義又は外国邪宗門御許の評議是れが第一の難物(10)

とあるごとく、キリスト教公認の風評にその破斥防禦の支柱を失うものとして、非常に憂慮していたことが想像される。

そしてまた、この年の四月には大谷派護法場の青年僧侶たちが、宗門革新を叫んで大騒擾を惹起する事件があった。これは前年来護法場に学んでいた青年僧侶たちが、

御本殿の弊を除き、次に末寺の弊を除き学寮護法場の規則を改めて御確定あらせられ候事、今日護法の急用と存じ奉り候。(11)

というごとく、真宗の護法運動の推進には対外的な敵を破る前に、対内的な障害を除くべきであるという考え方、すなわちまず何よりも宗門機構の弊制を改革しなければならないという急進的な信念をもって、さかんに本願寺の

封建制を批判していたものが、ついにこの年に至って本願寺側の保守的な家老たちと衝突したものである。このことは幕末以来キリスト教破斥に腐心しつつ、着々とその研究と組織とを整えてきた真宗のキリスト教破斥運動が、自己の宗門改革というまったく異なった方向に転換し始めたことを物語っている。

次いで翌一八七〇年（明治三年）には、本願寺派の安居では来招が『釈教正謬』を、大谷派の護法場では法成が「釈教正謬非正」を講じたが、越えて一八七一年（明治四年）に至ると、六月には学林の制度が改正になり、正学科兼学科を改めて三寮制とし、今までの暦学と破邪学の二科が廃止されることとなった。そしてまた大谷派でもこの年に至ると、護法場の僧侶たちと本山の家老たちの対立がますます深刻化し、十月にはついに護法場の主幹であった空覚が暗殺されるという事件が起こった。そのためであったのだろうか、この護法場もまた、間もなく閉鎖されたようである。(12)

かくして幕末以来キリスト教の再進入に対抗して、あれほど熱烈に要望されて設置され、次第に充実されていったこの対キリスト教の研究機関としての、本願寺派学林の破邪学科と大谷派の護法場とは、ともに設立以来わずか三、四年にしてほとんど同じ時期に廃止されたのである。それ以後、キリスト教破斥のための研究機関は両派とも何ら設置されなかったし、(13)またキリスト教破斥の論説著作も、このころから次第に少なくなったようである。この真宗におけるキリスト教対策の方向転換は、いったいいかなる理由に基づくものであろうか。当時の記録は何らそのことについて伝えていないが、それについてはだいたい三つの理由を指摘することができるであろう。まず第一の理由としては、日本におけるキリスト教の正式な公認は一八七三年（明治六年）の高札の撤廃によって始まるが、すでにそれ以前において明治新政府は欧米諸外国からの圧力に抗しきれず、事実上黙認のかたちをとらざるをえなくなっていたこと、しかも諸外国との交易、世界思潮との交流による新しい文明日本の歩みにおいて、キリスト教禁圧政策を墨守することに矛盾が感じられ、遠からず政府の公許があることが予想されたことによって、今までのごとき排外的な国家意識に立脚したキリスト教対策の基盤が崩壊せざるをえなかったことである。第二の理由としては、大谷派護法場に起こった騒擾事件が示すごとく、あるいは赤松連城が送った海外視察報告書の中の、

今日我が邦において防禦の策を講ずる、徒らに政府の処置に依頼するのみに非ずして、自らその本にかえり僧徒の懶情を督責し、内典は勿論人倫日用の務めを講じ国家治乱の由を弁へしめ、寺院の制度を粛整し民の耳目をして属することあらしめ、務めて教化を布いて民心を維持し以て彼に対塁するの備を為すべし。事此に出でずして唯口舌を恃み膂力にまかせ万一軽挙することあらば、却って大法の命脈を縮め遂に国家の大難を醸さん、是れ真に憂うべきの甚しきなり。[14]

という見解が示すごとく、今までのごときキリスト教を破斥論駁することが、ただちに護法運動であるという考え方が反省されて、自己と自己の教団の在り方についての批判と改革こそが、キリスト教対策以前の問題であり、護法運動の急務であると考えられるようになったことである。第三の理由としては、大谷派護法場閉鎖の理由になったとも考えられるが、暗殺という不祥事件まで惹起した護法場の騒擾に見られるごとき、先進文化との接触による急進的分子の輩出を本願寺側が憂えたことである。この三つの理由が、真宗におけるキリスト教対策を放棄、ないしは方向転換せしめた根本的動機であると考えられる。

この真宗におけるキリスト教対策の一大変化以後は、若干のキリスト教弁駁書が出されたり、あるいはその対抗策がとられないではなかったが、[15] すでにかつてのごとき積極的な華々しいものではなかった。そしてキリスト教も、一八七三年(明治六年)の高札撤廃以後は公然として伝道を進めることとなり、邪教という民族的伝承による偏見に阻まれつつも、やがて起こった欧化主義と自由思想の隆盛の波に乗って、徐々に浸透してゆくこととなったので

ある。

三、真宗教学におけるキリスト教対応

真宗教学は新しく再進入してきたこのキリスト教に対して、教理的思想的にはいかなる対決を試みたであろうか。近世初期、キリスト教が初めて日本に伝道されたときには、真宗は新興仏教としていまだその教学研究が確立されていなかったことにも起因して、何らの発言もしなかったようであるが、この再侵入に当っては、きわめて激烈な対決論駁を行なっており、その量と質とにおいてほとんど当時の仏教界を代表するものであった。しかし、この対決において、「法門の立方よく真宗に似」[16]たと言われるごとく、外形的には汎神論的一神教としてキリスト教に類似している真宗教学が、その本質的相違をどこに見出し、いかなる論理をもってそれを批判弁駁したのであろうか。次にこの時代に著わされた真宗教学側からのキリスト教弁駁書を通して、その内容をたずねてみたいと思う。

この時代に出された真宗教学側からのキリスト教弁駁書およびその論文には、だいたい次のごときものがある。

○著作年代の明らかなもの

『護法小品』一巻　一八五五年（安政二年）　本願寺派　超然
『仏法護国論』一巻　一八五六年（安政三年）　本願寺派　月性
『闢邪護法策』三巻　一八六三年（文久三年）　大谷派　龍温
『護法小策』一巻　一八六三年（文久三年）　大谷派　徳鳳
『斥耶蘇』一巻　一八六四年（元治元年）　本願寺派　得聞

『寒更霰語』二巻　一八六五年（慶応元年）　本願寺派　超然
『斥邪漫筆』一巻　一八六五年（慶応元年）　本願寺派　超然
『長崎見聞』一巻　一八六五年（慶応元年）　本願寺派　百叡
『斥邪二筆』一巻　一八六六年（慶応二年）　本願寺派　超然
『無何里問答』二巻　一八六七年（慶応三年）　本願寺派　宗興
『護法新論』六巻　一八六七年（慶応三年）　本願寺派　安慧
『内外二憂録』一巻　一八六七年（慶応三年）　大谷派　黙慧
『杞憂小言』二巻　一八六八年（明治元年）　本願寺派　南渓
『准水遺訣』二巻　一八六八年（明治元年）　本願寺派　南渓
『護国新論』一巻　一八六八年（明治元年）　本願寺派　淡雲
『斥邪三筆』一巻　一八六八年（明治元年）　本願寺派　超然
『日本刀』六巻　一八六八年（明治元年）　大谷派　小栗栖香頂
『護法建策』一巻　一八六八年（明治元年）　大谷派　義導
『仏法創世記』一巻　一八六九年（明治二年）　本願寺派　佐田介石
『護法総論』一巻　一八六九年（明治二年）　大谷派　晃耀
『護法私考』一巻　一八六九年（明治二年）　大谷派　小栗栖香頂
『釈教正謬講話』一巻　一八六九年（明治二年）　大谷派　空覚
『復活新論』一巻　一八七〇年（明治三年）　本願寺派　島地黙雷

『教諭凡』一巻　一八七二年（明治五年）　本願寺派　佐田介石
『両約全書自語相違』二巻　一八七四年（明治七年）　トーマス・ベイン　本願寺派　干河岸貫一訳
『耶蘇教秘密説』（報四叢談附録）　一八七五年（明治八年）　大谷派　石川舜台
『問対略記』一巻　一八七六年（明治九年）　本願寺派　干河岸貫一
『学教史論』一巻　一八八三年（明治一六年）　ドレーパー　大谷派　小栗栖香頂訳
『明教学論集』中の弁駁論　一八八四〜八七年（明治一七〜二〇年）
　『禁菓原罪論』　本願寺派　島地黙雷
『耶蘇教一夕話』　本願寺派　島地黙雷
『耶和華小評』　大谷派　石川舜台
『異教勦説』　大谷派　笠原研寿
『破邪新論』一巻　一八八五年（明治一八年）　大谷派　井上円了
『真理金針』三巻　一八八六年（明治一九年）　大谷派　井上円了
『仏教活論破邪活論』一巻　一八八七年（明治二〇年）　大谷派　井上円了
『破邪全鞭』一巻　一八九二年（明治二五年）　本願寺派　藤島了穏
『耶蘇教末路』一巻　一八九三年（明治二六年）　本願寺派　藤島了穏
○著作年代の不明のもの
『深慨十律』一巻　本願寺派　南渓
『闢邪小言』一巻　本願寺派　南渓

『釈教正謬噓斥』二巻　本願寺派　水原宏遠
『斥耶略説』一巻　本願寺派　水原宏遠
『弁邪能破論』一巻　本願寺派　水原宏遠
『耶蘇教大略』一巻　本願寺派　原口針水
『耶蘇教不可信論』一巻　大谷派　渡邊法瑞
『邪闢行』一巻　大谷派　龍温
『閑邪存誠』一巻　大谷派　霊祐

（明治以前のものも相当あるが、これらの多くが明治の初期に至って刊行されているところから、一応明治時代のものとして取り扱いたい。）

これら五十部に及ぶキリスト教弁駁書を通して、当時の真宗教学がキリスト教との対決においてもった共通の立場を見出すことができる。すなわちまず第一には、それらのほとんどが伝統的な自己の宗教、真宗に対する護教的立場に立っていた。それがキリスト教の侵入に対する防禦弁駁であれば、護教意識を立場とすることは当然であるが、この無条件の護教的立場に立つ必然として、皮相的な把握と幼稚な優越感による中傷的な論法が多いことも、その全般に通じる特色である。もちろん、

予は元来世の冥頑偏執の宗教家の如く真の得失優劣を弁ぜず、妄りに冤失を誣添して強いて勝を己に求むるが如きは欲せざるなり。(17)

というごとく、冷静な立場から両者を比較検討せんとする面もないではないが、そのほとんどが、たとえばアダムとイブが共に神によって創造された以上、兄妹でありながらも人類の祖として夫婦になっていることは、はなはだ

しい姦淫であって、モーセの十戒と矛盾するものであるとか、またこのキリスト教が神による天地の創造を説いて[18]インドの自在天説話に似ているところから、事天外道から派生してできた宗教であろうとか、その聖書に用いられ[19]ている用語が中国の古典に類似しているところから（それが中国で翻訳されたものである以上、類似するのは当然であるが）聖書は中国において勝手に捏造されたものであろうとかというごとく、その外観上の矛盾を取り上げて、[20]一方的に非難攻撃しているものが多い。第二には、それらの全てが、その対決において掲げた破邪顕正のスローガンに見られるごとく、キリスト教を邪教視するという立場に立っていた。『斥邪三筆』に、

西洋の邪教はもと戎狄の陋習に起りて浅近愚昧の妄説なり。而して彼の諸国これを尊奉し通商に托して各国の形勢を窺い、弱きは直ちに兵を起してこれを襲い、（中略）されば邪教はその新旧を論ぜず他国を呑噬するの媒なり、若しその国民悉くその説を奉ずるに至らば、国君ありと雖も誰と共にかその国を守らん。[21]

というごとく、真宗教学のキリスト教破斥の根底には、徳川時代の長い禁制から生まれたキリスト教への偏見、すなわちその教えが日本の国土侵略を企図する魔法妖教であるという、伝承的感情的な邪教観が横たわっていたのであり、それはまた当時の真宗教学の対キリスト教破斥における重要な論拠でもあった。また第三には、その邪教観に連なる考え方として、それらの全てが鎖国日本の理念に基づく国家主義の立場に立っていた。『護法総論』に、

この護法場は別しては浄土真宗御一派の法城を守り、惣じては八宗九宗は勿論儒道神道まで護持して、帰するところ勤王の為めなり報国の為めなり、我等はかかるときに刃をにぎることも出来ず、法を発することも出来ず、然り勤王報国の為めに民を教導し国民を感戴して御国禁を失わしめ[22]

という考え方がそれであり、真宗教学はキリスト教との対決において、つねに破斥即護国という意識の上に立っていたのである。そしてそれはまた欧米文化に対する国粋主義保守主義にも連なる立場であって、ここに明治の真宗

のである。

教学が一時欧米文化の摂取によって近代化し始めながらも、再び保守主義に逆行していった大きな原因が見られる

その教理的思想的対決の内容については、キリスト教の教義の中で、それ自身前後矛盾すると考えられるものや、真宗教義と非常に相違するものが弁駁の素材として取り上げられており、とくにキリスト教における世界観、神観、人間観、倫理観を中心に破斥論駁しているようである。その世界観について、キリスト教が語る天地創造の観念は、世界は全て自然に縁起成立したと考える仏教に真っ向から対立する思想であって、それに対して真宗教学は三世因果自因自果などの仏教的世界観を主張して、さかんに論難攻撃に努めている。しかし、キリスト教が目的論的解釈をもって、この自然界が偶然の産物ではなく、造物神の深慮に基づく創造であると主張するに対しては、いまだ自然科学の知識を持たなかった当時の真宗教学は反論に苦しんだのであろうか、徳鳳のごときは『長阿含経』[23]の説をもとに、

この時に当りて西方浄土の教主阿弥陀如来、二菩薩を遣わしてこの世界の闇黒をのぞくべしと命じ玉う。その二菩薩とは一人を宝応声と言い一人を宝吉祥と言う。即ち是れ観音勢至なり、この二菩薩相評議して即ち梵天の七宝を取り来り次いで日月の宝殿を造る。されば日日の宮殿は二菩薩の所造所住と知るべし。[24]

といい、堂々と阿弥陀仏による日月創造説を主張して、それに対抗しているのは興味深い。しかし後には、新しく伝えられた自然科学を取り入れることによって、井上円了が『真理金針』に、

近年に至り生物地質等の学開けるに及んで、耶蘇教の開闢論も洪水論も人種起源論も皆妄誕虚想に属する所以を証示するに至る。[25]

などというごとく、生物学や天文学等の新しい知識をもって、この創造説をさかんに攻撃するようになった。

次に、その弁駁の素材として取り上げられた神観については、キリスト教が語る神と真宗教学が語る如来とは、キリスト教が一神教的立場に立つのに対して、真宗教学が外形的にはそれに類似しながらも、基本的には仏教としての汎神論的立場に立つ以上、その考え方において著しい相違があり、真宗教学はこの神観に対して激しい弁駁を試みている。ことにこのキリスト教の神が一切万物の創造主として、超因果的無始無終の超越者であるという説については、『寒更霰語』に、

創世記等に挙げたる耶和華の言行を以てみれば、全く有色有形にして声臭ありとみゆ、土を搏て人とし気を嘘て鼻に入る形なくして何ぞこの作用あらん。亜当夏娃を召すにて声あることを知るべし、既に形あり豈在らざる所なしと言うことを得んや、且つ喜怒愛憎あり尤悔の語あり、凡そ耶和華の言行を考うるにただ聖人に及ばざるのみに非ず、後代の賢哲と称せらるる人にも及ばず(26)。

と弁駁するごとく、それが造物神として、しかも自己に似せて人間を造ったというところから見れば、まったく人格的な姿形と感情とをもつ神であると考えられるが、それであれば当然有始有終の有限的な存在者に過ぎないであろうと論じ、それに対して真宗教学における如来とは、人間の思情を超えた真如の法であるがゆえに、無始無終の存在であり永遠の絶対者であると主張して、キリスト教の神よりも真宗における如来が優れていることを論じている。またその神の働きについては、『斥耶蘇』に、

天主人を造るに何が故に偏に善人のみを造らずして、兼ねて悪人を造つて毒害を天下万世に胎すや、凡そ天下万世のためにただその益あるものを撰んで之を造つて、その損あるものを撰んで之を造らずして可なり。今現に世間を見るに損あるもの甚だ多し、これを撰ばずして妄に万物を造る天主不智と謂うべし(27)。

などというごとく、キリスト教の神が万物の創造主宰者として全知全能であると言いながらも、何ゆえに神は人間

が悪をしないで善のみを行なうように造らなかったのか、また何ゆえに悪魔の誘惑を許し地獄の存在を許しているのであるかと、神の能力に限界のあることを指摘して論難に努めている。[28] そしてまたその神の本質的性格についても、真宗教学における如来の慈悲と対比しつつ、『禁菓原罪論』に、

或いは洪水を以つて人物を滅尽し、或いは火或いは疫或いは飢旱を以つて人民を傷害する等、悉く皆憤怒憎嫉の紀伝のみ（中略）その暴虐酸毒なる自ら称して嫉妬の神なりと言うに至る。[29]

と述べるごとく、神が愛の神であるといいながらも、事実はまったく嫉妬の神であると非難している。このことは、如来とは一切の無明を摂取して、いかなる罪悪深重のものをも救済する絶対の慈悲者であると語る、真宗教学の如来観と非常な相違が見られるのであって、真宗教学側はこれを反駁の好材料として取り上げ、さかんに攻撃中傷したようであり、多くのキリスト教弁駁書のいたるところにその論旨を見ることができる。

次に、その弁駁の素材として取り上げられた人間観については、創造者としての神に対する被造者としての人間という、二元的な立場に立つキリスト教の人間観と、根本的には如来と人間とは一如であるという、仏教の一元的な立場に立つ真宗教学における人間観とは、明らかに対立するものであった。とくにその罪悪論におけるキリスト教の原罪説は、『禁菓原罪論』に、

それ犯菓原罪の談は耶蘇代受磔死を説く所以の根本にして、該宗不動の基礎と言うべし。[30]

といって、それがキリスト教の根本教義であることに注目しながらも、自業自得三世因果の業報観に立つ真宗教学からは理解が困難であったのであろうか、わずかに『杞憂小言』に、

万民を能生する本主は自ら悪子を生じ、一切人民の原罪を造らしむる首領に非ずや、天地間の人類身語意に日夜に犯かす過悪の原罪を生起せしむ、知るべし万民の大仇主なり、何の恩ありとするや。[31]

などと、それを中傷非難するのみであり、仏性論や因果論の立場から対比論究すれば面白い問題として展開したであろうに、その本質的な意味内容についての見るべき批判は何らなされていないようである。この原罪論に関連する問題としてのキリスト教における贖罪思想についても、『寒更霰語』に、

亜当夏娃の違令耶蘇の十字架説その古今換ることなし、後人力を窺めてその根本を攻むべし。(32)

といって、この贖罪説が原罪と同様にキリスト教の根本教義であることに注目し、さらには、

夷輩口を開けば救世の徳と称すれども、釈氏の所謂大悲代受苦の説に比すれば、宛も千鈞と一毫との如し、豈軽重を論ずべけんや。(33)

といって、真宗教学における代受苦の思想と対比しているが、何ら見るべき洞察はなされず、これもまた『斥邪二筆』に、

天主降生し自身を以て天下万世の罪悪を贖うと言えり、それ天主既に至尊無比慈威無量ならば、何ぞ直ちに人罪を赦さずして後身を以てその罪を償うやいぶかし、誰に向ってこれを贖うや（中略）既に天下万世の罪を贖うと言う、しかして罪を造り獄に堕するの者あり、これすなわち贖い尽さざるにあらずや。(34)

というごとく、きわめて皮相的な弁駁に止まっている。またその人間について、キリスト教が肉体とは別に永遠に存在する自己の主体としての霊魂を語るについて、常一主宰の我を否定する仏教の無我思想を立場とする真宗教学は、当然それと対立するはずであるが、来世の浄土往生を語る真宗教学では、何らかの意味で自己の主体を認めざるを得ず、この霊魂説は論駁の材料として取り上げ難かったのであろうか、それについては何らふれていない。のみならず井上円了のごときは、

両説の一に帰するもの少なからず、仏教にては霊魂不死を説く耶蘇教また然り。(35)

といって、まったく同調している面も見られる。しかし、キリスト教が独り人間のみに霊魂があり、ほかの動物にはないとして、人間とほかの動物との間に厳然と差別を見るに対しては、『護法小策』に、

凡そ血気あるもの人と畜生と何ぞ異ならん本是れ一性無二なり、その故に飲食の欲、男女の欲、人と畜生と何ぞ異ならん、生を貪り死を怖ること人と畜生と相違なし、形異るは宿業所感の不同なり、形異る故に霊魂異りと言うことこの理あることなし。(36)

というごとく、一切有情悉有仏性という仏教の基本的立場から徹底的な反論弁駁を行なっている。

次にその破斥の素材として取り上げられた倫理観については、キリスト教が語る倫理は、当時の我が国における生活規範と相違した面が多かったが、とくに真宗教学のキリスト教対決の立場が国家主義を基底としていたところから、伝統的な日本の国民倫理にふさわしくない点については、破斥論駁の好材料として取り上げて非難しており、『寒更霰語』に、

唯是れ上帝耶和華を独一真神と称し、その余は神明仏陀聖賢を仮とし邪とす。さらに日月を軽じ君父を蔑にし三綱五帝を滅裂す、豈邪法には非ずや。(37)

といい、『護国新論』に、

天主のみ尊敬するは不孝不忠乱臣賊子も昇天すと定む、嗟呼嗚呼天地開闢已降、またたぐい稀れなる凶悪の誑説ならずや。(38)

などというごとく、それが国家を乱す悪法であり人倫を破る邪教なることを論断している。この国家主義的倫理観からキリスト教を邪教視する考え方は、真宗教学における対キリスト教運動の基本的立場であったが、それはまたキリスト教公認以後も依然として残っていたようであり、前田慧雲はその『真宗問答』に、

男女天賦同権説は婦たるものをしてその貞操を傷け、遂に家庭の調和を破らしむるに至る。蓋し天賦平等説の害は啻に男女の関係のみに止まらず、広く貴賤貧富に及び遂にこの暴悪なる虚無党社会党等を発生するの原因となるものなり。(39)

と論じている。

以上、明治真宗教学のキリスト教との対決における教理的思想的内容を、その主なる駁論を通して展望したが、それらの多くが皮相的末節的な非難中傷に堕し、かかるおびただしい弁駁書の著作と激しい論駁にもかかわらず、当時のキリスト者が、

近頃護国新論、斥邪漫筆、破邪集、管見録、筆誅耶蘇などその外種々の書を顕わし、我が天主聖教を誹謗すれども、唯西洋の雑書中に散見せし事どもを拾取て、明清の儒者僧徒杯の立言せし事共に拠れる事、或は民間の雑説を信じて批判せし迄にて、切支丹の真の書を読みて疑いを起したる論とも見えざれば(40)

と反駁したごとく、ややその批判の標的がはずれているという感もないではないが、その基底には両者の本質的相違としての、一神教的宗教と汎神教的宗教との対立、二元論的思惟と一元的思惟の対立という、まったく性格を異にした二つの宗教の真っ向からの対決が見出されるのであり、汎神教的一元論的立場に立つ真宗教学の論駁主張は、その教学のキリスト教に対する特異性をよく示している。

しかし後には『護法堂免反古』に、

仏より耶蘇に難あらば耶蘇よりも又仏に難あるべし、爾らば是れ同日の論にして邪正を論ずべからず、耶蘇はその国によりては能くその国を治め国威を海外に振う、今仏法は唯国王に媚びて国家を治るに足らず、殺生をゆるさざれば罰を正うする事能わず、仁不仁なれば賞を明らかにせず何ぞ耶蘇を邪教と言うや。(41)

というごとく、むやみにキリスト教を排撃することに疑問を抱くようになり、それはまた進んで『真理金針』に、

耶蘇教も一種の宗教なり、非宗教者より之を対すれば両教共に一範囲中の朋友なり兄弟なり、耶蘇教の目的は即ち仏教の目的なり仏教の本意は即ち耶蘇教の本意なり。(42)

というごとく、その両者が同じ宗教という立場に立つものであるという自覚のもとに、一方的にキリスト教を破斥することの誤謬を反省するようになってきた。そしてさらには『真理金針』に、

仏教も耶蘇教も共に宗教にして、二者その目的を同くしその原理を一にするを以て、理論上仏教より耶蘇教を駁するは併せて自教を駁するなり、是れ即ち我が仏教の第一の敵は非宗教にして耶蘇教に非ざるに由る。(43)

というごとく、両教の協力によって非宗教的勢力に対決すべきであることを論じて、かつての激しいキリスト教破斥運動に大きな方向転換を行なうこととなった。

かくしてこの『真理金針』が著わされたころ、すなわち明治中期をもって、真宗教学におけるキリスト教に対する破斥論争は、一応終末を告げることとなった。しかし依然としてキリスト教の日本進入が続けられてゆく以上、目立った論争がなかったとしても、仏教とキリスト教——真宗教学とキリスト教とは対立を続けたままであった。そしてその対立の必然として、キリスト教が西洋の文明を背景とし、自由民権思想と連なったのに対して、真宗教学はその反対の立場としての国粋主義排外主義と妥協し、せっかく一時は近代化の風潮に乗りながらも、前引の前田慧雲の思想のごとく、国家主義保守主義に逆行してゆき、明治真宗教学の性格を決定づけることとなったのである。このことはまた現代真宗教学にも連なる問題として再考されるべきではなかろうか。

註

（1）家永三郎『中世仏教思想史研究』一一五頁。
（2）南渓『深慨十律』、明治仏教全集八、九九頁。
『深慨十律』の著作年代は不詳であるが、曇龍がこれに評を加えているところから推すと、その生前すなわち一八四一年（天保一二年）以前のものであると考えられる。
（3）『学林万検』第一七巻、安政五年四月八日。
（4）『学林万検』第二〇巻、文久元年五月六日。
（5）『学林万検』第二一巻、文久二年六月二三日。
（6）『楳窓余芳』三〇二頁。
（7）『厳護録』（『護法録』とも題されている）巻五。
（8）『学林万検』第二三巻。
（9）『学林万検』第二三巻。
（10）『明如上人伝』一六〇頁。
（11）『護法堂免反古』明治仏教全集八、五二二頁。
（12）『大谷派学事史』続真宗大系二〇、一一四頁。
（13）わずかに本願寺派における明治九年の学制改革に当って、中教校の普通上等課業表の中に「耶蘇教大意」と「耶蘇新教大意」というのが見えるが、それは破斥研究のためのものではなかろう。また学林では明治四十一年仏教大学における三科制度の実施に当って、外教史の講座中に「耶蘇教史」が見えてくるが、それが破斥研究のためのものでないことはもちろんである。
（14）『明如上人伝』三六二頁。島地黙雷の報告書にも同様の趣旨が述べられている。
（15）明治五年一月に出発した本願寺派の梅上沢融、島地黙雷、赤松連城ら、同年九月に出発した大谷派の現如上人、石川舜台らの欧米視察旅行の目的は、一面キリスト教対策の研究も兼ねていた。
（16）『護法堂免反古』明治仏教全集八、五一八頁。

（17）島地黙雷『復活新論』破邪叢書二、七頁。
（18）南渓『准水遺訳』明治仏教全集八、一二一頁。
「万民の始祖たる亜当夏娃は共に耶和華の化生するところ兄弟に非ずや、兄弟夫婦となるそれ姦淫これより甚しきはなし、上帝何ぞこの事を許してなさしむるや」
（19）龍温『闢邪護法策』明治仏教全集八、一四六頁。
「その大意は全く耶蘇といえる者が立る処の教にして、その本は古く天竺に伝わる事天外道なること必せり、別していえば大自在天の計より出ると、私には左様にすわって見る心なり」
（20）超然『寒更霰語』破邪叢書一、二四六頁。
「今両約書を閲するにその言う所是れ明清の語気のみ、彼常に口にする所の良知良能は陽明王氏の唱うる所、明末姚江の学盛んに行なわるるを以て、夷輩これを遵用するのみ、故に或は改めて大智全智全能と言うも稟くる所に同じと知るべし（中略）故に余は両約書必ず明末清初に成れるならんと謂えり」
（21）超然『斥邪三筆』破邪叢書一、二五二頁。
（22）晃耀『護法総論』明治仏教全集八、二六一頁。
（23）『長阿含経』「古本縁品」大正蔵一、一四五頁。
（24）徳鳳『護法小策』明治仏教全集八、二五二頁。
（25）井上円了『真理金針』初篇、六九頁。
（26）超然『寒更霰語』破邪叢書一、二三〇頁。
（27）得聞『斥耶蘇』
（28）この問題については、かつて近世初期における仏キ論争においても、相当論議の中心になったようである。（家永三郎『中世仏教思想史研究』一三一～一三二頁参照）
（29）島地黙雷『禁菓原罪論』破邪叢書二、一二二～一二三頁。
（30）島地黙雷『禁菓原罪論』破邪叢書二、一一九頁。
（31）南渓『杞憂小言』破邪叢書一、三八〇頁。

(32) 超然『寒更霰語』破邪叢書一、二二三頁。
(33) 超然『寒更霰語』破邪叢書一、二二四～二二五頁。
(34) 超然『斥邪二筆』破邪叢書一、一九七頁。
(35) 井上円了『真理金針』初篇、八頁。
(36) 徳鳳『護法小策』明治仏教全集八、二三八頁。
(37) 超然『寒更霰語』破邪叢書一、二五一頁。
(38) 淡雲『護国新論』破邪叢書一、二五七頁。
(39) 前田慧雲『真宗問答』前田慧雲全集三、五九頁。
(40) 帰正某『夢醒真論』明治文化全書一一、一八六頁。
(41) 『護法堂免反古』明治仏教全集八、五一九頁。
(42) 井上円了『真理金針』初篇、八頁。
(43) 井上円了『真理金針』初篇、一一頁。

Ⅱ　浄土教思想

阿弥陀仏論

一、阿弥陀仏に関する基本概念

阿弥陀仏とは、その語源についていえば、阿弥陀とは、原語であるサンスクリット語の Amitābha および Amitāyus の音写として生まれたものである。その原語の意味は、amita とは、mita（量られた）という語に、否定的接頭語の a を加えたもので〈無量〉という意味である。Amitābha とは、この amita に ābha（光明）という語が合成されて生まれたもので、〈無量光明をもてるもの〉という意味であり、Amitāyus とは、この amita に āyus（寿命）が合成されてつくられたもので、〈無量寿命をもてるもの〉ということを意味する。かくして阿弥陀仏とは、その語意からすれば、無量なる光明と寿命とをもった仏ということである。『阿弥陀経』に、

彼の仏を何が故に阿弥陀と号するや、舎利弗よ、彼の仏の光明は無量にして十方の国を照らすに障礙するところなし。この故に号して阿弥陀と為す。また舎利弗よ、彼の仏の寿命およびその人民も無量無辺阿僧祇劫なり。故に阿弥陀と名づく。（大正蔵一二、三四七頁）

と説くものは、そのことを表わしている。この阿弥陀仏の名が意訳されて、無量光仏といわれ、また無量寿仏などと明かされるゆえんである。

この阿弥陀仏について、それを最も詳細に説く経典である『無量寿経』（大正蔵一二、二六六頁）の教説によれば、

久遠劫の過去、世自在王（Lokeśvararāja）仏が世にあったとき、一人の国王がその説法を聞いて菩提心をおこし、領国と王位を棄て、出家して法蔵（Dharmākara）と名のった。この法蔵菩薩は、自ら成仏し浄土を建立して、あらゆる苦悩の衆生を救済せんと発意した。そして世自在王仏に導かれて、五劫にわたって思惟をこらしたのち、四十八種の誓願をたて、さらにその誓願を成就するために、不可思議兆載劫の間、我執を離れた清浄心と利他衆生の慈悲心をもって、六波羅蜜の浄行を修め、その功徳を積んだ。かくしてこの法蔵菩薩は、ついに願と行とを具足成就して正覚をひらき、阿弥陀仏と号した。それは今を去ること十劫の昔のことであった。そしてこの阿弥陀仏は、いま現に、ここより十万億の国土を過ぎた西方の浄土にあって、説法を続けているというのである。経典はさらに、この阿弥陀仏は光明無量、寿命無量にして、その光明の無量なることは、諸仏の光明よりもはるかにすぐれ、その寿命の無量なることは、計量することができないほどであると語っている。またその浄土については、宮殿楼閣、宝樹宝池などの種々の荘厳が成就し、清浄安穏にして微妙快楽なる世界であると説いている。

ただし、この『無量寿経』には、現在そのほかに六種類の異本が伝えられている。すなわち、法蔵菩薩の誓願を二十四種しか説かない『大阿弥陀経』（『仏説阿弥陀三耶三仏薩楼仏檀過度人道経』）（大正蔵一二、三〇〇頁）と『平等覚経』（『無量清浄平等覚経』）（大正蔵一二、二七九頁）、それに三十六種の誓願を明かす『荘厳経』（『大乗無量寿荘厳経』）（大正蔵一二、三一八頁）、さらには四十八種の誓願を説くところの、『無量寿経』と同じ系列に属する『無量寿如来会』（『大宝積経』巻一七・一八）（大正蔵一一、九一頁）と、Sukhāvatīvyūha（極楽荘厳）と題されるサンスクリット本、およびそのチベット訳本がそれである。その点、この『無量寿経』類は大別すると、法蔵菩薩の誓願について、二十四願系のもの、三十六願系のもの、四十八願系のものの三種類に分類できるわけである。そしてまた、これらの異本をこまかく検討すれば、この阿弥陀仏の因位説話およびその仏身、仏土の記述については、種々の異同が見られて、その配列については問題が残るが、そこには教理史的な展開深化の跡を推定指摘することができる。なおまたこの阿弥陀仏の因位の説話については、この『無量寿経』類に説くところの法蔵説話のほかに、数多くの異説がある。すなわち、以下の十五異説がそれである。『無量門微密持経』(大正蔵一九、六八一頁)などに説かれる無念徳首太子(不可思議功徳最勝王子、その他)、『慧印三昧経』(大正蔵一五、四六四頁)などに説かれる慧上王(慧起・慧上)、『妙法蓮華経』巻三(大正蔵九、二二頁)などに説かれる大通智勝(大通衆慧)如来の第九王子、『大宝積経』「護国菩薩会」(大正蔵一一、四六五頁)などに説かれる焰意王(頞真無王・発光太子)、『賢劫経』「法師品」(大正蔵一四、七頁)などに説かれる浄福報衆音太子(福報清浄多人所愛鳴声自在王子)、『賢劫経』「法供養品」(大正蔵一四、一〇頁)などに説かれる無限量宝音法師(無辺宝振声浄行聚)、『賢劫経』「歎古品」(大正蔵一四、六三頁)に説かれる徳華王、『済諸方等学経』(大正蔵九、三七五頁)などに説かれる浄命比丘、『決定総持経』(大正蔵一七、七七一頁)などに説かれる月施王(月得王)、『生経』(大正蔵三、一〇七頁)に説かれる惟先比丘、『悲華経』(大正蔵三、一七四頁)などに説かれる無諍念王(離諍王)、『観仏三昧海経』(大正蔵一五、六八八頁)に説かれる空王仏門下の第三比丘、『大法炬陀羅尼経』(大正蔵二一、七三九頁)に説かれる明相菩薩、『如幻三摩地無量印法門経』(大正蔵一二、三六一頁)に説かれる勝威王、『覚智方広経』(大正蔵三二、六四頁)に説かれる等観諸所縁芯芻などである。このように阿弥陀仏の因位説話については、『無量寿経』に明かされる法蔵説話のほかに、多種の説話があるが、何ゆえにこのような多くの阿弥陀仏因位説話が成立してきたのか問題が残るところである。ともあれ、それらはいずれも、法蔵説話とあまり時期を隔てないころに成立したものと考えられるが、その内容にはかなりの相違があって、それらの成立背景が異なっていたことが知られるのである。しかしながら、それらはいずれも諸種の説話の中に附随的に説かれているもので、阿弥陀仏の因位のみを主題として明かしたものではない。その点、まさしく阿弥陀仏の因位説話として最も重視すべきものは、『無量寿経』類における法蔵説話であろう。

またこの阿弥陀仏と浄土について言及する大乗経論はきわめて多く、漢訳経論についていえば二九〇部にも及んでいる。もってこの阿弥陀仏思想が、大乗仏教の中で占めている地位がうかがわれるところである。阿弥陀仏が浄土教以外の多くの仏教各宗の教義の中で説かれるゆえんであろう。

なおまた、この阿弥陀仏思想が、いつごろ、どのようにして成立したかについては、それを解明する客観的な資料が乏しく、種々の問題が残るところである。しかし、現在にいたる研究成果によれば、この阿弥陀仏思想は、大乗仏教興起の初頭、紀元一世紀のころに成立したものと考えられ、またその成立事情については、多くの異説が存在するが、それらを整理すると、インド以外の外来思想に基づくとする説、インドのヴェーダ神話に基づくとする説、仏教内の神話に基づくとする説、および釈尊観の展開に基づくとする説がある。その中でも最も妥当な見解としては、インド内外の諸思想の影響を認めつつも、基本的には、釈尊観の展開によるとする説であろう。すなわち、原始仏教以来の釈尊観の発展や、法蔵菩薩説話における仏伝の投影などからすれば、この阿弥陀仏思想は、基本的には、大乗仏教における菩薩思想の深化の中で、釈尊観の展開として、生成、発展してきたものと理解されるのである。

二、親鸞における阿弥陀仏に関する用語例

親鸞がこの阿弥陀仏についてどのように理解していたかについては、その『愚禿鈔』巻上には、

仏に就て四種あり、一には法身、二には報身、三には応身、四には化身なり。法身に就て二種あり、一には法

性法身、二には方便法身なり。報身に就て三種あり、一には弥陀、二には釈迦、三には十方。応化に就て三種あり、一は弥陀、二は釈迦、三は十方。（真聖全二、四五八頁）

と明かしている。ここでは仏身について理解するに四身説によっていることが知られる。この四身説は『摩訶止観』巻八に説くところであって、天台教学が依用するところである。その点、親鸞における仏教修学の経歴からして、それを継承したものであるとうかがわれる。この文を解するについては種々の問題が派生するが、結論的には、法、報、応、化の四身おのおのに、阿弥陀仏を見ていることが知られる。それは「証巻」に「然れば弥陀如来は如より来生して報応化種種の身を示現したまふなり」（真聖全二、一〇三頁）と示すものに共通する思想であろう。なおこのような四身説は、『唯信鈔文意』にも見ることができる。また親鸞には、仏身について三身説の理解もある。すなわち、『愚禿鈔』巻上に「大経に言はく本願を証成したまふに三身まします。法身の証成、報身の証成、化身の証成」（真聖全二、四五七頁）と説き、また『末燈鈔』に「三身といふは、一には法身、二には報身、三には応身なり。いまこの弥陀如来は報身如来なり」（真聖全二、六六八頁）と明かすものがそれである。

親鸞の阿弥陀仏思想には、また真身と化身という二身説も見られる。ただし、これは報身としての阿弥陀仏について区分するもので、『教行証文類』に明かすところである。すなわち、その「真仏土巻」には真身を、「化身土巻」には化身について述べている。その真身とは、

謹んで真仏土を按ずれば、仏は則ち是れ不可思議光如来なり。（真聖全二、一二〇頁）

真仏と言うは大経には無辺光仏、無量光仏と言えり。また諸仏中の王なり、光明中の極尊なり。（真聖全二、一四一頁）

と明かすごとく、まさしく本願に酬報して成じた真実の報身としての阿弥陀仏をいう。化身とは「謹んで化身土を

顕さば、仏は無量寿仏観経の説の如し、真身観の仏是れなり」（真聖全二、一四三頁）と明かすごとく、本願を信知しえず、定散諸善の行によって浄土に往生せんとするもののために、化を垂れて機感に応現する阿弥陀仏の方便の仏身をいう。親鸞がこのように報身としての阿弥陀仏について、さらに真化二身を明かしたのは、「真仏土巻」に、

然るに願海に就いて真あり仮あり。（中略）真仮を知らざるによって如来広大の恩徳を迷失す。茲れに因って今真仏真土を顕す。斯れすなわち真宗の正意なり。（真聖全二、一四一頁）

と明かすごとく、浄土の行道において、阿弥陀仏の誓願について真と仮を区別し、まことの往生成仏の道としての本願念仏の道と、それに至りえないで、なお自力我執にとどまっている道とを、きびしく分別したことに基づくものである。

次に親鸞はまた、この阿弥陀仏について、『愚禿鈔』巻上に「法身に就て二種あり、一には法性法身、二には方便法身なり」（真聖全二、四五八頁）と明かし、また『唯信鈔文意』には、この二種の法身について、

しかれば仏について二種の法身まします。ひとつには法性法身とまふす、ふたつには方便法身とまふす。法性法身とまうすは、いろもなし、かたちもましまさず。しかればこころもおよばず、ことばもたえたり。この一如よりかたちをあらはして方便法身とまうす。その御すがたに法蔵比丘となのりたまひて、不可思議の四十八の大誓願をおこしあらはしたまふなり。この誓願のなかに、光明無量の本願、寿命無量の弘誓を本としてあらはれたまへる御かたちを、世親菩薩は尽十方無礙光如来となづけたてまつりたまへり。この如来、すなはち誓願の業因にむくひたまひて報身如来とまうすなり、すなはち阿弥陀如来とまうすなり。（真聖全二、六三〇〜六三一頁）

と明かしている。すなわち、阿弥陀仏とは、もとは色もなく形ももたないで、人間の思惟を超えた、真如としての

法性法身であるが、この真如が衆生に向かって到来し、光明無量、寿命無量なる仏として示現したものが阿弥陀仏であり、それを方便法身と名づけるというわけである。ここでいう「法性」とは、究極的真実としての真如そのものを指し、「方便」とは、その真如が衆生に向かって到来するということを意味している。この二種法身の思想は、曇鸞の『往生論註』の所説を継承したものである。このような二種法身の理解は、また「自然法爾章」に、

無上仏とまふすは、かたちもなくまします。かたちもましまさぬゆへに自然とはまふすなり。かたちましますとしめすときには無上涅槃とはまふさず。かたちもましまさぬやうをしらせんとて、はじめて弥陀仏とまふすとぞききならひてさふらふ。弥陀仏は自然のやうをしらせんれうなり。（真聖全二、五三〇頁・六六四頁）

と明かす文にも見られるものである。ここでは真如としての法性法身は、形のない無上仏と語られ、また自然とも明かされている。そして方便法身としての阿弥陀仏とは、その無上仏、自然のさまを、われら衆生に知らせんための「れう（料）」であるというのである。この阿弥陀仏が、究極的真実としての真如、自然を知るための「れう（料）」であるという理解は、親鸞の阿弥陀仏思想においては、ことに充分に注目されるべき点である。

親鸞はまた、この阿弥陀仏における光明と寿命について、中国浄土教以来の伝統においては、ことに寿命が重視され、それが強調されてきたのに対して、あえて光明を中心として理解している。そのことは、『無量寿経』に明かされる阿弥陀仏の十二光に注目し、また晩年の八十八歳にも『弥陀如来名号徳』を撰して、この十二光について讃嘆していることなどによっても明瞭である。その理由は、『末燈鈔』の慶信の上書の文に、「寿命無量を体として光明無量の徳用」（真聖全二、六七五頁）とあるごとく、寿命を体と見るに対して、光明を用と見る理解に基づき、阿弥陀仏を、衆生に向かう無限にして無倦なる働きとしてとらえたことによるものであろう。そして親鸞においては、その光明とは、『一念多念文意』に「この如来は光明なり。光明は智慧なり。智慧はひかりのかたちなり」（真

聖全二、六一六頁）と明かし、『唯信鈔文意』にも「阿弥陀仏は光明なり、光明は智慧のかたちなりとしるべし」（真聖全二、六三二頁）と示すごとく、その光明とは智慧を表象したものであった。このことは曇鸞の『往生論註』の思想を承けたものと思われる。ただし、親鸞はまた『入出二門偈』には、「無礙の光明は大慈悲なり」（真聖全二、四八〇頁）と明かして、光明とは慈悲の表象でもあると述べている。すなわち、親鸞にとっては、光明とは、阿弥陀仏の衆生に対する働きを意味し、智慧と慈悲を表象するものであったわけである。そしてまた親鸞は、この阿弥陀仏を光明としてとらえるについて、「行巻」では「無礙光如来」（真聖全二、五頁）と示し、「真仏土巻」では「不可思議光如来」（真聖全二、一二〇頁）と明かしているが、このことについても留意すべきであろう。

また親鸞はこの阿弥陀仏について明かすに、『唯信鈔文意』に、

この如来微塵世界にみちみちてましますす。すなはち、一切群生海の心にみちたまへるなり。（真聖全二、六三〇頁）

と示している。阿弥陀仏とは、単に私の外に、私を超えてある対象的超越的な存在ではなく、また私に即してある内なる存在でもあるというのである。このことは親鸞の阿弥陀仏理解において、ことに注目すべき点であろう。

そしてまた、親鸞における阿弥陀仏思想の特色として、決して見落としてならないことは、親鸞はこの阿弥陀仏を、基本的には言葉として、すなわち、名号としてとらえているということである。そのことは『尊号真像銘文』に「阿弥陀の三字に一切善根をおさめたまへる」（真聖全二、五八七〜五八八頁）と語り、『歎異抄』に「誓願の不思議によりて、やすくたもち、となへやすき名号を案じいだしたまひて」（真聖全二、七七九頁）などと明かされる文、およびその日常における礼拝用の本尊を、名号とされていたことによっても、よくうかがい知られるところである。すなわち、親鸞においては、阿弥陀仏とは、姿形をもって、観見の対象として到来するものではなく、ひとえに言

葉として、称および聞の対象として到来するものであったのである。ここに親鸞における行道が、称名および聞名の道として主張されたゆえんがある。このことは親鸞における阿弥陀仏理解の特色として、充分に銘記されるべきことであろう。

三、近代以降の阿弥陀仏に関する研究の概観

教理史研究

「微瑟紐（Viṣṇu）と阿弥陀」『荻原雲来文集』荻原雲来（明治四一年、山喜房仏書林）

阿弥陀仏の原語をAmidaまたはAmitaと解し、そのAmidaとは梵語のAmita（無量）の俗語と見られ、またAmitaも俗語と見れば、梵語のAmṛta（甘露・不死）に相当することとなる。かくして、この阿弥陀仏の原語は、無量と甘露・不死の二義を具えているとする。そしてこのAmṛtaとは、ヴェーダ神話におけるヴィシュヌ（太陽神）について説かれるものである。その点、阿弥陀仏とはこのヴィシュヌに起源をもつものであって、「阿弥陀は即ち微瑟紐となる」というのである。またそのAmṛtaが不死の意味をもつところ、阿弥陀仏を無量寿というのは、きわめて妥当なことである。そしてそれがまた無量光とも称せられるのは、このヴィシュヌが太陽に関係あるところ、無量光の思想が発生したものであろうとする。かくして「阿弥陀は荷力吠陀より薄伽梵歌に亘りて変遷せる属性を有する微瑟紐より出でたる思想上の産物なり」と結論している。

『阿弥陀仏の研究』矢吹慶輝（明治四四年、明治書院）

阿弥陀仏の名義については、その原形がどうであったかは明確ではないが、原語およびその訳語からすれば、光明と寿命の無量を表わすものである。その点からして、阿弥陀仏とは「法身仏を具象的に表はせるもの」であるとする。また阿弥陀仏思想の起源については、東西の諸学者の学説を紹介、批評しながら、ことに荻原雲来氏のヴェーダにおけるヴィシュヌ神話起源説に注目し、それと同時に仏教内部の思想との関連性も考慮すべきであるとする。そして「阿弥陀仏は一方梵の思想に辿り得べきも、其の起原と由来とは釈迦仏を中心とせる史的発展の成果なり。要するに大乗仏陀観を看却しては、到底阿弥陀仏を論ずる能はず」といっている。また阿弥陀仏の因位説話についても詳細な考察を試みている。ついで阿弥陀仏思想の成立について、その成立地点は、中インドを含めて西北インドの地域であろうとし、その成立年代は、紀元前と推定されるといっている。

『大無量寿経の教理史的研究』池本重臣（昭和三三年、永田文昌堂）

阿弥陀仏思想は、根本仏教から本生経の成立を通して発生してきたものであるとする。すなわち、釈尊の覚った縁起の法とは、仏の出世未出世にかかわらない法界常住の法であるが、この釈尊の正覚内容に念じられていた理想的、妙有的仏陀は、いつでもどこでも現在している法であり、仏陀である。この釈尊を超えて現在する仏陀を崇拝の対象としているところに、大乗仏教の立場がある。阿弥陀仏思想の発生は、当時のインドの思想や、さらにはインド以外の思想の影響もあろうが、基本的には、この釈尊の正覚内容に念じられていた法が開顕されて、阿弥陀仏となったのであり、「これが阿弥陀仏の最も根源的な相である」と論じている。

『東西文化の交流』中村元（昭和四〇年、春秋社）

阿弥陀仏とは、荻原雲来氏が主張するごとく、ヴィシュヌ神の観念をうけていると考えられるとする。法蔵菩薩の第二十六願に、ナーラーヤナ神（那羅延身神）のような力をえたいと発願しているが、このナーラーヤナ神とはヴィシュヌ神の別名である。かくして、「浄土教とヴィシュヌ教との間に連絡のあることは疑うべくもない」という。そしてまた、法蔵菩薩の師仏であったローケーシヴァラ・ラージャ仏（世自在王仏）の、ローケーシヴァラとはヒンズー教のシヴァ神の別名である。その他、この阿弥陀仏思想がヒンズー教の影響をうけていることは、種々に指摘されるところであって、「浄土教にはヒンズー教の影響がある」としている。かくして阿弥陀仏は観音菩薩と勢至菩薩を脇侍としているというが、その「観世音菩薩はヴィシュヌ神に、大勢至菩薩はシヴァ神に相当するものであるといえるであろう」といって、両者の影響があることを指摘している。また岩波文庫『浄土三部経』巻下の解説においては、『無量寿経』および『阿弥陀経』が成立したのは、紀元一四〇年ごろであるとし、阿弥陀仏信仰は北インドと西域の地方で行なわれていたと論じている。ただし、『春秋』（一九六号、昭和五三年七月）によると、一九七六年にインド・マトゥラーにおいて、クシャーナ時代の阿弥陀仏像の台座が発掘されたことを報じて、「マトゥラーあたりが浄土教の根拠地で、それがそこから諸方にひろがったと言わざるを得ない」ともいっている。

『初期大乗仏教の研究』平川彰（昭和四三年、春秋社）

釈尊の滅後、出家者たちはその教法を奉持していったが、在家信者たちはその舎利を祀った仏塔を崇拝し、ここに永遠なる仏陀を見た。この仏塔崇拝が盛んになるにしたがって、それに依止する修行者の集団が成立し、またその仏塔崇拝に基づいて救済仏の観念が発達してきたと考えられる。大乗仏教は、この仏塔崇拝を基盤として成立してきたという側面がある。初期の阿弥陀仏経典には仏塔崇拝を説いており、その点、阿弥陀仏思想もまた、この仏塔崇拝の教団から生まれてきたものであろうとする。しかしながら、この阿弥陀仏思想においては、その教理が完成するとともに、釈尊信仰から独立してゆくということにおいて、この仏塔崇拝とは分離していったと指摘している。

『原始浄土思想の研究』藤田宏達（昭和四五年、岩波書店）

阿弥陀仏思想の成立年代とその成立地域については、浄土経典の中国における訳経史、他の経論との関係、インドの一般文献、さらにはまた、浄土経典における言語、考古学的遺物との関係、浄土経典における記述、などの諸観点から、阿弥陀仏思想は、紀元一〇〇年ごろ、クシャーナ王朝の版図内の北西インドにおいて成立したものであるとする。また阿弥陀仏思想の起源については、従来の東西諸学者の学説を、外来起源説と内部起源説とに分け、前者については、主としてゾロアスター教に起源を求める説として、後者については、ヴェーダ神話に起源を見る説、仏教内部の神話に起源を求める説に分類して紹介している。そして結論としては、仏教内部に、ことには釈尊観の展開にその起源があるとしている。それについては、阿弥陀仏の原語について考察を試み、荻原雲来氏の説を批判し、その原語はAmitāyusとAmitābhaであると断定し、それらの観念はいずれも、原始仏教以来の釈尊観の中に求められるとしている。またその法蔵説話についても、同じく釈尊観の展開にその起源があると指摘している。かくして、阿弥陀仏とは、釈尊が大乗仏教における菩薩の理想像としてとらえられ、ことにそれが救済仏として仰がれたところに生成したものであるといっている。

『弥陀身土思想展開史論』神子上恵龍（昭和二六年、永田文昌堂）
浄土教理史研究の立場から、龍樹、天親、曇鸞、浄影、天台、嘉祥、道綽、善導、源信、法然、親鸞、そのほか真宗先哲らの阿弥陀仏観について、その主格および統格の問題を中心に考察している。

教義学研究

「我が信念」（清沢満之全集第六巻）その他、清沢満之（明治三六年、法藏館）
阿弥陀仏について、「第一の点より云えば、如来は私に対する無限の慈悲である。第二の点より云えば、如来は私に対する無限の智慧である。第三の点より云えば、如来は私に対する無限の能力である」と明かしている。阿弥陀仏とは、自己に対する無限の慈悲、智慧、能力であるというのである。そしてまた、この阿弥陀仏について、「南無者有限也、阿弥陀仏者無限也、故南無阿弥陀仏者有限無限一致也」「南無者生死也、阿弥陀仏者涅槃也、故南無阿弥陀仏者生死即涅槃也」「南無者主観也、阿弥陀仏者客観也、故南無阿弥陀仏者主客一致之知識也」などと明かしているが、その阿弥陀仏とは、自己を離れて如来なく、如来のほかに自己はなしという、如来に絶対的に依止して立つ、まったくの根本的主体において自覚されるものであった。そのことは、「私共は神仏が存在するが故に神仏を信ずるのではない。私共が神仏を信ずるが故に、私共に対して神仏が存在するのである」というところに、みごとに表明されている。そしてここにこそ、その精神主義の至極があったわけであろう。

『法蔵菩薩』（曾我量深選集第一二巻）曾我量深（昭和三八年、弥生書房）
大乗仏教とは釈尊以前の仏法を念じたものであって、阿弥陀仏の教法は釈尊以前の仏教にほかならない、という立場に立っている。そしてこの阿弥陀仏を、自己の存在の内奥に向かって沈潜することによってとらえようとする。すなわち、ときには「阿頼耶識は宿業であり、宿業の主体が阿頼耶識であります」というが、また「阿頼耶識というものと法蔵菩薩というものとは、思想的に深い関係をもっている」ともいって、阿頼耶識を法蔵菩薩として理解しているのである。そして「自分にも本願がある。自分の本願ということを照らし出して下さるのが、阿弥陀の本願である。仏の本願といったら、虫けらのような我々にこそ本願があることになる。阿弥陀仏に超世の本願があるならば、私ども一人一人にも皆、超世の本願がある」といい、「私どもと阿弥陀仏とが無始久遠の昔に一つものだ、ということを教えて下さっているのが本願ということであります」と領解するのである。このような思索は、『我如来を信ずるが故に如来在ます也』に「信あるがゆえに如来まします。信のないところには如来ましまさない。信のあるところに如来まします」といい、また「信ずるということを離れて、如来ましますということは考えられない。信じられない人には、全く如来などということはわからない」というところに帰結するものであろう。このような阿弥陀仏観が、ひとえに清沢満之氏の思想を継承していることは明白である。

『彼岸の世界』金子大榮（大正一四年、全人社、改訂版）

阿弥陀仏とは、自己の生活の原理を限りなく内に求めてゆくことにおいて、出遇いうるものであるとし、「この内に求むる意志の極限において如来がある。如来は自我の極限である」という。そして「真実の批判は何よりも我に向けられるべきである。しかもその批判が分析的でなく全体的でさえあるならば、我の誠実なる批判からこそ、却って我の投影ならぬ真実の如来が感得せらるるのである」といっている。すなわち、仏教は無我ということをその根本原理とするが、無我の教説を分析的にのみ理解すれば、それからは真に我を生かす力は出てこない。分析的な無我の説明の根底に、総合的な原理を発見し、闡揚せるものが大乗仏教であるとする。そして、「無我ということを分析的に見れば我というものがないのである。しかし総合的の意識としては我なしという直観である。故にこの我なしという直接自爾なる批判は、同時に如来ありと認知せしめ、彼岸の世界をも自証せしむる」といっている。しかしながら、また、「如来はたとへ極限的自我と現われても、現実意識に於いては我ならぬものとして、特に帰命の対象たる純粋客観の実在である。それ故に吾々は唯だ彼岸の世界に於いてのみ、如実に我と如来と一如なることを思う。誠に帰命する我は彼岸の世界に往かんとするものであり、帰命せらるる如来は彼岸の世界より来りて恰も我を迎うるものの如くである」といっている。ここに阿弥陀仏が光明無量、寿命無量の存在として象徴されてくるとするのである。

『真宗概論』普賢大円（昭和二五年、百華苑）

阿弥陀仏について六種の特色を掲げて論述している。すなわち、「阿弥陀仏は宇宙の創造者にあらずして、世界の根源的実在である」「阿弥陀仏は単に根源的実在たるに止まらず、人格的表現をとるものである」「阿弥陀仏は相対的制約を越えた絶対者である」「阿弥陀仏は単なる自覚者にあらずして、救済者である」「阿弥陀仏は人間が仏になったのではなく、本来の仏なのである」「阿弥陀仏は諸神諸仏諸菩薩の最高統一者である」というものがそれである。その発想は、阿弥陀仏を二元論的立場から、自己の外における絶対の超越者としてとらえるものであろう。

『真宗学概論』大原性実（昭和三五年、永田文昌堂）

阿弥陀仏とは、「無上仏といわれ、法性法身と称せられる非因非果の一如の本然態が、宗教的救済の目的存在として、現実人生に影現するには亦因亦果の方便法身の相状となって顕現」したものであるとする。そしてまた、『現代人と真宗―真宗教義の現代的解明―』では、「大無量寿経には、十劫という昔に法蔵菩薩という人が出てこられまして、衆生救済のために四十八通りの本願という案をたてられた。その四十八通りの案の中で第十八番目を根本中の根本となされたということになっているのですが、もしそれをこの世界の歴史的事実とすれば、十劫とははかり知ることの出来ぬ太古ということですから、人類未発生の時代であって、とうてい、その様な時に、法蔵菩薩などという人が生存された等とは考えられない。そこでこれは一体どういうことを現わそうとするかといいますと、結局こういう一つの物語り風の表現をつかって、宗教的真実が、現実の世界へ展開する過程を説かれたものと、窺うのであります。即ち法界の大善意が我々一切衆生の宗教的心眼を目覚めさせるために、如何にして現実の世界に、歴史的な展開をしてくるのかという、そういうものを語っているのが大無量寿経の物語りである」といって、阿弥陀仏とは、「法界の大善意」がこの現実に向かって歴史的に展開顕現してきたものであるといっている。

上に見た清沢氏、曾我氏、金子氏の理解が、いずれも、ひとえに主体的、内在的な方向において思索され、領解されているのに比べて、この普賢氏、大原氏の理解が、明らかに外在的な方向において、自己に対象的な超越者、絶対者として捉えられていることは特色あるところである。

哲学的研究

『浄土系思想論』（鈴木大拙全集第六巻）鈴木大拙（昭和一七年、岩波書店）

阿弥陀仏とは、「浄土三部経の主役者として、既に与えられたものとして、吾等に臨む。天才は自らの心の底なき底に発見したものを客観的、歴史的、物語的立場から叙述する」ここに阿弥陀仏の教説が始まるとする。そして、この阿弥陀仏に対して、「吾等は却って彼をどこかで探し当てねばならぬと云うのが、宗教経験の実際であろう。即ち弥陀は所与として吾等の面前に立ち塞がっていると云うよりも、吾等の方から何とかして彼に突き当るようにしなければならぬのである。この何とかしてが、念仏行なのである。南無阿弥陀仏、南無阿弥陀仏である」という。すなわち、「阿弥陀仏の光明を見ることができるのは、光明が外から来るのではなくて、実に自分等の内にあるからでなくてはならぬ。外から来て自分等に見えるものは、どこまでも外のもので、自分等を動かすものであり得ない。外のものは自分等に対して立っている。それ故に、両者の間には、越え難き塹溝がある。これはどうしても渡れるものではない。それ故、こちらはあちらによりて動かされない。それでも動かされるということのあるのは、外のものが内のものであった時である。外が内になるは横超である。この横超の故に、吾等は光明を見ることができる。光明を見ると云うのは、それを外において、眼で外物を見る如くに見るのでなくて、内に感ずることである。つまり、光明が吾等のうちに動く、それを感ずるのである。自分の眼で外の物を見る場合の如く、感性的確実性がそこにあるので、それで見ると云う。見るは、感ずるのである、信ずるのである、証するのである」。そして、この阿弥陀仏の教説において、それが多く有相的、感覚的に表現されているのは、「俗世間の云い草にしばらく妥協したもので、それを文字通りに解したら体験の事件は大いに歪曲せられてしまう。吾等はいつも二元の世界に居て話しするから、何事もそんなふうになって来る。殊に真宗の立場――教相なるもの――は、この立場を絶えず顧みて行こうとするから、浄土の如実相を解せんとするものは、深く心をここに致さなければならぬ」といっている。

「場所的論理と宗教的世界観」（西田幾多郎全集第一一巻）西田幾多郎（昭和二〇年、岩波書店）

宗教とは、有限と無限、相対と絶対というごとき、過程的関係において成立するものではない。我々の自己自身の存在が根源的に問われてくるときに、はじめて問題となるのであるとする。そして、「若し対象的に仏を見ると云う如きならば、仏法は魔法である」「神とか仏とか云うものを対象的に何処までも達することのできない理想地に置いて、之によって自己が否定的肯定的に努力すると云うのでは、典型的な自力である。それは宗教と云うものではない。そこには全然親鸞聖人の横超と云うものはない。最も非真宗的である」といい、また「神は絶対の自己否定として、逆対応的に自己自身に対し、自己自身の中に絶対的自己否定を含むものなるが故に、自己自身によって有るものであるのであり、絶対の無なるが故に絶対の有であるのである」といっている。その意味において、真の絶対とは、「絶対矛盾的自己同一的でなければならない。我々が神と云うものを論理的に表現する時、斯く云う外はない」のである。かくして、「神は何処までも自己否定的に此の世界に於てあるのである。此の意味に於て、神は何処までも内在的である。故に神は、此の世界に於て、何処にもないと共に何処にもあらざる所なしと云うことができる」のであり、阿弥陀仏とは、「何処までも超越的なると共に何処までも内在的、何処までも内在的なると共に何処までも超越的」であってこそ、まことの阿弥陀仏といいうるとするのである。そしてまた、それと人間との関係は、表現的関係であり、言葉が媒介となるとして、「仏教に於ても、真宗に於ての如く、仏は名号によって表現せられる。名号不思議を信ずることによって救われると云う。絶対者即ち仏と人間との非連続の連続、即ち矛盾的自己同一的媒介は、表現による外ない、言葉による外ない。仏の絶対悲願を表すものは、名号の外にないのである」といっている。阿弥陀仏と人間の逆対応的関係は、ひとえに名号によるというわけである。さらに西田幾多郎氏は、これからの宗教理解について、「従来の如き因襲的仏教にては、過去の遺物たるに過ぎない。普遍的宗教と云っても、歴史的に形成せられた既成宗教であるかぎり、それを形成した民族の時と場所とによって、それぞれの特殊性を有っていなければならない。何れも宗教としての本質を具しながらも、長所と短所とのあることは已むを得ない。唯、私は将来の宗教としては、超越的内在より、内在的超越の方向にあると考えるものである」といっている。

『親鸞と現代』武内義範（昭和四九年、中央公論社）

現代の神学において、神を自己の外に対する超越としてではなしに、むしろ、自己自身の内面の方向に捉えようとする考え方があるのに対して、「私は非常に保守的な浄土教の信者である」からとことわりながら、「神あるいは超越者は人間にとって、やはり上の方に在るものであるということを、あるいはそういうふうに象徴せざるを得ないなにものかを持つものであると、考える」といっている。そして超越というものは、「単に人間に対する神として、人間――神関係のうちでだけ把えられるべき超越者ではなく、世界というものとの関係でも、私――汝と同様に、世界対世界として考えられねばならない」「真の超越は世界に対する超越という意味をまた必ず含んでいる。私の考えている超越というのは、どこまでも宗教的実存（私）に対して超越的である（汝）面とともに、また世界に対しても超越であるもの（彼岸）である」といっている。すなわち、超越とは、主体に対する超越とともに、世界に対する超越という意味をもっているというのである。そして「神とか仏とかいうことの意味も、人間がこのような人間としてこの世界において在るかぎり、世界超越はつねにある意味で西方浄土的でなければならない」といっている。そしてまた、その世界超越について、「超越しつつ彼岸的世界から――すなわち超越的世界から――現在的世界へというかたちで、将来から現在へと現在してくる将来するものである。われわれに対して超越的に将来するものとして現在してくる者が、真の超越であると私は考える」といっている。

結び

以上、近代における阿弥陀仏思想に関する、教理史研究、教義学研究、および哲学的研究の各分野について、主なる学説を要約紹介したが、それらの研究諸学説を踏まえて私的に結論するならば、その教理史研究の分野においては、いろいろ問題は残るが、いちおうは、阿弥陀仏思想とは、紀元一世紀のころ、北西インドにおいて成立したものと考えられ、それはインド内外の諸思想の影響をうけながらも、基本的には、釈尊観の展開として生成、発展したものというべきであろう。そしてことに、この阿弥陀仏思想を萌芽せしめた基盤が、仏塔崇拝の在家信者中心の教団であったと考えられるという指摘は、充分に注目すべきであると思われる。また教義学研究の分野においては、東西両本願寺系のそれぞれの教学の性格的相違が明瞭であって、興味深いところである。

思うに、阿弥陀仏とは、我々にとって、たんに二元論的、対象的に、自己の外に向かって思惟されるべきものではなかろう。ひとえに実存的に自己の内に向かって探ねてゆき、絶対自己否定的に、自己が自己の根源に徹底、沈潜するという方向においてこそ、よく出遇いうるものであるということを忘れてはなるまい。その点、清沢満之氏とその流れを汲む人びとの、阿弥陀仏理解には学ぶことが多いと思われる。またその哲学的研究の分野においては、もとより武内義範氏のいうごとく、それはもともと汝として、また彼岸なるものとして象徴せざるをえないものであるとしても、西田幾多郎氏の「将来の宗教としては、超越的内在よりも内在的超越の方向にあると考える」という発言は、今後我々が阿弥陀仏について考察する場合、充分に傾聴されるべき言葉であると思われる。また鈴木大拙氏の「弥陀は所与として吾等の面前に立ち塞がっているというよりも、吾等の方から何とかして彼に突き当るようにしなければならぬのである。この何とかしてが、念仏行なのである」という提言も、とかく念仏が軽視されがちな今日の真宗教義学においては、深く反省させられる重要な指摘であると考えられる。

四、阿弥陀仏に関する自己領解

命名と告名

阿弥陀仏（親鸞においては阿弥陀仏とはまた南無阿弥陀仏であった）という名称は、無量光明（Amitābha）、無量寿命（Amitāyus）の仏という意味を表象している。しかし、その阿弥陀仏という呼称は、いつから始まり、誰が命名したものであろうか。親鸞はその『浄土和讃』に、

十方微塵世界の　念仏の衆生をみそなはし
摂取してすてざれば　阿弥陀となづけたてまつる（真聖全二、四九五頁）

といっている。この文からすれば、阿弥陀仏とは、親鸞がそう「名づけたてまつった」というように理解される。こちらから阿弥陀仏に対して、そのように命名した呼称である。ただし、この呼称は親鸞が初めてではない。それには歴史がある。この和讃は、『阿弥陀経』の意趣について讃じたものであるが、その『阿弥陀経』によると、

彼の仏の光明は無量にして十方の国を照らすに障礙するところなし。この故に号して阿弥陀と為す。彼の仏の寿命およびその人民も無量無辺阿僧祇劫なり。故に阿弥陀と名づく。（大正蔵一二、三四七頁）

と説かれている。またそのサンスクリット本（Sukhāvatīvyūha）によれば、

かの如来と、かの人々の命の量は無量である。こういうわけで、かの如来を無量寿と名づけるのだ。かの如来の光は、一切の仏国土において、さえぎるものがない。こういうわけで、かの如来を無量光と名づけるのだ。（岩波文庫『浄土三部経』下、八一頁）

とある。阿弥陀仏とは、経典の説者としての釈尊によって、そう名づけられたというのである。したがって、阿弥陀仏とは、いちばん最初には、釈尊によって命名されたのであり、それがインド・中国・日本と、浄土教の流伝にしたがって親鸞にまで至ったというわけである。かくして親鸞が「阿弥陀となづけたてまつる」というのは、もと経典によってそのように命名され、浄土教の先達によってそう呼びならわされてきたものを、親鸞もまたそれを承けて、そのように「なづけたてまつる」という意味である。

しかしながら、親鸞はまた『一念多念文意』に、

この如来を方便法身とはまふすなり。方便とまふすは、かたちをあらわし、御なをしめして、衆生にしらしめたまふをまふすなり。すなわち阿弥陀仏なり。（真聖全二、六一六頁）

と明かしている。阿弥陀仏とは、阿弥陀仏自身が、形を現わし、名を示して、衆生に向かって到来したものであるというのである。この文からすると、阿弥陀仏の呼称は、こちらから命名したのではなくて、阿弥陀仏自身が、そのように告名したものであるということである。そのほか親鸞はまた『唯信鈔文意』にも、

この一如よりかたちをあらはして方便法身とまうす、その御すがたに法蔵比丘となのりたまひて（真聖全二、六三〇頁）

といい、また『尊号真像銘文』には、

阿弥陀の三字に一切善根をおさめたまへるゆへに、名号をとなふるはすなわち浄土を荘厳するになるとしるべしと也と。（真聖全二、五八七～五八八頁）

と明かしている。また『歎異抄』にも、

誓願の不思議によりて、やすくたもちとなへやすき名号を案じいだしたまひて、この名字をとなへんものをむ

かへとらんと御約束あることなれば、（真聖全二、七七九頁）と説くところである。これらはいずれも、阿弥陀仏という名は、阿弥陀仏自身による告名であるという意味を示すものである。

とすれば、阿弥陀仏という呼称は、こちらからそう命名したものであると同時に、それはまた阿弥陀仏自身の、この現実に対する告名でもあるということになるが、そのことはいったいいかに理解すべきであろうか。私はこのような阿弥陀仏の呼称について、それがこちらから命名したものだということと、向かうから告名したものであるというところに、阿弥陀仏に関する領解の基本的な鍵がひそんでいるように思うことである。そこで以下この問題を中心に、私の阿弥陀仏に関する領解について、いささかの概説を試みることとする。

仏教のめざすもの

釈尊が、その生涯をかけて説いた教法において、私たちの願求すべき究極的目標として指示したものは、涅槃の世界であった。涅槃とは我執煩悩の滅尽した世界を意味する。釈尊は、人間はすべからく、この我執煩悩を滅して涅槃に到達せよと教えたのである。その涅槃のことはまた正覚ともいわれる。我執煩悩を滅するとは、そのことをより積極的に表現するならば、無明を離れて真理を覚る、如実知見をうるということでもある。かくして釈尊の教示したもの、仏教がめざす究極的目標は、この涅槃、正覚に到達することであるが、そのことは、さらにいうならば、新しき智慧を開覚することでもあった。

智慧とは、それが私における知る営みに属するものであるかぎり、基本的には、人間における知的営為として成立するものであるが、それはまた、人間のそういう日常的な知性の営みの、根源的な否定において現成するものでもある。その意味において、智慧は、知識とは異なっている。知識とは、構造的には、知るものとしての主観と、知られるものとしての客観の、主客分別、能所対立において成立する営みである。そこでは主観はどこまでも主観であり、客観はどこまでも客観であって、両者は対立したままで即一することはない。たとえば、科学における知識がそうである。科学というものは、近世にいたって人間の理性の自立を基盤として成立したものであるが、そこでは人間とか自然などを、徹底して対象的、客体的にとらえ、そこにひそむ普遍的な法則をたずねて、それを理論的、体系的に説明したり、またその法則に基づいて、さまざまな技術文明を開発してゆく営みである。そして、このような科学における知識とは、さらに厳密にいえば、自然科学と社会科学と人間科学との相違があるが、基本的には、科学における知識とは、つねに客観的な方向において成立するものであって、普遍的であり、抽象的である。その点、科学においては、科学する主体としての自己、具体的な自己自身というものについては、ほとんど問われることはないわけである。それに対して哲学における知識とは、このような科学において、つねに対象を客体的にとらえるところの、科学する主体そのものを問い、そしてまたそれとともに、あらゆる存在の根拠を問うて、真なる存在とは何かということを究明せんとするものである。しかしながら、哲学における思惟というものは、その一般的な性格について論じるならば、なお問うものと問われるもの、主観と客観の対立関係において成立するものであって、自己を問い、あらゆる存在の根拠を問うといっても、その問う主体としての自己自身は、なお問われる自己や存在に対しては、依然として問うものとしての主観でしかないわけである。この主観のところに成立してくる思惟の営みが哲学である。そのゆえに、哲学は科学とは異なって、つねに特殊的、個別的な形態をとることとなる。哲学的思惟というものが、つねにカント哲学とかヘーゲル哲学などというように、個人の名前が冠せられる哲学として成立する所以であろう。その点、哲学というものは、自己を問うといいながらも、哲学する自己自身は、根源的には問われることなく、それはなお問いの対象外に残留し続けているわけである。そしてまたこのように哲学において、ものを客観として捉え、対象化して知るということは、人間の存在が本来的に自己中心的であるところ、それがどれほど純粋であるとしても、なおそのことは本質的には、ものを自己中心的に知ってゆくという面を、完全には脱却することはできないであろう。

それに対して、仏教において語られる智慧とは、具体的な自己自身に対する問いの欠落した科学における知識や、自己を問いながらも、なおもそれを客体化し、自己自身の存在の本質にまで徹底しえない一般の哲学における認識とは、明らかに異なっている。仏教における智慧とは、主観と客観が能所分別的に対立しながらも、しかも同時に、それを超えて、両者が即一して、主観が客観であり、客観が主観であるというごとき構造において成立するものである。すなわち、自己が自己自身を対象化することなく、主客相即的に、自己中心的な見方を離れて、ありのままに知ってゆくのである。そしてこのように自己自身を対象化することなく、ありのままに知ることのできる知は、またそのまま、あらゆる存在を対象化、抽象化することなく、あるがままに知ることのできる知でもあるわけである。ここに仏教における智慧の基本の性格がある。かくして仏教における智慧とは、それが人間における知的な営為であるかぎり、主観と客観の対立において成立するものでありながら、また同時に、主観が客観であり、客観が主観であるというごとき、主客即一的な構造において成立するものである。しかしながら、そのことはたんに主客対立を離れてどこかに移るということではない。その主客の分別、対立を極めてゆく、その分別、対立を自覚的、否定的に超出してゆくという方向において成立してくるものであって、智慧とはつねに、主客対立の知識を自己の内に否定的に含んで成立しているのである。そのことは、まことの涅槃というものは、生死に住せずしてまた涅槃にも住することなく、つねに無住処涅槃であるといわれ、またまことの智慧としての無分別智（根本智）は、清浄世間智（後得智）において究竟すると語られるところに、よくうかがわれるものである。

そしてこのように主観と客観の対立において、ものを対象的、自己中心的に見るということは、ものがありのままに知られていないという意味において虚妄であり、その反対に、主観と客観の即一において、自己中心性を脱して、ものそのものをありのままに見るということは、ものがそのものとして知られるという意味において真実というるであろう。いまこの仏教における智慧を、かかる真実と虚妄という概念で語るならば、真実とは虚妄を遠く離れているが、それはたんに虚妄と無関係になるということではない。真実というものは、虚妄に対立するものでありながら、しかも同時に、虚妄を離れずして、それをつねに自己に同化してゆくというところに、真実の真実たる意味が存在するわけである。すなわち、真実とは、つねに自己に対立する虚妄を自己自身として存在するものである。真実と虚妄とは絶対矛盾的自己同一的な関係なのである。親鸞が『高僧和讃』に、

無礙光の利益より　威徳広大の信をえて
かならず煩悩のこほりとけ　すなはち菩提のみづとなる
罪障功徳の体となる　こほりとみづのごとくにて
こほりおほきにみづおほし　さはりおほきに徳おほし（真聖全二、五〇五～五〇六頁）

と説くものは、まさしくこのような論理を意味するものである。信心においては、煩悩と菩提は対立し、罪障と功徳は矛盾するものであるが、また同時に、煩悩は菩提となり、罪障は功徳の体となるのである。それはあたかも氷と水のごとくであって、氷が融けるならば水となるが、氷が多ければ多いほど水が多いように、罪障煩悩が多ければ多いほど、また功徳菩提も多い、というわけである。釈尊がその教説においてつねに指示したもの、仏教における究極的な目標は、我々が、このような智慧、真実を獲得してゆくということであったのである。

かくして、仏教がめざすところの智慧――涅槃、正覚とは、この迷妄の世俗を超えてはるかなる彼岸、出世なるものでありながら、しかもまた、それはこの現実の世俗を離れて得られるものではなく、つねに此岸のただ中に到来するものである。すなわち、それは超越にして内在、内在にして超越なるものなのである。

真実の到来

仏教の究極的目標としての智慧とは、この世俗を超出しながらも、また同時に、絶えずこの現実に到来しつつあるというが、浄土教の歴史の中で、そのような智慧のありようについて、最も詳細に論述し、また後世の親鸞に多大の影響をおよぼしたものは、曇鸞の『往生論註』である。この『往生論註』においては、

般若とは如に達する恵の名なり。方便とは権に通ずる智の称なり。如に達すれば、すなわち心行寂滅なり。権に通ずれば、備さに衆機を省みる。機を省みるの智は備さに応じて無知なり。寂滅の恵また無知にして備さに省みる。然ればすなわち、智恵と方便と相い縁じて動じ、相い縁じて静なり。動の静を失わざることは智恵の功なり。静の動を廃せざることは方便の力なり。（真聖全一、三四二頁）

と明かしている。般若とは原語 prajñā（paññā）の音写で、出世なる智慧のことをいう。方便とは upāya の意訳で、本来には「近づく」という意味をもち、智慧がこの世俗に到来する慈悲の態をあらわす語である。そこでこの文の意味するところは、般若、智慧とは、この世俗を超出して、究極的真如、真実を開覚した世界について明かしたものであり、方便、慈悲とは、その智慧が世俗に向かって到来する態について名づけたものである。智慧とは、心行寂滅にして、つねにこの世俗、分別の境界を超えているが、また智慧それ自身の本質として、絶えずこの世俗に方便到来し、決して世俗、分別を離れるものではない。そしてその方便、慈悲もまた、つねにこの世俗、分別の境界

に通じながらも、それは真如、法性と異なるものではなく、つねに智慧にまで還帰しているのである。すなわち、動にして静を失わず、静にして動を廃せず、般若と方便、智慧と慈悲とは、相対しつつも、また互いに相即するものなのである。曇鸞はまたそれを諸仏、菩薩の法身に即して明かし、

諸仏菩薩に二種の法身まします。一には法性法身、二には方便法身なり。法性法身に由って方便法身を生ず。方便法身に由って法性法身を出す。この二の法身は異にして分かつべからず、一にして同ずべからず。是の故に広略相入して統ずるに法の名をもってする。（真聖全一、三三六～三三七頁）

と述べている。曇鸞によれば、真実の智慧を覚証した諸仏、菩薩の法身については、法性法身と方便法身の二種の法身があるというのである。その法性法身とは、真如法性、般若、智慧を表象したものであり、方便法身とは、その般若、智慧のこの世俗への方便到来する態を表象したものであって、方便、慈悲の働きをいうわけである。そしてその両者は、由生由出、不一不異の関係にあって、法性法身によればこそ慈悲なる方便法身が生起し、方便法身あればこそ智慧なる法性法身がよく顕出しうるのである。そしてそのゆえに、両者は不一として、相互に独立して存在するものでありながら、しかもまた、両者は不異にして、相互に他なくしては存在しえず、その法性法身と方便法身、広と略とは、よく相入するというのである。

親鸞はこの曇鸞の二種法身の説をうけて、その『唯信鈔文意』に、

しかれば仏について二種の法身まします。ひとつには法性法身とまうす、ふたつには方便法身とまうす。法性法身とまうすは、いろもなし、かたちもましまさず。しかればこころもおよばず、ことばもたえたり。この一如よりかたちをあらはして方便法身とまうす。その御すがたに法蔵比丘となのりたまひて不可思議の四十八の大誓願をおこしあらはしたまふなり。（中略）この如来すなはち誓願の業因にむくひたまひて報身如来とまう

すなり。すなはち阿弥陀如来とまうすなり。（真聖全二、六三〇～六三一頁）

と明かしている。智慧なる法性法身とは、色もなく、形もましまさず、心もおよばず、言葉もたえたる、究極的な出世の境界を意味し、その法性法身より、この世俗に向かって到来し、示現した方便法身こそが、阿弥陀仏であるというのである。すなわち、阿弥陀仏とは、もと不可称、不可説なる出世の智慧、真如、法性が、それ自身の必然として、それと不一不異、広略相入なる関係を保ちつつ、この世俗に対して、方便、到来し、示形、垂名したものであるというのである。

この阿弥陀仏の方便、到来の相状については、『無量寿経』に詳しいが、それによると、久遠無量数劫の過去において、錠光如来以来の数多くの仏たちが出世して衆生を救済したのち、世自在王如来が在世のとき、一人の国王があって、その説法を聞いて発心し、法蔵と名のって仏道を行ずることとなった。この法蔵菩薩は、四十八種の誓願を発し、永く六波羅蜜の行業を修習した。そしてついに仏果を成就し、仏土を建立した。その仏を阿弥陀仏といい、その仏土はここより十万億の仏土を過ぎた西方の彼方にあるという。そしていまもなお、この阿弥陀仏はその浄土にあって、あらゆる衆生に向かって説法し、招喚しているというのである。『無量寿経』は、この法蔵菩薩の発願、修行と、阿弥陀仏の現在説法、浄土の荘厳相について、有相的に詳細に説示しているが、それらはすべて、上に見たごとき、智慧、真実なる法性、真如の、この世俗に対する方便、到来の態を意味するものであって、それはさらにいえば、その宗教的な象徴表現にほかならないといいうるであろう。親鸞が、その「自然法爾章」に、

弥陀仏は自然のやうをしらせんれうなり。（真聖全二、五三〇～五三一頁、六六四頁）

と示したものは、まさしくそのことを意味するものであろう。阿弥陀仏とは、経典には、さまざまに説示されているが、それは帰結するところ、自然、すなわち、究極的な智慧、真実のありさまを知らせるための「れう（料）」

であって、その象徴的表現にほかならないというのである。

宿世の本願

この阿弥陀仏について説いた『無量寿経』の中心教説は「本願」であり、その本質は「名号」である。親鸞がその『無量寿経』を解するについて、

如来の本願を説いて経の宗致となす、即ち仏の名号をもって経の体とするなり。(「教巻」真聖全二、三頁)

というごとくである。

この法蔵菩薩が発願したという誓願、本願とは、原語では pūrva-praṇidhāna といわれるが、それは直訳的には宿世の誓願のことであって、遠い過去世からの志願、宿願ということを意味している。すなわち、無始以来、始めなきその始めから、今日に至るまで絶えることなくして続いている志願である。したがってそれは、法蔵菩薩によって発起されたものというよりも、むしろこの無始以来の宿願の中からこそ、法蔵菩薩が誕生し、阿弥陀仏が出現したともいいうるものであろう。まさしく無始以来の宿世の本願である。

この本願とは、仏の心を表わしたものにほかならないが、仏の心とは「大慈悲これなり」(『観無量寿経』、大正蔵一二、三四三頁)と説かれている。慈悲とは、慈とは、原語は maitrī であり、それはもと友人、仲間を意味する語から生まれたものであって、いかなる障害をも越えてつながる深い友情、連帯のことである。悲とは、原語は karuṇā であって、憐愍、同情を意味し、他者の苦悩を我が苦悩として共感するところの、同体の心情のことである。かくして仏の心としての慈悲は、一切の有情の苦悩を自己の内に同体的に共感しつつ、しかもまた、その有情との自他一如なる生命の連帯を自覚する心のことであって、それはすなわち、上に見たところの、般若、智慧の世

俗に対する方便、到来の態、その働きを具体的に表象したものにほかならないわけである。ことにその悲の原語であるkaruṇāとは、その原意は「呻き」であるともいわれている。仏心はつねに大きな苦悩に耐えつつ呻いているというのである。とすれば、仏は何ゆえに苦悩し、呻吟しているのか。極楽浄土の主である阿弥陀仏自身には、一片だに苦悩の原因が存在するはずはなかろう。にもかかわらず、阿弥陀仏が呻いているといわれるのは、いかなる理由によるものか。それは仏心が、つねに智慧に基づくものであるからである。智慧とは、すでに上に見たごとくに、主観と客観が相即し、自他一如の関係において成立する知の営為である。したがって、そういう智慧を基盤とする仏心とは、その必然として、つねに他者を同体として意識し、それに対する不可分なる連帯を自覚するが、その仏に対する私が、どこまでも仏に背反して無明煩悩の存在であり、地獄一定の業道を生きているかぎり、両者は決定的に矛盾し、対立することとなる。真実と虚妄、涅槃と生死の矛盾、葛藤である。しかもその矛盾、葛藤とは、真実、涅槃のただ中における出来事である。それはあたかも、大いなる慈愛に包まれていながら、なおもそれに反抗するごときものであろうか。ここに仏の呻きが生起してくる理由がある。仏はこの地獄一定の私を包んで、久遠の昔から、その矛盾、葛藤に苦悩し、呻吟し続けているのである。

その点、この慈悲とは、キリスト教において語られる神の愛（アガペー）とは異なっている。アガペーとは、キリスト教義の根本をなすものであって、それは基本的には、イエス・キリストの出現、およびその十字架上の死に実現されているごとくに、徹底した自己放棄に基づく他者実現の心のことである。自己に敵対するものに向かっても、なお自己を捧げてゆくという、一途なる自己否定の愛である。それに対して、仏教における慈悲とは、主客相即の智慧に基づくものである。それはたんに自己否定による他者実現、自己から他者へという関係ではない。それは主観が客観であり、客観が主観であるという自他相即の関係において、すなわち、自己が徹底して否定されるとともに、他者もまた根源的に否定されるということにおいて、自己と他者が、矛盾対立しつつ、しかも同時に、自己同一的に相即するという態において生成してくるものなのである。かかる論理的構造をもって成立するもの、ここに仏の慈悲、そしてその本願の基本的な性格が存在するわけである。

阿弥陀仏の本願とは、『無量寿経』によれば、四十八種あると説かれている。その内容を大きく分類すると、浄土荘厳の願、仏身荘厳の願、衆生摂取の願、救済勝益の願の四種に区分できるようである。はじめの浄土荘厳の願とは、いかなる浄土を建立するかについて願じたもので、第十一願の必至滅度の願に集約される願をいい、次の仏身荘厳の願とは、自らがいかなる仏身を成就するかについて願じたものであって、第十二願の光明無量の願、第十三願の寿命無量の願、および第十七願の諸仏称名の願に帰結される願をいい、また衆生摂取の願とは、いかにして衆生を摂取するかについて願じたもので、第十八願の至心信楽の願、第十九願の修諸功徳の願、第二十願の植諸徳本の願の三願をいい、最後の救済勝益の願とは、仏に救済されたものが、いかなる勝益をうるかについて願じたもので、主として第二十一願の具三十二相の願以下の願をいう。仏の本願は、このように多様に分かれているが、その中心は、第十八願の至心信楽の願であり、他の四十七種の願は、ことごとくこの第十八願に摂入されるものである。この第十八願とは、

設い我れ仏を得んに、十方の衆生、心を至し信楽して我が国に生まれんと欲いて、乃至十念せん。若し生まれずば正覚を取らず。唯五逆と正法を誹謗せんをば除く。（大正蔵一二、二六八頁）

と説かれるものである。仏心を信知し、その仏名を称するものは、すべて必ず浄土に往生せしめるという願いである。そしてここで注目すべきは「若し生まれずば正覚を取らず」という言葉である。もしも衆生が浄土に往生できなかったら、仏は仏にはならない、私の往生と仏の正覚とは同時一体である、という誓願である。このことは何を

意味するものか。それは仏が絶対者としてすでに存在していて、その仏が一切の衆生に向かって到来し、救済するということではない。仏と私は、そういう二元論的関係の存在ではない。仏は私において、その信知の体験、往生の成就において現成し、私が仏を信知するとは、まさしくこの私自身が、そういう仏において存在していることにめざめてゆくことにほかならないのである。すなわち、仏は、私の往生において仏であり、したがってまた、私とは、仏において、仏に出遇うことにおいてこそ、初めてまことの私でありうることとなるわけである。

かくして、真実の到来としての阿弥陀仏とは、決してこの私の存在を離れて求められるべきものではない。つねに私の存在に即して、私が私を尋ねて、まことの私自身に出遇うことにおいて、それとひとつになって、超越の仏に出遇いうることとなるのである。

名号の開示

親鸞は、上に引いたごとくに、阿弥陀仏について説く『無量寿経』の中心は「本願」であり、その本質は「名号」であるといっている。『無量寿経』の本質が名号であるとは、いったいいかなる意味を表わしているのであろうか。すでに上に見たごとく、究極的な真実としての般若、智慧は、この世俗を超えながらも、またそれ自身の必然として、つねに世俗に向かって方便、到来し続けているものであるが、それがいかなる形態をもって到来しているかについては、経典によれば、二種の形態をもって到来していると説かれている。そのひとつは、姿形をもって、すなわち、仏身を示現して到来しているというのであり、いまひとつは、言語を通して、すなわち、自らの仏名を告名して到来しているというのである。したがって、私たちがその仏に出遇うためには、仏身を示現するについては、それを観見するという見仏の道が要求され、仏名を告名するについては、それを聴聞するという、聞名ないしは称名の道が語られてくることとなるのである。それは阿弥陀仏についていえば、はじめの仏身としての到来、見仏の道について主として明かしたものが、ことには『観無量寿経』であり、のちの仏名としての到来、聞名、称名の道について主として明かしたものが、『無量寿経』および『阿弥陀経』である。ことにその仏名としての到来、聞名、称名の道について詳細に明かしたものが『無量寿経』である。親鸞が『無量寿経』の本質を明かすについて、それが名号であると語った所以がここにある。かくして、浄土教においては、阿弥陀仏を姿形中心に仏身において捉える立場と、それを言語中心に仏名において捉える立場の二種の立場、それを仏道に即していうならば、見仏の道と聞名、称名の道の二種の行道があって、すでにインド以来、その浄土教理史の展開のあとにおいて、この二種の立場、行道実践の流れが見られるのである。すでに明らかなごとく、インドにおいては、龍樹の浄土教思想においては、聞名（称名）の道が中心となり、世親の浄土教思想においては、見仏（観察）の道が主流となっているわけである。そしてそれが中国に流伝するについては、その聞名、見仏の二系統が、ともに伝えられていったが、ことに曇鸞の浄土教思想においては、それが主として、龍樹の浄土教を継承したことから、もっぱら名号の立場、聞名、称名の道が注目され、ついで道綽を経由して善導に至ると、きわめて鮮活に名号の立場が選び取られることとなり、その行道については、称名正定業が主張されることとなったのである。そしてまた日本における浄土教思想については、その見仏の道と聞名の道の二系統がともに伝来し、それぞれが錯綜しつつ受容、伝承されていったが、ことに法然に至ると、中国の善導浄土教に偏依して、阿弥陀仏を名号として捉え、その仏道もひとえに称名の道として明かされることとなった。かくしてこの法然によって、浄土の教法が独立せしめられるにおよんで、インド以来、二系統として伝承されてきた浄土教が、ついに阿弥陀仏とは、名号において到来するものであり、その仏道とは、ひとえに名号の立場、称名（聞名）の道にほかならないと領解されるに至ったわけである。そのことはまた

『無量寿経』の基本の立場でもあって、浄土教において、この『無量寿経』が最も重視されてくる所以でもある。親鸞は、この法然の浄土教思想を学び、それを継承したのであって、その浄土教の領解において、きわめて明確に、名号の立場に立ち、その仏道についても、ことに聞名（信心）の道を明かしたことは、すでに周知のところである。法然における仏道を称名の道といい、親鸞における仏道を聞名（信心）の道というについて、それは本質的には決して別異するものではない。何ゆえにそう語られたかについてはさらに論究しなければならないが、いまは主題から離れるゆえに省略することにする。ともあれ、親鸞がその礼拝の対象としての本尊について、形像を廃して、名号本尊を依用したこと、およびその行道の理解において、もっぱら称名、そして聞名、さらには信心の道を明かしたことは、よくそのことを物語るものである。

名号とは、「名」とは、その字源を検すると、よく見ることができないもののために、自らが口を開いて自己の存在を告げることを意味し、「号」とは、その字源を検すると、大声で叫ぶことを表象するものであるといわれている。すなわち、名号とは、煩悩に眼を障ぎられて見ることができないもののために、仏が自らの口を開き、大きな叫び声をもって、自己の存在を告知するものという意味をもっているのである。すなわち、名号とは、真実が私たち虚妄の世界に向かって、自己開示したもの、自らを告名したものといいうるのである。阿弥陀仏という名号は、すでに見たごとく、経典によってそう名づけられ、命名されたものであった。しかしながら、またすでに種々に見てきたごとくに、それは世俗を超えた究極的な真実としての般若、智慧が、それ自身の必然として、方便、到来し、自ら告名し、示現したものにほかならないものでもある。すなわち、阿弥陀仏なる仏名は、この虚妄の世界から、かの真実に向かって、そう命名したものであると同時に、またかの真実の世界から、この虚妄に向かって、そう告名したものなのである。まさに「本願招喚の勅命」（「行巻」真聖全二、二二頁）にほかならないのである。命名にして告名、告名にして命名、此岸から彼岸への名づけであり、彼岸から此岸への名のりなのである。この名号における命名と名告、このことはいったいいかに理解すべきであろうか。

すでに上において指摘したごとくに、阿弥陀仏とは、帰結するところ、究極的な智慧、真実のこの世俗に対する方便、到来の態としての、宗教的な象徴表現にほかならないものであったが、この宗教的な象徴とは、いかなる意味をもつものか。いまは次のごとく理解すべきであると思う。すなわち、宗教的な象徴とは、究極的な真実がこの現実の世界に向かって自己開示しようとするとき、すなわち、究極的な真実、実在を直接に信知ないしは覚証体験したものが、その内容を、この世俗に向かって語り明かそうとするとき、その場合、必然的にとらざるをえない表現手段である。したがって、それはつねに世俗肯定的であるが、また同時に、それはつねに世俗否定的であるという矛盾的構造をもっている。すなわち、それは世俗的、一般的に経験されているものを素材として語るほかはないが、それが究極的、出世的な内容について表象するものであるかぎり、また同時に、その世俗的な素材は根源的に否定されなければならないのである。経典、論釈において、阿弥陀仏やその浄土を象徴するについて、さまざまな此岸的、世俗的な事物や事象を仮借して表現しながらも、またそれについて、「無」「不」「非」などの否定的な言辞が多く付せられている所以である。たとえば、阿弥陀仏について「無量光」「無量寿」と明かすごとくである。このように宗教的な象徴とは、その表象において、肯定と否定の矛盾的構造をもっているのである。そしてまた象徴とは、象徴表現それ自身を超えて、究極的な真実、実在そのものを指示するものである。すなわち、象徴は、象徴それ自身がただちに究極的な真実、実在それ自身ではなく、それはかかる究極的な真実、実在を指示するものなのである。しかしながら、また象徴とは、基本的には、決して代替えできるものではなく、つねにその究極的な真実、実在そのものに深く関与しているのであって、それは究極的な実在そのものが、その象徴それ自身において自己開示したという意味をも含んでいるものなのである。すなわち、親鸞がその『教行証文類』の「化身土巻」に『大智度論』の文を引用して、

人指を以て月を指し以て我を示教するに、指を看視して月を視ざるが如し。人語りて言わん、我指を以て月を指し汝に之を知らしむるに、汝何ぞ指を看て月を視ざるやと。此れまた是の如し。語は義の指と為す、語は義に非ざるなり。此を以ての故に語に依るべからず。（真聖全二、一六六頁）

と明かすものは、よくその意味を示すものであろう。ここでいう「指月の指」としての「語」を名号として理解するならば、月を指す指《ゆび》としての名号、その象徴語は、どこまでも究極的な真実、実在としての「義」（月）を指示するものであって、真実、実在それ自身では決してない。まさしく「語は義に非ず」であり、「語に依るべからず」である。すなわち、すでに見たごとく、阿弥陀仏という名号は、此岸から彼岸への名づけ、命名にほかならないのである。しかしながら、またそのことはさらに再考するならば、その月を指す指《ゆび》が、その意味を保持しうるのは、ひとえに月の光沢を受ければこそである。指《ゆび》によって月が指示されるが、その指はまた月の光沢においてこそ指月の指《ゆび》たりうるのである。その意味においては、指月の指としての名号は、月に対する命名語として、究極的な真実を指示するものでありながらも、それはまた同時に、究極的な真実それ自身が、この虚妄に向かってただちに自己開示し、告名したものともいわねばならないのである。すなわち、阿弥陀仏という名号は、究極的な真実、実在の彼岸から此岸への名のり、告名にほかならぬものでもあるわけである。かくして、この名号とは、宗教的な象徴として、究極的な真実、実在を指示するものであるとともに、また同時に、その究極的な真実、実在それ自身に深く関与するものであって、それは真実自身のこの世俗に対する自己開示そのものにほかならないという意味をも担っているのである。ここに宗教的な象徴といわれるものの基本の意味がある。

私たちが阿弥陀仏に出遇うということは、ひとえに、この本願を学び、この名号を称し、この名号を聞くということにおいてこそ成就するのである。

仏との出遇い

私が阿弥陀仏に出遇う、まことに信心体験をもつということは、ただに経典に説く阿弥陀仏の説話を、対象的に承認するということではない。阿弥陀仏とは、私にとって、たんに対象的、客体的に捉えられるものではない。私の外に、私を離れて、どれほど懸命に阿弥陀仏を求めようとも、そういう方向、そういう二元論的な構造においては、決して阿弥陀仏に出遇えるはずはなかろう。阿弥陀仏とは、「去此十万億刹」(『無量寿経』、大正蔵一二、二七〇頁)なる遠い彼岸に現在するものであるとともに、またつねに「去此不遠」(『観無量寿経』、大正蔵一二、三四一頁)として、いま、ここを離れて存在するものではないのである。阿弥陀仏とは、絶えずこの世俗を超えつつも、しかも同時に、この世俗のただ中に、この私に向かって方便、到来し続けているのである。親鸞が、その『唯信鈔文意』に、

この如来微塵世界にみちみちてまします。すなはち一切群生海の心にみちたまへるなり。(真聖全二、六三〇頁)

と語るごとくである。まことに阿弥陀仏とは、超越にして内在、内在にして超越なるものである。かくして、阿弥陀仏に出遇うためには、この現実の自己自身の実存の相について深く問い、それを内奥に向かって究めてゆくというほかはない。まさに「仏道をならふといふは、自己をならふなり」(道元『正法眼蔵』上、岩波文庫、八三頁)に極まるのである。親鸞もまた同じように、仏法とは、もっぱら「自心を悟らしむ」(「行巻」真聖全二、三八頁)るもの

であると明かすところである。

そこで自己を学び、自己を問うとは、いま、ここなる現実の自己自身の実存の相について問うことである。私の存在の実相とは、根源的に無明煩悩の存在である。より具体的にいえば、私は無始以来、始めなきその始めから、罪業深重にして、ひとえに地獄一定の業道を生きつつあるのである。そのことは、人間の意識の問題でもなければ、理性の問題でもない。私自身の日常的な存在構造の直下を深く掘り下げたところに、その自我、自執の殻が真っ二つに割れてくるという態において、初めて顕わとなってくるような、最も根源的な私の実存の相についていったものである。親鸞は、

一切の群生海、無始より已来、乃至今日今時に至るまで、穢悪汚染にして清浄の心なし。虚仮諂偽にして真実の心なし。（「信巻」真聖全二、五九～六〇頁）

といっている。私が罪業深重であるとは、一切群生海において、また無始已来において、すなわち、一切の空間的な拡がりと、一切の時間的な流れを尽くして、まったく例外なしに、すべての有情とすべての歴史における罪悪深重性であって、そこにはいかなる微少なる一点においても、清浄性、真実性は存在しえないし、その可能性もない。そういう構造において、この私自身は、その全分をあげて根源的に地獄必堕の存在であるというのである。このような自己の真実への反逆性、すなわち、その罪業性への自覚は、自己が自己自身の存在の相を徹底して問うという方向において成立するものであるが、それはまた、たんに自己によって見られた自己の相ではない。自己が自己自身を問うというところでは、そこで見られた自己とは、問う自己がなお残存していて部分的、観念的な自己でしかなく、まことの自己の全相は捉えられてはいない。自己の本質、自己自身のまことの実存の相は、決して対象化されるものではなく、そのかぎり、自己自身によって見ることは不可能である。それはあたかも自己の眼がその眼自

身を見ることができないようなものである。眼が眼を見るためには、鏡の前に立てばよい。鏡を通してこそ、鏡を見、鏡に見られてこそ、初めて眼が眼を見ることが可能となる。いまもそれと同じように、仏法を学ぶこと、阿弥陀仏の本願を学ぶことにおいてこそ、自己がただちに自己自身の実存の相を見ることが成立してくるのである。

そこで阿弥陀仏の本願を学ぶとは、基本的には、その名号を称し、その名号を聞いてゆくことである。名号を称す、念仏を申すということは、

煩悩具足の凡夫、火宅無常の世界は、よろづのことみなもて、そらごと、たわごと、まことあることなきに、ただ念仏のみぞ、まことにておはします。（『歎異抄』真聖全二、七九二〜七九三頁）

と明かされるごとくに、その念仏において、この世界と人生における一切の日常的、世俗的な価値を、ことごとく、そらごと、たわごと、まことあることなしと思い知り、それを念仏の中に向かって選び捨ててゆくことである。そしてまた、それとひとつになって、ただ一途にこそ、念仏のみを、究極的な価値、畢竟依として選び取りつつ生きてゆくということでなければならない。「念仏成仏これ真宗」（『浄土和讃』真聖全二、四九四頁）と明かされる本願念仏の道がここにある。問題は、そういう選びの念仏が、私自身にとって、どれほど確かに成り立ってゆくかということである。もとよりそのことは、ただ口に称名念仏すればよいということではない。そのようなひたすらなる選びの念仏において、その名号を、自己の身にかけて聞いてゆくということこそ肝要である。名号とは、すでに上に見たごとくに、私の願い求むべき究極的な真実について命名されたものであり、それが「指月の指」であるところ、その称名念仏において、一途にこそ究極的な真実、畢竟依を選び取ってゆくべきであるが、その名号はまた、そのまま真実それ自身の、私に対する告知の名のり、呼び声としての告名の意味をもつものであるところ、その念念の称名念仏において、仏の告名を聞思し、真実にふれ、真実に出遇ってゆくということこそ重要であり、ここにまこ

との称名念仏の意味が存するわけである。かくして親鸞が教えるところの本願の称名念仏とは、私から仏への方向において成り立つ称名が、そのまま、仏から私への方向において成り立つところの聞名であるということ、すなわち、私における念念の称名念仏が、そのまま仏の私に対する「本願招喚の勅命」(「行巻」真聖全二、二二頁)として、聞かれてくるようになるということである。その点、私の称名念仏においては、つねにその告名が、私にとって、どれほど深く聞思されてゆくか、いかに確かに聴聞されているか、ということが問われてくるわけである。まことの称名とは、そのまま聞名にほかならないのである。そしてその聞名ということは、すでに親鸞が、その聞名の聞について、

経に聞というは、仏願の生起本末を聞いて疑心あることなし、是を聞というなり。(「信巻」真聖全二、七二頁)

と示すごとく、仏願の生起としての、地獄に堕つべき私の存在の実相を聞き、そしてまた、その私のためにおこされた仏願の本末、大悲の始終を聞き、その二つのことを一つとして、自己自身において主体的に領解、信知してゆくことである。阿弥陀仏の本願を学び、名号を聞くというも、それはたんに阿弥陀仏の本願や名号について、客体的、対象的に思惟し、理解してゆくことではない。それはひとえに、その教法を聞思することを通して、自己自身の実存の相について究め、その虚妄性、罪業性についてめざめてゆくことにほかならないわけである。そしてこのように自己の実存の相にめざめてゆくところ、それに即して、仏の本願、大悲を領解することができるのであり、またその仏の真実にふれることにおいてこそ、それと同時に、よく自己自身の迷妄にめざめてゆくこととなるのである。自己の姿がよく見えてくるということは、すなわち、鏡がよく見えてくるということであり、鏡がよく見えるということは、すなわち、自己の姿がよく見えるということである。そのことはさらにいうならば、この自己自身の実存の相が根源的に虚妄であると否定されることにおいてこそ、仏の真実在が確かに領解されてくるというこ

とである。この自己の存在が虚妄と見定められ、この現実の人生が、そらごと、たわごとと自覚されないかぎり、阿弥陀仏は決して真実在として明確にはなってこない。この娑婆が、確かだと思惟し、そこに安住しているかぎり、浄土は霞んで確かには見えてこない。私の虚妄性と仏の真実性、娑婆の不確かさと浄土の確かさの信知、めざめは、まさに同時に相即して成立するものなのである。

大地の底に向かって井戸を掘れば、やがて必ず水が湧き出る。いよいよ掘れば、いよいよ湧き出てくる。そして水が湧き出れば出るほど、逆に土が掘られて水が出てくる。仏法に導かれ、念仏を申して、自己を学び、自己を問うことにおいて、阿弥陀仏が私にとって向こうから現成してくる。阿弥陀仏が現成してくることによって、私が問われ、その実相がいよいよ明らかになってくる。私の実相が明らかになればなるほど、阿弥陀仏もまたいよいよ明らかになってくる。私が分かることにおいて仏が分かり、仏に出遇うことにおいて私はまことの私に出遇いうるのである。自己自身の罪業についての信知と仏の大悲についての信知は、まさしく二種一具なのである。私が阿弥陀仏に出遇うとは、ひとえにこのような構造において成立してくるのである。

阿弥陀仏が存在するから私がそれを信じるのではない。私自身のまことの信心においてこそ、阿弥陀仏は確かに私にとって現成してくるのである。

註

- 註記はすべて省略した。
- 近代以降の文献の発行年時は初版本の発行年時とし、その引用文は原則として現代仮名づかいに改めた。

浄　土

一、人生とは選びの営為である

人間が生きるということは、選びに生きることである。私たちは日々の生活におけるささやかな選びから、時折り出会う人生の岐路ともいうべき大きな選びまで、さまざまな価値選択の営為を通して、それぞれの人生を形成しているのである。その選択すべき価値体系については、個人的なものから社会的なものまで、きわめて多様な体系が重層し、またその選択についても、選び捨てることと、選び取るという構造をもっているのであって、私たちは日々の営為において、多様な価値体系に基づきつつ、何かを選び捨て何かを選び取って生きているのである。今日の私の人生は、まさしくおのれをかけて選び捨て選び取ったものの集積として成り立っているわけである。しかしながら、そこで選び取られたものはいったい何であろうか。そこには、おのれがこの人生を生きたまことの「あかし」として納得できるような、そしてまたこの生命の完結を覚えるような、そういう貴重なもの、真実なものが、たしかに選び取られているであろうか。私の人生において、そういう究極的な選びが見事に成り立っているであろうか。じつは、いま私の掌中に把捉されているものは、どれほどかけがえのない貴重なものに見えていようとも、すべていつかは空しく色褪せてゆき、やがてはうたかたのごとくに消えてゆくものばかりではないのか。私には、おのれの人生を省みて深い自問が生まれてくる。そして私は、おのれの生命が滅びゆく日に、その生命に対して心から感謝しうるような、そういう生命の充足、完結を覚えるほどの、究極的な選びをこそもちたいものと思うことである。

しかしながら、私たちにとっては、そのような究極的な選び、そこにおのれの人生を生きた「あかし」として納得できるようなもの、おのれの生命の完結を覚えるほどの選びは、この日常的な人生の営みの中では、とうてい見出しえないのではないか。そのことは、この人生をきびしく生きれば生きるほど、おのずから思い知らされてくる人生の実相のようにも思われる。そういう選び、「まこと」とも呼ばれるべき究極的なものは、しょせんこの日常的世俗的な現実の世界においては求めて得られないものではないのか。この現実はどこまでも虚妄不実にして、そらごと、たわごとというほかはない。選ぶべき究極的なもの、「まこと」と呼ばれるべきものは、むしろそういう日常的世俗的な現実を、そらごと、たわごととして、徹底的に否定してゆき、そういう現実を突き抜けて生きるところにこそ、初めて出会えるものではないのか。そのことは、かかる選ぶべき究極的なもの、「まこと」と呼ばれるものが、たんにこの現実を越えた別の世界に存在するということではない。人はよく、そういう「まこと」と呼ばれるべきものが、この現実には存在しないといわれるとき、ただちにこの現実とは隔たったもうひとつの世界を想像し、その超越的な世界の中に「まこと」を求めようとする。しかしながら、私たちの人生はこの日常的世俗的な現実を離れて、ほかに成り立つはずはない。どこまでもこの現実のただ中においてこそである。人生における究極的な選びといい、「まこと」というも、すべてこの現実の世俗的な人生の営為においてのことである。そのことを見落として、いたずらに超越的な世界を語り、来世を夢想しようとも、それはまったく無意味なことである。いまここでいう日常的世俗的な現実を否定し、それを突き抜けて生きるとは、そういう日常的世俗的な現実の人生生活において、日々その選びの営みを懸命に励みながらも、しかもまたつねに、そういうおのれの日常的世俗的な営みの、虚妄不実性を深く思い知って生きるということにほかならない。そのことはたんに、時にはその世俗的な生活に身を沈め、時にはその生活の不実性に心痛むというごとき、二重表裏の人生生活を意味することではない。それはつねに、おのれの人生がそこでしか成り立ちえない日常的世俗的な現実の人生において、自らの人生の生きがいを、その日常的世俗的な現実の中から選び取り、ここにおのれの生命を燃やして懸命に生きつつも、しかも同時にそれと一つになって、その人生の営みのすべてが、末通らざる虚妄不実のものでしかないことの実相を、深く思念して生き続けることであって、それはおのれの人生に対する全面的な肯定と全面的な否定の鋭い矛盾的交錯、歓びと痛みのきびしい相互否定的な対立緊張に生きるということでもある。そのような人生は、念念における、現実の人生生活に対する深い洞察内観に基づき、しかもまた、おのれの人生生活についてより高い志願を抱くことによってのみ、かろうじて成り立ってゆくものであって、それは私たち凡人にとってはまことに至難の道でもあろう。しかしながら、そのことはこの現実の人生生活を、生命をかけて選び取り、誠実にそして懸命に生きつつも、しかもまたそれと一つになって、おのれの人生の虚妄性を深く思い知って痛む生き方、そういう鋭く緊張したきびしい人生を、一途に生き続けるところにこそ、初めて開けてくる道であると思われる。

私は釈尊の教法を通して、さらにはまた親鸞の教説によって、おのれの人生の姿勢をこのように学んでいる。それは私にとっては遥かにしてなお遥かなる険難な道ではあろうが、この道こそが仏道であり、そしてまたここにこそ、親鸞に学ぶ念仏の道があると領解しているものである。

二、浄土とは「さとり」の象徴である

仏教の教理は、その歴史の流れの中で次第に展開して、さまざまに理解され開説されてきたが、その最も基本的な綱格とは、釈尊の根本教説としての四諦の教えであるといわれている。

その四諦の教法とは、苦、集、滅、道の四つの真理について明かしたものである。はじめの苦と集の真理とは、苦とは人生の営みには誰しも苦悩が重畳することを示し、集とはその苦悩は何よりも人間の内なる無明、煩悩に原因するということ、すなわち、私たちの日々の在り方が、あらゆる存在の実相としての縁起の道理に無知であること、さらに言うならば、私たちが絶えず我執の思いにとらわれ、我愛の心に生きているところ、ここに私たちの人生にさまざまな苦悩が生起してくる基因があるというのである。かくして、この苦と集の真理とは、私たちの人生生活のありのままなる現実の相を因果にわたって指摘したものであって、仏教ではそのような状態を「まよい」と語っている。そして、のちの滅と道の真理とは、滅とは人間における生の営みは、そのゆえにこそ、この苦悩の根源としてのおのれの内なる無明、煩悩を滅するならば、そこには必然に、まことの自己を実現しうる新たなる人生が成立してくることを示し、道とはそれに到るための実践行として、正見の道が修習されるべきであると明かすものである。したがって、この滅と道の真理とは、私たちの人生生活のあるべき理想の相を因果にわたって指示したものであって、仏教ではそのような状態を「さとり」と説いているのである。かくして仏教教理の基本的な綱格とは、この四諦の教法における苦集の状態から滅道の状態への向上、すなわち、私たちがその人生生活において、「まよい」の現実から「さとり」の理想に向かって、自己脱皮し、人間成長を遂げてゆくことをめざすものである

といいうるのである。

仏教とは、このように、ありのままの私の現実からあるべき私の理想へ、「まよい」の人生から「さとり」の人生をめざす教えであるが、この「さとり」とは、ありのままなる無明、煩悩の日常的世俗的な「まよい」の否定として、それはつねに現実を越えた彼方に求められるべきものであるが、それはまた、現実の日常的な生の営みにおける「まよい」の在り方への、まさしきめざめの意味を持つものであって、それは決してこの現実を離れて求められるものではないのである。かくて仏教がめざす「さとり」とは、この現実の生活のただ中にありながら、しかもまた、その現実を越えてあるもの、それは内在にして超越、超越にして内在なるものなのである。すなわち「さとり」とは、私たちがおのれの現実生活における「まよい」の相をきびしく見つめつつ、ひたすらに正見の道を修めて生きてゆく営為において、現実の「まよい」の人生生活のただ中に、しかもまた、その現実の「まよい」の全面的な否定において、「いま」「ここ」に成立してゆく新たなる世界のことであり、その体験をいうのである。

かくして、この仏教がめざす「まよい」の現実から「さとり」の理想に向かって、自己脱皮し、人間成長を遂げてゆくということは、上に見たところの、私たちの人生における選びの営為において、日常的世俗的な現実を、そらごと、たわごととして、徹底的に否定し、それを突き抜けて生きるところに成立してくる、人生のまことの「あかし」としての、究極的な選びに生きることにほかならないのである。その意味において仏教とは、私たちの人生生活において、そういう一途なる、きびしい選びに生きることを教え、そこにおのれの生命の完結を覚えるほどの究極的な選びをもち、そこに生まれてくる「まこと」と呼ばれるべきものとの、出会いの体験をめざしているともいいうるのである。

そして仏教においては、このような「さとり」の体験、究極的な選びの道としての正見の道について、大別して二種の行道を明かしている。すなわち、出家者の道と在家者の道である。家庭をすてて身心ともに聖者の生活に没入して、この「さとり」への道を志す立場と、日常的世俗的な家庭生活を営みながら、その在家止住のままでなお「さとり」を求めようとする立場とである。そして、その出家者の道が聖道教といわれるに対して、在家者の道を浄土教と呼んでいる。

この浄土教とは、釈尊の滅後、大乗仏教成立の流れにしたがって生成してきたものであって、それは日々世俗の生活に埋没して、教えを思い、道を念じることの少ない在家者にして、その在家の生活のままに、なお「さとり」を求めてそれに到ろうとするものの、切なる願望に基づいて、釈尊の教説の本意として開説された教法であった。仏教とは、上に見たごとくに、私たちがありのままなる「まよい」の現実生活を脱皮して、あるべき「さとり」の人生生活にまで自己成長を遂げてゆくことを教えるものであったが、それは私たちの日常的世俗的な人生の営みの否定による、出世への超出をめざすものである以上、その「さとり」への行道の実践においては、その前提として、釈尊が自らの求道生活においてそうしたごとく、まず形式的にも日常的世俗的な生の否定として出家することが要求されたのである。ここに出家者の道としての聖道教の立場がある。しかしながら、この浄土教は、その仏道実践の基本的条件である出家生活を選ばないで、在家生活のままに、同じく「さとり」を志求して、それに到ろうとするのである。それはいわば、「さとり」とは逆の方向に姿勢をとりながら、しかもなお「さとり」を求めるということでもあった。かくしてこの浄土教においては、必然的につねにその在家生活における日常性世俗性の障害性がより深く問われてくることとなったのである。すなわち、人間生活における日常性世俗性の本質としての自己中心性、仏教的にいうならば、人間の我執、我愛の心、さらには無明、煩悩の深重性が、より鋭く問題とならざるをえなかったのである。そのゆえに浄土教においては、聖道教に比べると、つねに人間存在における無明、煩悩の相がよりきびしく反省洞察されているのであって、この煩悩無尽、罪業深重の人間が、その煩悩無尽、罪業深重のままで、なお成仏しうる道を尋ね、それに応えて開顕されたものが、この浄土教にほかならなかったのである。すなわち、浄土教とは、ひとえに在家者の仏道として、ことには世俗にまみれた煩悩、罪業の深重なるものの行道を開説するところに、その基本的な性格があったわけである。

したがって、この浄土教においては、人間存在における現実のありのままなる「まよい」の相がより深く問われてゆくところ、その必然として、あるべき理想の「さとり」とは、より遠い存在として理解されてくることとなる。すなわち、「さとり」とは、現実のただ中において成り立つところの、現実を超出した世界として、内在にして超越、超越にして内在なるものであったが、かかる浄土教の立場においては、その性格的な特色として、必然的にその超越的な側面が強調されてくることとなるのである。そしてその「さとり」の超越性とは、より具体的な理解においては、この現実を遠く離れているということにおいて、それは時間的には未来の方向において、空間的には他界の方向において把捉されることとなるわけである。かくして、この在家者の仏道としての浄土教においては、その「まよい」の現実を否定して「さとり」の理想に到るという仏道の構造において、その志求すべき「さとり」とは、必然的にこの現実を高く越えた来世、他界の方向において思惟されてゆくこととなったのである。「浄土の観念」とは、まさしくこのような在家者の仏道における、「さとり」の超越的な性格に基づいて生成してきたものである。そして、かかる「さとり」についての把捉理解において、当時伝承されていた仏教内外の神話を素材とし、さらにはまた、当時の古代インドにおける思想文化の影響を多分に受容しながら、具象的な来世他界的な世界像として構想し表象されたものが、浄土経典に縷々説示されているところの、「浄土の荘厳相」にほかならないのである。かくして浄土とは、本来「さとり」を意味するものであって、それはたとえ来世他界的に表象されているとしても、その本質は仏教がめざすところの「さとり」として、超越とともに内在であって、この現実を離れてはありえないものであることを、心して思うべきである。経典に説示される浄土とは、すべて来世他界的な世界として明かされているが、それは決して来世他界のものが説いたのではない。それはまさしくこの現実の人生のただ中に生きつつあるものが、この現実において捉えた「さとり」——浄土を説示したものにほかならないのである。

そしてまた浄土とは、本来私のあるべき理想としての「さとり」を意味するものであって、それが在家者の仏道において、具象的な浄土として構想表象されたものであるが、その「さとり」とは、また内在にして超越、超越にして内在であるところ、それは本来現実を越えたもの、出世なる世界として、表現不可能なものという性格を持っている。しかしながら、仏教とはつねに、我らのありのままなる「まよい」の現実を解明して、あるべき「さとり」の理想を指示するものである。そのかぎり、この「さとり」とは、つねに万人の志求すべき人生の理想として、より詳細に、より徹底して開顕宣説されるべきものである。かくして、この「さとり」とは、本来に表現しえざるものでありながら、しかもまたそれは表現されるべきものなのである。その意味において、この浄土の観念もまた、それは本来に表現を越えたものを表現しているということであって、その表現には本質的に矛盾を含んでいるわけである。

このように浄土とは、表現しえないものを表現しているという意味を持っているところ、その浄土の表現においては、かかる矛盾を宿すものとして、独特な表現方法がとられていることに注意すべきである。それはすなわち、「象徴」と呼ばれるべき表現法である。すなわち、我々にとって志求すべき浄土とは、仏道の実践によるおのずからの主体的な体験によってのみ把捉されるべきものである。したがって、いまだ体験しないものにとっては、それはまったく理解しがたいものである。このように経験を越えたものを、いまだ経験していないものに語り伝えるための手段としては、何よりもすでに経験している他の諸経験に基づくほかはない。しかし、さまざまな経験を素材にして経験を越えたものを語るとき、それが超経験を指示するものであるかぎり、その素材はまたただちに否定されるべきである。このように超越的、出世的なものを表現するについて、世俗的経験的な素材を用いながら、しかもまたそれを否定することを通して、すなわち、現実経験の肯定と否定の交錯において表わされる表現方法を、象徴表現というのである。浄土の表象は、つねにこのような象徴表現をもって明かされている。経典に説示される神話的な浄土建立の物語、また指方立相としての浄土の荘厳相は、すべてこの象徴表現としての説示にほかならないものである。そこでは、浄土とは、まったく来世的に、また他界的に、すなわち、ここより西方に向かって十万億の世界を超越した彼方に存在する世界として、しかもまた、さまざまな勝れた荘厳功徳を成就した世界として明かされているが、それらはすべて、出世の世界の体験としての「さとり」を、在家者の仏道として、古代インドの思想文化、および歴史的社会的な状況に基づいて、それらを素材としながら、象徴表現として開説されたものである。したがって、その浄土の教説は、つねに具象的な現実的、経験的な表現が用いられていながらも、それにはまた同時に、つねに否定的な言辞が冠せられているのであって、それは現実経験の肯定と否定の矛盾交錯において、表現を越えたものを表現しようとしていることが明らかである。たとえば『無量寿経』において、阿弥陀仏とその浄土について長々と説き明かしたのち、その経説を結ぶにあたって、

我れ但だ汝がために略して之を説くのみ、若し広く説けば百千万劫にも窮尽すること能わず。

と語っているのは、まさにこのことを意味している。この経典は饒舌なまでに浄土の荘厳を縷々と説明しながら、しかも同時に、この浄土とは、たとえ百千万劫を費やすとも、なお説き明かすことの不可能なものとして、それは本来表現しえないものであるというのである。それはまさしく、浄土の様相についてのすべての経説を、根底的に

否定する言葉でもある。かくして、このような肯定と否定の矛盾交錯を通し、その象徴表現において、我々に語りかけている浄土の教説の本質とはいったい何なのか。そのことこそ浄土の教法を学ばんとするものの、何よりも心深く思念すべきことである。

三、浄土とは「さとり」の示現である

仏教とは、「まよい」の現実から「さとり」の理想を志求して生きることを教えるものであった。そして浄土教では、その道を在家者の行道として捉えるところから、理想の「さとり」を来世他界的な浄土として象徴表現し、それを人生の畢竟依として生きてゆくことを明かしているのである。すなわち、私たちの人生の営為において、その究極的な選びを、この浄土に見定めて生きるところに、次第に自己脱皮、人間成長を遂げて、おのれの生命の充実を覚えるほどの、まことの人生が成立してゆくというのである。

しかしながら、そのようなおのれの究極的な選びにおいて、浄土を志求して生きるという人生の営為は、いったいいかにして成り立ってゆくのであろうか。釈尊の根本教説においては、正見の道として、身口意の三業を正して瞑想を深めてゆくことによる縁起の道理の諦認の道を明かしているが、その行道は、さらに出家者の道としての聖道教と、在家者の道としての浄土教に分かれて、さまざまに発展していったことは、すでに指摘したごとくである。そして浄土教における行道とは、それが在家者の仏道であるかぎり、何よりも万人に容易に修めえられるものでなければならないことは当然である。その意味においては、聖道教の行道が、いずれも高度にしてきびしい難行であるに比べると、それはきわめて修めやすい易行の道であった。その行道は、浄土教の最も原始的な段階においては、

おのずから善根を修めつつ、ひたすらに阿弥陀仏を念じ、浄土を願って生きてゆくことであった。しかし、後世さらにその行道の易行性純粋性が追求されて種々に展開してゆき、ついに親鸞の地点においては、それは最も徹底されて、ひとえに称名念仏する道として捉えられたのである。親鸞において称名念仏するということは、「南無阿弥陀仏」と仏名を称して、その仏を憶念相続してゆくことであった。この阿弥陀仏とは、もともと釈尊を原形とするもので、釈尊渇仰の思念の昇華発展において生成した仏であり、それは私たちの志求すべき理想としての「さとり」が、人格的に象徴化されたものにほかならないのである。その意味において、浄土とは、「さとり」を場所的に象徴表現したものであり、阿弥陀仏とは、それを人格的に象徴表現したものであって、両者は本来的に不離一体といいうるのである。そしてことに、その阿弥陀仏に南無の字を冠して、南無阿弥陀仏と称名することは、その「さとり」の人格的象徴表現としての阿弥陀仏に対して、一途に帰依して生きるということ、すなわち、その「さとり」――阿弥陀仏を、おのれの人生の究極的な選び、畢竟依として生きることの表白を意味するものである。かくして浄土教においては、このような称名念仏による表白の徹底、そういう人生営為の基本的姿勢の相続深化において、やがて在家生活のままに浄土――「さとり」への道が開け、ここに次第に現実の自己の生き方、「まよい」の在り方が否定されてゆき、そのことに即して、新しいあるべき理想の在り方、「さとり」――浄土が私において自然に現成し、人生における究極的なまことの選びが成り立ってゆくのである。親鸞が「念仏成仏これ真宗」（『浄土和讃』）と明かしたのは、まさしくこのことを示すものであって、この道はすでに親鸞をはじめとして多くの先達によって、たしかに実証された行道であった。親鸞における念仏の道とは、まさしくこのような仏道であったのである。

しかしながら、このように一途な称名念仏の実践の行道とは、釈尊の教法に導かれて生きる日常的世俗的な人生生活でありながら、その現実の在り方に深い痛みを覚え、それによって自己否定されてゆくことであり、また同時にその必然として、それに基づいて自己自身が新しい自己に向かって人間成長し、自己実現を遂げてゆくことであった。すなわち、この称名念仏によって、おのれの畢竟依としての浄土に向かって、一歩ずつ脱皮し成熟してゆくということであった。そしてこのように称名念仏が、私における自己否定と自己実現の同時成立を意味するということは、現象的には、私がよりいっそう浄土に向かって成熟してゆき、人間成長を遂げてゆくことであるが、そのことがつねに自己否定の思念と即一して成り立つものであるところ、それは論理的には、私にはありえないことが、私において成り立つということでもあって、それは私にとっては、より深層での実感としては、私に対して他から恵まれた成長として、さらにはまた、その「さとり」——浄土が私に向かって接近到来してきたというように領解されてくることとなるのである。すなわち、浄土の行道としての称名念仏の実践において、その浄土とは、私の志求すべき畢竟依として、また私の人生営為において究極的に選び取るべきものであるが、その称名念仏の相続徹底と、それに基づく信心体験において、私が旧い自己に死して新しい自己として誕生してゆくとき、その浄土とは、まさしく新たなる自己として私の内に現成してくるのであって、それはひとえに「さとり」そのものが、この私に向かって自己を開示し、返照し、到来してきたものとして感得されることとなるのである。かくしてこの浄土とは、「まよい」から「さとり」へ、世俗から出世への方向において、「さとり」を象徴表現したものであるとともに、それはまた、その称名念仏の徹底と、それに基づく信心体験を媒介とするとき、逆に「さとり」から「まよい」へ、出世から世俗への方向において、「さとり」そのものの自己開示にほかならないものとなるのであって、浄土とは、私にとって一途に志求されるべきものであるとともに、それはまた、つねに私に向かって到来示現し続けている「さとり」そのものでもあるといわねばならないのである。

『阿弥陀経』によると、この浄土には阿弥陀仏があって「今現に在まして説法したもう」と語っているのである。『如来会』にも同文を見ることができる。浄土とは、あらゆる人びとによって人生の畢竟依として願求されるべきものでありながら、それは単に現実の彼方に静的に存在するものではなく、かえってこの現実に深く関わるものとして、絶えずこの世俗に向かって説法し続けているというのである。そのことは上に指摘したところの、浄土とは「さとり」の現実に対する到来示現、自己開示であるということを意味するものにほかならない。そしてまた親鸞は、その「真仏土巻」において浄土について明かすに、経典に説示しているさまざまな浄土の神話的表現のすべてを捨てて取らず、端的に「無量光明土」とのみ示しているが、ここにもまたそれと同じ意趣をうかがうことができるのである。すなわち、親鸞は浄土を説明するに光明の世界と語っているが、親鸞において光明とは、『一念多念文意』によると、「光明は智慧なり」と明かし、『入出二門偈』によると、「光明は大慈悲なり」と説いている。親鸞にとっては光明とは、智慧と慈悲を象徴したものであることが知られるのである。光明が智慧を象徴したものであるということは、智慧とはあたかも閃光が黒闇を照らして一切を明らかに知らしめるように、ものの黒白、善悪を明らかに知り分ける働きを持つことを示している。したがって、浄土が光明――智慧の世界であるとは、浄土がつねに現実の世俗の世界の正邪、善悪を、明々白々に照らし出していることを意味するものであろう。私はこの浄土を思念するとき、私が志求する浄土でありながらも、かえって私はその浄土を願うままに、私自身がその浄土からきびしく批判され照破されていることを思わずにはいられない。また光明が慈悲を象徴したものであるということは、慈悲とはあたかも陽光が万木を照らしてそれらをはぐくみ育てるように、一切を調育する働きを持っていることをあらわしている。したがって、浄土が光明――慈悲の世界であるとは、浄土がつねにこの現実の世界のすべての生命を慈育しつつあることを意味するものであろう。私はこの浄土を願って生きるとき、私から志求する浄土でありながらも、また同時に、私はその浄土を願うままに、私自身がその浄土によって、つねにあたたかく包摂され調育されているのをほのかに思うことである。親鸞が浄土を明かすに「無量光明土」と語ったのは、このように浄土とは、現実の彼方のものでありながら、しかも同時に、私の称名念仏、さらには信心体験において、それはつねにこの現実に向かって到来示現して、この現実を照破しつつ、しかもまたそれらを包摂し調育しつつあることを明かしたものであるとうかがわれるのである。

かくして浄土とは、仏教のめざす理想としての「さとり」を象徴表現したものであって、それは選びの人生において究極的にめざすべき万人の畢竟依でありながら、また同時に、それは私の称名念仏の行道実践、さらには信心体験において、かえって私自身を批判し調育するものとなるのであって、浄土とは、私のめざすべき理想としての「さとり」の、現実に対する自己開示であるといわねばならないのである。

四、浄土とは「いま」において成立する

浄土とは、「さとり」の象徴表現であると同時に、また「さとり」の自己開示でもあるが、その「さとり」とは、すでに指摘したごとくに、この無明、煩悩の「まよい」の現実を否定し、それをはるかに越えたものであるとともに、またその「まよい」へのめざめとして、この現実に即して成り立つものであって、「さとり」とは内在にして超越、超越にして内在といわれるべきものであった。その意味においては、浄土もまた、内在即超越、超越即内在として、この現実を遠く超出しながらも、また同時に、つねにこの現実に即して存在するものというべきである。すなわち浄土とは、私にとって究極的に選び取られるべき人生の畢竟依として、それは時間的にはどこまでも未来

のものであり、空間的にははるかなる彼方のものであるが、浄土教の行道としての称名念仏の実践深化、そしてそれに基づく信心体験のところ、それはまた時間的には「いま」において、空間的には「ここ」に即して、この現実のただ中に現成してくるものなのである。

『無量寿経』には、この浄土の建立について、阿弥陀仏がその第十八願において「若し生まれずば正覚を取らず」と誓願したもうたことを明かしながらも、また次いで「法蔵菩薩は今已に成仏して現に西方に在ます（中略）成仏已来凡そ十劫を歴たまえり」とも説いている。このことは、阿弥陀仏は私をして仏のさとりに至らしめ、浄土に往生せしめなければ、自らもまた成仏せず、浄土を建立しないと誓願しながら、しかもまた、阿弥陀仏はすでに十劫の昔において、成仏し浄土を建立したもうているというのである。阿弥陀仏が私をして仏のさとりに至らしめ、浄土に往生せしめなければ、自らも成仏せず、浄土をも建立せずと誓われているという点からすれば、私がいまなお無明、煩悩に閉ざされているかぎり、仏はいまだ成仏せず、浄土もなお未完であるといわなければならない。しかしながら、にもかかわらず、経典はすでに十劫という遠い過去において、もはや阿弥陀仏は成仏し、浄土は完成していると明かしているのである。『無量寿経』におけるこの二つの文言は、浄土とは、すでに完成しているということと、なお未完のものであるということの、まったく矛盾することを語っているわけである。このことはいかに理解すべきであろうか。伝統的な解釈によると、それは原理と事実を説いたものであるとして、阿弥陀仏が私の成仏、往生に先立って、十劫の過去に成仏し、浄土を建立したということは、私をして成仏、往生せしめる原理としての名号法が成就したからであって、私が成仏し往生するという事実は、そういう原理を私が領受することによって成立するのである、といって、この矛盾的に表現された経典の言葉を、原理と事実という概念を持ち込むことにより、それを時間的前後に配分して、まったく平面的に解釈しているのである。そのことは、この伝統教学がその解釈学において、しばしば用いる法徳と機相という概念に分解して捉える手法と共通するものであるが、およそ宗教的表現とは、すでに上にもふれたごとく、本来的に分別を越えたもの、言説しえられない宗教体験を、世俗的に言説化したものである以上、それを理解するには、つねにその表現のレベルを貫いて、体験のレベルまで透徹直参してゆくという方法がとられねばならない。そしてこの体験のレベルまでに達しえたときにこそ、その宗教的表現の意趣をまことに理解しうることができるのである。しかしながら、いまこの『無量寿経』の矛盾する文言を解釈するのに、それを平面的に原理と事実とに分解して捉えるものは、そのような宗教的表現を、単に表現のレベルのみにおいて捉えようとするものであって、そのような訓詁註釈学的な方法をもってしては、決して経典の本意は読み取れないであろう。阿弥陀仏の五劫思惟の本願を領解して、「ひとへに親鸞一人がためなりけり」(『歎異抄』)と表白した親鸞の信体験の事実は、その体験に先立って、はるかなる過去に成就している阿弥陀仏の本願の原理を、あとから信仰するというごとき、単なる神話信仰を意味するものでは決してない。それは法蔵菩薩が五劫にわたって思惟し誓願したもうているその菩薩の座前に、いま親鸞一人が立ち尽くしているという体感において、さらにはまた、親鸞の眼前に法蔵菩薩が現前して、いまなお親鸞一人のために思惟し誓願したもうているという感得において、その法蔵菩薩の五劫思惟をまったく主体的に領解してこそ、初めて表白されえた言葉にほかならない。このように十劫の過去における法蔵菩薩の座前に私が直参し、現実の私の眼前に十劫の過去の法蔵菩薩が現前したもうという、過去と現在が、そしてまた原理と事実が即一するというごとき、経文に対する主体をかけた領解によってこそ、経文の本意は初めて把捉できるものである。

『無量寿経』において、浄土はいまだ建立されずとも明かし、またすでに建立されているとも語るについて、なお浄土が未完であるということは、私に即していうならば、その本願文に明らかなごとく、私がいまなお「まよい」に沈淪して、煩悩無尽、罪業深重の存在であって、「さとり」に対しては遠く隔絶していることを意味している。またその浄土がすでに完成したものであるということは、私に即していうならば、その十劫成道の文に明らかなごとく、私はすでに「さとり」に深く関わり、その到来に摂取されているということを意味しているわけである。すなわち、この経典における、浄土が未完にしてしかもすでに完成しているという言説は、私の存在に即していうならば、私の現実が罪業深重の存在であると同時に、またそのまま大悲包摂の存在であるということを表象したものにほかならないのである。

そしてこのように私の現実存在について、それが罪業深重であり、しかも同時に、そのまま大悲摂取の中に生きつつあるということは、親鸞の地点からすれば信心体験の内容を意味するものである。すなわち、「さとり」の人格的象徴表現としての阿弥陀仏の名号を選び取って、その仏名を称名念仏する行道を修習して生きるところ、やがて成立してくる新たなる体験境地のことである。そしてこの信心体験の構造とは、その称名念仏の徹底深化のところ、それに基づいて、日常的世俗的な現実の世界に沈んで生きる自己の在り方に深い痛みを感じ、その現実をそらごと、たわごととして、きびしく自己否定してゆくこととなり、しかも同時に、それに即して、自己が新しい自己に向かって次第に人間成長し、自己実現を遂げてゆくことであった。すなわち、日々の称名念仏の相続深化において、自己の現実の存在を省みて深い痛みを覚えつつも、それと一つになって、旧い自己の殻を脱皮して新しい自己に成長し続けてゆくという人生を生きることであって、親鸞における信心とは、そういう新たなる人生の誕生を意味するものであったわけである。親鸞における信心体験の構造が、自己の現実の存在についての、罪業深重の自覚と大悲摂取の自覚、すなわち、機の深信と法の深信の二者即一の信知の体験であるといわれるものは、この称名念仏によって成立してくるところの、自己否定のきびしい思念と、それに即して生まれてくるところの、新しい自己実現の体感を意味するものである。そしてそのような機の信知と法の信知、自己否定と自己実現の体感を、この浄土に即していうならば、上に見たごとくに、浄土はなお未完成でありつつ、また同時に、浄土はすでに完成しているということになるのであって、それはさらにいうならば、私にとっては浄土とは、無限の未来のものであるとともに、つねに現在ただいまのものでもあるといいうるわけである。すなわち、私の信心体験のところ、その罪業深重の機の信知においては、浄土とはなお未完にして無限に遠い未来のものでありながら、しかも同時に、その大悲摂取の法の信知においては、浄土とはただいまの即今に完成するものであって、この信心においてこそ「いま」ここにあって触れうるものとなるのである。

かくして、「さとり」の象徴表現としての、そしてまたその自己開示としての浄土とは、この称名念仏の行道の徹底、信心体験の念念の「いま」においてこそ領納感得できることとなる。親鸞が「即得往生」の経文を、信心の現生における益として理解し、この信心のところにただちに浄土往生を語ったのは、まさしくこのことを意味しているものである。しかしながら、親鸞はまた他面この浄土往生を来世死後のものとしても捉えているのであって、親鸞における浄土往生の領解には、信心に即して語る側面と死後来世において語る側面との二重の理解が見られるのであり、後世それが体失往生と不体失往生とに分けて明かされる所以である。しかし、親鸞における往生の理解が現生と来世の二重になっているということは、往生を二分して、現生に半分ほど往生し、来世に残り半分の往生が成り立つということではない。親鸞にあっては、信心において、その信が大悲摂取の信知であるところ、すでに全分に浄土に往生をうることであり、しかもまた、その信心が罪業深重の信知であるところ、全分いまだ浄土は未来のものとなるわけであって、親鸞がこの信心において、現生にただちに往生を語りつつ、しかも同時に、なお死後の往生を明かした理由がここにあるのである。

しかしながら、親鸞があえて浄土教の伝統を越えて、信心に即するところの現生における往生を主張したのは、浄土真宗における信心とは、上に見たごとくに、その全分未来のものでしかない浄土が、また同時にその信心の念念において、その全分が「いま」において、即今に現成するものであることを、明らかにしようとしたものであることを見逃してはならない。かくして、私にとっての浄土とは、この信心の「いま」のほかにはありえないことを心深く領解すべきである。

五、浄土とは「ここ」に即して存在する

人生の究極的な選びとしての「さとり」、その象徴表現としての浄土とは、称名念仏の行道の相続深化のところ、時間的には、つねにその信心体験の念念の「いま」において現成するものであったが、それはまた空間的には、その信心体験が成立する現実の「ここ」に即して存在するものでもあった。

『無量寿経』によると、浄土とは「此を去ること十万億刹なり」と説かれ、また『阿弥陀経』では「是れより西方十万億の仏土を過ぎて」と明かされている。浄土とは、この現実から隔絶することはなはだ遠く、無限の彼方の存在であるというのである。しかしながら、『観無量寿経』によると「阿弥陀仏は此を去ること遠からず」とも語られている。このことはすでに善導によって指摘されているごとくに、浄土とはまた現実の世界に深く関わって近く存在するものであることをあらわしている。経典は浄土を語るについて、この現実を越えてはなはだ遠いといい、しかもまた同時に、それはつねにこの現実を離れてはありえず、この現実に即して存在するものであるとも示しているのである。そのことは、また世親の『浄土論』においても明かすところであって、世親は浄土を讃じて「三界

の道を勝過せり」といい、また「広大にして辺際無し」とも明かしている。浄土とは、この現実の「まよい」の世界をはるかに超過していながら、しかもまたその浄土とは、広大にして辺際なく、この三界をも包摂して存在すると語るのである。浄土とは、本来この現実を越えつつも、しかも同時に、つねにこの現実に即して把捉されるべきものというのである。しかしながら、このことについての伝統的な理解は、それを衆生と仏智見とに分解して、浄土が現実を超越しているとは衆生に約していうことであり、浄土が無辺際にしてこの現実を包んであるということは、仏智見に約していうことであると解釈しているのである。矛盾的に表象されている経典の言葉を、衆生の立場と仏の立場に分解して、そういう異なった二つの視点からの説明として捉えることにより、まったく平面的に註釈しているわけである。このような経典解釈は、上に見たところの、浄土がすでに完成されたものでありながら、しかもまた、それはなお未完のものであるという矛盾的な経典の文言を、原理と事実とに分解し、時間的前後に配分して、まったく平面的に解釈したものと共通するのであって、それが主体的領解の欠落した単なる訓詁註釈学的な理解にすぎないことは、すでに指摘したとおりである。

浄土とは、上に見たごとく「さとり」の象徴表現として、内在にして超越、超越にして内在なるものであって、それは時間的には、はるかなる未来のものであるとともに、つねにまた私の信心体験における念仏の「いま」を離れるものではなかったが、そのことは空間的にいうならば、上に見たところの浄土の経典などが明かすように、浄土とは、現実を越えた遠い彼方の世界であると同時に、つねにまた信心体験の成立する現実の「ここ」においてこそ存在するものなのである。しかもそのことは、私の存在に即していうならば、浄土が現実を遠く超越しているということは、私がいまなお「まよい」に沈淪する罪業深重の存在であって、「さとり」に遠く隔絶していることを意味している。そしてまたその浄土がつねにこの現実に即し、この現実を包んで存在するということは、私がすでに「さとり」に深く関わり、その到来に摂取されているということを意味しているわけである。そしてこのように私の存在が罪業深重であり、しかも同時に、大悲摂取に生きるものであるということは、上に指摘したごとく、信心体験の内容を意味するものにほかならない。すなわち、信心体験のところ、その罪業深重の機の信知においては、浄土とはこの現実を越えたはるかなる彼岸のものであるが、また同時に、その大悲摂取の法の信知においては、浄土とは現実の「ここ」に即して存在するものとなるのである。

かくして浄土とは、この信心体験のところ、その念念の「ここ」においてこそ、まことに領納感応できることとなるのである。親鸞が「信心のひとはその心すでにつねに浄土に居す」（『末燈鈔』）と明かすものは、まさしくこのことを意味するものであろう。親鸞における浄土の領解については、浄土とは、この現実に即して捉えられるとともに、またそれはどこまでもこの現実を超過した彼岸としても理解されていた。それは機の深信と法の深信の二者即一の信心体験に生き続けた以上、当然のことでもあって、機の信知のところ、浄土は遠い彼方の世界としての他界でありつつも、またその法の信知のところ、浄土はつねにこの現実に即して存在するものであったわけである。しかしながら、親鸞においては、その信心体験において、全分この現実を超過して遠い彼方のものでしかない浄土を、信心の念念に即して、その全分を「ここ」において領納感得していったのである。かくして、私にとっての浄土とは、信心の成立する現実の「ここ」を離れてはありえないことを深く思惟すべきであろう。

いま私は親鸞に学ぶ浄土を、このように領解しているのである。

世親の浄土論

一、はじめに

阿弥陀仏信仰を説く浄土教思想は、釈尊の滅後約五百年、紀元一世紀のころに、大乗仏教興起の初頭に位して成立したといわれている。すなわち、釈尊が入滅したのちの仏教教団は、その仏教の受容伝統において、仏弟子たちによる教法を中心とする経典奉持の流れと、在家信者たちによる釈尊の舎利を中心とする仏塔崇拝の流れの、二つの潮流に分かれていったが、のちに仏教の形骸化を批判して、新しい仏教運動として成立してきた大乗仏教は、この後者の流れから萌芽したものであると考えられている。そして今日に至る研究によると、浄土教思想もまた、この仏塔崇拝の思潮を基盤として生成したものであろうといわれている。

偉大な指導者であった釈尊を失ったのちの在家信者たちは、もっぱらその舎利を奉安した仏塔に帰依を捧げ、そしてまたそのことを通して釈尊への追慕を深めていったが、彼らはやがて、そこに八十年の生涯を生きた釈尊の根源としての、いわば永遠の仏陀を思惟し、感得してゆくこととなったのである。限りない生命と、限りない光明の仏としての阿弥陀仏とは、まさしくこのような仏塔崇拝に根ざす、永遠なる釈尊への敬仰において感得され、観念されてきたわけである。その意味において、この阿弥陀仏信仰とは、ひとえに出家ならざる在家者、日々の世俗生活に沈みつつ生きる一般庶民の立場から、新しく領解されていったところの仏道であったのである。かくしてこの浄土教とは、すでに多くの研究者によって指摘されているごとくに、仏教内部の、あるいはまた仏教圏外のさまざまな思想を受容し、その影響を受けているとしても、基本的には、かかる釈尊崇拝の深化において、その根源としての永遠なる仏陀を感得することにより、またそれが、ことには在家者庶民のための仏道を明かすという意図に基づいて、生成したものであるということを思うべきであろう。

そしてこのような阿弥陀仏信仰は、インドにおける大乗仏教の潮流の中でも、ことに重要な地位を占めていたと思われる。龍樹（二～三世紀頃）は、その著『十住毘婆沙論』の「易行品」において、初地をめざす菩薩の行道について「信方便易行」なる道を論じているが、そこには阿弥陀仏信仰に基づく行道を明かして、自らもまたこの阿弥陀仏に深く帰依することを表白しているほどである。また世親（四～五世紀頃）にも、この阿弥陀仏信仰があったことが知られている。世親には『無量寿経優婆提舎願生偈』（略して『浄土論』と呼ぶ）という著作があるが、その冒頭には、

世尊よ、我れ一心に尽十方無碍光如来に帰命し、安楽国に生ぜんと願ず。（真聖全一、二六九頁）

と述べている。阿弥陀仏に対する至純な帰依と、その浄土を願生する思念の表白である。ことにこの世親の『浄土論』は、そののちの浄土教理展開史上においては、きわめて重要な意味を持っている。

中国の浄土教においては、すでにその初期において、菩提流支（六世紀頃）がこの『浄土論』を翻訳し、続いて曇鸞（四七六～五四二頃）によってその全文が註解され、さらにその思想は道綽（五六二～六四五）、善導（六一三～六八一）に継承され、また迦才（～六四八～）の浄土教思想などにも多くの影響を及ぼしているところである。また日本の浄土教においても、この『浄土論』は早くも奈良時代に請来書写された記録があり、源信（九四二～一〇一七）、法然（一一三三～一二一二）の浄土教においては、ことに注目されており、その影響がうかがわれるところである。

そしてまた親鸞（一一七三〜一二六二）は、この『浄土論』を、とくに「一心の華文」とも讃えて尊重しているが、親鸞における教義理解の中で、如来および浄土に関する領解と、その理論的解明については、この『浄土論』と、その註解である曇鸞の『浄土論註』に負うところが多大であった。親鸞という自称も、この世親と曇鸞の名に基づいて生まれたものであろうといわれているほどである。

二、『浄土論』の立場とその組織

この『浄土論』は、正しくは『無量寿経優婆提舎願生偈』という。その題名の意味するところは、『無量寿経』について優波提舎（ウパデーシャ）したもの、すなわち、その経典の意味をより明瞭に解説したもの、および、その経典が明かすところの、浄土に往生したいと願う思念を述べた願生の偈頌、ということである。ただし、この『浄土論』は、現在では漢訳のみを存して原典を欠いていることもあって、ここでいう『無量寿経』とは、具体的にはいかなる経典を指しているかは明らかではない。現在に伝えられている主要な阿弥陀仏経典は、いわゆる「浄土三部経」としての『大無量寿経』『観無量寿経』『阿弥陀経』であるが、それはいずれも『無量寿経』と漢訳されうる可能性をもった経典である。その点からして、この『浄土論』が依拠したところの経典については、従来より『大無量寿経』説、『観無量寿経』説、『阿弥陀経』説があり、また今日では、そこには『般舟三昧経』や『十地経』、あるいはまた『摂大乗論』などの影響も見られるという指摘もある。かくして、この題名の『無量寿経』が、いかなる経典を意味するかは、なお疑問の残るところであるが、その内容において、阿弥陀仏の「願心」を語り、「本願力」を讃えているところからすると、『十地経』などの影響は充分に考慮されねばならないとしても、基本的には阿弥陀仏の本願を説くところの、『大無量寿経』系経典によったと理解されるべきであろうと考える。

とすれば、すでに上にもふれたごとく、浄土教とは本質的には、在家庶民のための仏道の開説を目指すものであったということにおいて、この『浄土論』の立場は、ただに高級な菩薩道について明かしたものというよりも、むしろかかる高級な仏道を進趣しえない煩悩深き凡夫菩薩の、なお仏願力に住持されて歩むべき行道をこそ、開示したものと理解されるのである。この『浄土論』において、世親が阿弥陀仏の本願力を讃えて、

仏の本願力を観ずるに遇いて空しく過ぐる者なし、能く速やかに功徳の大宝海を満足せしむる。（真聖全一、二七〇頁）

と明かすものは、まさしくそのことを意味しているものであろう。

次にこの『浄土論』の組織についてであるが、それはわずか二十四行九十六句の偈頌と、三千字に満たない解義とによって構成された小部のものである。はじめの偈頌については、冒頭の一行四句は帰敬序であって、世親自ら釈尊に向かい、己の所信を表白して帰敬のまことを表した部分であり、次の一行四句は発起序ともいうべきもので、この論の製作の根拠と理由を述べたものである。そして以下二十一行八十四句は、この偈頌の中心をなす部分であって、そこでは浄土の荘厳功徳相十七種、阿弥陀仏の荘厳功徳相八種、および浄土の菩薩荘厳功徳相四種の、いわゆる三厳二十九種の荘厳について讃嘆している。また最後の一行四句は廻向文であって、あまねく衆生と共に、浄土に往生せんことを願って、この偈頌を結んでいる。次の解義の部分については、その結文において「無量寿修多羅優婆提舎願生偈、略して義を解し竟んぬ」と説くごとくに、それは上の偈頌について解説したものである。そしてそこではまず最初に、

論じて曰わく、此の願偈は何の義をか明かす。彼の安楽世界を観じ、阿弥陀仏を見たてまつりて、彼の国に生

ぜんと願ずることを示現するが故なり。（真聖全一、二七〇頁）

と明かしている。この願生の偈頌は、ひとえにかの浄土と阿弥陀仏の荘厳を観見して、浄土に生まれんと願求する思念をあらわしたものであるというのであって、ここにこの『浄土論』の全体を貫く基本の意趣が明示されているのである。そしてそれ以後末尾にいたるまでは、大きく二段に分かれており、はじめに浄土に往生するための行道を明かし、のちには浄土に往生して、さらに成仏のために修習すべき行道を説いている。はじめの往生の行道を明かすについては、まずその道を略説して観を起こし信心を生ずる道を明かし、次いでその具体的な実践行として、礼拝門、讃嘆門、作願門、観察門、廻向門の五念門を語り、ことにその中心としての観察門については詳細な解説を加え、また廻向門についても明かして、その行業の修習に随って次第に信心が成長成就してゆくことを述べている。またのちの浄土における成仏の行道を明かすについては、その具体的な実践行としては、近門、大会衆門、宅門、屋門、園林遊戯地門の五種門（普通、五果門と呼ばれている）が示され、はじめの四門を自利なる入の門と称し、のちの一門は利他なる出の門と名づけている。そしてこの自利利他、入出の行業を成就して、ついには無上の仏果菩提を証得しうると説いているのである。

以上が『浄土論』の組織の大略である。

三、如来と浄土

そこでさらに『浄土論』の内容に立ち入り、その如来と浄土の思想について考察してみよう。ここで明かされる阿弥陀仏については、もともと世親における仏身観は三身思想に立つものであって、世親は仏身を、真如法性の理体もしくは理智不二なる無分別智としての法身、願行に酬報した果体としての報身、世間に向かって応現したところの応身、という三身において理解しているが、いまの阿弥陀仏とはその中の報身に相当するものであった。

『浄土論』に、

　また向に荘厳仏土功徳成就と荘厳仏功徳成就と荘厳菩薩功徳成就とを観察することを説く。この三種の成就は、願心をもって荘厳せり。（真聖全一、二七五頁）

と説いて、阿弥陀仏とその浄土は、ことごとく願心をもって荘厳されたものであると明かすのは、よくそのことをあらわしている。そしてまた世親は、この阿弥陀仏を讃えるについて、

　仏の本願力を観ずるに遇いて空しく過ぐる者なし、能く速やかに功徳の大宝海を満足せしむる。（真聖全一、二七〇頁）

と語っているが、それはこの阿弥陀仏の本願力に値遇するものは、誰でもひとしく仏道の志願を満足して、功徳の宝海をうることができるというのである。世親はこの一行四句をことに不虚作住持功徳と名づけている。不虚作とは虚妄なる業作の否定として真実智慧の作用を意味し、住持とは偈頌に「正覚の阿弥陀法王の善く住持したもうところなり」とも明かすごとくに、阿弥陀仏がその誓願によって、絶え間なく願い計らい、支持しているということを意味している。かくしてこの不虚作住持功徳とは、阿弥陀仏の荘厳功徳を讃えるについて、阿弥陀仏とはひとえに虚妄を離れて真実であり、しかもまたその故にこそ、阿弥陀仏は自らの必然として、あらゆる虚妄に向かってそれを真実たらしめるべく、誓願し支持し続けていることをあらわすものである。その点、このことは、仏の荘厳功徳相八種の中では最も根本をなすものというべく、ここにまた世親における阿弥陀仏思想の基本があったことがうかがわれるのである。

またその浄土については、それは上に見た三身思想に対配して、因願酬報なる報土であることは明瞭である。『浄土論』にこの浄土を明かすについて、

正道の大慈悲、出世の善根より生ず。（真聖全一、二六九頁）

と説くのは、まさしくそのことを意味するものであろう。世親においては、浄土とはまた「願心荘厳」とも語られるごとくに、ひとえに法蔵菩薩の因位の願行に基づいて成就されたものであったのである。そしてまた世親は、この浄土を讃えるについて、

彼の世界の相を観ずるに三界の道に勝過せり、究竟して虚空の如し、広大にして辺際なし。（真聖全一、二六九頁）

と明かしている。浄土が「三界の道を勝過」しているとは、それはこの虚妄雑染なる現実の人生と世界を超えたものであるということを意味している。しかし、またそれが「虚妄の如し」「辺際なし」と語られるところ、浄土とは単にこの現実を離れた彼方にあるということではあるまい。浄土が虚空のごとく辺際なしといわれるとき、それはまたこの虚妄の現実を包み、それと重なってあるということを物語っている。浄土とは、この現実をはるかに勝過しつつ、しかもまたこの現実を離れてあるものではないというのである。ここには世親における浄土の本質的な構造が示されている。充分に注目されるべきところであろう。また世親はその浄土の荘厳功徳相について、この「彼の世界の相を観ずるに三界の道に勝過せり」を清浄功徳、「究竟して虚空の如し、広大にして辺際なし」を無量功徳、「正道の大慈悲、出世の善根より生ず」を性功徳と名づけているが、世親にとっては、この三種の功徳相が浄土の荘厳功徳相十七種の中の核心をなすものであったといいうるようである。

そして世親におけるこのような阿弥陀仏と浄土の理解は、同じく世親の著である『摂大乗論釈』に示される十八

円浄説と多く重層するものであって、その点、世親における浄土教思想とは、自らの仏教理解についての基本的立場であった瑜伽唯識教学と、決して遠い距離をもったものではなかったことがうかがい知られるのである。

そしてまた世親は、この阿弥陀仏と浄土と菩薩の三種荘厳の功徳相を明かしたのち、さらに続いて、

略して一法句に入ることを説くが故に。一法句とは謂く清浄句なり。清浄句とは謂く真実智慧無為法身なるが故に。（真聖全一、二七五頁）

と説いている。阿弥陀仏や浄土は、法蔵菩薩の願心によって建立成就されたものとして、種々なる荘厳功徳相をもっているが、それらはまた、略して一法句に帰入するものであるというのである。ここでいう一法句とは、従来種々の理解があり、それはひとつの法門の句を意味すると見て、三厳二十九種の荘厳の二十九句に対する一句として、国土荘厳第一の清浄功徳を指すという説がある。またその一とは不二平等を意味するもので、一法とはすなわち真如のことであり、句とは名字をあらわすものであるとして、それはただちに真如法性を指しているという見解もある。また最近では、句とはもともと依事、依処を意味するものであって、それは一法真如の依事として、その世間的な顕現を意味するとも説明されている。第二説と第三説は、ともにそれが真如法性を意味するものとしながらも、ことにその第三説では真如法性をその世間的な顕現において捉えているわけである。いまはこの説にしたがって理解することとする。かくしてここで阿弥陀仏と浄土の荘厳功徳相が略して一法句に入るということは、そのさまざまな荘厳相はまた畢竟するに、真如法性の顕現としての根本無分別智に即する清浄世間智に摂め入るということを意味している。またその一法句が清浄句といわれるのは、その一法句が絶えず煩悩雑染なる世間を清浄ならしめる作用を持っているところから名づけられ、またそれが真実智慧無為法身と呼ばれるものも、同様な意味をあらわすものであって、それは真如法性の世間的顕現について明かしたものと思われる。かくして、阿弥陀仏と浄土

が略して一法句に入るとは、願心荘厳として種々の形相を持っている阿弥陀仏と浄土は、また畢竟するに、一法句としての真実智慧に摂め入るものであって、この智慧の展開するところに、まさしく阿弥陀仏が現成し、浄土が成就してくるということをあらわすものにほかならなかったのである。

その点ここには、大乗仏教の根本原理に根ざすところの、世親における阿弥陀仏とその浄土の思想が、明瞭に開説されているわけである。

四、五念門の道

世親におけるこの『浄土論』述作の意趣は、上に見たごとくに、阿弥陀仏と浄土の荘厳功徳を観見して、浄土に往生せんと願求する思念を明かすものであったが、その浄土往生の行道とは、具体的にはいかなる内容を持つものであったのであろうか。

それが仏道であるかぎり、まずその出発点において、浄土ないしは仏果涅槃に向かって、深い志願を持つべきことが要求されるのは当然である。世親がこの『浄土論』の偈頌の冒頭において、

世尊よ、我れ一心に尽十方無碍光如来に帰命し、安楽国に生ぜんと願ず。(真聖全一、二六九頁)

と表白しているのは、まさしくその行道の出発点において抱くべき志願を意味するものである。そして、このような行道の出発点において要求される志願とは、ひとたび行道に能入し、それを進趣し始めれば、もはや不用であるというものではない。それは行道を実践するかぎり、つねにその行道成立の基底として不可欠のものである。かくして、ここに明かされる一心願生の思念とは、この『浄土論』の行道の全体を貫いて、その基本をなすものでもあ

ったのである。

そして世親はこのような一心願生の思念に基づく行業として、五念門を明かすのである。五念門とは、上にも示したごとく、礼拝門、讃嘆門、作願門、観察門、廻向門の五種の行業である。第一の礼拝門とは、身業において西方なる阿弥陀仏に対して、至心に恭敬礼拝することである。第二の讃嘆門とは、口業をもって阿弥陀仏の名号を称し、その功徳を讃嘆することである。第三の作願門とは、意業において心をもっぱら浄土に向けて凝止することであり、それは奢摩他、シャマタ（止）の行を意味するものである。第四の観察門とは、前の作願門によって展けてくるところの寂静三昧の心境のうえに、その必然として生まれてくるところの智慧業によって、阿弥陀仏と浄土の荘厳功徳相を観見することであって、それは毘婆舎那、ヴィパシュヤナー（観）の行を意味するものである。第五の廻向門とは、方便智業により、前の四門の修習によってうるところの善根功徳を、ひとり自己のみの利楽としないで、それを一切の衆生に向かって廻施し、もってあまねく衆生と共に浄土に往生せんと願求することをいう。以上が五念門の概要であるが、その中でことに注意されるのは第三の作願門と第四の観察門である。それはすなわち止と観を意味して、心を一境に止住して寂静三昧をうるとき、そこに如実なる智慧が開けて、阿弥陀仏と浄土の荘厳相を観見することができるというのであって、ここに五念門行の中心があるわけである。そのことは偈頌の大意を述べるについて、

彼の安楽世界を観じ、阿弥陀仏を見たてまつりて、彼の国に生ぜんと願ず。（真聖全一、二七〇頁）

と明かすことによっても明瞭である。

このように『浄土論』が、往生の行道を作願と観察なる止と観の道として説くことは、また世親の『摂大乗論釈』の十八円浄説の中の第十六乗円浄に、止観の行を明かすものと共通するところである。しかもまたこの止観の

行業は、瑜伽唯識教学における行道の基本をなすものでもあって、その点からすると、この『浄土論』において説く浄土往生の行道としての五念門の道は、世親の基本的立場であった瑜伽唯識教学と、充分に重層するものでもあったことが知られるのである。

そしてまたこのような五念門の行道は、この『浄土論』の中心的な依拠となったと考えられる『大無量寿経』をはじめとして、それ以前の浄土教文献においては、まったく見られないものであって、それがいかなるものを根拠として開説されたかは興味のひかれるところである。その点については、すでに多くの先学による考察があるが、その見解はまことに多様である。いまそれらを紹介すれば、次のごときものが挙げられるようである。

(1)『摂大乗論』の十八円浄説において五業を説くものによるとする説。
(2)『瑜伽師地論』に菩薩の修学について七種の要心を明かすところの修学七行によるとする説。
(3)五念門の中の礼拝門と讃嘆門は『十地経』により、作願門と観察門は『荘厳経論』により、廻向門は『摂大乗論釈』によるとする説。
(4)五念門の中の礼拝門と讃嘆門は『十地経』に関連し、作願門と観察門は『摂大乗論』によるとする説。
(5)『華厳経』の普賢菩薩の十大願に関係があるとする説。
(6)『十住毘婆沙論』の「除業品」の七行によるとする説。
(7)『観無量寿経』の定善十三観によるとする説。
(8)『無量寿経』の霊山現土の文、または「讃仏偈」の文に関連するという説。
(9)「浄土三部経」によるとする説。
(10)現在には伝わらない別本の『大無量寿経』の中にその原形があったとする説。

⑾五念門とは、世親がまったく独創したものであるとする説。

以上のごとく、その理解は多岐であるが、そのことはまたこの五念門の行道が、決して単一な思想背景に基づいて開説されたものではないことを物語っているとも思われる。しかしながら、すでに上にもふれたごとく、この五念門の道が、世親の基本的立場であった瑜伽唯識教学における行道と、本質的には深く関連するものであるということは、充分に注意されるべきであろう。ことに『大無量寿経』においては、その〈初期無量寿経〉から〈後期無量寿経〉に展開する過程にあって、修習すべき浄土の行業の内容が不明瞭になっており、この『大無量寿経』を奉持して仏道を志求しようとするものは、必然に新しく具体的な行業を設定しなければならなかった。その点、いまの世親における五念門の行道とは、このような『大無量寿経』の持つ課題に対して、自らの基本的立場であった瑜伽唯識教学に基づきつつ、止と観を中心とする新しい行道を創設していったものであると見ることはできないであろうか。きわめて大胆な推論である。

五、観仏と信心

ところで『浄土論』では、その解義の最初において、五念門の行道を略説するについて、

云何が観じ云何が信心を生ずる。若し善男子善女人五念門を修して成就すれば、畢竟じて安楽国土に生じて彼の阿弥陀仏を見ることを得る。（真聖全一、二七〇～二七一頁）

と明かしている。そしてこの文に続いて五念門を論述してゆくわけであるが、すでに見たごとくに、五念門が作願、観察なる止と観の行業を中心とする行道であるところ、それが「云何が観ず」という問いに答えるものであること

は明瞭であるが、それに続く「云何が信心を生ずる」という問いに対して、直接に応答した文は見当たらない。そこで従来この問題をめぐって種々に解釈が試みられているが、『浄土論』の文を子細に検すると、内容的にはその信心に相当すると推察される語が多く見出されてくるのである。すなわち、仏荘厳功徳成就について、

即ち彼の仏を見れば、未証浄心の菩薩は畢竟じて平等法身を証することを得て、浄心の菩薩と上地の諸の菩薩と畢竟じて同じく寂滅平等を得るが故に。（真聖全一、二七四頁）

と説く文の中の「浄心」という語、またその廻向門において、

是の如く菩薩は奢摩他と毘婆舎那とを広略に修行して柔軟心を成就す。（真聖全一、二七五頁）

と明かす中の「柔軟心」という語、また三種の随順菩提門の法を述べるについて、「無染清浄心」「安清浄心」「楽清浄心」の三種の「清浄心」を語り、さらにはそれらを帰一して「妙楽勝真心」と明かす語、そしてまたそれらの文を承けて、浄土往生の因を説くについて、

是の如く、菩薩は智慧心、方便心、無障心、勝真心とをもって、能く清浄の仏国土に生ず。応に知るべし。（真聖全一、二七七頁）

と示す文の中の「智慧心」「方便心」「無障心」「勝真心」という語などがそれである。

そこでさらに、それらの語の持っている意味について考察してゆくこととする。ところで仏教において信じるということは、仏法僧の三宝などに対して、心を傾け、それを確認し、それについて決定するということを意味するとともに、信とはまた、あたかも池の水が澄み透って、しかも少しの波もなく鎮まっているように、心が澄浄（プラサーダ）であることを意味するものであった。そして仏教における信の第一義的な性格は、この心の澄浄なることであって、それはまた煩悩の諸垢を遠離した寂静なる境地を意味し、如実知見なる慧の領域に属するものであっ

た。いまこの『浄土論』において、五念門の行業を修習して見仏すれば、未だ浄心をえない菩薩も、ついには「浄心」をえて平等法身を証することができるという場合の浄心とは、原語的にはこの第一義的な信を意味する心の澄浄と共通し、それはすなわち、信心とも訳されるべき語であったと理解されるのである。その点からすると、ここで五念門を修習して浄心をうるということは、この五念門の行道に基づいて、心の澄浄の境地をえて如実知見を開いてゆくことであり、それはまたさらに言うならば、止観の行業によって、信心を成じてゆくことを意味するものであったといいうるのである。そして次の「柔軟心」についても、「菩薩は奢摩他と毘婆舎那とを広略に修行して柔軟心を成就す」というごとくに、それは五念門の止観の行業を修習することによって成就される心であって、基本的には上の浄心とひとしく、清浄なる心としての信心を意味するものであったと理解されるべきであろう。また次の三種の「清浄心」についても、それは煩悩の濁穢を遠離した浄潔の心のことであって、それも本質的には、上に見た心の澄浄に相当するものと思われる。そのことからすれば、この三種の清浄心についての解説は、廻向門を修習することによって、心の澄浄としての信心を成就してゆくことを明かしたものと理解されるのである。また次の「妙楽勝真心」とは、その三種の清浄心を一心におさめて示したものであるところ、それもまた心の澄浄としての信心を意味するものであることは明瞭である。そして次の「智慧心」「方便心」「無障心」「勝真心」については、それは帰するところは、上に見た浄心、柔軟心、清浄心などと明かされるところの、信心の属性について説いたものと思われるが、その勝真心が上の妙楽勝真心をうけて語られたものであろうことは明瞭である。そして『浄土論』では、これらの四種の心によって「能く清浄の仏国土に生ず」と明かすのであるが、そのことからすれば、この心の澄浄としての信心こそが、まさしく浄土往生の因となることを示していることになるわけである。

かくして上に見た「浄心」「柔軟心」「清浄心」、さらには「妙楽勝真心」などのいずれもが、五念門の行道、ことには作願門と観察門および廻向門の実践に基づいて、次第に成就されてゆくものであり、またそれらの心が、ともに澄浄なる心としての信心を意味し、しかもまたそれが浄土往生の因になると明かすことにおいて、解義の最初に五念門の行道を説くについて、

云何が観じ云何が信心を生ずる。若し善男子善女人五念門を修して成就すれば、畢竟じて安楽国土に生じて彼の阿弥陀仏を見ることを得る。（真聖全一、二七〇～二七一頁）

と明かす「信心を生ず」とは、まさしくこれら「浄心」「柔軟心」「清浄心」「妙楽勝真心」などを成就してゆくことを意味しているとうかがわれるのである。

かくして、この『浄土論』において明かされる五念門の行道とは、まさしく観を起こし信心を生ずる道として、五念門行の修習、止観の行業を実践することによって、次第に信心を成就してゆく道であり、そこに浄土の往生を語る行道であったといいうるのである。すなわち、それはまたさらにいうならば、仏道の出発点を意味するところの、一心願生の思念に始まり、それに基づきつつも、ひたすらに、止観の行業を中核とする五念門行を実践修習することを通して、次第に信心を成就してゆくところの、心の清浄を目指す行道であったわけである。

そして『浄土論』では、このようにして浄土に往生をえたのち、さらに近門、大会衆門、宅門、屋門、園林遊戯地門の自利利他にわたる五種門を修習することによって、ついには仏果涅槃を得証することを説いているのである。

六、むすび

以上、きわめて概括的に、世親の『浄土論』について解説を試みてきたわけであるが、その行道が起観生信の道

として、ひとえに澄浄なる心としての信心を成就してゆく道であるところ、それはまた龍樹浄土教における行道が、信方便易行の道として、信心清浄なる見仏の境地を目指すものであったことと共通するものでもあって、充分に注目されるべき点である。しかしながら、また龍樹浄土教においては、阿弥陀仏を主として名号と捉えるところから、聞名、称名の道を説き、この世親浄土教が阿弥陀仏を主として色身と捉えて、もっぱら観仏の道を明かすことは対象的である。後世の浄土教思想の展開において、阿弥陀仏に対する領解について、それを名号として捉える立場と、色身として捉える立場とに分かれ、またその行道の設定において、聞名ないしは称名の道と、観仏の道とに分かれていった源流が、ここに見られるということもまことに趣き深いところである。

善　導—その生涯と著作と思想—

一、浄土教理史上における善導の地位

先師を承けて

中国における浄土教は、この国にはじめて阿弥陀仏経論が伝来し翻訳された紀元二、三世紀のころに、すでにその萌芽を見ることができる。しかしながら、この浄土教がまさしく中国に受容され定着してゆくについて、ことに功績があったのは、東晋時代の盧山の慧遠（三三四〜四一六）である。慧遠は道俗百二十三名を率いて白蓮社を結び、ともに真摯に阿弥陀仏を専念し、西方浄土を願生したという。この慧遠が残した徳風の影響は大きかった。後世において中国浄土教の始祖と仰がれるゆえんである。ついで阿弥陀仏経典の翻訳が進められて、劉宋時代に至ると、『無量寿経』『観無量寿経』『阿弥陀経』の、いわゆる「浄土三部経」がそろった。ここに中国浄土教発展の根基が具備したわけである。やがて北魏の時代、曇鸞（四七六〜五四二頃）が現われて、この「浄土三部経」の教理を統合発揮し、自ら選んで阿弥陀仏の本願力に深く帰依し、罪業深重の凡夫人が、ひとしく救済されてゆく行道としての十念相続の道を明かした。ここに中国浄土教の中核が形成されていったのである。のちに日本に伝えられて、法然、親鸞に継承され、みごとに開花していった浄土教思想は、ひとえにこの曇鸞浄土教の展開によるものである。

一方、隋の時代になると、伝来翻訳された諸経論に対する研究と、それに基づくさまざまな仏道の実践が主張さ

れるようになり、伝統の中国文化に根ざした新しい中国的な仏教が成立してきた。そして、ことにその実践面においては、今までの此土的な釈迦仏や、弥勒仏に対する信仰にかわって、超越的な慈悲救済主としての阿弥陀仏が重視され、この仏に帰依し、その浄土に願生するという思潮が見られるようになってきた。当時の代表的な仏教学徒は、いずれもこの浄土教に深く心を寄せている。地論学派の浄影寺の慧遠（五二三～五九二）は『無量寿経義疏』二巻、『観無量寿経義疏』一巻を撰している。これは中国における浄土経典註釈書の先駆をなすものであった。また三論学派に属する吉蔵（五四九～六二三）も『無量寿経義疏』一巻、『観無量寿経義疏』一巻を著わしている。そして天台宗を開創した智顗（五三八～五九七）にも、浄土教に関連する思想を見ることができる。しかしながら、それらはともにそれぞれの学派を立場として、かたわらに浄土教を受容したものであり、曇鸞におけるごとく、自ら選んでもっぱら阿弥陀仏に帰依し、主体をかけて浄土の教法を領解したものではなかった。曇鸞の浄土教をまさしく伝燈継承したのは、道綽（五六二～六四五）である。道綽はもと『涅槃経』を学び、空理を実修していたが、たまたま玄中寺に詣でて曇鸞の碑文を読んで感じるところがあり、ついに今まで修めていた仏道を棄て、浄土教に転向して西方願生の行者となった。道綽はそれ以来、ことに末法到来の危機的自覚のもとに、今においては成仏の道は、ただ浄土教の一門のみであると領解して、念仏三昧の行道を主張した。そして曇鸞の後を承けて、阿弥陀仏信仰の宣布に力を注ぎ、自らもまた日々数多くの称名念仏を策励した。この道綽における念仏三昧の道とは、一心に阿弥陀仏を憶念し、その名号を称唱することにより、次第に心を正念に任せしめて、三昧見仏の境地を成じてゆくという行道であった。そしてそれは本質的には、曇鸞における十念相続の道を継承し、それを発展させたものであった。

この道綽の面授の弟子が善導である。善導の学系については、三論宗を承けるといい、また摂論宗を継いだといい、あるいはまた『涅槃経』に基づいているともいわれているが、明確には、すでに先学によって指摘されているごとく、地論学派の南道派に関係が深いことがうかがわれる。ことにその点、同じく地論学派に属する浄影寺慧遠の浄土教思想を参照し、それに多く学んでいることが注意されるところである。そしていまひとつ、善導における学系として注目すべきことは、それが曇鸞浄土教を伝統しているということである。曇鸞浄土教が、ひとえに『無量寿経』に依拠し、そこに説かれる阿弥陀仏の本願と名号を中核として把捉されていることは明らかなところであるが、善導の浄土教もまた、もっぱら『無量寿経』に説かれる本願を基軸として形成されていることは異論のないところであろう。その点、道綽浄土教では、この『無量寿経』の本願中心の領解はいまだ充分でないところ、善導の浄土教におけるかかる性格は、ひとえに曇鸞浄土教に深く直接し、それを継承していることがうかがわれるのである。そしてまた善導は、この曇鸞、道綽の浄土教を受容し、それを前進せしめた迦才（～六四八～）の浄土教思想にも少なからず影響を受けているようである。かくして善導は、これら慧遠、曇鸞、迦才らの先師を承け、近くは道綽に師事しつつ、その浄土教思想をさらに発展せしめていったのである。そして善導は、この伝統の称名念仏の浄土の行道こそ、現実の時代と人間に相応する、易行にして最勝なる仏道であり、しかもまたこれこそ、釈尊の本意に契当した、まことの仏教であることを高調したのである。この善導において、中国浄土教はまさしく樹立され、その地位を確保することとなったわけである。

後世を導く

善導に導かれて西方を願生するものの数は無量であったと伝えられている。その弟子も少なくなかったと思われるが、その名が伝わるものは懐感、懐惲、浄業である。善導の没後、この称名念仏の修習は、ただに北中国のみでなく、次第に中国全域に伝わっていった。ことに中唐時代になると、後善導とも呼ばれて尊崇された法照（～八二二～）や少康（～八〇五～）が出て、善導浄土教を継承していったが、その称名には音楽的要素が加えられ、儀礼化されて、いよいよ一般大衆に広く浸透してゆくこととなった。しかしながら、他面このころより仏教各宗において融和的思潮が生まれ、浄土教もまた、禅宗や天台宗などと融合して理解されるようになり、善導によって発揮された称名念仏中心の専修的浄土教は、次第に溶解し変形してゆくこととなった。そして唐末五代に至ると、この称名念仏の風習は、その変形とともに中国の民衆社会に根深く定着していった。しかしながら、一方、やがて戦乱によって多くの寺院が破壊され、仏教典籍も散逸することとなったが、そのためであろうか、すでに宋代には、善導の撰述はほとんど消失して残っていなかったようである。この善導浄土教が朝鮮にどれほど伝播受容されたかは充分に明らかではない。

しかしながら、日本においては、早くも奈良時代の天平年間に、善導の撰述のほとんどが請来されていたことが明白である。入唐した求法者が、親しく善導に面接して伝えたのかもしれない。また平安時代の請来目録にも、それらの撰述の名が記載されている。源信（九四二～一〇一七）や永観（一〇三三～一一一一）の浄土教思想には、明らかにこの善導の浄土教が継承されている。そして鎌倉時代に至ると、その撰述、『観無量寿経疏』『観念法門』『往生礼讃』『法事讃』『般舟讃』の五部九巻のすべてが開板流布されることとなった。善導の浄土教は、中国本土よりも、かえって日本に伝来して尊重恭敬されるようになったわけである。ことに日本浄土教を確立した法然（一一三三～一二一二）が、この善導の『観無量寿経疏』を契機として、本願念仏に帰入したということは著名である。法然は善導を阿弥陀仏の化現とも仰いだ。そして「ひとえに善導一師に依る」（『選択本願念仏集』真聖全一、九九〇頁）というごとく、善導の浄土教をよく伝統し、それをさらに発展せしめていったのである。日本における浄土教は、宗派的には三論宗、真言宗、天台宗の三流として伝えられ、性格的には観念中心のものと、称名中心のものとの二面に分かれて理解されてきたが、法然に至って、もっぱらこの善導を継承し、その称名念仏思想を中核とする浄土教として展開していったのである。それ以来、浄土教は日本の仏教界に独立した地位を占めるようになった。そして親鸞もまた、この善導を伝燈七高僧の一人として尊仰し、その教訓に深く傾倒したのである。その意味において、日本浄土教にもたらした善導の影響はまことに大きいものがあり、善導浄土教は、まさしく日本において開花し、結実していったともいいうるのである。

二、善導の生涯とその時代背景

善導の略伝

善導の生涯をうかがうについて、その文献は多い。しかしながら、そのうち最も基本的な資料となるものは、道宣の『続高僧伝』巻第二十七である。これは善導が三十三歳のころに、いちおうの脱稿をみたものである。その点、この資料は善導伝のすべてを尽くしてはいないが、最も信憑に足るものである。そのほか参考とすべきものに、かなり時代が下って編集された唐の文諗・少康の『往生西方浄土瑞応删伝』、宋の戒珠の『浄土往生伝』巻中、宋の王古の『新修往生伝』巻中・巻下などがある。いまはそれらの資料に基づいて、善導の生涯について見てゆくこととする。なおこの善導伝については、その資料の中に善導と善道があって混乱するが、いまは基本的には同一人と理解することとする。善導は隋の大業九年（六一三年）に誕生したという。その出生地については、泗州（安徽省泗県）と臨淄（山東省臨淄県）の二説があるが、今では臨淄であろうと考えられている。俗姓は朱氏といったが、それがいかなる家柄か、またその家庭的環境がどのようであったかは、まったく不明である。善導は幼くして明勝法師に随って出家し、仏道を修学した。はじめは『法華経』や『維摩経』を学んだといわれている。しかし、のちに浄土変相図を見て深く感銘するところがあり、それ以来、浄土教に帰依して西方を願生するようになったという。善導が育ったこの山東の地域には、さまざまな異質の信仰を含みながらも、すでに阿弥陀仏信仰が流布していたようである。善導はそののち具足戒を受けたが、妙開律師とともに『観無量寿経』を学んで、「余の行を修することは迂僻にして成じ難し、唯この観門のみ定んで生死を超えん」(瑞応删伝)と領解し、いよいよ浄土教に傾倒していった。そのころの中国では、この『観無量寿経』はただに浄土教徒のみではなく、ひろく仏教界一般においても注目され、尊重されていたのである。地論学派の浄影寺慧遠、三論学派の吉蔵らが、ともにこの経典を重視し、註解を行なっていることは上に見たごとくである。末法という鮮烈な危機的時代意識の中で、歴史と人間の相について深い反省が生まれていた当時、罪業深重なる凡夫が救われてゆく道を説いたこの『観無量寿経』が、多くの人びとによって注目され、帰依されたのは当然のことであろう。善導もまた、そういう当時の宗教的状況の中で、この『観無量寿経』と出遇い、それを学ぶようになったと思われる。はじめ善導は長安の都の南、終南山の悟真寺で修学していた。この終南山は景勝の地であって、そこには数多くの寺院が点在した。そのことから、ここには名僧も少なからず留錫して、つねに多くの修道僧が訪れていた。善導は、その終南山の東部にある悟真寺にいたのである。この悟真寺は隋の時代に浄業によって創められ、のちに法誠によって整備されたものである。浄業は浄影寺の慧遠について『涅槃経』を学び、また曇遷に随って『摂大乗論』を修めた人である。慧遠には『無量寿経義疏』および『観無量寿経義疏』の著書があり、曇遷もまた浄土教に縁があったようである。法誠は臨終にいたって西方浄土を願生したと伝えている。この悟真寺は浄土教に心を寄せる人たちに、ことに縁が深かったわけである。その点この悟真寺は、終南山における浄土教信仰の道場でもあったろうと推定されている。早くから浄土教に傾倒していた善導が、ここを訪ねここに止住していた理由でもあろうか。若い善導は、この終南山で多くの先達に出遇い、また浄土の経論についてもいろいろ学んだに違いない。しかしまた善導は、ここで浄土教以外の仏教思想にも接し、阿弥陀仏信仰に対峙する仏教理解の主張も聞いたことであろう。ことに『摂大乗論』とその「釈」に基づいて、浄土の教法がただに念仏して浄土に往生をうるというのは、それを因縁として、いつの日にか往生が成就することを説くものであって、それは方便なる別時意の教説でしかないという、摂論学徒の批判にもふれたと思われる。若い善導は、この悟真寺にあって浄土の念仏を学びながらも、またその信仰をめぐるするどい論難に、教学への疑問や心の動揺を覚えることがあったのではなかろうか。

善導はその後、仏道の師を求めて各地を周遊し、ついにそのころ山西の石壁谷玄中寺に住んで、名声の高かった道綽を訪ねていった。当時この道綽は、末法の時代には、ただ浄土念仏の一門こそまことの成仏道であると領解して、自ら専ら念仏を修め、また大衆にもこの浄土の教法を勧めていた。伝えるところによると、道綽は日々七万遍の称名念仏を重ね、『観無量寿経』を講じること二百遍におよんだという。またその熱心な教化に育てられて、晋陽、太原、文水の三県の人びとにして七歳以上のものは、ことごとく浄土教に帰して、ひとしく阿弥陀仏を称念するようになったともいわれている。道綽は人びとに教えて、数珠をつまぐり、豆を用いる数量念仏を勧めたという。もって、つねに大衆の中にあって多くの人びとの教化育成に務めた、道綽の生きざまをうかがうことができるであろう。善導はこの道綽を訪ねてその門下に列なり、その指導を受けたのである。『新修往生伝』によれば、善導が道綽を訪ねたときは、ちょうど厳冬のころであって、その途上あまりにも風がきびしく、ついに深坑に入って安坐し、一心に念仏して数日を過ごした。そのとき空中に声があって、前に進めば必ず行く道に障碍はないと聞こえてきた。そこで善導はその声に励まされて坑を出て、さらに進んでついに道綽のもとに参じたという。そしてまた

『瑞応删伝』によると、善導は道綽に拝面したとき、道綽に向かって、念仏すれば確かに浄土に往生することができるのかと問うたという。道綽はそれに応じて、一本の蓮華をもって七日のあいだ仏座を廻り、もしもその蓮華が萎まなかったならば、必ず往生をうることができると答えたと伝えている。もって善導がいかなる理由から道綽を訪ねるようになったかが想像されてくる。早くから浄土教に帰依して、懸命に称名念仏を行じていた善導は、さまざまな仏教理解と、阿弥陀仏信仰に対する論難の狭間にあって、何よりも、まことの人師との値遇、そしてまたその行道についての確証の体験がほしかったのではなかろうか。この蓮華に関わる似た話は、『続高僧伝』の道綽伝や、『新修往生伝』の善導伝にも見られるものである。ともあれ、善導はこの道綽との出遇いを通して、はじめて称名念仏の真実性を確認し、浄土を信知体験しえたと思われる。善導における新しい浄土の行道がここから始まったわけであろう。善導がこの道綽を訪ねたのは、善導がおよそ二十歳前後のころであったと推定されている。もしも善導が二十歳のときであったとすれば、道綽は七十一歳であったことになる。そして善導は、それから十年あまり、この道綽に師事して、ひたすらに浄土の教法の学習と、その実践に励んでいったわけである。

貞観十九年（六四五年）の四月、道綽は玄中寺において八十四歳の生涯を終えた。善導が三十三歳のときのことである。師に先立たれた善導は、やがて石壁をあとにして終南山に帰っていった。この終南山はかつて修学したゆかりの地である。善導の日常の行道生活は、まことに厳しいものであったという。『瑞応删伝』には、つねに自らを省みて、釈尊でさえ日々乞食の生活を過ごされたのに、どうして私が安坐して供養を求めることができようかと、いつも乞食を楽しんでいたと記している。また『新修往生伝』によると、仏堂に入ると一心に念仏して力の尽きるまで休まず、寒冷の日にもなお念仏して汗を流していたといい、三十余年間は寝所を設けることもなく、洗浴のほかには衣を脱がなかった。戒律をたもって少しも犯さず、目を上げて女人を見ず、一切の名利を念ずることなく、綺詞戯笑することもなかったという。そしてまた、多くの信者から捧げられた飲食衣服などはすべて他に廻施し、ただ粗衣粗食に耐えて美食を受けることを拒んだという。また、つねに三衣と瓶鉢は自分で洗い、いつも独行して、人と共に世事について談論することを避けたと伝えている。そこには後世の附会があるとも考えられないではないが、このような伝記が生まれてきた意味についても深く思うべきであろう。もって善導がいかに自己を律するに厳しく、またどれほど純粋に、そしてまた真剣に、称名念仏の行道を生きていったかがうかがわれることである。また善導は『阿弥陀経』を書写すること十万余巻におよび、浄土の変相図を描くこと三百余鋪であったという。現在、龍谷大学図書館に、かつて大谷中央アジア探検隊がトルファンの遺跡からもたらしたところの、末尾に「願往生比丘善導願写弥陀経云々」という発願文が書かれている、唐代写本の『阿弥陀経』が蔵されているが、この古写本は、あるいは善導によって書写された十万余巻の中の一本ではなかろうかと思われることである。

善導はまた長安の都に出て、多くの民衆と交わり、伝道教化に力を尽くした。そのころの長安は唐の帝都として世界の文化を集め、東西貿易の一大市場として金銀商や絹商が軒を並べ、またさまざまな異国人が行き通う国際都市として繁栄していた。長安の人口は百万におよんでいたという。また当時の長安には、多くの寺院も聳えて仏教が隆盛し、華厳宗、三論宗、律宗、禅宗などの各宗派の実践や教化が行なわれていた。ことに十余年の歳月をかけてインドにまで求法の旅を試みた玄奘が帰国して、新しい西方諸国の文化を伝え、新しい多くの経論を請来翻訳するということもあって、中国仏教は全盛時代を迎えていた。また他方、伝統の道教も盛んであった。そしてまた、キリスト教のネストリウス派（景教）が伝えられ、太秦寺という教会も建てられて異国情緒豊かな讃美歌が歌われ、ゾロアスター教（祆教《けんきょう》）の拝火信仰も伝来して、西域の人びとによって信仰されていた。当時の長安の宗教的事情はまことに多彩なものがあった。このような状況の中で、善導の教化が始められたわけである。善導が、念仏の行道は方便の教説であると主張する摂論学徒の批判に対して、徹底して反論を試みたこと、「六時礼讃」など、阿弥陀仏を本尊とする荘厳を尽くした仏堂における、仏に対する讃仰と懺悔を織り成した礼拝儀礼の作法を創始したこと、また浄土の変相図を多く作成したということなどは、いずれもかかる長安を中心とする当時の宗教的状況の中で生まれたものであろう。善導の民衆の心に深く密着した教化は、きわめて多くの人びとに受容されていった。『続高僧伝』によると、「既に京師に入りて広く此の化を行ず。（中略）士女の奉ずる者その数は無量なり」と伝えている。また同じ『続高僧伝』には、ある人が善導を訪ねて、いま仏名を念ずるならば、まさしく浄土に往生することができるかと問うたとき、善導は即座に念仏すれば必ず往生をうると答えた。するとその人は礼拝したのち、口に南無阿弥陀仏を称えつつ退いて、その寺の門前の柳の木に登り、合掌して西方を望み、落下捨身して死んだと記している。またそのほかの記録によれば、善導の教化を受けて、妻子をすてて出家の道に入るものや、投身ないしは焼身して自ら生命を絶ち、浄土往生を願うものが少なくなく、念仏して願生するものは無数であったと伝えている。善導における厭離穢土、欣求浄土なる念仏の行道の感化が、いかに強烈なものであったかがうかがわれるところである。そしてまた遵式の『往生西方略伝』によれば、善導の教化によって長安の人びとが肉を買わなくなったために、それを恨んだ屠児の宝蔵なるものが、善導を訪ねて殺害せんとしたところ、善導の訓誡に信服して、ついに捨身往生を遂げたと伝えている。善導の教化の跡を偲ぶに充分な物語である。善導が長安に止住して講筵を開いたところは、懐遠坊の光明寺であった。この光明寺は隋代に創建されたもので、その境内にはいくつかの院があって、善導はその中の浄土院に拠っていたと考えられている。善導はまた長安の晋昌坊の慈恩寺にも居たことが知られている。慈恩寺は貞観二十二年（善導三十六歳の年）に建立された壮大華麗な寺院であって、帰朝間もない玄奘が迎えられて止住したが、またこの落成の年には代表的な高僧五十名を招請したといい、善導もまたその中の一人であっただろうといわれている。そしてまた善導は長安の大平坊の実際寺にも住んでいたことが記録されている。この実際寺は隋代に創設されたもので、ここにも浄土院が存在していた。のちに善導の俊英の弟子であった懐惲が寺主になった寺院である。善導はここでもまたしばしば講筵を開き、多くの門弟を指導したことであろう。善導はまた地方教化の旅に出て、遠く襄陽にもその足跡をとどめている。

また善導はその晩年、龍門の石仏造営に関わっていたことが知られている。唐の高宗皇帝の発願により、咸亨三年（六七二年）より三年をかけて、毘盧舎那仏の大石像が龍門の石窟に造立された。高さ十七メートルを超える壮大にして豊麗な仏像は唐代彫像中の傑作といわれている。善導はその造立監督の任にあたったのである。もって善導の活動がきわめて広範にわたっていたことがうかがわれるわけである。

その善導もやがて老境に達し、唐の高宗永隆二年（六八一年）の三月、六十九歳をもって入寂した。弟子の懐惲らが、長安の南、終南山の麓の神和原にその墳墓を営み、かたわらに大塔を擁した伽藍を建立して師恩を敬慕した。その寺は香積寺と呼ばれたという。なおこの善導の入寂について、その伝記の一部に捨身往生のことが伝えられて、古来さまざまに論議されている。しかしながら、最も基本的な古い資料には、すでに上にふれたごとく、善導の教化を受けた信者が捨身して往生したという記録はあるが、善導自身については何も伝えてはいない。それが誤って善導の伝記に結びついたのかもしれない。ともあれ、善導が捨身したということは、善導滅後三百八十年あまり経て記された戒珠の『浄土往生伝』が初見である。その点、この善導捨身説については疑問があり、にわかに信憑することはできないものである。

歴史的な背景

善導は隋の煬帝大業九年（六一三年）に生まれ、唐の高宗永隆二年（六八一年）に入寂した。したがって善導は、隋の末に出生して、唐の高祖、太宗を経て高宗の代に亡くなったのであり、大唐帝国の最も隆盛を極めたころに活躍したわけである。

南北統一の偉業を果たした隋の文帝は、律と令の法制を基本とする制定を定め、律令国家としての中央集権体制を確立した。そして古い門閥を排して、官吏としてふさわしい人材を登用するために、科挙という国家試験制度を設け、選ばれた有能な高級官僚によって政治を運営した。そしてまた経済の復興とその繁栄を計るために、北朝以来の国家土地所有制としての均田制を施行拡大してゆき、農民に等しく土地を与え、それにかわる税役と兵役を課した。かくして新しく建国された隋王朝の基礎が確立していった。また文帝は自ら仏教に帰依し、ことに仏教をもって国家統治の指導原理とした。そのために北周の廃仏のあと、仏教の復興に力を尽くして、仏寺や仏像を造営修復し、各地にわたって多くの舎利塔を建立し、仏典の書写保存を計るなど、国家を挙げて仏教興隆政策を進めていった。かくて隋代に至ると、仏教は強力な国家権力の保護を背景として、すばらしく発展することとなった。次の煬帝になると、父を承けて政治体制をさらに進め、また仏教保護にも力を尽くした。善導は、この煬帝の大業九年（六一三年）に誕生したのである。また煬帝は多くの人民を徴用して南北を結ぶ大運河を開鑿したが、さらには高句麗の征討を試みて失敗するということがあり、その優雅奢侈を極めた日常生活に対する反感もあって、各地に人民の反乱暴動が起こることとなった。そしてついに煬帝は側近によって殺害され、隋王朝は三十七年間にして滅亡していったのである。善導が六歳のときのことであった。そのころの日本は、聖徳太子が推古天皇の摂政として国政を司っていたが、先進国の隋の制度を学び、仏教や儒教などの諸文化を吸収せんとして遣隋使を派遣した。隋の記録には開皇二十年（六〇〇年）に日本の使節が到来したと伝え、わが国の記録にも、推古十五年（六〇七年）、十六年（六〇八年）、二十二年（六一四年）の三回にわたって遣隋使を送ったと記している。

隋帝国の崩壊のあと、激しい内乱の末に新しく唐王朝が成立した。高祖李淵による統一である。この高祖即位のはじめ、武徳四年（六二一年）に道士の伝奕が、寺塔僧尼の多いのは国家を損ずるから減少すべきであると献言したことから、仏教と道教との間に論戦が展開されたが、ついに高祖は武徳九年（六二六年）の四月に断を下して、都には寺を三寺、僧一千人を留め、諸州にはそれぞれ一寺のみとして、僧尼の多くを還俗せしめる、という詔を示した。しかし、間もなくこの年の六月に高祖の次子世民が兄を襲って殺害し、自ら皇太子となり、その八月には皇帝の位についた。唐王朝第一の名君と称された太宗である。この政変によって、廃仏の政策は中止されたが、この廃仏の詔が長安の都を中心とする仏教界に与えた衝撃は、大変なものであっただろうと想像される。ときに善導は十四歳であった。幼少にして出家したといわれる善導は、そのころすでに仏門に入っていたのではなかろうか。太宗は隋の中央集権的な律令国家体制を踏襲し、また科挙制や均田制を継承発展せしめてゆき、よく人材を登用して善政を布き、ことに儒教の教えにしたがって民衆の道義の樹立に意を注ぎ、道徳政治を行なった。また道教とともに仏教に対する保護や後援も行なったが、それもひとえに唐の王室の安泰と、唐帝国の隆盛を祈念せしめるという性格を持つものであった。かくして仏教はいよいよ栄えていったが、それも強大な統一国家体制の枠の中のことであった。ついで高宗がその跡を継いだが、病弱であったために、皇后の位にあった武后（則天武后）が政務をみることとなった。武后はやがて兆し始めた唐帝国体制の弛緩に対し、科挙を通して採用した有能な新官僚を率いて、専制の政治を断行していった。また仏教に対してはことに保護の政策をとり、自らの天下君臨の成功を祈念して、諸州に大雲経寺を一寺ずつ置き、また善導が検校を務めた龍門の毘盧舎那仏大石像の造営については、多額の資金を奉献した。わが国の天平時代に営まれた国分寺はこの大雲経寺を、また東大寺の大仏はこの龍門の大石仏を模したものであるという。

この隋、唐時代の仏教界の状況については、隋帝国が建国されて新しく中国が統一されるや、中国の文化は大きな発展を遂げていったが、仏教もまた、隋王朝の仏教復興政策を背景に隆盛を見ることとなった。ことに、この時代に至ると、仏教は今までの輸入直訳的な仏教や、研究中心の学解的な仏教にかわって、中国の精神的土壌に深く根ざした、中国独自の仏教として自立してゆくこととなり、やがて隋、唐にわたる中国仏教の全盛時代を形成していったのである。すなわち、智顗（五三八〜五九七）が現われて、『法華経』に基づく新しい実践的仏教としての天台宗を開き、その門人の灌頂（五六一〜六三二）もまた天台教団の基礎を確立するために尽力した。また吉蔵（五四九〜六二三）が出て三論教学を大成した。そのほか摂論学派の曇遷（五四二〜六〇七）、地論学派の慧遠（五二三〜五九二）なども著名である。またこの時代には信行（五四〇〜五九四）が、三階教と名づける末法相応の普法の仏教を創唱し、多くの信者を集めて栄えた。そして唐代に至ると、王朝の保護と高僧の輩出もあって、隋代に引き続いていっそうの発展と隆盛を見ることとなり、多くの宗派が独立大成していった。すなわち、末法時代の到来という危機的な時代思潮の中で、新しく三階教が生まれてきたが、またこの末法思想に強く影響されて展開してきたのが、阿弥陀仏の救済を説く浄土教であった。この浄土教の流伝に力があったのが道綽（五六二〜六四五）である。善導がこの道綽に学んだことは、すでに見たところである。またこの道綽を承けたと考えられる念仏者に迦才（〜六四八〜）がある。また中国では律学が発達したが、この時代には法礪（五六九〜六三五）の相部宗、道宣（五六九〜六六七）の南山宗、懐素（六二四〜六九七）の東塔宗が唱えられた。また全仏教を『華厳経』に統一して理解するという華厳宗が生まれたが、それは杜順（五五七〜六四〇）、智儼（六〇二〜六六八）を承けた法蔵（六四三〜七一二）によって大成されたものである。またインドに栄えた無著、世親の唯識思想が伝えられて、すでに地論学派と摂論学派が形成されていたが、さらにインドに求法した玄奘（六〇〇～六六四）が、新しく護法、戒賢系の唯識教学を伝えて法相宗が生まれた。この玄奘はまた、ただに法相宗を伝えたのみでなく、インドにおける大乗、小乗の諸経論をはじめ、多くの原典をもたらし、帰国以来二十年間、多くの弟子たちとともにその翻訳に従事した。その翻訳した量は七十六部千三百余巻におよんでいる。その豊富な言語学的知識による翻訳の的確さから、それ以後の訳をことに新訳と呼ぶようになったことは著名である。この玄奘の弟子で法相宗の形成に尽くしたのが窺基（六三二～六八二）である。また玄奘が訳した『阿毘達磨倶舎論』によって倶舎宗が成立した。そしてまた梁の時代に菩提達磨によって伝えられていた禅宗も、この唐代に至って神秀（～七〇六）と慧能（六三八～七一三）が出て大成されることとなった。神秀の系統は北宗禅、慧能の系統は南宗禅と称せられている。以上のごとく、中国仏教はそのほとんどが隋、唐の時代にかけて形成確立されていったのであり、この隋、唐の仏教は、まさに中国仏教史上の黄金時代であったといいうるのである。

そこでこの隋、唐の仏教の性格について見るに、この時代には仏教が隆盛したといっても、それは出家者の仏教として、あるいはまたある特定の知識階級の仏教としてであって、一般の民衆に、その高遠な仏教の教理がただちに受容されていったわけではない。仏教が民衆に浸透していったのは、もっぱら祖先の祭祀、両親への追善という、家族制度を基盤とする中国の孝道倫理に見合う方向においてであった。唐の時代に、ことに『盂蘭盆経』『父母恩重経』『十王経』などが、広く民間に流行した理由でもあろう。かくして民衆の理解した仏教とは、因果応報、来世転生の思想に集約された仏教であって、人びとは造寺造像、読誦写経など、さまざまな功徳を修めることによって、現世の福益を祈り、また死後には善処に再生することを願ったわけである。隋、唐時代におけるめざましい浄土教の流行も、このような思想的背景によるものと思われる。その点、上に見たところの、善導書写のものとも推定されるトルファンの遺跡からもたらされた『阿弥陀経』の末尾に、この経典書写の功徳をもって、除災招福を祈念した発願文があることは注意されることである。またこの唐時代においては、仏教はしばしば道教と争うということがあった。唐の宗教政策はきわめて寛大で、すべての信仰を許容していたが、ことに唐の王室が、老子を自らの祖先と称して道教を特別に保護したこともあって、民衆もまた道教に心を寄せるものが多かった。かかる状況のもと、上にもふれたごとく、道士の伝奕が仏教廃止を献策するということがあり、これに対して仏教側から、法琳が『破邪論』や『弁正論』を著わして反駁するなどということもあった。そののち、両者の対論はしばしば繰り返されていったのである。またこの時代の仏教の性格は、基本的には国家の宗教政策にそった国家仏教であったということである。政治権力は仏教に対して、さまざまな保護と援助を惜しまなかったが、それはまた自らの国家統治の手段とするためであって、その点からすれば、この時代の仏教は政治権力に統制支配されていたわけである。すなわち、律令国家体制のもとでの御用仏教の繁栄ということであった。そのような状況の中で、唐時代の仏教においてはしばしば君親に対する拝、不拝が問題となった。もともと仏教は出世を志向するものであるところ、帝王や父母の権威を認めないのは当然であるが、そのような発想に対して、中国の儒教に根ざす礼教の精神、および権力支配の構造は、明確に矛盾対立するものであった。かくしてこの問題は中国に仏教が伝来して間もないころから生起していたが、唐時代にいたって決定的となったわけである。すなわち、太宗の貞観五年（六三一年）には、詔して天下の僧尼に父母を敬せしめ、また高宗は龍朔二年（六六二年）に、国王と父母を拝すべしと詔を下している。前者は善導十九歳のとき、後者は善導の五十歳のときのことである。もとより、それに対する仏教徒側からの反対もあって、それは王法と仏法、儒教と仏教の対立にほかならなかったが、結論的には、仏教は王法と儒教に屈服し、その律令国家体制の中に統制され、さらにはすすんでその権力に癒着し、奉仕してゆくこととなったのである。そのことは善導がその『法事讃』の後行分嘆仏呪願の文に、

また願わくば此の功徳が、大唐皇帝を資益して、福基永く固く聖化窮まること無けん。また願わくば皇后は慈心平等にして六宮を哀愍したまわんことを。また願わくば皇太子は恩厚地を承けて同じく山岳の移ることなきに同じく、福命は唐唐と滄波に類して尽きたもうこと無けん。（真聖全一、六一六頁）

と述べていることにも見られる性格である。ここでいう「大唐皇帝」とは高宗をいい、「皇后」とは則天武后を指していると考えられる。往生の行業としての『阿弥陀経』の読誦と、名号称念の功徳が、また皇帝、皇后、皇太子の福益をもたらすようにとの祈念の文言である。

この時代の浄土教もまた、国家仏教として、体制内のものであったことを明瞭に物語るものであろう。

三、善導の著書の梗概

善導の著作をめぐる問題

善導の著書については、基本的には五部九巻あるといわれている。すなわち、次のものがそれである。

①『観無量寿経疏』（『観経疏』）四巻
②『観念阿弥陀仏相海三昧功徳法門』（『観念法門』）一巻
③『往生礼讃偈』（『往生礼讃』）一巻
④『転経行道願往生浄土法事讃』（『法事讃』）二巻

⑤『依観経等明般舟三昧行道往生讃』（『般舟讃』）一巻

この中ではじめの『観経疏』は、善導の浄土教思想を最も明確に示している。善導の思想を理解するためには何よりも『観経疏』をうかがうべきである。よって古来この『観経疏』を「本疏」と名づけ、また「解義分」とも呼んでいる。それに対して、のちの四部は、概して浄土教の実践行儀について明かしたものであって、上の「本疏」に対しては「具疏」といわれ、また「行儀分」とも呼ばれている。ただし、その中の『観念法門』については、その中途に別に「依経明五種増上縁義一巻」という表題が置かれている。その点、これはもと別の著書であったものが流伝の途上において合綴され、まぎれて『観念法門』の一部とみなされてきたものであろうという説が出されている。しかしながら、『観念法門』の全体の組織からすれば、もしもこの一段が欠落するとすれば、観仏三昧と念仏三昧の功徳を明かすという表題の意図に対して、その功徳を明かす部分を欠くこととなる。その点、この見解にはなお検討を要する問題が残り、にわかには賛同しがたいところから、いまは従来のごとく、『観念法門』一巻として見ることとする。

なおまたこれらの撰述年時については、まったく不明である。しかしながら、すでに上においてもふれたごとく、善導が「六時礼讃」など、阿弥陀仏を本尊とする仏堂における、仏に対する讃仰と懺悔を織り成した、韻律豊かな礼拝儀礼の作法を創始したということは、当時長安の都に、キリスト教やゾロアスター教などが伝来して、異国情緒華やかな宗教的状況が展開されていたということの影響が想像されてくる。またその著書に見られるような摂論学徒の浄土教批判への反駁も、長安の都を中心に、各宗派が競って宣教しつつあった当時の状況に対応したものであろうと思われる。それらのことを考慮に入れるならば、善導の著作活動は、長安に教化するようになってから始められたといわねばならないようである。その点、善導の著書は、いずれもその生涯の後半に至って執筆されたものとうかがわれるのである。

そしてまたこれら善導の著書の成立順序については、古くは『観経疏』が先に成立し、具疏が後に撰述されたと理解されていたが、近年に至って、具疏が先に撰述されたとする見解が有力になってきた。もとよりそれは客観的な史実に基づいてのことではない。それら著書の内容を検討することによって前後を推定したものである。そしてまた、具疏を先とする見解についても、その具疏の中で『観念法門』を最も後期の成立とする説と、『往生礼讃』を最も後期の作品とする説が出されている。たしかに『観経疏』に、「讃に云わく」といって『往生礼讃』の文を四か所にわたって引用している点からすれば、『観経疏』に先行して『往生礼讃』が成立していたとも推定されてくるのである。しかしながら、資料の不充分な現在、その著作全体にわたる前後関係を厳密に断定することは、きわめて困難なことである。ともあれ、これらの著書がいずれもその生涯の後半に至って成立したものであるとすれば、それらの間に思想的な展開を想定して、その成立順序についてとやかく詮索することには、おのずから限界があるといわねばならないようである。

また善導の撰述については、上記の五部九巻のほかに、『弥陀経義』『勧化径路修行頌』『臨終正念往生文』『二十四讃』『一行礼文』『念仏集』『大乗布薩法』『善導和尚遺言』『西方礼讃文』などがあるといわれている。その『弥陀経義』とは、「定善義」の中に「此の義は『弥陀経義』の中に已に広く論じ竟んぬ」（真聖全一、五〇八頁）という文があることによって存在が推定されるものであるが、現在には未伝のものである。『勧化径路修行頌』とは、六言八句の偈頌で『楽邦文類』巻第五や『龍舒浄土文』巻第五に載せている。『臨終正念往生文』とは、もと道鏡・善道の『念仏鏡』の末尾にあるもので、『龍舒浄土文』巻第十二には『善導和尚臨終往生正念文』と題してこれを引いている。また『楽邦文類』巻第四には、ほぼこれと同文を『臨終正念訣』と題し、「京師比丘善導」の作として収めている。これは『念仏鏡』の共集者善道を善導と同一視することによって生まれた理解であるが、なお疑問が残るところである。『二十四讃』とは、王古の『新修往生伝』巻下、および遵式の『往生西方略伝序』に善導の著書として記せられるものである。『一行礼文』とは、『新修往生伝』巻下に上の『二十四讃』と一連に記録されているが、ともに未伝のものである。『念仏集』とは、『念仏鏡』の文中に「西京善道闍梨念仏集」とあるものによるが未伝である。『大乗布薩法』とは、『智証大師請来目録』に「大乗布薩法一本善導」とあるものによるが、今日では未伝のものである。『善導和尚遺言』とは、長西の『浄土依憑経論章疏目録』の中の「偽妄録」に「善導和尚遺言一巻」と記されるものによるが、言うごとく偽作であろう。玄智の『浄土真宗教典志』巻第一に「善導和尚遺誡鈔一巻」とあるものはこの書を指すものであろう。『西方礼讃文』とは、ペリオ発見の敦煌本の法照の『浄土五会念仏誦経観行儀』巻中に引用されるものであるが、『往生礼讃』や慈愍の『西方讃』と重複する文もあって問題が残るところである。以上、善導の著書については、五部九巻のほかに種々挙げられるが、それらは未伝のものか、または真偽未詳のものであり、たとえ善導の撰述として承認するとしても、小部のものであって充分に権威を持つものとはいいえないようである。以下、その基本的な撰述としての五部九巻について概観することとする。

『観無量寿経疏』

この『観無量寿経疏』は、略して『観経疏』ともいい、またその内容が「玄義分」「序分義」「定善義」「散善義」の四帖で構成されているところより、古来『四帖疏』とも呼ばれ、またそれが本疏と名づけられていることは上に見たごとくである。この『観経疏』は、その名称が示すごとく『観無量寿経』についての註解書である。隋から唐の時代にかけて中国仏教界においては、この『観経』がことに注目され、しばしばその註解書が著わされたことは、すでにふれたところである。危機的な時代意識としての末法思想が濃厚であった当時、極悪最下の凡夫までも救われてゆく道を示したこの『観経』が、多くの人びとによって尊重されたのも理由あることであった。善導の師であった道綽もまた、この『観経』を講じること二百遍に及んだといい、その著『安楽集』二巻は、この『観経』の註解書であるとも考えられる。善導もまたそのような流れの中で、この『観経』に傾倒し、その註解書を撰述したわけである。そしてまたこの『観経疏』は、本疏ともいわれるごとく、善導の著書の中核をなすものであるが、その点、ここには善導における浄土教思想が最も鮮明に説示されており、また他師の浄土教思想との、関連と相違も充分にうかがい知ることができるのである。

ことにこの『観経疏』には、後跋の文が附せられているが、それによると、善導はこの『観経疏』を撰述した意図を明かして、

某今此の『観経』の要義を出して古今を楷定せんと欲す。(真聖全一、五五九頁)

と述べている。「古今楷定」とは、過去と現在とにしたがって正義を決定する、ということである。すなわち、この『観経疏』は、慧遠や吉蔵などの古今の諸師たちの『観経』理解について、それらに学び、またそれらを批判しつつ、もって浄土教のまさしき本意を開顕するために、撰述されたものであることを意味しているわけである。たしかにこの善導においてこそ、中国における浄土教は、釈尊の本意に契うまことの仏教として、明確に論理づけられ、その地位をまさしく確保することができたのである。その点、善導がこの『観経疏』の撰述において志した古今楷定の願いは、充分に結実したといいうるであろう。そしてまた善導は、この後跋の文において、かかる古今楷定の願いについて、阿弥陀仏など諸仏の証明を求めて念じたところ、それに応じて、

毎夜夢の中に常に一僧ありて来って玄義科文を指授す。(真聖全一、五六〇頁)

と記録している。すなわち、この『観経疏』は、毎夜夢中に一人の聖僧が現われて教示したところに基づいて、著わされたものであるというのである。そして善導は、人びとに信を生ぜしめんために、ことにこの霊験を告白するものであって、もしもこの書を写そうと思うものは、ひとえに経典のごとくに尊重して一字一句も加減してはならないといっている。まことに不可思議な霊相というほかはないが、後人がとやかく批評を加えうるものではなかろう。法然はその著『選択本願念仏集』において、そのことにふれて、

僧というは恐らくは是れ弥陀の応現なり。しからば謂うべし。此の『疏』は是れ弥陀の伝説なりと。（真聖全一、九九三頁）

といっている。ともあれ、この後跋の文にうかがわれる善導の心眼の透徹さと、その信念の孤高さを、心して思うべきであろう。

そこでこの『観経疏』の内容を、その「玄義分」「序分義」「定善義」「散善義」のそれぞれについて、概観してゆくこととする。

「玄義分」

これは『観無量寿経』を註解するについて、まず最初にその本旨、要綱を明かす部分である。次の「序分義」「定善義」「散善義」が、『観経』の内容全体について、その経文にしたがって逐次註釈を施す文義の章であるのに対して、これは『観経』を貫く根本意趣を説く玄義の章であるところ、「玄義分」というわけである。この「玄義分」の組織については、最初にいわゆる「帰三宝偈」と呼ばれる偈頌を掲げ、次いで七種の項目を挙げて『観経』の玄意を論じている。その七種とは、①序題を標す（序題門）、②その名を釈す（釈名門）、③宗旨の不同、教法の

大小を弁ず（宗旨門）、④説人の差別を弁ず（説人門）、⑤定散二善を料簡す（定散門）、⑥経論の相違を和会す（和会門）、⑦韋提の得益分斉を料簡す（得益門）である。

そこでまずその「帰三宝偈」とは、十四行五十六句の偈頌であるが、その冒頭に標して「先勧大衆発願帰三宝」と示している。この文の訓み方については古来種々に試みられているが、漢文の訓読においては、「勧」の字が上の句にあって下の句がそれを受ける場合には、下の句の動詞は使役的な意味を含んで、「シム」の送り仮名を補う慣例がある。そこでいまは、「先ず大衆に勧め発願して三宝に帰せしむ」と訓むこととする。この文が冒頭におかれていることは、「帰三宝偈」の意趣が、ひとえに一切の大衆をして仏、法、僧の三宝に帰依せしめんということにあることを示している。そしてまた、それが『観経疏』の最初に標されているという点からすれば、この『観経疏』とは、また道俗の大衆に対して、三宝に帰依し、浄土の信心を発起するよう、勧めるために撰述されたことを物語っているわけである。その偈文の内容は五段に分かれている。①まず大衆を勧める（「道俗時衆等」以下）、②三宝に帰敬する（「世尊我一心」以下）、③帰敬の意を述べる（「我等咸帰命」以下）、④述意を開示する（「我依菩薩蔵」以下）、⑤廻向願生する（「願以此功徳」以下）がそれである。すなわち、ひろく大衆に浄土への願生を勧励し、自らもまた深く三宝に帰敬して、ここに仏意を仰いで浄土の法門を開顕し、もって共にひとしく浄土に往生せんという、『観経疏』撰述の根本意趣を表白しているのである。

次いで『観経』の玄意を論じる七種の項目の中、第一の序題を標するとは、まずはじめに『観経』の大意を示すものである。すなわち、真如は万物に普遍して、人間はひとしく仏の性質を宿しているものの、迷妄の衆生にはそれを顕わすことがはなはだ困難である。そこでこの衆生のために、釈尊がこの世に出現して、さまざまな教法を開示し化導された。そして多くの人びとはそれによって解脱をえ、仏になっていった。しかしながら、罪業深重なる凡夫人は、それらの教法によってもなお解脱をうることができないために、韋提希夫人がとくに浄土往生の道の開説を請うた。ここに『観経』が説示されることとなったわけである。浄土の教法については、この『観経』に示される、釈尊の教説としての定散二善の要門の道と、『大無量寿経』に明かされる、弥陀の本意としての念仏一行の弘願の道がある。いわゆる二尊二教である。しかしながら、またこの『観経』の深意をたずねるならば、釈尊もまたついには、弘願の念仏一行を勧められるのであって、「彼に喚び此に遣わす」（真聖全一、四四三頁）ものとして、ついには二尊は一致して一教であり、この『観経』もまた、まさしくは弘願念仏の行道を教説したものにほかならないというのである。

次に第二の「その名を釈す」とは、経名の『仏説無量寿観経』の字義について註解するものであって、その一字ずつについて詳細な解釈を行なっている。ことにその無量寿については、原語をあげて南無阿弥陀仏といい、さらにそれを依報と正報に分けて捉え、またそれぞれについて通別と真仮に区分して明かしている。またその観の字義については、照らし見るの意に解し、行道実践においてうるところの三昧としての浄信の智慧によって、浄土の依正二報をまさしく観想することであるとする。かくして、この『観経』の経名は、阿弥陀仏と浄土を、三昧の智慧をもってまさしく観じてゆくことを意味するものであった。また第三の「宗旨の不同、教の大小を弁ず」とは、『観経』に説示されているところの宗要には、観仏三昧と念仏三昧とがあり、またこの『観経』は大乗仏教の中の頓教に属する教法であることを明かすものである。ここでいう観仏三昧とは、『観経』に説かれる定善観仏の道のことで、さらに広くは散善三福の道をも含み、また念仏三昧とは、その下三品において説かれる称名念仏の道を意味している。『観経』の要旨中核は、まさしくこの観仏三昧と念仏三昧の二種の行道を開説するにあったというのである。第四の「説人の差別を弁ず」とは、経を説く者について五種の別があることを述べ、この『観経』はまさしく仏の自説であり、釈尊が王舎城中において、韋提希夫人のために教説されたものであることを明かしている。これは当時、摂論学徒らによって浄土教が批判されているのに対して、この浄土教がまさしく仏の自説であることを示し、もってひとしく信認すべきことを主張しようとしたものであろう。次に第五の「定散二善を料簡す」とは、この『観経』に説く定散二善について、他師の理解を批判し、四重の問答によって善導の自説を開陳するものである。すなわち、この『観経』の開説にあたって、韋提希夫人が請うたのは定善の道であって、散善の道は釈尊が自らの意志において説いたものであり、その定善の道とは十三観の教説をいい、散善の道とは以下の三福の教説を指すというのである。そしてまた善導は、これらの教法は特定の聖者のためのものではなくて、信受するものはすべて進趣することのできる普遍の仏道であると明かしている。

第六の「経論の相違を和会す」るとは、『観経』の教説と相違する、他の『観音授記経』や『摂大乗論』などの文に基づく見解批判について、両者の矛盾を会するもので六節に分かれている。はじめの四節は、『観経』の散善の道の教説において、浄影寺慧遠が、そこに説かれている九品の機類を大乗仏教と小乗仏教の聖者と見るに対して、善導は上品とは大乗仏教を学ぶ凡夫、中品とは小乗仏教を学ぶ凡夫など、下品とはもっぱら迷いに沈み悪を行じる凡夫であって、九品すべてが凡夫人にほかならないといい、それらがひとしく仏願力に基づいて浄土に往生をうると示している。かくして善導は、「仏は凡のために説きて聖のためにせざるなり」（真聖全一、四五二頁）というごとく、この『観経』とは、ひとえに罪業深重なる凡夫人のために説かれた教法であると理解しているのである。次の第五節は、無著の『摂大乗論』と世親の『摂大乗論釈』を奉ずる摂論学徒が、『観経』に説くところの念仏の道とは、その往生の道についても、成仏の道についても、ともにそれを縁としていつの日にか果を成ずるところの、別時意趣なる方便の教説にほかならない、と論難したのに対して、反駁し、その誤解を正したものである。善導はここで、その成仏別時意説については肯定しながらも、往生別時意説の非難に対しては、『観経』に説かれているところの称名念仏とは、その一声一声の中に、まさしく願と行とが具足されているのであって、この称名念仏の道において、よく浄土往生を成就しうると主張しているのである。いわゆる六字釈（称名釈）といわれるものである。そして次の第六節は、阿弥陀仏とその浄土は、まさしく法蔵菩薩の因願に酬報して成立した報身、報土であることを明かし、そのゆえにまた凡夫人も、その願力に乗じてすべての人びとと共によく往生をうることができると示している。次に第七の「韋提の得益分斉を料簡す」とは、韋提希夫人がいつ救いを得たかという問題について論じるものである。『観経』では、その結びにおいて、釈尊の教説が終わったのちに、仏と浄土を見て利益を得たと説いてあるが、善導は、その説法の途中、第七華座観開説のはじめにおいて、釈尊の言葉に応じて空中に示現した阿弥陀仏を拝見したとき、韋提希夫人は無生忍をえて救われたのであるというのである。そして『観経』の結びに明かす得益の文も、そのことを示すものにほかならないといっている。善導がこのように主張する理由は、浄土の救いとは、ひとえに阿弥陀仏を見ることにおいて成立するものと理解していたからであろう。そして最後に、これら『観経』の基本の要綱は、ことに仏の証明を得たものであるから、誰しも心して信ずべきことを述べて結んでいる。

「序分義」

これは『観無量寿経』の序分について、その経文を文にしたがって釈する部分である。まずはじめに、『観経』の全体を、序分、正宗分、得益分、流通分、耆闍分の五門に分科している。その序分とは、経説の序章にあたるところで、冒頭の「如是我聞」から「見阿弥陀仏極楽世界」までをいう。正宗分とは、経説の本論に相当するところで、「仏告韋提希汝及衆生」から始まる第一日想観から、下品下生の行道を明かす「名第十六観」までをいう。得益分とは、韋提希夫人の得益を語る部分で、「説是語時」以下の、韋提希夫人がまさしく救いをえて、五百の侍女たちが菩提心を起こしたことを明かす文をいう。流通分とは、経説の結章を意味するもので、次の「爾時阿難」以下、釈尊が阿弥陀仏の名号を付属される文をいう。また耆闍分とは、前の四門が王舎城の王宮において教説された部分であるに対して、これはその説法が終わったのち、釈尊が耆闍崛山に帰られてから、その教説の内容が、阿難によって仏弟子大衆に再説された部分であり、「爾時世尊」以下、経末に至るまでの文をいう。ことに善導は、このその短い耆闍分の経文を、さらに普通の経典と同じように、序分、正宗分、流通分に区分して理解しているが、その点からすれば、この『観経』は二か所で教説されたわけであって、古来これを両処二会の経典と呼んでいる。善導の経典におけるこのような分科は、慧遠や嘉祥らの『観経疏』が、序分、正宗分、流通分という、通常の分科を行なっているものと明確に相違し、またその経文における分科の配当についても、著しい差異が見られるのであって、ここには善導の『観経』に対する独特な理解がうかがわれ、充分に注目されるべきところである。

そこでいまはその序分について解釈するわけであるが、善導はこの序分について、さらに証信序と発起序を分けている。その証信序とは、阿難が釈尊より教説を聴聞したことを述べて、その信認されるべきことを証する部分である。発起序とは、この『観経』の教法が説かれることになった因縁を明かす部分で、善導はその中を、化前序、禁父縁、禁母縁、厭苦縁、欣浄縁、散善顕行縁、定善示観縁の七段に分けている。化前序とは、この『観経』の教化が生まれる以前の因縁を意味するもので、善導の本意からすれば、聖道の諸教は、この『観経』開示のための前方便、化前の意味を持つものであったといわねばならないのである。このように序分を開いて、証信序、発起序、化前序の三序を立てたのは善導独自の見解である。次の禁父縁とは、阿闍世太子が父王を牢獄に幽閉する理由を述べるところ、禁母縁とは、太子がさらに母の韋提希夫人をも幽禁することを明かす部分をいう。厭苦縁とは、韋提希夫人がこの悲劇のただ中で、この苦悩の穢土を厭うことをいい、欣浄縁とは、韋提希夫人がこの厭苦を通して無憂なる世界を求め、ことに選んで阿弥陀仏の浄土に生まれんと願い、その浄土往生の行道を教示してほしいと請うた部分をいう。この『観経』に説く、「唯願わくば世尊よ、我れに思惟を教え、我れに正受を教えたまえ」（真聖全一、五〇頁）という、韋提希夫人の言葉を、慧遠たちは、思惟を散善、正受を定善と解して、韋提希夫人は定散二善の開説を請うたと理解している。しかしながら、善導は、思惟とは観の前方便としての思念をいい、思惟と正受はともに定善を意味すると理解して、韋提希夫人は定善の開説のみを請うたとするのである。そしてこの韋提希夫人の欣浄の心が釈尊の願いにかなったところ、釈尊は微笑をもって応じ、定善観仏の法を説かれるわけであるが、釈尊の真意としては、一切の衆生のために、この定善観仏の道のほかに、散善の三福と念仏の道を開説しようという意図があったと理解するわけである。次の散善顕行縁とは、その散善を説こうとされる釈尊の本意について明かした部分をいい、定善示観縁とは、韋提希夫人の請いに応じて定善を説こうとされる意志について述べた部分をいう。

かくしてこの序分においては、以下の正宗分とは、定善観仏の道と散善三福と念仏の道を明かすものであること、しかもまた、その定善は韋提希夫人の請いに応じたものであって、散善こそ釈尊自らが開示されたものであり、ことには、念仏の道の教説こそ、釈尊の本意であることを主張せんとする意図が明瞭にうかがわれるのである。そのことは浄土教を独立せしめ、ここに仏教の中核があることを開顕しようと願う、善導の『観経』理解の基本の姿勢である。

「定善義」

これは『観無量寿経』の正宗分の中、定善十三観法について、経文をその文にしたがって註解する部分である。定善とは、息慮凝心に基づく善根のことで、いまは阿弥陀仏とその浄土の功徳荘厳を、心を定め思を凝らして観想する善根のことをいう。善導によれば『観経』では、その定善の観法を十三種にわたって説いているわけである。その十三種とは、①日想観、②水想観、③地想観、④宝樹観、⑤宝池観、⑥宝楼観、⑦華座観、⑧像観、⑨真身観、⑩観音観、⑪勢至観、⑫普観、⑬雑想観である。その中、第七華座観までが浄土の荘厳を観ずる依報観であり、それ以下が仏と菩薩の荘厳を観ずる正報観である。

第一日想観は、西方に没する太陽を観ずることであり、第二水想観は、水と氷を観ずることをいう。この二観は、以下の浄土の荘厳に対する観想の前方便的性格を持つものであって、善導はその方法について、その正座の仕方から心の定め方など詳細に述べている。第三地想観とは浄土の大地を観じ、第四宝樹観とは浄土の宝樹を観じ、第五宝池観とは、浄土の宝池に功徳の水が充満している相を観じ、第六宝楼観とは、浄土に建立されている楼閣を観ずることをいう。いずれも徹底した定心寂静の境地において、教説にしたがって浄土の相状を観念する道である。第七華座観とは、阿弥陀仏が坐したもう蓮華台を観ずることである。『観経』では、この観法を説かれる前に、釈尊の言葉に応じて、阿弥陀仏が空中に住立したまい、韋提希夫人はそれを拝見したと説いているが、善導はここに阿弥陀仏と釈尊の呼応する相を見て、二尊一致の意趣を捉え、またその阿弥陀仏の空中住立の意味について、それが衆生の急を救わんための立撮即行（立ち上がって衆生に向かって到来し衆生を摂取すること）の姿であることを述べている。善導においては、韋提希夫人がこのときにすでに救われたと理解することは上に見たごとくである。第八像観とは、仏身を表象した画像や木像などの仏像を観ずることをいう。善導はここで「法界身」の語を註解するについて、法界身とは、あらゆる衆生の世界に遍満する仏身のことで、仏の心はつねに衆生を照知し、仏の身はつねに衆生に向かって到来し、しかもその照知と到来はつねに無礙であると明かしている。また「是心作仏是心是仏」の経文を解して、心によく仏を観想すれば仏身もまたそれに応じて示現し、この心を離れてほかに仏が示現することはないとも語り、浄土教における仏身の理解についての基本的な立場を示している。次の第九真身観とは、阿弥陀仏の真身を観ずることをいう。善導はここで『観経』の「念仏衆生摂取不捨」の文を註解し、念仏三昧ののがうる摂取不捨の利益について、親縁、近縁、増上縁の三縁を語っている。親縁とは衆生が称名、礼拝、憶念すれば仏はつねに応答したもうことをいい、近縁とは仏がつねに衆生に近接して離れぬことをいい、増上縁とは衆生の業繋が仏の働きに対して障礙にならないことをいう。また善導はこの念仏三昧について、『無量寿経』『阿弥陀経』および『観無量寿経』の「浄土三部経」の教説に基づき、このように名号を専念することが、他の諸善にはるかに勝れていることを明かしている。第十観音観、第十一勢至観とは、阿弥陀仏の脇侍としての観音菩薩と勢至菩薩を観ずることをいう。第十二普観とは、浄土の荘厳功徳相の全体を観じ、自らがあたかもそこに往生するごとき想をもつことをいう。そして第十三雑想観とは、仏、菩薩の一切をまじえて観ずることをいう。

以上、韋提希夫人の「我れに思惟を教え、我れに正受を教えたまえ」という請いによって、釈尊が開説された定善十三観の法について註解したものである。この経典が『観無量寿経』と題されるところからすれば、かかる定善観法の教説が、この経典の中核をなすものであることは自明である。善導は最後の総結において、この十三観の一々について再び略して讃じているが、この定善観仏の道は、つねに迷妄に沈み心の散乱するわれら凡夫人にとっては、まことに至難な行道である。その点、善導の『観経』領解においては、以下の散善三福と念仏の道こそが、まさしく釈尊自開の教法であって、ここに『観経』の本意があったと見ていることは、すでに上の「序分義」について指摘したとおりである。

「散善義」

次いで『観無量寿経』の正宗分の中、散善の教説と、経末の得益分、流通分、耆闍分について、その経文にしたがって註解する部分、および『観経疏』全体に関わる後跋の文を「散善義」という。散善とは、廃悪修善としての善根のことで、心を定めて修める観仏の定善に対して、心が散乱したままで行なうことのできるさまざまな善根を散善という。『観経』の正宗分では、もともと第一観から第十六観までの十六種の観法が説かれており、慧遠らはその十六種の観法すべてを定善と見て、第十四観以下の三種の観法は、ことに他者の浄土往生の相としての、九品（九種類の人）の往生の相状を観ずる法を説いたもので、その中に散善の法が説かれていると理解した。しかしながら、善導はその十六種の観法の中、はじめの十三種を定善とし、のちの三種はただちに観法を示したものではなく、九品の機類にしたがって、散善の修習に基づく浄土往生の道を説いていると領解したのである。すなわち、善導では、はじめの十三観は定善の道、のちの三観は散善の道を示したものというのである。そして善導は、はじめの定善の道は、韋提希夫人の請いによって説かれたものであるが、のちの散善の道は、釈尊自らの意志において、後世のあらゆる凡夫人のために開説されたものであるといっている。その点、善導においては、『観経』の教説には定善の道と散善の道の二種の行道が明かされているが、まさしくは、この散善の道こそがその中核をなすものであったわけである。したがってまた、この善導の『観経疏』の四帖の中では、この「散善義」こそ、はじめの「玄義分」とともに、最も重要な意味を持つものであった。

この散善には、行福、戒福、世福の三種がある。ここでいう福とは善のことで、善根を修めれば福徳をうるゆえにそれぞれを福と呼ぶ。行福とは、大乗仏教の菩提心に基づいて行ずる自利利他の善根のことで、大乗経典を読誦すること、仏法僧などに対する六念を行ずることなどをいう。戒福とは、小乗仏教の自利中心の心に基づいて行ずる善根のことで、三宝に帰依し諸種の戒律を受持して犯さないことをいう。また世福とは、日常的な世間において行ずべき道徳善のことで、父母に孝養し、師長に奉事し、慈心にして生きものを殺さないことなどをいう。そして善導は、この三福について、それを九品の中、第十四観の上輩、第十五観の中輩の機類に配当している。すなわち、上輩の上品上生とは大乗上善の凡夫、上品中生とは大乗次善の凡夫、上品下生とは大乗下善の凡夫にして、ともに行福を修習して浄土に往生をうるものをいう。また中輩の中品上生とは小乗上善の凡夫、中品中生とは小乗下善の凡夫にして、ともに戒福を修習して浄土に往生をうるものをいう。そして中品下生とは世善上福の凡夫をいい、世福を行じて浄土に往生をうるものをいうと明かすのである。その点、この散善三福と九品の機類の関係は、三福とは修習されるべき行業について明かしたものであり、九品とはその行業を修習する人について明かしたものにほかならないわけである。ところで、『観経』によると、その第十六観の下輩については、三品とも無善造悪の機類であって、造悪の軽重によって分けられている。すなわち、下品上生とは十悪軽罪の凡夫、下品中生とは破戒次罪の凡夫、下品下生とは五逆重罪の凡夫をいう。そしてこれら三品はいずれも散善三福を修めることのできない下類の凡夫であるが、善知識に遇うてただ称名念仏すれば、ただそれだけでも浄土に往生をうると説かれている。かくしてこの散善の道とは、その機類については三輩九品に区分されているが、修習すべき行業については行福、戒福、世福、および念仏が明かされており、それぞれの機根に応じた行業の修習によって浄土に往生をうるというのである。

善導はこの散善の道について、九品の区分にしたがって註解するのである。善導は各品について十一門に分科して理解するが、その中の第四に三心が浄土往生の要因であるといっている。この三心とは上品上生の経文中に説かれるところの、至誠心、深心、廻向発願心をいうが、この三心とは九品のすべての行道に通じて、往生の要因となるというわけである。そして善導はまた、この三心は上に見た定善の道にも通じるとするのであって、その点、善導にとっては、この三心とは『観経』に明かされる浄土の行業としての、定善の道、散善の道、さらには念仏の道のすべてに通じて往生の要因となる、きわめて重要な意味を持つものであった。そこで善導によると、その至誠心とは、真実心のことであって、内心に虚仮をいだくことなく、身口意の三業にわたって真実でなければならないという。そしてまたこの真実について、自利真実と利他真実があるとし、自利真実とは、真実心をもって諸悪を制止し、諸善を勤修することであるという。利他真実については、何ら註解してはいないが、本書の写伝の際にこの部分が欠落したのかもしれない。次の深心とは、深く信じる心のことであって、これに二種ありとして、いわゆる機の深信と法の深信の二種深信が明かされている。その機の深信とは、

決定して深く、自身は現に是れ罪悪生死の凡夫、曠劫よりこのかた常に没し常に流転して、出離の縁あることなしと信ず。（真聖全一、五三四頁）

ることであって、行道を求める私の現実の存在の実相が、罪業深重であると信知することをいう。また法の深信とは、

決定して深く、彼の阿弥陀仏の四十八願は衆生を摂受したもう、疑いなく慮りなく彼の願力に乗じて定んで往生を得と信ず。（真聖全一、五三四頁）

ることであって、かの阿弥陀仏の本願は、まさしく私を摂取したもうと信知することをいう。後世の教学ではこの二種の深信について、それが二種のままに一具であるという理解がなされているが、善導自身の上では、両者の関

係はそれほど明確には捉えられてはいない。むしろ前者の機の深信は後者の法の深信の前提をなすものであって、かかる徹底した自己の実存の相への信知、機の深信をとおしてこそ、本願に対する一向至純な信知、法の深信が成立することを明かしたものであり、両者は前後の関係において理解されているようである。そして善導は、この後者の法の深信について、さらに詳説して五種の深信を明かしているが、そのあとに信を確立する方法として、就人立信と就行立信の義を示している。その就人立信とは、浄土の教法に対して人に就いて不動の信を確立することであって、四種の破人の異見、非難にあおうとも、決して動揺退失することなく、ひとえに釈尊の教説を信認するよう誡めることをいう。また就行立信とは、浄土往生の行業に就いて堅固な信を確立することであって、往生の行業について雑行と正行を明かし、その正行についてさらに正業と助業を分け、正定業としての称名念仏の行こそ、阿弥陀仏の本願に順ずるところの、まさしき浄土往生の行業であると説いている。ここでいう正行とは、世親の『浄土論』に説く、五念門行の思想を継承発展させることによって創設された、読誦、観察、礼拝、称名、讃嘆供養の五種の行をいう。この五正行の中、第四の称名行を正業または正定業といい、そのほかの四種はこの称名念仏を助成する意味を持つものとして助業という。この五正行、さらにいうならば称名念仏行を実践してゆくところ、ここにまさしく浄土往生の行道が成立するというわけである。いまはこの行業に関わって不動の信を確立せよというのである。

また第三の廻向発願心とは、自己が過去と今生とに修めた三業にわたる善根功徳と、他者の善根を随喜した功徳とを、浄土に廻向して往生せんと願う心のことである。善導はこの廻向発願心を釈すについて、「真実の深信の心の中に廻向して彼の国に生まれんと願ず」（真聖全一、五三八頁）といっている。このことはこの廻向発願心とは、三心の中のほかの至誠心（真実の心）と深心（深信の心）に基づいて成立するものであって、帰するところは、三心はこの廻向発願心に統摂されるものであることを意味している。善導は続いて問答を設けて、行道を学ぶについては必ず有縁の教法によるべきことを示し、そののち譬喩を説いて、ただ一途なる廻向発願心のありようを明かしている。この譬喩が有名な「二河白道」である。この譬喩の典拠については、古来種々の説があり、『大般涅槃経』巻第二十三、『大宝積経』巻第百七、『大智度論』巻第三十七、『略論安楽浄土義』、『安楽集』巻上などがあげられている。その内容については、一人の旅人があって、群賊悪獣に追われて西に行くとき、忽然として火と水の大河が現われた。その大河の中間に一筋の白道が見えたが、左右から火と水があい交わってその道を襲っている。旅人はここで立ち止まって、帰るも、行くも、また止まるも、すべて死するほかはないと思った。絶体絶命の自覚である。そこで旅人は大いなる覚悟をもって、この白道を進もうと決意した。するとそのとき、東岸に声があって、決定してこの道をたずねて行けよ、必ず死の危険はない、と勧められた。また西岸からも、一心正念にしてただちに来い、私はよくあなたを護るであろう、という招きの声を聞いた。かくして旅人は、この此処に遣わし、彼岸に喚ぶ声に導かれて、その白道を歩んでゆき、ついに群賊悪獣を逃れて西岸に達することができた。これが譬喩の大要である。善導は、この水火二河の中間にある白道とは、貪瞋の煩悩の中に生じるところの「清浄願往生心」のことであると示すが、それはまた三心の中の廻向発願心のことにほかならない。その点からすると、この煩悩のただ中に生まれてくる白道としての廻向発願心、すなわち、ただ一途に浄土を願う願往生心とは、『観経』に説かれる浄土の行道としての、定善の道、散善の道、さらにはまた念仏の道が成立するための、根本要因を成すものであって、ことに重要な意味を持つものであったのである。

そして善導は、この散善の道について、すでに上においてもふれたごとく、上輩と中輩に対配して、行福、戒福、世福の三福を説いている。また下輩については念仏の道が明かされており、その下品上生については、一声の称名が聞経の功徳よりもはるかに勝れていることを論じて、阿弥陀仏の本願に順ずる称名念仏をこそ修めるべきであるという。また下品中生については、罪人も阿弥陀仏の名号を聞くことによって、除障し往生をうることを示している。また下品下生については、ことに本願文との対比によって、五逆と謗法の重罪を犯すものについて、仏の真意においては、それを除くというのは、いまだそれを造らざるものに対して抑止する意であって、すでに造ったものに対しては、すべてこれを摂取したもうということを明かし、五逆十悪の極悪の凡夫人も、善知識に導かれて修める称名念仏によって、ひとしく浄土に往生をうることができると釈している。この下輩における念仏の道の註解については、上に見た「玄義分」で説かれた願行具足の称名行の主張、いわゆる六字釈（称名釈）の理解と照応するものである。

次に得益分について明かしているが、善導の領解するところでは、韋提希夫人が救われたのは、すでに上にふれたごとく、第七華座観のはじめに、空中に住立したもうた阿弥陀仏を拝見したときであった。いまもまたそのことに関わって韋提希夫人の得益について述べている。

次の流通分については、ことに念仏三昧の功徳が雑善に比べて勝れていることを明かし、その念仏者を讃えて、好人、妙好人、上上人、希有人、最勝人と呼んでいる。そして釈尊が阿難に名号を付属された文について、

上来定散両門の益を説くといえども、仏の本願の意を望まんには、衆生をして一向に専ら弥陀仏名を称せしむるにあり。（真聖全一、五五八頁）

と明かして、この『観経』は、韋提希夫人の請いに基づく定善の道と、釈尊の自開による散善の道が説かれているが、阿弥陀仏の本願の心からすれば、この教説の本意は、ひとえに称名念仏の道を勧めることにあったといっている。このことは上に見たところの「玄義分」において、『観経』の中心は、観仏三昧と念仏三昧であると明かすこ

とに対応するものであって、この流通分の釈からすれば、善導においては、『観経』における観仏三昧（定善さらには散善をふくむ道）と念仏三昧（称名念仏の道）の二つの中心も、ついには称名念仏としての、念仏三昧のひとつに帰するものであったことが明瞭である。

次の耆闍分については、その経文について、さらに序分、正宗分、流通分の分科を示すのみである。

終わりの後跋の文は、有縁の人びとに信を勧めるものであって、この『観経疏』を著述するについては、阿弥陀仏や釈尊など、あらゆる三宝に対して霊証を請求し、聖僧の指授をえたこと、そしてまたその脱稿ののちにも、さらに霊験をうることができたことを述べて、この書がまさしく仏意に契うものであって、ひとしく仰信奉行すべきであるというのである。かくしてこの後跋は、最初の帰三宝偈と始終の関係を持つものであって、ここには善導における自信と教人信の透徹した信念がよくうかがい知られるのである。

『観念法門』

善導には『観経疏』のほかに、主として行儀について明かした書として、『観念法門』『往生礼讃』『法事讃』『般舟讃』の四部がある。その中、『観念法門』はことに観仏と念仏についての具体的な実践作法を明かしたものであり、『往生礼讃』は日常の勤行作法について、『法事讃』は別時の勤行作法について示したものである。また『般舟讃』とは、ことに般舟三昧を明かして浄土往生を勧信した偈頌である。

その『観念法門』とは、まさしくは首題に『観念阿弥陀仏相海三昧功徳法門』といい、尾題には経の一字を加えて、『観念阿弥陀仏相海三昧功徳法門経』と記している。古来略して『観念法門』という。題号の意味については、観念とは観仏三昧と念仏三昧を指すと考えられる。善導においては、観仏三昧とは定善と散善の道をいい、念仏三味とは称名念仏の道をいうが、また広義的には、ともに三昧見仏をめざす道として両者は重層するものであった。いまはその両者を合して「観念」と明かしたものである。また「阿弥陀仏相海」とは阿弥陀仏の広大なる功徳相をいう。「三昧」とはサマーディ（samādhi）の音写にして、心を定めて平等に保持し、もって心眼を開いて見仏することで、功徳とはその観仏ないし念仏の三昧法を行ずるものがうるところの利益をいい、法門とはまさしき成仏道の法義をいう。すなわち、阿弥陀仏の広大なる功徳相について、観仏ないしは念仏三昧法を修習することによってうるところの、功徳利益について明かした法門教説という意味である。尾題にことに経の字を加えているのは、法門とはすなわち経である、ということによったものと考えられる。なおまたこの『観念法門』には、その中途に「依経明五種増上縁義一巻」という標題がおかれていて、別本が合綴されたものであろうという主張があるが、それについての見解は、すでに上にふれたごとくである。その内容については三章に分かれ、まずはじめに三昧の行相について示し、次にその三昧における五種の功徳を述べ、後に問答を設けてこの法を修習すべきことを勧めている。はじめの三昧の行相を明かすについては、まず『観無量寿経』と『観仏三昧経』とによって観仏三昧法を明かしている。それについては、行者は坐法にしたがって身を整え、おもむろに仏身の種々なる相好と華座について観察すべきことを説き、次いでこの三昧法によってうるところの現当二世にわたる利益を示している。しかしまた善導は、それに続いて、行者がよく持戒して『阿弥陀経』を日々十五遍ないしは三十遍読誦し、日々称名念仏すること一万遍ないしは十万遍に至るならば、それは上品上生の人であって、まさしく浄土に往生をうることができると明かしている。善導が観仏三昧法を明かすについて、このように『阿弥陀経』の日課読誦と日課念仏の道を語ることは注目されるべきであろう。善導は次いで『般舟三昧経』によって念仏三昧法を明かしている。ここでいう念仏三昧とは、上に説いた観仏三昧に重なるところの定心念仏の三昧のことで、それが成じるところ、十方の諸仏が現前する境地をうるところの三昧をいう。その念仏定心の行法については詳細に偈頌をもって明かしている。そしてこの念仏三昧法を成就するならば、ここに坐したまま、諸仏の世界が自在に現前すると示している。そしてそれに続いて、阿弥陀仏の名号をひとえに念じて休息することがなければ、その浄土に往生することができるという『般舟三昧経』の文を引いている。善導がこの念仏三昧法を明かすについて、ことに阿弥陀仏の名号を専念することを主張する意図もまた、充分に注意されるべき点である。次いでこの念仏三昧法を修するについて、その三昧の道場の整え方と、そこでの三昧修習の作法について詳細に示している。そしてまた行者の臨終における念仏三昧法の行儀作法を明かしている。

次にこれら観仏ないしは念仏三昧の法を修習することによってうるところの、五種の功徳利益について述べている。すなわち、『無量寿経』『観無量寿経』『阿弥陀経』『般舟三昧経』『十往生経』『浄土三昧経』などによって、この三昧法を修習するところ、必然に滅罪、護念、見仏、摂生、証生の五種の増上利益をうるというのである。その滅罪とは、阿弥陀仏に対する三昧を行ずるならば、よく無量億劫の生死の罪を消滅し、さまざまな厄難を逃れることができるという。護念とは、この三昧を行ずるところ、よく阿弥陀仏をはじめとして諸仏菩薩や諸天などが守護することをいう。見仏とは、この三昧を行ずることに基づいて、心眼を開いて仏の色身と浄土の荘厳を見ることをいう。また摂生とは、上の三種が現生の利益であるに対して、これは当来にうる利益を明かしたもので、阿弥陀仏の願力に摂取されて往生をうることをいう。また証生とは、これもまた当来の利益に関わって語るもので、この三昧法を成ずるならば、往生をうることは間違いなく保証されることをいう。以上が観仏ないしは念仏三昧の法を修習することによってうるところの五種の利益である。

次いで三種の問答を設けてこの三昧法の修習を勧めている。その第一の問答は、この三昧の教法を誹謗して不信なるものと、それを敬重して信受するものとの損失と得益について明かしている。第二の問答は、この三昧法の功能がことにすぐれていることを示し、第三の問答は、この三昧法を修習するについての懺悔滅罪の作法を示している。

以上が『観念法門』の大要である。この『観念法門』とは、基本的には、観仏三昧ないしは念仏三昧の修習の方法と、その功徳利益について明かしたものであるが、ことに注目すべきことは、すでに上にも指摘したごとく、その観仏三昧法を明かす中で、日課称名念仏の行道を説き、またその念仏三昧法を述べる中で、ことに阿弥陀仏の名号を専念すべきことを語る点である。さらにはまた、その五種の功徳利益を示すについて、第十八願文を取意して、

若し我れ成仏せんに、十方の衆生、我が国に生ぜんと願じて我が名字を称せば、下十声に至るまで我が願力に乗ぜん。若し生まれずば正覚を取らず。（真聖全一、六三五頁）

と明かし、また『観無量寿経』の下輩の文を取意して、

行人自ら能く心口に弥陀仏を称念すれば、仏即ち聖衆とともに華台にして来現したまい、行人は仏を見たてまつり、また聖衆と華台等を見ん。（真聖全一、六三四頁）

と記し、また『阿弥陀経』の生因の文を取意して、

若し男子女人ありて、或は一日七日、一心に弥陀仏の名を専念すれば、その人の命の終らんと欲する時、阿弥陀仏は諸の聖衆とともに自ら来り迎接し、すなわち西方極楽世界に往生することをうる。（真聖全一、六三六頁）

と説いて、いずれも浄土往生の行道が、ひとえに阿弥陀仏の名号を称念することであると明かしているが、これらのことも同様に充分に留意すべきであろう。すなわち、この『観念法門』は、観仏ないしは念仏なる三昧法につい

て説いているが、善導はまたこの『観念法門』の中で、三昧について解説するに、それを定心三昧と口称三昧に分けている。いまその区分にしたがうならば、この観仏ないし念仏の三昧法はともに定心三昧に属するものである。そしてそのような定心三昧に対するに、ことに口称三昧の道を明かすものがこれらの文の意味であって、阿弥陀仏の名号をもっぱら称念するところ、ここにもまた心眼を開いて三昧を成ずることができると明かすのである。そして善導はまた、このような称名念仏の一行に基づく三昧を、『文殊般若経』によって一行三昧とも呼んでいる。かくして、このようなもっぱら称名念仏することによって成就する三昧見仏の道としての、口称三昧ないしは一行三昧の道こそ、善導がその『観無量寿経疏』において主張したところの、浄土往生のまさしき行道であったわけであり、この『観念法門』においても、その当面においては、『観無量寿経』や『般舟三昧経』などによって、観仏三昧法ないしは念仏三昧法を明かしているが、その究竟の本意においては、ひとえにそれら定心三昧に対する口称三昧としての、専修称名の道を主張するものであったとうかがわれるのである。そしてまたこの口称三昧は、狭義の意味では念仏三昧とも呼ばれるものであって、すでに上に見たところの「玄義分」において、『観経』の宗要を規定して、観仏三昧（定善さらには散善をふくむ道）と念仏三昧（称名念仏の道）の二種の道を明かす場合の、念仏三昧に重なるものでもあったわけである。その意味では、この『観念法門』とは、その本意においては、『観経疏』の主張と同じく、ひとえに専修称名の道としての念仏三昧の道をこそ、明かさんとしたものであったといいうるであろう。

『往生礼讃』

『往生礼讃』は、首題および尾題ともに『往生礼讃偈』というが、その巻頭には「勧一切衆生願生西方極楽世界阿弥陀仏国六時礼讃偈」と記している。あらゆる人びとに勧めて、ともに西方なる阿弥陀仏の浄土に往生せんことを願う、日常の六時にわたって行なう礼拝と讃嘆の偈頌、という意味である。その点、略して『六時礼讃』とも呼ばれている。すなわち、これは尋常における礼拝作法として設定されたものである。またその冒頭の文によると、この『往生礼讃』を作成する意図について、

唯相続係心して往益を助成せんと欲す。また願わくば未聞を暁悟せしめて遠く遐代を沾さんのみ。(真聖全一、六四八頁)

と明かしている。この六時にわたる礼讃の偈頌を作成することは、ひとえにいよいよ相続係心して称名念仏を修習するためにほかならず、これらの礼讃の偈頌を六時にわたってそれぞれ誦唱しつつ、もって称名一行をひたすらに専修策励せしめんとするものであるというわけである。

そこでその内容は、前序と本文と後序に分かれているが、前序については、はじめに上に引いたごとき礼讃作成の意図について述べ、次いで浄土往生の行道について、安心と起行と作業の三重構造を示している。その安心とは、『観無量寿経』に説くところの至誠心と深心と廻向発願心の三心をいい、行道成立の基礎としてこの三心を具足すべきことを語り、三心について簡単に註解したあと、もしその中の一心でも欠落するならば、往生をうることはできないといっている。この三心については、上に見たごとく「散善義」において詳細に解説しているところである。起行については、世親の『浄土論』に説く五念門行を継承して明かしている。この五念門行を上の三心に基づいて修習するならば、すべて真実の行業となるというのである。ただし、この五念門行を引用するについては、その組織を変更して、礼拝、讃嘆、観察、作願、廻向の順とし、またその意味内容についてもいささか性格を改変しており、そこには上に見た「散善義」の就行立信の釈において、善導自身が浄土往生の正行として創設主張した五正行

思想成立の、先駆的な理解がうかがわれるようである。また作業とは、世親の『阿毘達磨倶舎論』などに説かれるところの、仏道修行の方規としての四修を転用したものであって、恭敬修、無余修、無間修、長時修をいう。この五念門行を修めるについては、すべからく、この四修の方規に従わねばならないというわけである。そして次いで浄土の行道における称名一行の専修の徳をたたえ、さらに称名専修と雑行雑修とを対比して、専修には四種の得があり、雑修には十三種の失があることを示し、称名を専修する者は、十人は十人ながら、すべて必ず往生をうると明かしているのである。

その本文については、まさしく礼讃の偈頌を明かす部分であるが、そこには浄土願生者が日没、初夜、中夜、後夜、晨朝、日中の六時にわたって修めるべき、阿弥陀仏に対する礼拝と讃嘆、および願生者自身の罪業についての懺悔の作法を示している。その日没礼讃とは、日没、すなわち午後四時ごろに修める十九拝を軸とする作法で、ここではことに阿弥陀仏の光明について讃じ、『無量寿経』に説く十二光明を引いてその各々を阿弥陀仏の別名とし、あまねく衆生とともにこの阿弥陀仏に帰命し、懺悔することを表白している。また初夜礼讃とは、初夜、すなわち午後八時ごろに修める二十四拝を含む作法で、ここでは『無量寿経』に説く「往覲偈」を中心とする要文に基づいて礼讃し、次いで懺悔を表白している。次に中夜礼讃とは、中夜、すなわち午後十二時ごろに修める十六拝を中心とする作法で、ここでは龍樹の作と伝えられる『願往生礼讃偈』（十二礼文）を引いて至心に帰命し、次いで懺悔を表白している。また後夜礼讃とは、後夜、すなわち午前四時ごろに修める二十拝をともなう礼讃作法で、ここでは世親の『浄土論』に明かす「願生偈」から要文を引用し、阿弥陀仏に対する帰命と、懺悔を表白している。また次の晨朝礼讃とは、晨朝、すなわち午前八時ごろに修める二十一拝を含む作法で、隋の彦琮の「願生偈」から十九偈を選んで採用し、同じく最後に懺悔を表白している。また日中礼讃とは、日中、すなわち午前十二時ごろに修めるべき二十拝を軸とする礼讃作法で、それは善導自ら『観無量寿経』の十六観法に基づいて作成した讃偈をもって構成されている。そしてこの礼讃では、ことにその末尾に上中下の三品の懺悔の作法がおかれている。上に見たいずれの礼讃においても、阿弥陀仏に対する帰命とともに、必ず自己の身口意にわたる罪業についての真摯な懺悔の作法が付せられているが、この日中礼讃においては、とくに鄭重な懺悔の表白をもって結ばれているわけである。その点、善導における阿弥陀仏とその浄土に対する礼拝と讃嘆の意念には、またつねに自己自身の罪業に対するきびしい内省と、それについての懺悔の思念が、深く交差していたことが知られるのである。

そしてその後序には、以上の六時にわたる礼讃の表明を受けて、この六時礼讃の作法の実践を勧め、その得益功徳の大きいことを述べている。すなわち、称名観仏の作法を明かし、その功徳について、現生には罪業除滅と阿弥陀仏護念の利益をえ、当来にはまさしく浄土に往生をうることを説き、そのことは六方の諸仏の証誠したもうところであると語っているのである。

以上が『往生礼讃』の大要であるが、これは浄土往生の行道における、日常的な六時にわたる作法を創設勧励したものであって、後世では浄土願生者の礼讃作法として種々に依用されることとなったのである。しかしながら、またその前序および後序に示されるところの浄土教理解は、善導の浄土教思想をよく表白するものであって、ことにその前序において、浄土の行道の構造を、安心、起行、作業の道として示すこと、さらにはこの行道を、『文殊般若波羅密経』に説く一行三昧の文に基づき、それを転釈することによって、称名一行なる三昧見仏の道と捉えていることは注意されるべきである。またここでは深心、すなわち信心を明かすについて、「散善義」と同じく、それを二種なる深信、信知として示していることも注目されるべきことである。そしてまたその後序において、ことに第十八願文を取意して、若し我れ成仏せんに、十方の衆生、我が名号を称せんこと下十声に至るまで、若し生まれずば正覚を取らじ。（真聖全一、六八三頁）

と明かし、本願の道を、ひとえに称名の道として領解していることも、善導浄土教の特色をよく物語っているものであろう。

『法事讃』

『法事讃』は上下二巻に分かれており、その上巻の首題には『転経行道願往生浄土法事讃』と示し、その尾題には『西方浄土法事讃』という。また下巻では首題尾題ともに『安楽行道転経願生浄土法事讃』となっている。その点、題名に統一が見られないが、この三種の題名は具略の相違にすぎず、基本的には、経典を諷誦して阿弥陀仏像を旋繞行道し、その浄土に往生を願求する作法の讃文、という意味を表わすものである。略して『法事讃』と呼んでいる。この作法は『阿弥陀経』の読誦を軸とするものであって、別時の勤行作法として作成されたものである。読誦の経典にことに『阿弥陀経』が選ばれた理由については明瞭ではないが、善導はその伝記によると『阿弥陀経』を書写すること数万巻に及んだといい、またその諷誦についても、

或いは願じて『阿弥陀経』を誦すること十万偏を満たし、日別に仏を念ずること一万偏せよ。経を誦すること日別に十五偏、或いは誦すること二十偏、三十偏、力の多少に任し、浄土に生ぜんと誓いて仏の摂受を願ぜよ。（『観念法門』真聖全一、六二五頁）

行者浄土に生ぜんと欲せば、唯すべからく持戒し念仏して『弥陀経』を誦すべし。日別に十五偏すれば二年に一万を得る。日別に三十偏すれば一年に一万なり。（『観念法門』真聖全一、六二二頁）

などと説いているところである。善導自ら規定した往生の行業としての五正行の中には、読誦正行として『浄土三部経』の読誦を明かしているが、実践的には三部経中最も小部なこの『阿弥陀経』の諷誦を勧めているのである。

その組織については、前行分と転経分と後行分から成っている。前行分とは、『阿弥陀経』転経の行法の序分にあたり、六種の作法が明かされている。すなわち、まず最初に仏法護持の四天王などを奉請し、次いでこの作法の趣旨について表白する。そして入道場の規則を示したのち、偈頌をもって阿弥陀仏と観音菩薩、勢至菩薩、および釈迦仏と浄土の聖聚を奉請する。ことにこの偈頌の一々の句について、「願往生」「無量楽」「往生楽」の語を附しているが、これはその念念に浄土への欣求を勧めるものであろう。次いでさらに長行をもって十方の諸仏、声聞、縁覚、菩薩、あるいは諸々の賢聖、そしてまた無量無辺の種々荘厳などを奉請する。次いで仏像を中心に七周の旋繞行道を行ない、毎回仏前において散華し、偈頌と讃文とをもって、阿弥陀仏の功徳を讃え帰命願生の意念を表白する。そして最後に自らの罪障を仏前に懺悔表白する。ことにこの懺悔については、

弟子衆等、曠劫より已来乃至今身の今日に至るまで、その中間において是の如きらの罪を作ること、楽んで行じ多く作りて無量無辺なり。能く我等をして地獄に堕せしめて出ずる期あることなけん。(真聖全一、五七八頁)

弟子道場の衆等、元身より已来乃至今身の今日に至るまで、その中間において三業は放縦にして是の如きらの罪を作ること、楽んで行じ多く作りて無量無辺なり。今仏の阿鼻地獄を説きたもうを聞くに、心驚き毛豎つ、怖懼無量にして慚愧無量なり。(真聖全一、五八一頁)

弟子衆等、今地獄を聞きて心驚き毛豎ち怖懼無量なり。恐らくは残殃尽きずしてまた還って流浪せん。今生より已来三業をほしいままにし衆の重罪を造る。もし懺悔せざれば定んで此の苦を招きて出ずる期あることなけ

ん。今三宝と道場の大衆の前に対して発露懺悔す。（真聖全一、五八四頁）

などというごとく、きわめてきびしく真摯なものである。それはいずれも、阿弥陀仏に対する帰依の基盤、行道実践の前提としての、自己自身の煩悩罪業の深重性について、深い内省を表白したものであろう。そこにはまた善導の深心の解釈における、機の深信、信知に共通する思念もうかがわれるようである。以上の前行分を序として、次いで『阿弥陀経』を読誦するわけである。

その転経分については、この『法事讃』の本論に相当するもので、ここでは『阿弥陀経』を十七段に区分し、その区分ごと讃文が附せられて、高座のものと下座のものとが呼応して讃嘆、諷誦する形式となっている。その讃文はもっぱら浄土の依正二報の荘厳功徳相を讃美するものであるが、そこでは、

極楽は無為涅槃界なり、随縁の雑善は恐らく生じ難し。故に如来要法を選びて教えて弥陀を念ぜしめ、専にしてまた専ならしめたまえり。（真聖全一、五九七頁）

種種の法門は皆解脱すれども念仏して西方に往くに過ぎたるはなし。（真聖全一、六〇四頁）

世尊の説法、時まさに了りなんとするに、慇懃に弥陀の名を付属したもう。（真聖全一、六〇五頁）

などと説いて、罪障深きわれら凡夫にとっては、ひとえに西方浄土を願生し、もっぱら称名念仏すべきことを繰返して主張している。上引の諸文は、また親鸞、法然によってもことに注目された文である。

以上の転経を終わったのちに後行分がおかれている。この後行分とは『阿弥陀経』読誦の結びの作法で、そこではまず日ごろ犯すところの殺生、偸盗などの十悪の罪業について懺悔表白し、次いで前行分のごとくに、三周または七周ほど旋繞行道散華し、さらに偈頌をもって帰敬の意を明かすこととなっている。この偈頌についても、その一々の句について「願往生」「無量楽」の語を附している。そして次いで廻向文に相当するところの嘆仏呪願の文

を唱える。この文において、すでに上にも指摘したごとく、この『阿弥陀経』読誦の功徳が、自己の浄土往生の功徳となり、また身心安穏、罪滅福成の縁となるよう念じるとともに、大唐帝国の皇帝、皇后、皇太子の福基と聖化の無窮を願っていることは、善導浄土教の性格を物語るものとして注意すべきところであろう。次いで釈迦仏、弥陀仏などの七尊に礼敬し、この浄土の教法の久住を希念する言葉をもって結んでいる。

『般舟讃』

『般舟讃』は、正しくは首題に『依観経等明般舟三昧行道往生讃』と示し、尾題には『般舟三昧行道往生讃』といっている。この不統一も、単に具略の相違であって、その意味するところは、『観無量寿経』などの経典に基づき、現前に阿弥陀仏を見る般舟三昧の常行道を明かして浄土往生を勧める讃偈、ということである。ここで『観経』等というのは、その本文から推察すると、この『観無量寿経』のほかに、『無量寿経』『阿弥陀経』および『般舟三昧経』を指していると考えられる。また般舟三昧とは、『般舟三昧経』に説かれるところの三昧見仏の道のことで、諸仏現前三昧、または仏立三昧とも訳されている。それは一日ないし七日をかぎり、一所に住して戒を保持し、一心に念じることによって、ついに阿弥陀仏を見たり、また三か月間をかぎって、特定の行業を修習することにより、十方現在の諸仏を現前に見ることをうる三昧の行法のことである。しかしながら、善導はその『観念法門』によると、この三昧をまた念仏三昧に重ねて理解しているのである。かくして、その点からすると、この書は般舟三昧、すなわち、もっぱら称名念仏することに基づいて阿弥陀仏を見るという、念仏三昧の成就を期して、浄土の依正二報を讃嘆し、もって浄土往生を勧信するものであるといいうるのである。この書はまた略して『般舟讃』とも呼んでいる。

その内容については、大きく三段に区分され、前序と正讃と後序をもって構成されている。その前序では、まず釈尊は種々の方便をもって衆生を調育し、多くの教法を開説しているが、それらは本来は帰一するものであって、そのいずれにおいても心浄にして見仏し浄土に往生をうる道であり、自らの三業を清浄ならしめることこそ、まさしく浄土に往生する正因であることを明かしている。そして問答を設けてその三業清浄の意味を述べ、さらにはまた浄土を願生する念仏三昧の行者のための用心として、

浄土に生ぜんと欲わば、必ずすべからく自らを勧め他を勧めて、広く浄土の依正二報の荘厳の事を讃ずべく、またすべからく浄土に入るの縁起と娑婆を出ずるの本末を知るべし。（真聖全一、六八六頁）

と説いて、何よりも阿弥陀仏と浄土の荘厳功徳相について讃嘆し、この現実を出離して浄土に往生する道理を知るべきであるといっている。次の本文としての正讃は、このことを受けて讃偈したものである。そして続いて、本文正讃の中にしばしば引かれる般舟三昧楽の語義について解説する。以上が前序の内容である。

次の正讃はすべて偈頌であって、七字をもって一句となし、総じて一百二十六句ある。ただし、その中には「般舟三昧楽」という句が随所に挿入され、また一句ごとに「願往生」または「無量楽」の嘆語が付されている。その讃偈の内容は、上の前序に示されたごとく、行者の用心としての、仏と浄土の功徳相に対する讃嘆と、浄土往生の道理に対する理解について明かすものであって、はじめに浄土教の宗要を顕示し、のちに阿弥陀仏と浄土の荘厳功徳相について説示している。そのはじめの宗要顕示については、主として『無量寿経』などの教説に基づいて、釈尊の教化と弥陀の悲願について明かし、また称名念仏の得益を示して浄土への願生を勧信している。すなわち、

門門不同にして八万四なり。無明の果と業因を滅する為めの利剣は即ち是れ弥陀の号なり。一声称念するに罪みな除こる。（真聖全一、六八八頁）

弥陀の安養国に到らんと欲わば、念仏戒行して必ず廻すべし。戒行専精なれば諸仏讃じたまい、臨終に華座自ら来迎す。一念の間仏会に入りて三界六道永く名を除き、三明六通みな自在なり。畢竟不退にして無為を証せん。（真聖全一、六八九頁）

などと讃嘆するごとくである。そしてのちの阿弥陀仏と浄土の讃嘆については、おおむね『観無量寿経』における定善なる依正二報の十三観法と、散善なる上、中、下輩九品の三福、および念仏の道の教説に順じて讃嘆しているのである。そしてその讃偈は、善導の他の作品にも共通するところであるが、その句々いずれもが深い信念に根ざしていることがうかがわれ、またその文言はいずれも格調高く洗練されており、その法味は読む人の肺腑によく透徹するものである。すなわち、

普く勧む有縁の道俗等、かならず是れ専心にして仏教を行ぜよ。念仏し専心に誦経して観じ、荘厳を礼讃して雑乱することなかれ。行住坐臥に心相続すれば極楽の荘厳自然にあらわる。或いは想い或いは観じて罪障を除くはみな是れ弥陀の本願の力なり。仏力を以っての故に三昧を成ず。三昧を成ずるをえて心眼開けぬれば諸仏の境界にして凡外に超えたり。（真聖全一、七〇一頁）

定善は経に依るに十三観なり。一一につぶさに荘厳の事を説く、行住坐臥に常に観察せよ。常に念ずれば心眼籠籠として見えん。散善は九品なり経に依って讃ず、一一に廻向すればみな往くことをうる。定善の一門は韋提請じ、散善の一行は釈迦開きたもう。定散ともに廻して宝国に入れ、すなわち是れ如来の異の方便なり。（真聖全一、七二五〜七二六頁）

普く有縁に勧む、常に念仏して観音大勢と同学となれ。もし能く念仏するものは人の中の上なり。願わくば同じく諸仏の家に生ずることをえて、長劫長時に仏辺に証せん。道場の妙果あにはるかなりとせんや。（真聖全一、

七二六頁）

などと明かすところである。

そして後序は、上の讃偈をうけて結勧するものである。はじめに総じてこの現実を厭い、浄土を願うべきことを示して、

諸の行者にもうさく、凡夫は生死を貪ず、厭わざるべからず、弥陀の浄土を軽んず、忻わざるべからず。厭えばすなわち娑婆永く隔ち、忻えばすなわち浄土に常に居せり。隔つればすなわち六道の因亡じ、淪廻の果自ら滅す。因果すでに亡じてすなわち形と名と頓に絶えぬるなり。仰いで惟みるに同生の知識等、善く自らを思量せよ。（真聖全一、七二六頁）

といっている。そして今に至るまで流転してきた現実の相をいたみ、ここに浄土の教法に遇いえたことをおもうて、いよいよ仏道を行ずべきことを説いて結ぶのである。

四、善導浄土教の基本的性格

歴史観と人間観

盧山の慧遠（三三四～四一六）、および曇鸞（四七六～五四二頃）らによって啓拓されていった中国浄土教は、のちに道綽（五六二～六四五）によってより専一的に継承され、民衆に浸透してゆくこととなった。善導はこの浄土教を伝統し発展せしめて、そこに明かされている称名念仏中心の行道が、現実の時代と人間に最も相応したものであり、またこの称名念仏の教法こそ、釈尊の本意に契当するまことの仏教であると主張したのである。すなわち、善導は

すでに上に見たごとく、当時の中国仏教界において注目されていた『観無量寿経』についての詳細な註疏を著わしているが、それは浄影寺の慧遠ら諸師たちの『観経』理解に学び、またそれらを批判しつつ、きわめて独自な『観経』観を樹立したものであった。善導がその『観経疏』の後跋の文において、

某今此の『観経』の要義を出して古今を楷定せんと欲す。（真聖全一、五五九頁）

と述べて、ここに新しく『観経』の真実義を決定し開顕するというのは、まさしくそのことを意味している。善導はこの独自な『観経』観の主張を通して、中国仏教界における浄土教の独立を果たし、またさらには、この称名念仏の行道こそ、現今における最も勝れて易なる成仏道であって、ここに全仏教の帰結があると明かしたのである。

このような善導浄土教は、隋、唐において新しく興起してきた中国仏教の一角として成立したものであったが、それはまた内面的には、末法濁世思想としての深い歴史認識と、人間存在の本質について徹底して問うという自己洞察、すなわち、歴史的現実と人間的実存の、徹底的な主体的思惟が交差する地点を底辺として形成されたものであった。中国における末法の自覚は慧思（五一五〜五七七）に始まるといわれ、隋代の仏教はこの末法思想に深く関わっているが、ことに信行（五四〇〜五九四）によって創唱された三階教は、この末法に対する深刻な意識を母胎として生まれたものであった。浄土教における末法思想との関係は、道綽浄土教に明瞭である。道綽はその『安楽集』に、

『大集月蔵経』にいわく、我が末法の時の中に億億の衆生行を起し道を修せんに、いまだ一人も得るものあらず。当今は末法にして現にこれ五濁悪世なり。ただ浄土の一門ありて通入すべき路なり。（真聖全一、四一〇頁）

と明かしている。釈尊を遠く隔たった末法の現代においては、聖道の教法によって仏果を証するものは一人として

いない。今の時代にはただ阿弥陀仏の教法、浄土教のみが、まことに成仏する唯一の道である、というのである。それは身近く経験した武帝の廃仏の惨状と、政権興亡の乱世の現実を通しての、釈尊の在世をはるかに隔たって訪れた仏法衰退に対する危機意識であった。そして道綽は、この歴史認識に基づいて、かかる末法の時代に生きる邪見多く罪業深い人間にとっては、ただ阿弥陀仏の大悲の本願による浄土の行道こそ、唯一の仏道であると主張したのである。善導浄土教はこのような道綽における末法思想を継承している。善導は、

我ら愚痴の身、曠劫よりこのかた流転して、いま釈迦仏の末法の遺跡、弥陀の本誓願、極楽の要門に逢えり。定散を等しく廻向して速かに無生身を証さん。（「玄義分」真聖全一、四四一頁）

といっている。ここには自らがいま現に末法の時代に生を受けているという深い自覚がある。そしてその自覚を通して、この末法の世に「特留此経」（『無量寿経』真聖全一、四六頁）の哀愍によって遺された、ただ一つの弥陀の本願の教法に遇いえたことの喜びが明かされている。善導における浄土教思想は、つねに一貫してこの末法という歴史認識、時代に対する危機意識を基盤として形成されているのである。そしてまた善導においては、かかる末法思想に交差する思想として、人間存在の本質についての深い洞察としての人間観が注目される。

然るに我ら凡夫、ないし今日まで虚然として流浪す。煩悩悪障転転としてますます多く、福慧は微微として重昏に対して明鏡に臨むがごときなり。忽にこの事を思忖するに、心驚きて悲歎するにたえざるものをや。（「散善義」真聖全一、五四三頁）

貪瞋邪偽奸詐百端にして悪性侵めがたきこと蛇蝎に同じ。たとえ三業を起すといえども名づけて雑毒の善となす。また虚仮の行と名づく。真実の業と名づけざるなり。もし此の如き安心起行を作すものは、たとい身心を苦励して日夜十二時に急にもとめ急に作して頭燃をはらうが如くするも、すべて雑毒の善と名づく。（「散善

義」真聖全一、五三三頁）

などと明かされる文にうかがわれる人間把捉である。それは深く世俗に沈んで生死を厭わず、出世を欣うことの少ない、しかもまた我執煩悩に閉ざされて、すべて雑毒の善、虚仮の行しかなしえない、人間の実存状況を徹底して追究し、内省したところに告白されたものである。まことにきびしい人間洞察である。善導はこのような深刻な自己内観を通して阿弥陀仏の本願大悲を仰いだのである。その点、善導においては浄土教とは、ひとえに凡夫のために説かれたものであって聖人のためのものではなかったのである。「玄義分」において、

世尊は定んで凡夫の為めにして聖人の為めにせず。（真聖全一、四五三頁）

と明かすごとくである。このような浄土教における本為凡夫の思想は、ことには迦才（〜六四八〜）の浄土教思想を承けたものと考えられるが、またそれは後世さらに展開して、親鸞における「悪人正因」（『歎異抄』真聖全二、七七五頁）の思想になっていったことも、充分に注意されるべきであろう。

かくして善導の浄土教思想は、このような末法思想という歴史観と、われら凡夫にして罪業深重という人間観を基底として成立したものであって、その浄土教とは、末法遺跡なる大悲の教法、凡夫相応なる無二の行道という性格を持つものであったのである。

阿弥陀仏と浄土

善導浄土教は、現実の歴史と人間存在の相に対する徹底した洞察を基盤とするものであったが、またその歴史観と人間観に対するに、阿弥陀仏とその浄土の領解については、慧遠らの諸師たちがそれを低い地位において捉えたのに対して、善導はそれを高い地位において、報身、報土と理解したのである。すなわち、善導は、

いざいなん魔郷には停まるべからず。曠劫よりこのかた六道に流転してことごとくみな逕たり。到る処に余の楽なし、ただ愁歎の声を聞く。此の生平を畢えてのち彼の涅槃の城に入らん。(「定善義」真聖全一、五〇四頁)

いざいなん他郷には停まるべからず。仏に従いて家に帰せよ。本国に還りぬれば一切の行願自然に成ず。(『法事讃』真聖全一、六一一頁)

などと明かしている。善導における浄土教とは、ひとえに現実存在へのきびしい内観とその否定を通して、阿弥陀仏とその浄土を、自己の帰すべき真実、畢竟依の世界として選びとってゆく道であったわけである。そして善導は、その阿弥陀仏と浄土とは、まさしく大悲の願心によって荘厳成就された報身と報土であると主張するのである。諸師たちはこの阿弥陀仏と浄土は、低級な応化身、応化土でしかないと理解していたが、善導は「玄義分」においてそれにきびしく反論したのである。すなわち、『大乗同性経』によって、阿弥陀仏と浄土がまさしく報身、報土であることを経文に基づいて証明し、またその理由については、『無量寿経』の本願文を取意引用して、それがまさしく法蔵菩薩の因願に酬報して成就したものであること、および『観無量寿経』に阿弥陀仏が化仏とともに来迎すると説かれることによって、阿弥陀仏とは報仏にほかならないというのである。かくして善導は、この阿弥陀仏と浄土について、それが報身、報土であると捉えるのであるが、また善導は、その阿弥陀仏とはつねに名号として、この世俗に向かって到来顕現しつつあるというのである。

然るに弥陀世尊はもと深重の誓願を発して光明名号をもって十方を摂化したもう。(『往生礼讃』真聖全一、六五一頁)

乃し衆生は障り重く境は細にして心は麁なり。識颺り神飛びて観は成就し難きなり。是を以って大聖は悲憐して、直ちに勧めて専ら名字を称せしむ。(『往生礼讃』真聖全一、六五一頁)

と明かすごとくである。すなわち、善導においては、報身としての阿弥陀仏について、衆生の観見に対するものとしての姿形をもった仏身と、衆生の聞称に応ずるものとしての言葉に象徴される名号との、二側面から理解しているのである。そして善導は基本的には唯為凡夫の立場からして、その阿弥陀仏は観見の対象よりも聞称の対象として、すなわち、仏身よりも名号において捉えられるべきであるとし、この名号にこそまさしく凡夫相応なる世間到来の相があると領解するのである。このことは道綽の『安楽集』における名号度生の思想を継承したものであって、善導浄土教の特色として充分に注目されるべきところである。

そしてまた善導の仏身、仏土の思想について注意されるべきことは、指方立相の問題である。浄土の経典によれば、阿弥陀仏とその浄土とは現に西方に存在するという。そして経典はまことに多くの文言を費やしてその荘厳を細かに象徴描写し、思念を尽くしてその功徳を讃美している。このことについて善導は、

いま此の観門は等しくただ方を指し相を立て、心を住して境を取る。総て無相離念を明かさざるなり。如来懸かに末代の罪濁の凡夫を知ろしめす。相を立て心を住すとも、なお得ること能わず。いかにいわんや、相を離れて事を求めんは、術通の無き人の空に居て舎を立てんが如きなり。（「定善義」真聖全一、五一九頁）

と明かしている。このような方処を指し相状を立てて明かす、指方立相なる西方浄土の教説について、阿弥陀仏と浄土とは、その本質においては究竟の真実として、この世俗における一切の分別、形相を超えているものであるが、罪濁虚妄に生きる凡夫にとっては、かかる無相離念の世界はまったく無縁であるというほかはない。そこで阿弥陀仏は、われら凡夫の機根に応じて、方処を選び、相状を示して、仏身を現じ浄土を荘厳したもうというのである。すなわち、経典に説くところの、このような西方浄土の荘厳相は、ひとえに阿弥陀仏の衆生に対する大悲方便の相として示現したものにほかならないわけである。

彼の弥陀の極楽界を観ずるに、広大寛平にして衆宝をもって成ぜり。四十八願の荘厳より起りて諸の仏刹に超えて最も精と為す。(『往生礼讃』真聖全一、六七四頁)

などと明かすごとくである。仏身と仏土とは、ひとえに大悲方便の相、阿弥陀仏の願心によって荘厳成就されたものであるというのである。しかしながら、そのことはまた別の視点からいえば、それは在家者にして罪濁深いわれら凡夫を立場とする浄土教において、その願うべき究竟的な真実を、凡夫に相応し、世俗に相待しつつ明かしたところの、象徴的表現であるともいいうるであろう。ともあれ、善導浄土教においては、阿弥陀仏とその浄土とは、経典が詳細に開説するごとき、有相的な荘厳相をもった存在として理解されていたのである。しかしながら、善導はまた、このような有相的荘厳としての阿弥陀仏と浄土について、

三種の差別ありといえども、みなこれ弥陀浄国の無漏真実の勝相なり。(「玄義分」真聖全一、四四四頁)

彼の界は位これ無漏無生の界なり。あに生死漸長の義あらんや。(「定善義」真聖全一、五〇九頁)

自然はすなわちこれ弥陀国なり。無漏無生にして還ってすなわち真なり。行来進止に常に仏に随いて無為法性の身を証得す。(『法事讃』真聖全一、五九二頁)

などと明かして、それが本質的には、形相を超えた無為法性なる出世的真実そのものにほかならないことを、繰り返して語っていることも見逃してはならない。善導浄土教においては、基本的には阿弥陀仏と浄土はきわめて有相的に捉えられ、そのいちいちの荘厳功徳相についての解説、それについての讃歌も数多いし、またことにこの世俗に対する阿弥陀仏の示現を名号に見ているが、善導はまたそれらは究極的には、無為法性を体とするものであって、阿弥陀仏と浄土の種々なる荘厳相も、ついには形相を超えて、無為法性なる真実そのものに帰一するものであると領解しているのである。

浄土往生の行道

善導浄土教における行道とは、すでに上においても見たごとくに、ひとえに称名念仏する道にほかならず、この道こそ阿弥陀仏の本願に順ずる道であり、また最も易修にして超勝なる行道であったのである。善導はこの称名念仏の行道について、それを具体的には安心、起行、作業の道として明かしている。いまもその構造にしたがって見ることとする。その安心とは、行道成立の基礎として、行業を実践するについての心構えのことで、『観無量寿経』に説くところの至誠心、深心、廻向発願心の三心をいう。至誠心とは虚仮不実ならざる真実の心のことで、浄土往生の行業はすべからくかかる真実心に基づいて修められねばならないというのである。次の深心とは深く信ずる心のことで、その内容としては、ひとつには自己自身の現実相が罪悪生死の存在であるということを信知することと、いまひとつには阿弥陀仏の本願はひとえにかかる自己を摂取したもうと信知することを意味しているという。いわゆる二種深信である。そして廻向発願心とは自己の修めたところの善根を廻向して、一向に浄土に往生せんと願求する心のことである。善導はこの三心を具足し、この三心に基づいてこそ、浄土の行業はまさしき行業となるというのである。そしてまたすでに上に見たごとくに、善導はさらにこの三心について、この三心は一つとして欠けてはならぬといいながらも、また至誠心とは深心の基底をなし、深心は廻向発願心を支えるものであって、この三心とはついには廻向発願心に帰一するものと理解しているのであって、行業実践の基礎としての安心とは、帰するところは、この廻向発願心、すなわち、清浄願往生心にほかならぬことがうかがわれるのである。次の起行とは、浄土往生をめざす身口意の三業にわたる行業の実践を意味するが、善導はそれについて読誦、観察、礼拝、称名、讃嘆供養の五正行を明かしている。この五種の正行こそ、まさしく浄土往生の行業であって、それ以外の行業はことごとく雑行であり、浄土の行業とはならないというのである。これは善導が創設した浄土往生の実践行であるが、それが世親の『浄土論』に明かされる五念門行思想を継承し、その展開として語られたものであることは、上においてすでにふれたところである。そしてまた善導はこの五正行について、

此の正の中に就いてまた二種あり。一には一心に専ら弥陀の名号を念じて行住坐臥時節の久近を問わず、念念に捨てざるものは是れを正定の業と名づく、彼の仏願に順ずるが故に。若し礼誦等に依らば即ち名づけて助業と為す。（「散善義」真聖全一、五三七～五三八頁）

と明かしている。この五正行をさらに助業と正業とに区分して、称名行こそまさしく本願に順ずる正定業であって、その他の読誦、観察、礼拝、讃嘆供養の行は、その称名行を助成せしめるための行業にすぎないというのである。このような善導浄土教における称名中心の行業の選定は、インド、中国と伝統されてきた称名思想、さらには道綽の浄土教思想を継承したものであるが、また善導自身による『観無量寿経』についての透徹した領解と、『無量寿経』の本願文に対する主体的な解釈に基づくものであった。そしてこのような善導における称名中心の浄土教思想の展開は、基本的には在家成仏道としての浄土教の本質化、徹底化ということを意味するものであり、それはまた後世、ことに法然、親鸞に継承されていった日本浄土教の性格を方向づけたものとして、充分に評価され注目されるべきであろう。次に作業とは、上に述べた起行を実践するについての方規を示すものであって、善導はそれについて恭敬修、無余修、無間修、長時修の四種を語っている。この四修の原形は、すでに上において指摘したごとく、世親の『阿毘達磨倶舎論』などに見られるものであるが、いまはそれを転用しているわけである。恭敬修とは阿弥陀仏とその聖聚を敬虔に恭敬礼拝することであり、無余修とは三業における行業が余他の行をまじえないで専一であることを示すものであり、無間修とはそれらの行業が不断に相続されることをいい、長時修とは上の三種の方規がいずれも生涯を貫いて精進策励されるべきことを意味している。浄土往生の行業としての安心、起行、すなわち、

三心、五正行の実践は、すべからくこの四修の方規にしたがって修習せよというのである。そして善導においては、この四修はそれぞれが欠くべからざるものとしても、つねに五正行ないしは称名念仏行の専修が強調されるところ、それは帰するところは、無余修こそが中心をなすものであったとうかがわれるのである。

かくして善導浄土教における行道とは、安心、起行、作業の道として、三心と五正行と四修の道であり、それはさらにいえば、三心の帰一するところの廻向発願心に基づき、五正行の中核としての称名念仏行を、四修の集約としての無余修として、一向に専修する道であったのである。そしてこのような行道はまたさらには、

三心すでに具すれば行として成ぜざる無し。願行すでに成じて若し生まれざれば、このことわりあること無し。

(「散善義」真聖全一、五四一頁)

と明かすごとくに、廻向発願心と称名念仏行の道、すなわち、願と行の具足成就する道ともいいうるのである。そしてまた善導は、

十声の称仏は即ち十願十行ありて具足す。いかんが具足す。南無というは、すなわちこれ帰命なり、またこれ発願廻向の義なり。阿弥陀仏というは、すなわちこれその行なり。この義を以っての故に必ず往生をうる。

(「玄義分」真聖全一、四五七頁)

と説いている。この文からすれば、一声一声の称名念仏において、すでに三心と五正行、廻向発願心と称名行、すなわち願と行が具足しているのであって、善導浄土教における浄土往生の行道とは、またついには、この称名念仏一行に帰するものであったといいうるのである。

そして善導は、このような願行具足なる称名念仏の行道を修習策励するならば、やがて心眼をひらいて三昧発得し、見仏することができるというのである。

すなわち、これ念仏の行人、心口に称念してさらに雑想なく、念念に心を住して声声に相続すれば、心眼すなわち開けて彼の仏の了然として現ずるを見ることをうる。すなわち、名づけて定と為す。また三昧と名づく。（『観念法門』真聖全一、六三五頁）

と明かすものがそれである。その点、善導はこのような称名念仏行の行道を、また口称三昧、念仏三昧の道としても捉えているわけである。そしてまた善導は、

もし阿弥陀仏を称すること一声するに、すなわち能く八十億劫の生死の重罪を除滅す。（『往生礼讃』真聖全一、六八二頁）

日別に弥陀仏を念ずること一万して命の畢るまで相続せば、すなわち、弥陀の加念を蒙りて罪障を除くことを得る。また仏と聖衆とつねに来りて護念したまうを蒙る。すでに護念を蒙れば、すなわち延年転寿長命安楽なるを得ん。（『観念法門』真聖全一、六三〇頁）

阿弥陀仏を称念して浄土に生ぜんと願ずるものは、現生にすなわち延年転寿し九横の難に遭わず。（『観念法門』真聖全一、六二六頁）

などと明かしている。称名念仏を専修実践してゆくならば、多劫にわたる生死の重罪が除滅され、さらにはまたこの称名念仏の功徳によって、延年転寿、除災招福の現世の福益が与えられると語っているのである。このような称名念仏の功徳による現世利益を説くことは、すでに曇鸞、道綽の浄土教思想にも見られるところである。このことは中国浄土教が、多分に民族信仰と重層しながら受容されていったことを物語るものであって、善導における浄土教思想の性格としても充分に注意されるべき点である。

かくして善導浄土教における行道とは、基本的には、すでに見たごとく、安心（三心）、起行（五正行）、作業

（四修）の実践によって、ついには三昧見仏をえ、さらには滅罪招福の功徳をえて、死後に浄土往生を遂げるという道であって、それは帰結するところは、念仏三昧なる称名念仏専修の道にほかならなかったのである。そのことは善導が、つねにきびしく自身の生活を律して、日々称名念仏の浄業を修習したといい、また善導自ら三昧発得をえて見仏していることからしても、充分に証明されることであろう。

参考文献

単行本で比較的入手しやすい基本的な参考文献をあげる。

○善導の伝記に関するもの

『中国浄土三祖伝』（善導伝）野上俊静、文栄堂書店、昭和四五年三月

『浄土教之研究』（善導大師の事蹟）望月信亨、仏書研究会、大正三年一一月

『日支仏教史論攷』（善導伝の一考察）岩井大慧、東洋文庫、昭和三二年五月

○善導の著述に関するもの

『浄土教之研究』（善導大師の著書）望月信亨、仏書研究会、大正三年一一月

『真宗聖典講讃全集』（第三巻）宇野円空編、国書刊行会、昭和五一年一一月再刊

『善導大師及び往生礼讃の研究』上杉文秀、法藏館、昭和六年七月

『往生礼讃概説』藤原凌雪、永田文昌堂、昭和三七年三月

○善導の教理・思想に関するもの

『善導教学の研究』大原性実、明治書院、昭和一八年一一月

『中国浄土教理史』望月信亨、法藏館、昭和三九年一月再刊

『中国浄土教史研究』（『塚本善隆著作集』第四巻）塚本善隆、大東出版社、昭和五一年二月

『浄土教における信の研究』信楽峻麿、永田文昌堂、昭和五〇年四月

追記

この原稿執筆の直後、昭和五十二年十月に、私は中国仏教協会の招請をうけて新生中国を訪問し、多くの仏教祖跡を巡歴する機縁にめぐまれた。その際に善導ゆかりの寺院もいくつか参観することができた。曇鸞、道綽が住し、また善導も訪ねて学んだという玄中寺に詣でた。この鄙びた石壁の地には遠い昔の面影が今も残っているという感じである。また西安の慈恩寺大雁塔も訪ねて善導居住の跡をしのんだ。さらに竜門を訪ねて奉先寺の大石仏も拝したが、その台座に刻まれた検校善道（導）の文字を見て感慨ひとしおであった。なお善導の墳墓があるという終南山の香積寺には、道路事情のために行くことができなかったが、いずれこの遺跡は修復されて参拝できるようになるということであった。

法然浄土教と親鸞浄土教—その仏道と人間理解をめぐって—

一、浄土教の基本的性格

浄土教の立場

阿弥陀仏の本願に基づく救済を明かす浄土教は、大乗仏教の興起とともに、その初頭に位して生成してきたものである。釈尊入滅ののちの仏教教団は、その入滅後まもなく、仏弟子たちが集まって、釈尊によって明かされた教法と戒律の収集と編纂を行なった。そののち仏弟子たちは、この教法を口伝しつつ、さらにはそれを整備していった。いわゆる経と呼ばれるものである。またその戒律も次第に増幅され、整備されていった。いわゆる律と呼ばれるものである。釈尊滅後の教団は、この経と律とを忠実に伝持しつつ、出家者たちは、その教法を学び、戒律を守って修行していった。そしてやがて、その経についての解説書も著わされるようになった。いわゆる論といわれるものである。仏教教団は、この経・律・論の三蔵を中核として、釈尊の教示した成仏道をいっそう明らかにし、各々の出家者たちは、その仏道を修習、精進していったのである。一方、釈尊を尊敬、渇仰し、その教団を経済的に支持してきた在家の信者たちは、釈尊入滅のあと、その遺骨を分配して仏塔を建立し、それを崇拝供養し、奉持していった。また釈尊の生涯に関係ある聖地にも記念の仏塔を建立した。やがて信者たちによって、それらの聖地や仏塔を巡拝することが行なわれるようになってきた。出家の比丘たちは、釈尊が教えた聖なる智慧の開覚をめざして、世俗を棄ててきびしい戒律を守り、ひたすらに禅定を修めていった。しかしながら、世俗の中で家庭を持ち、生業を営んで、出家の仏道を奉行しえない在家の信者にして、同じく聖なる涅槃の世界に到ろうと願うならば、それはひとえに釈尊の慈悲、その救済にたよるほかはなかった。ここに釈尊崇拝の展開として、在家信者による仏塔の建立や、それに対する供養、崇拝が始まったと考えられる。やがて新しく興起してきた大乗仏教は、このような在家信者を中心とする、仏塔崇拝の集団を基盤として生成してきたといわれている。それが今日における有力な見解である。(1)

阿弥陀仏の救済を説く浄土教も、また大乗仏教として、このような仏塔崇拝の集団を母胎とし、釈尊を偉大なる救済者として渇仰、尊崇する、在家信者の意識を基盤として生成してきたものと思われる。このように阿弥陀仏思想が、釈尊崇拝の延長として、その仏陀観の深化展開において生まれてきたことは、阿弥陀仏の原語としてのアミターバ（無量光明）、アミターユス（無量寿命）について、そのような光明無量、寿命無量という観念が、すでに原始仏教および部派仏教の大衆部系統の釈尊観の中に見出されるところからもうかがわれるものである。また阿弥陀仏の本生話としての法蔵菩薩説話において、法蔵菩薩の前身が国王であり、またその菩薩が過去仏としての燃灯仏（錠光仏）を継承して成仏したと説かれることなどは、明らかに釈尊伝に共通するところであって、その投影として成立したものであることが知られるのである。そしてまた〈初期無量寿経〉には、仏塔を建立し、それに供養を捧げることが、浄土往生のための重要な善根功徳であると勧められているが、ここにも阿弥陀仏思想が、仏塔崇拝を母胎として生成したものであろうことがよくうかがわれるのである。これら諸種の点からすると、浄土教とは、基本的には、釈尊を渇仰、尊崇することにおいて、そこに永遠の仏陀、救済者としての仏陀を感得し、それを光明無量、寿命無量なる阿弥陀仏として象徴化したものであって、その阿弥陀仏をたよりとして、聖なる涅槃の境地に到ろうと願ったところの、在家の信者、民衆たちを中心とする仏道として、生成し、展開したものであるといいうるようである[2]。

そしてことに、この浄土教思想とは、特には下層の民衆のための、成仏道として開説されたものであったと思われる。そのことは、次の諸点からしても知られるところである。すなわち、『無量寿経』に説く法蔵菩薩の四十八願の中、第一願より第十一願までの十一種の願は浄土荘厳の願であるが、その十一種の内容は、はじめの四願は浄土の基本的性格について、次の六願は浄土往生者が身にうるところの浄土の功徳としての六神通力について、あとの一願は浄土の本質としての、浄土に生まれるものは必ず正覚を成就するという、必至滅度の益について誓ったものである。はじめの四願とは、第一には無三悪趣の願、第二には不更悪趣の願、第三には悉皆金色の願、第四には無有好醜の願である。その第一願、第二願は、浄土には地獄、餓鬼、畜生の三悪道がなく、また浄土に生まれるものは、再び三悪道に退転することがないようにという願いである。それは浄土の性格について、そこには煩悩、罪業なる虚妄性がまったくないということを意味するものであって、それは個人的、内面的な側面についての誓願といいうるであろう。それに対して、第三願、第四願は、浄土に生まれるものは、悉く等しく金色に輝く身となり、またその姿形が異なって好醜の差別がないようにという願いである。そのことは浄土の性格について、そこには身分階級の差別がなく、すべてが平等であることを意味するものであり、それは社会的、階級的な側面についての誓願であるといいうるようである。そしてことに、この第三願、第四願にこめられている願望は、その性格からして、多分に被支配者として、社会的、身分的、人種的な階級差別に苦悩呻吟するものを、自己自身の立場とするところから生まれたものであろうことがうかがい知られるのである。しかもこれらの願は、基本的には、〈初期無量寿経〉〈後期無量寿経〉に共通して明かされているわけであって、阿弥陀仏の浄土の性格としては、きわめて重要な意味を持つものであることが思われる。また同じ浄土教経典である『称讃浄土経』によれば、阿弥陀仏の浄土に生まれるものは、決して再び「下賤、蔑戻車の中」（真聖全一、二四六頁）にかえらないと説いているが、ここでいう蔑戻車とは、mleccha の音写であって、他国人、野蛮人を意味し、漢訳では辺地人、楽垢穢人、卑賤などと訳される語である。[3] ここでも願うべき理想の境界としての浄土が、下賤や辺地の人びとに対する差別のない世界として明かされているわけであるが、ここにもまた、上に見た第三願、第四願と共通する思念が流れていることが指摘できるであろう。そしてまた、〈無量寿経〉の最も原初形態を伝えている『大阿弥陀経』によると、後にふれるごとく、浄土往生の行道について、上輩、中輩、下輩の三種の道を明かしているが、その中で最も中核をなすと思われる行道は、下輩の不善作悪の者が修習すべき道である。ここでいう不善とは、仏寺を作り、仏塔を建て、それらに供養を捧げるというごとき善根のできないことをいう。かくして、この下輩の行道とは、煩悩深くして、悪業を犯すだけでなく、またそういう善根を行なうほどの経済的な余裕を持たない、貧苦なるものの仏道を明かしたものであることが知られるのである。以上の諸点からして、この阿弥陀仏思想が、在家の庶民、ことには貧しい下層の民衆を基盤とし、そういう人びとの成仏道として生成したものであろうことがうかがわれるのである。今日においては、いまだ充分には明確になっていないが、この浄土教が生成した紀元一世紀のころのインドは、古代奴隷制社会が崩壊したあと、新しく封建制社会が誕生し、成長してゆきつつあった時代で、伝統のバラモン、王族、庶民、隷民の四姓制度による階級差別はきわめてきびしかったという。浄土教は、そのような社会的状況の中において、被支配者としての貧しい下層の隷属農民、手工業者、商人などを対象とし、そういう人びとの仏道として教説されたものであったのである。

かくして浄土教とは、その基本的立場としては、在家の民衆、ことには封建制社会における被支配者としての、下層の民衆のための成仏道を明かすものであったわけである。その点、はるかなる後世において、親鸞によって、本願念仏の行道とは、ひとえに「いし、かわら、つぶて」(『唯信鈔文意』)のごとき、庶民のための仏道にほかならぬと明かされたことは、この浄土教の原意趣を、最も鮮活に開顕したものであるというべきであろう。

浄土の行道

そこでかかる浄土教において明かされる行道とは、いかなる内容を持つものであろうか。そのことは、基本的には、〈無量寿経〉に基づいて理解されるべきであるが、その〈無量寿経〉にもサンスクリット本のほか、五種類の漢訳本と一種類のチベット訳本があり、しかもそれらの内容にはかなりの異同があって、その行道の構造についても、単純には把捉しがたいところである。しかしながら、その中でも、最も原初形態を持っている『大阿弥陀経』によると、浄土の行道とは、その願文によれば、次のごとき三種の道を説いている。すなわち、第五願文には、

某作仏せん時、八方上下の諸の無央数の天人民及び蜎飛蠕動の類、若し前世に悪を作すに、我が名字を聞きて我が国に来生せんと欲わん者は、すなわち正に返りて自ら過を悔い、道の為めに善を作し、すなわち、経戒を持して、願いて我が国に生まれんと欲いて断絶せずば、寿終りてみな泥犁、禽獣、薜茘に復らざらしめ、即ち、我が国に生まれて心の所願に在らざらしめん。是の願を得ば乃ち作仏し、是の願を得ざれば終に作仏せず。

(真聖全一、一三七頁)

と明かしている。これは在家者にして、ことには悪を犯すことの多い者の行道であって、その内容は、文にしたがって捉えるならば、聞名に基づく道として、自己の悪業について悔過し、作善し、戒律を守り、不断に願生するならば、命終の後に、必ず浄土に往生するというのである。また第六願文には、

某作仏せん時、八方上下の無央数の仏国の諸天人民、若しくは善男子善女人、我が国に来生せんと欲して、我を用うるが故に、益々善を作し、若しは分檀布施し、塔を遶り、香を焼き、花を散じ、灯を燃じ、雑繒綵を懸け、沙門に飯食せしめ、塔を起て、寺を作り、愛欲を断じ、斉戒清浄にして一心に我を念じて昼夜一日断絶せずば、みな我が国に来生して菩薩と作らしめん。是の願を得ば乃ち作仏し、是の願を得ざれば終に作仏せず。（真聖全一、一三七頁）

と明かしている。これもまた在家者の行道であるが、その内容は、文にしたがえば、浄土を願生して、種々の作善を修め、分檀布施、遶塔焼香、散華燃灯、懸雑繒綵、飯食沙門、起塔作寺などの善根を行ない、戒律を守って、一日の間、一心に念仏して不断なれば、やがて浄土に往生して、菩薩となることができるというのである。また第七願文には、

某作仏せん時、八方上下の無央数の仏国の諸天人民、若しくは善男子善女人、菩薩道を作すことありて、六波羅蜜経を奉行し、若しくは沙門となりて、経戒を毀らず、愛欲を断じ、斉戒清浄にして一心に念じ、我が国に生まれんと欲して昼夜に断絶せずば、若し其の人の寿終らんと欲する時、我即ち諸の菩薩、阿羅漢と共に飛行して之を迎え、即ち我が国に来生し、すなわち阿惟越致の菩薩となりて、智慧勇猛ならしめん。是の願を得ば乃ち作仏し、是の願を得ざれば終に作仏せず。（真聖全一、一三七頁）

と明かしている。これは出家者の行道であって、その内容は、文にしたがえば、出家して六波羅蜜行を行じ、戒律を守り、一心に浄土を願生して不断なれば、臨終に来迎をえて浄土に往生し、ただちに不退の菩薩になることができるというわけである。これらの三願に明かす行道は、またその成就文として、上中下の三輩の道として説くものに対応している。すなわち、その上輩の道とは、上の第七願文に明かされるところの、出家者の行道をうけ、中輩

の道とは、第六願文に明かされるところの、在家者にして飯食沙門、作寺起塔などの善根を修習する行道をうけ、下輩の道とは、第五願文に明かされるところの、在家者にして飯食沙門、作寺起塔などの善根を修めることのできない、不善作悪の者の行道に重なるものである。かくして、浄土教において説かれる行道の最も原形は、この『大阿弥陀経』によるかぎり、上中下の三輩なる三種の行道があって、その上輩の道とは、出家者の道として六波羅蜜を修習する道であり、中輩の道とは、在家者にして作寺起塔、飯食沙門などの善根を修める道であり、下輩の道とは、同じ在家者であっても、作寺起塔などの善根を修めえない、そのような経済的能力もなく、また悪を犯すことも多い者の行道としての、聞名に基づく道をいうわけである。(4)

そしてこれらの三種の行道は、その後の〈無量寿経〉の教理的展開にしたがって種々の変遷を遂げていったが、すでに上に見たごとく、この阿弥陀仏思想が、ひとえに在家者にして、ことには社会の下層に位する貧しい庶民たちのために、その人びとの成仏道として教説されたとするならば、その三種の行道も、その中心は、不善作悪なる者の仏道としての下輩の道にあるというべきであろう。とすれば、またこの浄土教における行道も、その下輩の行道において説かれているところの「聞名」を中核とするものであるといいうるであろう。すなわち、この阿弥陀仏思想としての浄土教とは、基本的には、社会の下層に生きる貧しい庶民としての、善根を修習しえず、悪を犯すことの多い下輩の人びとのための、阿弥陀仏の名号を基軸とする仏道を明かすものであると結論しうるであろう。その点、のちに法然、そして親鸞において、本願の仏道とは、ひとえに阿弥陀仏の名号に基づく道であって、具体的には、称名の道、さらには聞名の道にほかならないことが主張されたが、そのことは、まさしくこの浄土教の原意趣を、最も的確に領解し、開顕したものといいうるのである。

浄土教の展開

このような浄土の教法は、さらに後世において、インド、中国、日本と流伝しつつ、いっそう展開し、深化していったわけである。すなわち、インドにおいては、龍樹（ナーガールジュナ・紀元二〜三世紀頃）が、その『十住毘婆沙論』などにおいて、阿弥陀仏に帰敬することを表白しており、そこには不充分ながらも、その浄土教思想を瞥見することができるのである。それによると、菩薩の行道には、陸路の歩行に対する水道の乗船のごとき易行の道があって、阿弥陀仏の本願による行道とは、まさしくこの易行道に相当するものであり、難行の修習困難なものは、すべからくこの行道を進むべきことを明かしている。そしてその行道の内容は、ひとえに聞名の道として領解し、具体的行業としては、阿弥陀仏についての憶念、称名、礼敬の三業奉行を説いていることは注目されるところである。また世親（ヴァスバンドゥ・紀元四〜五世紀頃）は、『無量寿経優婆提舎願生偈』（『浄土論』）を著わして、阿弥陀仏に対する帰依を表白している。それによると、阿弥陀仏の浄土に往生することにおいて、自利利他なる菩薩の行道がよく成就しうることを前提とし、阿弥陀仏とその浄土を、心眼を開いて観見することにより、浄土への往生を遂げる道を開説している。かくしてインドにおける浄土教には、龍樹に見られるごとき、阿弥陀仏を主として言語なる名号として捉え、それに基づく聞名の行道を明かすものと、世親に見られるごとき、阿弥陀仏を主として姿形なる仏身として捉え、それに対する観仏の行道を明かすものとがあったことが知られるのである。やがてこの二系統の浄土教が中国に流伝していった。中国浄土教においてまず重要な意味を持つものは、曇鸞（四七六〜五四二頃）の浄土教である。曇鸞には『無量寿経優婆提舎願生偈註』（『往生論註』）なる著作がある。曇鸞は当時の政権による廃仏運動と仏教教団の堕落の状況の中で、「五濁の世、無仏の時」（『往生論註』）という深い歴史的自覚と、われら凡夫の修習する善根は、すべて「顚倒、虚偽」（『往生論註』）にして、何ひとつとして真実なるものはありえないという、徹底した人間の実存に対する洞察、自覚を踏まえて、阿弥陀仏の本願に帰依していったのである。そしてその行道は、基本的には、龍樹の浄土教を継承することにおいて、名号――称名を基軸とする道として捉え、具体的には、十念相続の道を明かしている。そしてこの曇鸞浄土教は、さらに道綽（五六二～六四五）を経由して善導（六一三～六八一）に到り、いっそう深化、徹底していった。すなわち、善導には、『観無量寿経疏』四巻をはじめとする五部九巻の著作がある。それらによると、善導は自己自身について、「生死の凡夫」（『散善義』）、「倒見の凡夫」（『般舟讃』）、「五濁の凡夫」（『法事讃』）などと内省、告白しつつ、阿弥陀仏の教法とは、ひとえに聖者のためならずして凡夫のために、すなわち、唯為凡夫の仏道として開説されたものであると領解し、またその行道については、専ら名号を称するという、専修称名の行業を開顕したのである。このことは、上に見たごとき浄土教の原意趣が、社会の下層なる庶民――凡夫の仏道として教説されたものであり、その行道とは、阿弥陀仏を言語なる名号として捉える立場から、名号に基づく道、聞名の道として明かされたものが、その浄土教の流伝において、いっそう具体化され、明瞭に領解されてきたことを意味するものであろう。そしてまた、このような中国浄土教は、日本に伝来することにおいて、さらに純化、徹底されたといいうるのである。すなわち、日本における浄土教には、天台系、三論系、真言系の三種の流れを見ることができるが、その中でも、ことに比叡山を中心とする天台系がその本流をなすものであった。そしてまたその比叡山でも、源信（九四二～一〇一七）の浄土教は、後世の日本浄土教の展開に重要な役割を果たしたのである。その源信の浄土教思想は、その著『往生要集』に最も明瞭であるが、それによると、阿弥陀仏の教法とは、ひとえに鈍根、頑魯なるものの仏道として捉えられたものであった。またその行道も、観仏などの諸行を是認しながらも、鈍根のものにとって、よりふさわしい行業としては、称名念仏にほかならないことを主張しているわけであって、「往生の業は念仏を本となす」「極重の悪人には他の方便なし、唯仏を称念して極楽に生ずることを得る」(『往生要集』)とは、源信浄土教の基本的性格を示すものであったのである。かくして浄土教は、インド、中国、日本と流伝しつつ、その原意趣を、いっそう鮮活化するという方向において展開していったのである。すなわち、教法の対象としての人間については、その実存の相をめぐって、いよいよ深く凝視し、洞察されつつ、浄土教とは、ひとえに罪業深重なる凡夫のための教法であることが開顕されていったのである。そしてまた、その浄土の行道についても、さまざまな振幅を含みながらも、次第にその名号を基軸とする仏道として統一、深化され、称名念仏を中心とする行道として鮮明ならしめられていったのである。

法然(一一三三~一二一二)、親鸞(一一七三~一二六二)は、いずれもこの比叡山における天台浄土教に結縁し、その源信浄土教を継承して、やがてそれぞれの求道の末に、阿弥陀仏の本願に開眼していったのである。

二、法然の浄土教思想

法然における行道の構造

法然は、比叡山に学んで浄土教に帰依し、ことに源信浄土教の影響をうけることが多かった。そしてその『往生要集』を先達として善導に接近していったのである。法然における浄土教は、基本的には、この善導浄土教を継承するものであった。「偏依善導一師」(『選択集』)とは、法然の浄土教を貫く基本的性格でもあるわけである。法然浄土教の特色は専修念仏の主張であった。『選択集』を結ぶにあたって、

それ速かに生死を離れんと欲わば、二種の勝法の中、しばらく聖道門を閣きて選んで浄土門に入れ。浄土門に入らんと欲わば、正雑二行の中、しばらく諸の雑行を抛ちて選んで正行に帰すべし。正行を修せんと欲わば、

正助二業の中、なお助業を傍にして選んで正定を専らにすべし。正定の業とは即ち是れ仏名を称するなり。名を称すれば必ず生を得る。仏の本願に依るが故に。（真聖全一、九九〇頁）

と明かすごとくである。生死を離れて菩提を成就するためには、まず聖道教をさしおいて浄土教に帰入せよ。浄土教に帰入するについては、雑行をすてて正行を修習せよ。正行を修習するについては、助業をかたわらにして正定業なる称名行を専修せよ。この称名念仏こそ、阿弥陀仏の本願に誓われるところの唯一の浄土往生の行道である、という三選の主張である。それはまことに簡明直截な論理であって、伝統の聖道教諸宗に対する教理批判を踏まえた、新しい浄土教独立の宣言でもあった。

このような法然における浄土教領解の立場は、それまでの貴族社会中心の浄土教とは異なって、ひとえに被支配者として社会の底辺に位するところの、都市の庶民と地方の農民や漁夫などを中心とするものであった。法然の伝記にまつわって、若干の貴族や武士がその信奉者であったことが記録されているが、基本的には、むしろそういう貴族や武士と対極するところの、下層の庶民を立場とし、その教説は、そういう人びとによって受容されていったのである。『選択集』に、

もしそれ造像起塔を以って本願と為したまわば、貧窮困乏の類は定んで往生の望みを絶たん。然るに富貴の者は少く貧賤の者は甚だ多し。もし智慧高才を以って本願と為したまわば、愚鈍下智の者は定んで往生の望みを絶たん。然るに智慧の者は少く愚痴の者は甚だ多し。もし多聞多見を以って本願と為したまわば、少聞少見の輩は定んで往生の望みを絶たん。然るに多聞の者は少く少聞の者は甚だ多し。もし持戒持律を以って本願と為したまわば、破戒無戒の人は定んで往生の望みを絶たん。然るに持戒の者は少く破戒の者は多し。自余の諸行之に準じてまさに知るべし。（真聖全一、九四四～九四五頁）

というごとく、阿弥陀仏の本願、念仏の行道とは、造像起塔、智慧高才、多聞多見、持戒持律を修習することのできない、「貧窮困乏の類」「愚鈍下智の者」「少聞少見の輩」「破戒無戒の人」のためのものであると明かしている。阿弥陀仏の本願とは、ひとえに「ひら凡夫のためにおこしたまえる本願」(『十二問答』)にほかならず、この念仏の行道とは、「智慧のまなこしいて、行法のあしおれたるともがら」(『往生大要鈔』)なる、われらの求むべき仏道であったのである。このことは、法然における社会的な関心がどこにあったかを示すとともに、その浄土教が、もっぱら下層の庶民、世俗に沈む凡愚の人びとを立場とするものであったことをよく物語っている。このことは、すでに上に見たごとく、浄土教の原意趣が、ひとえに不善作悪なる下層庶民の成仏道を明示したものであり、またその浄土教の流伝においても、それが専ら本為凡夫の仏道として領解され、明確化されてきたことを継承するものであったといいうるであろう。しかしながら、とはいうものの、法然自身は終生持戒精進の聖者としての生活を送り、しばしば貴族社会に出入りして授戒することがあった。しかもまた、その授戒とは、多分に病気平癒などの効験を期待されての招請であった。下層の庶民をその立場とし、専修念仏一行の行道を主唱した法然の行動である。ここには法然の行動における二重性とともに、その浄土教が持つところの未徹底性が指摘されねばならないようである。

そこで法然が明らかにした浄土往生の行道については、専修念仏の道として、ひとえに称名念仏することであった。その『選択集』の冒頭に標宗して、「南無阿弥陀仏、往生之業念仏為先」と示すごとくである。しかしながら、法然によれば、その称名念仏行を修するについては、「必ず三心を具足すべき」(『選択集』)であるというのである。そのことはまた『往生大要鈔』に、

浄土に往生せんとおもはば、心と行との相応すべきなり。(真聖全四、五六九頁)

と明かすところである。この三心(心)とは、『観無量寿経』に説く至誠心、深心、廻向発願心を指している。し

かも法然によれば、この三心は、本願の至心、信楽、欲生なる三心にも重なり、またその三心は、ついには中間の深心（信楽）に摂まると領解されるのである。

三心はまちまちに分かれたりといゑども、要をとり詮をゑらびて是をいへば、深心ひとつにおさまれり。（『三部経大意』真聖全四、七八六頁）

と説くごとくである。そこでこの深心とは、

深心といふは、ふかく信ずる心なり。これについて二あり。一にはわれはこれ罪悪不善の身、無始よりこのかた六道に輪廻して、往生の縁なしと信じ、二には罪人なりといへども、ほとけの願力をもて強縁として、かならず往生をえん事うたがひなく、うらおもひなしと信ず。（「三心義」真聖全四、五九八頁）

と明かすごとく、機についての信知と法についての信知との二種の深信を意味している。この二種の深信とは、善導の「散善義」および『往生礼讃』に明かされるものであって、いまはそれを継承するものであるが、法然はそれについて、さらに『往生大要鈔』において、

はじめにはわが身のほどを信じ、のちにはほとけの願を信ずる也。ただしのちの信心を決定せしめんがために、はじめの信心をばあぐる也。（真聖全四、五七八頁）

のちの信心について二つの心あり。すなはち、ほとけについてふかく信じ、経についてふかく信ずべきむねを釈し給へるにやと心えらるる也。（真聖全四、五八二頁）

と説いている。はじめの機の信知を前提とし、それに基づいて、のちの法の信知が決定、成立するというのであり、そしてその法の信知とは、念仏往生を教示したもうた釈尊の人格について、それが真実にして虚偽ならざることを決定、確信することであり、またその教説が指示するところの念仏往生の行業について、念仏すれば必ず往生をう

ると決定、確信することをいうのである。かくして、法然における浄土の行道とは、深心（信楽）、すなわち、わが身の虚妄、罪業性について信知し、釈尊の教説とその念仏行とに対して深く確信するという信心に基づいて、ひたすらに称名念仏してゆく道であったわけである。そして、そのような専修念仏を行ずるところ、

在生のあひだ往生の行成就せむひとは、臨終にかならず聖衆来迎をうべし。来迎をうるとき、たちまちに正念に住すべし。（『法然上人御説法事』真聖全四、五二頁）

是によりて臨終のときいたりぬれば、仏来迎したまふ。行者これをみて、心に歓喜をなして、禅定にいるがごとくにして、たちまちに観音の蓮台にのりて、安養の宝刹にいたるなり。（『三部経大意』真聖全四、七八六頁）

と明かされるごとくに、その臨終において、仏の来迎にあずかり、正念に住して往生をうることができるというのである。法然においては、すでに平生に摂取の利益をうるという理解も見られるが(5)、なおその立場は臨終来迎が中心であったと思われる。

すなわち、法然における浄土の行道とは、基本的には、信心―称名―臨終来迎→往生という構造を持つものであって、それを端的に表わして専修念仏の道と明かしたわけである(6)。

法然における人間理解

すでに見たごとく、法然における念仏の行道は、自己自身の現実存在について、それが罪業深重にして出離の縁なしという機の信知、決定を前提として成立するものであった。そのことは法然自らの告白において、

我は烏帽子もきぬ法然房也。黒白も知らざる童子の如く、是非も知らざる無智の者也。（「常に仰せられける御詞」『法然全集』四九三頁）

われはこれ罪悪不善の身、無始よりこのかた六道に輪廻して、往生の縁なし。（「三心義」真聖全四、五九八頁）

などと語り、また人間の現実存在の本質をめぐって、

世すでに末法なり、人みな悪人なり。（『念仏往生要義抄』真聖全四、五八九〜五九〇頁）

このごろのわれらは、智恵のまなこしゐて、行法のあしおれたるともがら也。（『浄土宗略抄』真聖全四、六一〇頁）

われらが悪業煩悩の心にては、曠劫多生をふとも、ほとけにならん事かたし。そのゆえは、念々歩々におもひと思ふ事は、三途八難の業、ねてもさめても案じと案ずる事は、六趣四生のきづな也。（『念仏往生要義抄』真聖全四、五九一〜五九二頁）

口には経をよみ、身には仏を礼拝すれども、心には思はじ事のみおもはれて、一時もとどまる事なし。しかればわれらが身をもて、いかでか生死をはなるべき。（中略）善心はとしどしにしたがひてうすくなり、悪心は日々にしたがいていよいよまさる。（『念仏往生要義抄』真聖全四、五九二〜五九三頁）

などと明かすところに、よくうかがわれるものである。法然にとっては、すでに末法に入った現代においては、人間はすべて悪人であって、無明煩悩の存在でしかなく、いかに仏道精神を策すとも、すでに自己自身の能力によっては、いかなる善根も修習しがたく、生死を出離することは不可能であったのである。それはまことに、「心をしづめ、妄念おこさずして、念仏せんとおもはんは、むまれつきの目鼻をとりはなちて、念仏せんとおもはんがごとし」（『法然上人行状画図』）というごとくであった。むしろ法然においては、ただこの人間存在の現実をきびしく凝視し、その罪業深重、無有出離なる自己自身について深く信知するということ、すなわち、「愚痴に還り」（「三心料簡および御法語」）、「愚鈍の身になして」（『一枚起請文』）こそ、よく念仏の行道は成立するというものであったわけ

である。ここには明らかに、悪人往生の思想を見ることができるのである。

しかしながら、法然における人間理解には、またその反面において、素直な自己肯定的な人間観が見られてくるのである。すなわち、

五逆深重の人なりといえども、十念すればまた往生す。いかにいはむや三宝の世にむまれて、五逆をつくらざるわれら、弥陀の名号をとなえむに、往生うたがふべからず。(「大胡の太郎実秀が妻室のもとへつかはす御返事」真聖全四、一八三頁)

五逆十悪のおもきつみつくりたる悪人、なを十声一声の念仏によりて、往生をし候はむに、ましてつみつくらせおはします御事は、なにごとかは候べき。たとひ候べきにても、いくほどのことかは候べき。この経にとかれて候罪人には、いひくらふべくや候。(「正如房へつかはす御文」真聖全四、二〇六頁)

たとひわれら、そのうつわものにあらずといふとも、末法のすゑの衆生には、さらににるべからず。(『念仏大意』真聖全四、二二二頁)

かの三宝滅尽の時の念仏者、当時のわ御房たちとくらぶれば、わ御房たちは仏のごとし。(「十一箇条問答」真聖全四、二一七頁)

などと明かすごとくである。法然にとっては、我々は、いかに罪業深重であるといっても、なお五逆罪は犯したことはない。また『観無量寿経』には、五逆十悪の重罪を犯したものもなお救われると説かれているが、われらの罪業がいかに深いといっても、なおこの経典に説かれている罪人ほどではない。またわれらが悪人であるといっても、現在は末法の始めにすぎず、末法の末の衆生に比べればなおましである、ということであった。そしてまた法然は、三宝滅尽の時の人に比べれば、いまの人びとは、なお「仏のごとし」とまでいうのである。法然においては、人間

の煩悩性、罪業性に対する深い内観、信知があったといっても、その反面には、このようなきわめて明るい肯定的な側面があったのである。したがって、また法然においては、

悪をもすて給はぬ本願ときかんにも、まして善人をば、いかばかりかよろこび給はんと思ふべき也。(「十二箇条問答」真聖全四、六四三頁)

仏は一切衆生をあはれみて、よきをも、あしきをもわたし給へども、善人を見てはよろこび、悪人を見てはかなしみ給へる也。よき地によき種をまかんがごとし。かまへて善人にして、しかも念仏をも修すべし。(『念仏往生義』真聖全四、七四二頁)

罪は十悪五逆のものむまると信じて、少罪おもおかさじとおもふべし。罪人なほむまる、いはむや善人おや。(「黒田の聖人へつかはす御文」真聖全四、二二一頁)

などと明かすごとくに、仏は悪人よりも善人を望みたもうのであって、われらはすべからく、「少罪をもおかさじ」と思いとり、「かまへて善人にして」念仏すべきである、というのである。ここには明らかに、人間存在における善への可能性が無条件に肯定されているようである。法然にとっては、人間はたとえいかに罪業深重であろうとも、阿弥陀仏の本願によるかぎり、善人も悪人も平等に救われてゆくことができるということであった。法然における人間理解とは、仏の前に立つかぎり、善人も悪人も共に平等であったのである。しかしながら、法然にとってはまた、悪人が阿弥陀仏の本願の中で甘えることは許されず、その本願の念仏に生きようとするかぎり、いっそう悪を廃して善を願うべきであったのである。その点、法然における悪人往生の思想とは、なお善人志向型の、多分に善人往生の色彩をとどめたところのものであった、といわねばならないようである。(7) そのことは、法然自身の生きざまにおいて、

末法の中には、持戒もなく、破戒もなし、無戒もなし、ただ名字の比丘ばかりありと、伝教大師の末法灯明記にかきたまへるうへは、なにと持戒破戒のさたはすべきぞ。(「十二問答」真聖全四、二二五頁)

と明かしながらも、なおも自己自身は、終生を貫いて、持戒精進なる清僧として生きていったことに、よく象徴されるものであろう。そしてこのような法然における善悪に対する思考、その人間観は、法然が、人間は本来において、仏性を具有しているという立場に立つことによって生まれたものと思われる。法然はその『選択集』の冒頭に、道綽の『安楽集』の文を引用して、「一切衆生に皆仏性有り」と明かしている。法然の浄土教においては、それを顕現することは不可能であるとしても、一切の衆生は、共通して仏となる可能性としての仏性を有している、という立場が前提となっているわけである。したがってまた法然においては、すでに上に見たところの、称名念仏行の前提としての至誠心、深心、廻向発願心の理解について、ことにその至誠心(至心)を解釈するにあたり、

至誠心といは真実の心なり。その真実といは、内外相応の心なり。身にふるまひ、口にいひ、意におもはん事、みな人めをかざる事なく、ま事をあらはす也。(『往生大要鈔』真聖全四、五七〇~五七一頁)

と明かし、その真実については、また、

外相の善悪をばかへり見ず、世間の誹誉をばわきまへず、内心に穢土をもいとひ、浄土をもねがひ、悪をもとどめ、善をも修して、まめやかに仏の意にかなはん事をおもふを、真実とは申也。(『往生大要鈔』真聖全四、五七三頁)

と語っているのである。法然によれば、称名念仏行を修めるについては、必ず真実の心を持つべきであるが、その真実の心とは、内心と外相が相応する心のことであって、外相の善悪をかえりみず、内心に穢土を厭い浄土を願い、悪を止め善を修して、もっぱら仏意に契合せんとする心をいうのである。そしていかなる凡夫であろうとも、念仏

を申すについては、まず「をのをの分につけて、強弱真実の心をおこす」（『往生大要鈔』）べきであるというわけである。この点、のちに見るごとく、親鸞が、人間には一片の真実もなく、すべてが虚仮不実でしかないと理解したものと比べると、明確な相違が指摘できるのである。法然がこのように、煩悩熾盛、罪業深重なる凡夫に対して、真実の心をおこせよと要求するのは、人間には共通して、仏性があるという立場に立つからであろう。法然の人間観においては、なお人間における真実性、可能性を肯定しているのである。法然における至誠心、さらにはまた深心、廻向発願心の三心は、ひとえにこの仏性を根拠として、成立するものであったのである。(8)

しかしながら、とすれば、すでに上に見たごとく、その深心（信心）の機の信知において、

われはこれ罪悪不善の身、無始よりこのかた六道に輪廻して、往生の縁なし（『三心義』真聖全四、五九八頁）

と明かし、また、

自身はこれ煩悩を具足せる凡夫なり、善根薄少にして、三界に流転して、火宅をいでず（『往生大要鈔』真聖全四、五七六頁）

と語って、「罪悪不善の身」「煩悩を具足せる凡夫」として、「往生の縁なし」「火宅をいでず」と告白していることは、いったい何を意味するものであろうか。そこでは人間の現実存在の相に対する洞察において、一方においては、人間における真実性を是認して、廃悪修善を策励し、他方においては、人間における虚妄性を告発して、その罪悪不善、往生不能を明かしているのであるが、とすれば、そこには明らかに矛盾が指摘されなければならないのではなかろうか。もしもそれが矛盾でないとするならば、そのことはいかに理解すべきであろうか。その点、法然における人間の実存に対する洞察、その人間における虚妄性、煩悩性についての機の信知には、なお不徹底な面があったといわざるをえないようである。そのことは、法然がその成仏道の困難性を語るについて、多くは、

流転三界のうち、いづれの界におもむきてか釈尊の出世にあはざりし。輪廻四生のあひだ、いづれの生をうけてか如来の説法をきかざりし、（中略）はづべし、はづべし。かなしむべし、かなしむべし。（「登山状」真聖全四、七〇八～七〇九頁）

世世生生をへて、如来の教化にも、菩薩の弘経にも、いくそばくかあひたてまつりたりけむ。ただ不信にして教化にもれきたるなるべし。（「念仏大意」真聖全四、一三三〇頁）

などと明かして、それが自己自身の無明、罪業の深重性によるというよりも、むしろ過去において、聞法の縁を欠ぎ、仏法について不信であったことに起因する、と述べていることにも連なる問題であろう。

なおまた、法然の人間理解について考察する場合、『法然上人伝記』（醍醐本）には、

善人尚以往生况悪人乎事・口伝有之。（『法然全集』四五四頁）

とあって、それは『歎異抄』に伝えるところの、親鸞における「善人なおもて往生をとぐ、いはんや悪人をや、（中略）悪人もとも往生の正因なり」という悪人往生の思想に共通するものとして注目されるが、それについては、すでに先学によっても指摘されているごとくに、この文を直ちに法然の思想を伝えたものと理解するには問題がある(9)。法然の立場は、なお、

罪人なほむまる、いはむや悪人おや。（「黒田の聖人へつかはす御文」真聖全四、一三一一頁）

五逆の罪人をあげてなを往生の機におさむ、いはんや余の軽罪をや、いかにいはんや善人をや（『往生大要鈔』真聖全四、五六八頁）

念仏のちからにあらずば善人なをむまれがたし、いはんや悪人をや。（『念仏往生要義抄』真聖全四、五九七頁）

などと明かすごとくに、悪人往生とはいいながらも、なおあくまでも善人志向型の性格を持つものであって、法然

に悪人正因の思想があったとは認めがたいところである。

三、親鸞の浄土教思想

親鸞における行道の構造

親鸞は法然との値遇において、その教導により、阿弥陀仏の本願に帰入したのである。その点、親鸞は終生にわたって、法然を「よき人」と仰ぎ慕った。また、ときには阿弥陀仏の化身とまで讃えることがあった。親鸞の仏道は、ひとえに法然の教示に随順する道であったわけである。しかしながら、親鸞における仏道について、さらに検討を加えるならば、そこには、法然浄土教をそのまま継承した面とともに、またその浄土教を克服して、新しい世界を啓拓した面とが見られてくるのである。

法然浄土教を継承した面とは、法然における浄土教は、すでに見たごとく、専修念仏の道として、ひとえに称名念仏して浄土に往生するという行道であった。親鸞はこの専修念仏の道を学んだわけである。

親鸞におきては、ただ念仏して弥陀にたすけられまひらすべしと、よきひとのおほせをかふりて信ずるほかに、別の子細なきなり。(『歎異抄』真聖全二、七七四頁)

往生の要には如来のみなをとなふるにすぎたることなし(『尊号真像銘文』真聖全二、五九四頁)

などと明かす文は、そのことをよく物語るものであろう。しかしながら、親鸞はまたこの本願の仏道を「唯以信心」(『教行証文類』「信巻」)の道とも明かしているのである。信心こそが、まさしく涅槃成仏の真因であるというのである。すなわち、親鸞においては、念仏の道とは、また徹底していえば、信心の道でもあって、

専修は本願のみなをふたごころなく、もはら修するなり。（『一念多念文意』真聖全二、六一三頁）

と示すとともに、

この念仏往生の願を一向に信じて、ふたごころなきを一向専修とはまふすなり。（『末燈鈔』真聖全二、六九三頁）

と明かすところである。専修とは念仏を意味するとともに、また信心をも意味するものであって、専修念仏とは、ついには一向信心のことでもあるというわけである。ここには明確に、法然浄土教を超えた親鸞独自の浄土教領解が見られてくるのである。とすれば、親鸞は何故に、専修念仏の道を一向信心の道として明かしたのであろうか。それはひとえに、法然浄土教の念仏解釈に基因するものと推察される。『無量寿経』の本願の教説に対する善導の解釈によれば、念仏往生の行道における念仏とは、ただ一声の称名も、また生涯を尽くして修める称名をも、ともに含んでいるものであった。法然においてもまた、その念仏往生とは、一念の称名から多念の称名を包摂するものであったのである。

信おば一念に生るととり、行おば一形をはげむべし（「十二問答」真聖全四、二一六頁）

一念までも定めて往生すと思ひて、退転なくいのちおはらんまで申すべき也。（『浄土宗略抄』真聖全四、六一六頁）

などと明かすごとくである。とはいいながら、また法然は、

罪は十悪五逆のものむまると信じて、少罪おもおかさじとおもふべし。罪人なおむまる、いはむや善人おや。行は一念十念むなしからずと信じて、無間に修すべし。一念なほむまる、いかにいはむや多念おや。（「黒田の聖人へつかはす御文」真聖全四、二二一頁）

と示すごとくに、悪人よりも善人、一念よりも多念を勧めており、その行道においては、基本的には、多念主義の立場に立っていたことがうかがわれるのである。法然が日課六万遍の念仏を修めたことは、よく知られているところである。しかしながら、法然浄土教におけるこの一念多念の問題は、充分に鮮明ではなく、法然の没後、その門下において解釈が分かれ、一念義を主張するものと、多念義を主張するものとに分裂していったのである。親鸞は一念義系に属し、その思想を大成したものだという見解があるが、[10]親鸞自身は『一念多念文意』なる書を著わして、「一念をひがごととおもふまじき事」「多念をひがごととおもふまじき事」と明かし、

浄土真宗のならひには念仏往生とまふすなり、またく一念往生、多念往生とまふすことなし。（真聖全二、六一九頁）

と説いているのである。単純に一念義系に属するとはいいえないであろう。

親鸞はこの法然門下における念仏解釈の分裂をめぐって、法然浄土教における念仏の真義を開顕するために、その思想深化の中で、隆寛らの教学的影響もうけつつ、念仏に仮なる念仏と真なる念仏とを区別した。すなわち、親鸞によれば、阿弥陀仏の本願に基づく行道に三種の道があるとした。第十九願、仮門の道、第二十願、真門の道、第十八願、弘願の道の三種の道である。その第十九願、仮門の道とは、『観無量寿経』に説くところの修諸功徳の道であって、定散自力の諸行を修めて浄土に往生せんとするものであり、第二十願、真門の道とは、『阿弥陀経』に説くところの植諸徳本の道であって、自力の念仏を修めて浄土に往生せんとするものをいう。そして第十八願、弘願の道とは、まさしく『無量寿経』に説くところの念仏往生の道であって、他力の念仏によって浄土に往生せんとするものをいう。かくして親鸞は、その第十九願の仮門、第二十願の真門の行道は、いずれも方便、権仮なる道であって、第十八願の弘願の行道のみ、ひとり真実なる仏道であるというわけである。その点、親鸞においては、

称名念仏について、自力と他力、仮なる念仏と真なる念仏を分別するわけであるが、その仮なる自力の念仏とは、

真門の方便に就いて善本あり徳本あり。また定専心ありまた散専心あり。また定散雑心あり。雑心とは、大小凡聖一切善悪各々助正間雑の心を以って、名号を称念す。まことに教は頓にして根は漸機なり。行は専にして心は間雑す。故に雑心というなり。定散の専心とは、罪福を信ずる心を以って、本願力を願求す、是を自力の専心と名づくるなり。（『教行証文類』「化巻」真聖全二、一五七頁）

と明かすごとく、それには定散雑心の念仏と定散専心の念仏とがあって、その雑心による念仏とは、教は真実教を学び、行も真実行としての念仏を修しながらも、その教法を学ぶ主体、その称名を行ずる主体の側に問題があって、その主体としての自己が何ら問われてこないような念仏をいい、また専心による念仏とは、その称名念仏において、教法を学び称名を行ずる主体としての自己は問われながらも、なおもそれが信罪福心として、自己の煩悩罪悪と自己の善根功徳について、つねに自己計量し、自己計度し続けてゆく心において行ぜられる念仏をいうわけである。すなわち、そのような念仏とは、また端的には、

凡そ大小聖人一切善人、本願の嘉号を以って己が善根と為る（『教行証文類』「化巻」真聖全二、一六五頁）

と説くごとくに、ひとえに称名念仏しながらも、それにおいて徹底して自己の現実存在が問われることもなく、それとは逆に、つねにそれを自己自身の善根として、それによって自己を荘厳し、それを自己の支柱とするような念仏をいう。

それに対して、親鸞が主張するところの、第十八願の真実なる念仏とは、

大行とは則ち無礙光如来の名を称するなり、斯の行は即ち是れ諸の善法を摂し、諸の徳本を具せり。極速円満す、真如一実の功徳宝海なり。故に大行と名づく。（『教行証文類』「行巻」真聖全二、五頁）

念仏は行者のために非行非善なり。わがはからひにて行ずるにあらざれば非行といふ、わがはからひにてつくる善にもあらざれば非善といふ。ひとへに他力にして自力をはなれたるゆへに、行者のためには非行、非善なりと。（『歎異抄』真聖全二、七七七頁）

爾れば若しは行、若しは信、一事として阿弥陀如来の清浄願心の回向成就したまうところに非ざることあることなし。因なくして他の因のあるには非ざるなり。（『教行証文類』「信巻」真聖全二、五八頁）

如来已に発願して衆生の行を回施したまう（『教行証文類』「行巻」真聖全二、二二頁）

と明かすごとくである。真実なる本願の念仏とは、ひとえに私自身によって選び取られて修められるべき行であって、それは無上の功徳を摂具せるものである。しかしながら、またその称名念仏とは、行ずる主体にとっては、決して自己自身によって修める行でもなく、善でもないところ、それは非行非善の念仏というべきであり、それはまさしくは、すべて阿弥陀仏の願心によって廻施されたものにほかならないものであった。すなわち、本願の念仏とは、私自身の全存在をかけたところの、究極的真実に対する一途なる志願、選び取りとして成り立つものでありながら、またそれにおいて、私自身の我執性、虚妄性、それに基づく現実の生きざまが根源的に問われ、それが徹底してあらわとなり、それについてきびしく自覚、信知されてゆくこと——自力計度の心がすてられてゆくことにおいて、それと一つになって、求むべき究極的真実が、私において確かに現成してくるという体験として成り立つ念仏をいうわけである。そのことはさらにいうならば、私から仏への方向において成り立つ念仏が、そのまま仏から私への方向において成り立つ念仏となること、すなわち、私の称名念仏が仏の称名念仏として成り立つこと、私が仏を呼ぶ称名念仏が、そのまま仏の私を呼ぶ呼び声として、私に聞かれてくる称名念仏となること、称名がそのまま聞名となるような念仏、そういう念仏を真実なる願心廻向の念仏というのである。そして親鸞においては、このような本願他力の念仏、称名がそのまま聞名であるような心的境位を、すなわち信心というわけである。信心とは、私において成立するところの、まったく主体的な究極的真実体験である。(11)かくして親鸞においては、真実の念仏はすなわち信心であり、信心はすなわち真実の念仏であったわけである。

真実の信心は必ず名号を具す（『教行証文類』「信巻」真聖全二、六八頁）

信の一念、行の一念ふたつなれども、信をはなれたる行もなし、行の一念をはなれたる信の一念もなし。（中略）行をはなれたる信はなしときて候。又信はなれたる行なしとおぼしめすべし。（『末燈鈔』真聖全二、六七二頁）

などと明かされる所以である。真実の念仏のほかに信心はなく、信心をはなれて本願の念仏は成り立つはずはないわけである。そしてこの真実の現成としての信心のところ、すでにその必然として、臨終を待たずして、現生において救済が成立するのであって、親鸞はこの信心において、ただちに正定聚、即得往生を語っているのである。その点、親鸞における信心とは、法然における信心が、能入初門位の信として、念仏を修習するための必須的前提条件であったのに比べると、明確に相違するものであることは、充分に注意されるべきである。すなわち、親鸞における行道とは、法然に学んだごとく、どこまでも念仏往生の道にほかならなかったのである。しかしながら、その念仏の内容について、それが真実なる念仏か不実なる念仏かは、その念仏に究極的な信心体験がともなっているかどうかによるものであって、親鸞は、真実なる本願の念仏とは、つねにそういう信心と一つになった念仏でなければならないと明かしたのである。親鸞が法然を継承しながらも、またそれを超えて発揮した点がここにあるわけである。

かくして親鸞において開示された浄土の行道とは、法然における行道に重ねて明かすならば、当然に称名念仏の前提としての、仏道趣入の心的態度としての信心、すなわち、帰命、発心が必須条件となるところから、基本的には、帰命（初門としての信心）―称名―称名即聞名（究竟としての信心）＝正定聚（即得往生）↓往生・成仏という構造を持つものであったわけで、親鸞はそれを端的にあらわして、念仏往生といい、また唯以信心と説いたのである。

親鸞における悪人往生の思想

親鸞における念仏往生の行道は、いかなる人びとによって信奉されていったのか。それについては、主として農民層に伝播したという説(12)、主として商工業者が中心であったとする説(13)、主として武士階級が基盤であったとする説がある(14)。いずれにしても、親鸞の教説を奉じ、それに随順していった人びとは、おおむね社会の下層階級に属するものであったことは明らかである。親鸞は『唯信鈔文意』に、

具縛の凡夫、屠沽の下類、無碍光仏の不可思議の誓願、広大智慧の名号を信楽すれば、煩悩を具足しながら無上大涅槃にいたるなり。具縛といふはよろづの煩悩にしばられたるわれらなり。煩は身をわづらはす、悩はこころをなやますといふ。屠はよろづのいきたるものをころし、ほふるもの、これは猟師といふものなり。沽はよろづのものをうりかふものなり、これはあき人なり。これらを下類といふなり。かやうのあきびと、猟師、さまざまのものは、みな、いし、かはら、つぶてのごとくなるわれらなり。（真聖全二、六二八～六二九頁）

と明かしている。この文は、宋の元照の『阿弥陀経義疏』の中の「具縛の凡愚、屠沽の下類」について註解したものである。親鸞はこの『阿弥陀経義疏』の一連の文と、その註釈書である戒度の『阿弥陀経義疏聞持記』の文を、『教行証文類』「信巻」に引用している。親鸞が特に、この文に留意したことがうかがわれるところである。しか

もその『聞持記』によると、屠沽の下類を註して「如此悪人」と明かしている。これは明らかに、屠沽の人びと、すなわち、猟師や商人たちが悪人であることを意味し、その悪人とは、社会秩序に基づく職業、身分についていったものであることが知られてくる。親鸞はこの文を註解するについて、「具縛の凡愚」については、「よろづの煩悩にしばられたるわれらなり」といい、また「屠沽の下類」については、「いし、かはら、つぶて、のごとくなるわれらなり」といっている。具縛の凡愚とは、個人的、内面的な視点から捉え、屠沽の下類とは、社会的、身分階級的な視点から語ったものであるが、ともに「われらなり」というところに注目すべきであろう。このことは、親鸞が自ら念仏往生の道を学び、それを他の人びとに伝えるについて、「われらなり」と表白して立った立脚地が、このように、煩悩に繋縛されて生きる人びと、悪人と賤称され、被支配者として社会の下層に生きる猟師や商人などの、石、瓦、礫のごとき人びとの立場であったことを如実に示すものである。かくして、親鸞の浄土教が、社会的体系秩序において、上層の権力者、支配者の側ではなく、それに対極するものとしての、社会の底辺に生きる庶民を自己の立場としていたことが明白である。その点、すでに上に見たごとく、インドにおける阿弥陀仏思想が、在家の民衆、ことには当時の封建制社会の中での、不善作悪なる下層の人びとのための成仏道として生成してきたものであるところからすれば、この親鸞において領解、教示された浄土教とは、まさしく阿弥陀仏思想の原意趣を、いっそう徹底し、より鮮活に開顕したものであるというべきであろう。

そこで親鸞がその人間存在の本質について、いかに理解していたかであるが、親鸞は、

一切の群生海、無始より已来、乃至今日今時に至るまで、穢悪汚染にして清浄の心なし。虚仮諂偽にして真実の心なし。（『教行証文類』「信巻」真聖全二、六〇頁）

凡夫といふは、無明煩悩われらがみにみちみちて、欲もおほく、いかりはらだち、そねみねたむこころ、おほ

くひまなくして、臨終の一念にいたるまで、とどまらず、きえず、たえず（『一念多念文意』真聖全二、六一八頁）

などと明かしている。人間とは、無限の過去、始めなきその始めから今日に至るまで、一片の清浄心もなく、真実心もなく、ただ煩悩熾盛にして罪業深重であり、またその故にこそ、未来永劫にかけて、穢悪汚染、虚仮諂偽の繋縛から離脱することは不可能であるというのである。人間の煩悩、罪業の無限性について、それが無始の過去から無終の未来にかけて、あらゆる時間を貫くものであることを意味している。そしてまた、その煩悩、罪業とは、一切の群生海、あらゆる衆生に共通するものであって、一人として例外はなく、すべての衆生、すべての生命あるものの必然として、煩悩、罪業の存在であるというのである。一切の衆生に共通する人間の煩悩、罪業の普遍性について明かすものである。このような人間における煩悩、罪業の無限性と普遍性は、そのままそれが人間存在の本質であることを意味している。親鸞においては、人間とは、その存在することの必然において、根源的に煩悩熾盛、罪業深重であるというわけである。そのことは、もとより単なる倫理的な立場からいわれることではない。倫理において語られる悪とは、行為する主体としての自己と、それによって作為された行為との関係において、対自化された事柄としての悪であって、その善悪を問う主体としての自己自身、理性は、つねに善悪の問いの外に残存し続けているのである。そしてその主体としての自己、理性は、決して自己自身を支配することはできない。その故に、この倫理が徹底されるところ、その必然として、その主体、理性の偽善性、矛盾性があらわとなってくる。自己自身がその内奥において宿すところの根源悪の自覚である。宗教において語られる罪悪とは、まさしくこのような倫理の矛盾、破綻において、人間の実存の深みの中で、自己の殻が真っ二つに裂けて、その内側、根底からあらわとなってくる態のものにほかならない。それは対象的に知られてくるものではなくて、究極的な真実との出遇い、そ

れの現成と一つになって、自己自身において覚醒されてくるところのものである。親鸞において覚醒されたそれは、

浄土真宗に帰すれども　真実の心はありがたし
虚仮不実のわが身にて　清浄の心もさらになし
悪性さらにやめがたし　こころは蛇蝎のごとくなり
修善も雑毒なるゆへに　虚仮の行とぞなづけたる（『正像末和讃』真聖全二、五二七頁）

いづれの行もおよびがたき身なれば、とても地獄は一定すみかぞかし。（『歎異抄』真聖全二、七七四頁）

などと表白されるものである。まことに徹底した自覚、人間理解というべきであろう。その点、上に見たところの法然における人間理解が、なお自己の内面に真実性、仏性を是認し、成仏の可能性を肯定するものとは、明らかに相違していることが知られるのである。

親鸞におけるこのような根源悪についての覚醒は、また宿業という思想にも重なるものである。すなわち、『歎異抄』に、

この条、本願をうたがふ、善悪の宿業をこころえざるなり。よきこころのおこるも宿善のもよほすゆへなり。悪事のおもはれせらるるも悪業のはからふゆへなり。故聖人のおほせには、卯毛、羊毛のさきにいるちりばかりも、つくるつみの宿業にあらずといふことなしとしるべしとさふらひき。（真聖全二、七八二頁）

と明かしているものがそれである。仏教においては、自己の人生において生起する現象について、その因果関係について、それを背後的、内面的に解釈するにあたっては、それがすべて自己の業（カルマ）を第一原因として生起すると見るのである。そのような場合、世間一般では、それを運命によると考えることが多い。何かの運、めぐり合わせによって、そうなったと解釈するわけである。あるいはまた、それを宿命、天命と捉えて、それはすでに本

来において決定、約束されていたものであって、絶対に避けられないものだと考える立場もある。いずれにせよ、自己の意志以外の他なる意志、命令によって、それを第一原因として、人生の諸現象が生起するという人生観である。それに対して、それはすべて神の意志によるものであるという考え方がある。それについては、その神を唯一神教の立場から理解して、唯一なる全知全能の神の意志において、すべてが統一的に支配され、その摂理によるというものから、多神教の立場から、それぞれの職能別の神々を語り、それらの意志において個別的に支配されると考えるものまである。いずれにしても、明確に宇宙、世界の根源者としての神の存在を語り、その神の意志、摂理によって、それを第一原因として、人生の諸現象が生起するという人生観である。それに対して、仏教では、そのような人生の諸現象は、決して自己以外の他者の意志によるものではなく、すべて自己自身に原因があり、その業に基づいて生起してくると説くのである。仏教が語るところの人生に対する基本的な構え方、姿勢である。そして仏教一般においては、この業の解釈について、因果応報の論理を立て、善業をなせば善果をえ、悪業をなせば悪果をうると語り、人間はすべからく未来の善果を願って、精進策励して悪業を廃し、善業を励むべきである。よく善果を積重してゆくならば、ついには無明を離れて仏果菩提を成じることができ、もしも悪業を犯すことが多ければ、その応報によって、未来には悪道、地獄に堕すであろうというのである。そこではつねに、現在の自己自身の行為、業について、それが未来に対していかなる業報をもたらすかを問い、悪業を廃して善業を励めよと語るわけである。しかしながら、親鸞において領解された業思想は、それとは明らかに異なるものであった。親鸞においては、現在における善業も悪業も、ともに過去における罪業――宿業の結果であるというのである。「卯毛、羊毛のさきにいるちりばかりも、つくるつみの宿業にあらずといふことなし」と明かされるごとくである。いかなる善業であろうとも、どれほど小さな行為であろうとも、ひとつ残らず、すべて過去の「罪の宿業」によって生起したものにほかならないというのである。仏教一般が現在の業を中心に考えるのに対して、親鸞においては、もっぱら過去の業に注目するのである。そして人間はもともと無始以来、始めのないその始めからの罪の宿業を背負い、それに規定されながら生きているのであって、現在において、いかに善業を願うとも、すべて過去からの罪の宿業に引かれるほかはないというのである。それはあたかも、遠い奥山の源から流れてくる濁流を、その中途の河岸に立って、懸命に汲みだして清水に変えようと試みるようなものである。この宿業に生きるものとしては、いかなる小さな業といえども、何ひとつとして新たに行為することは不可能であり、すべて過去の罪の宿業に引かれて、罪悪を犯すほかはない。これが親鸞における独自な業の解釈である。この宿業の思想は、単に業の時間性を問題にしているのではない。それはすなわち、人間存在の本質について、それが根源的に罪の存在であることを明かしたものにほかならないのである。その点、この親鸞における宿業の思想は、キリスト教の原罪の思想とよく似ているものである。ただ相違するところは、キリスト教の原罪は人類共通の祖先に始まる罪であるのに対して、宿業は私自身の一人に始まる罪であり、また原罪は、もともと罪を持たなかったものが、神に叛くことによって生まれた始めのある罪なのに、宿業は無始以来、始めのない始めからの罪として捉えられているのである。(15) その点、親鸞における宿業とは、どこまでも自己自身の背負うべき罪業として、また量り知れない無限の深さをもった罪業として見られているわけである。法然においても、しばしば宿業の語が用いられているが、そこでは単に過去世の業という意味を越えるものではなく、親鸞における宿業の思想は、親鸞独自な固有の思想として、その人間理解についての徹底性、その深重性を物語るものである。

親鸞におけるこのような宿業の思想は、単なる宿命論とは根本的に相違するものである。宿命論とは、絶対の必然性のみであって、そこには未来に対する何らの可能性、自由性は認められない。しかしながら、この宿業における、現在の自己の行為がすべて過去における業の必然の結果であるという自覚は、それだけ単独に成り立つものではなくて、それはつねに信心の内容として、その機の信知として生まれてくるものである[16]。すなわち、それは真実の現成、法の信知とひとつとして、仏の救済の自覚と一具して成り立つわけである。その点、この宿業の自覚、罪業深重の信知は、大悲無倦の自覚とひとつとなり、その絶対的必然は、またそのまま無礙一道なる絶対的自由とひとつとなって、その両者における逆対応的な対立即同一として成立するものであったのである。親鸞における宿業の自覚が、このように信心の内容としての、機の信知にほかならないということは、充分に注目されるべきことである。

そしていまひとつ、親鸞における人間理解について見逃しえないものに、『歎異抄』に、

善人なをもて往生をとぐ、いはんや悪人をや。（中略）煩悩具足のわれらは、いづれの行にても生死をはなるることあるべからざるを、あはれみたまひて願をおこしたまふ本意、悪人成仏のためなれば、他力をたのみたてまつる悪人、もとも往生の正因なり。（真聖全二、七七五頁）

と明かすところの悪人正因の思想がある。この思想は、法然の思想であるという説[17]、あるいはまた、『歎異抄』の著者の唯円房の思想であろうとする説もあるが[18]、すでに上に見たごとく、それを法然独自の思想と断定するには問題がある。またそれを唯円房とする説も根拠が薄弱である。よっていまは親鸞の思想として見ることとする。しかしながら、親鸞において、このような思想が成立するについては、法然門下の先輩であった隆寛の思想に導かれるところがあったろうと考えられるが、その点については留意されるべきである。とはいいながらも、「悪人、もとも往生の正因なり」という、破天荒ともいうべき解釈を行なったのは、ひとえに親鸞自身の徹底した信心領解に基づくものというべきであろう。ところで、ここでいう善人、悪人の概念であるが、従来の教学的理解においては、

多く善人とは自力作善の人をいい、悪人とは煩悩具足にして、罪業深重なる凡夫を意味すると解してきたが、また近年では歴史学の立場から、そういう視点以外に、そのことは社会的、身分的な意味を持つものであって、善人とは権力者、支配者を意味し、悪人とは、そういう権力者によって、罪人とされ、悪人と呼ばれたところの、下層の民衆を指すものであるという見解が出されている。(19) たしかに、すでに見たごとくに、親鸞が戒度の『阿弥陀経義疏聞持記』を引用して、屠沽の下類を「如此悪人」と明かしているところからすれば、親鸞が悪人という場合、それが社会的、職業的、身分的な意味を含むものであったことは見落としてはならない。このことは充分に注目すべきであろう。しかしながら、いまここではそれについてはふれない。この『歎異抄』の文の当面の意味としては、「善人なをもて往生をとぐ、いはんや悪人をや。しかるを世のひとつねにいはく、悪人なを往生す、いかにいはんや善人をや」と明かされるものは、基本的には、法然に至るまでの浄土教一般において語られてきた、本為悪人兼為善人なる善悪の論理を継承するものと見て、自力作善の人を善人といい、罪業深重、作善不堪の凡夫を悪人といったものと理解することとする。そしてまたここでことに、「他力をたのみたてまつる悪人、もとも往生の正因なり」といわれることは注意すべきであって、それはいわゆる悪人正機とは明らかに区別されるべき主張である。『歎異抄』では正因と明かし、正機とはいっていない。それを正機といったのは覚如の『口伝鈔』であって、そこでは、

傍機たる善凡夫なを往生せば、もはら正機たる悪凡夫いかでか往生せざらん。しかれば善人なをもて往生す、いかにいはむや悪人をやといふべし（真聖全三、三二頁）

と明かしている。ここでは善人、悪人ともに往生するが、悪人が正機であって善人は傍機であるというのである。しかしながら、いまこの『歎異抄』で悪人が正因であると明かされる文は、そのような悪人正機の思想とは明らか

に相違している。悪人が正因であるといわれるとき、その正因とは、親鸞の理解によれば、「正因といふは浄土へむまるるたねとまふすなり」(『尊号真像銘文』)と語られている。悪人が浄土へ往生する「たね」になるというのである。そのことは悪人でないかぎり往生できないという意味を表わしている。悪人であってこそ、悪人になってこそ、はじめて往生が成就するというのである。しかもその悪人とは、「他力をたのみたてまつる悪人」といわれる。この文は、他力をたのみたてまつったものの中の悪人ということではない。他力をたのむことと悪人とは同一である。親鸞においては、阿弥陀仏の本願に関わって善悪を語るときには、本願を信知し、他力をたのむものはすべて煩悩罪業の悪人であり、その本願を信知しえないものは善人であった。第二十願の真門、自力念仏に停滞するものを指して「疑心の善人」(『正像末和讃』)といい、また「大小聖人一切善人」(『教行証文類』「化身土巻」)と明かしているところである。そのような善人は、たとえ往生しうるとしても化土への往生である。ひとえに本願他力をたのむことにより、すなわち、悪人となること、自己自身が極重の悪人と信知することにおいて、はじめて真実の浄土に往生をうることができるのである。この『歎異抄』に、

自力作善のひとは、ひとへに他力をたのむこころかけたるあひだ、弥陀の本願にあらず。しかれども、自力のこころをひるがへして、他力をたのみたてまつれば、真実報土に往生をとぐるなり。(真聖全二、七七五頁)

と明かすごとくである。その点、この『歎異抄』の文は、「善人なをもて往生をとぐ、いはんや悪人をや」「善人だにこそ往生すれ、まして悪人は」といって、一応は善悪相対の立場から、悪人正機善人傍機の論理を明かしているように見られるも、「他力をたのみたてまつる悪人、もとも往生の正因なり」というところからすれば、それは根本的には、そういう善悪相対、悪正善傍の論理を超えたところの、絶対悪の自覚による悪人正因の論理、他力をたのみ悪人になってこそ、はじめて浄土に往生をうるということを明かしたものと理解すべきであろう。しかもこの

ように悪人が正因であるといわれるとき、その悪人とは、明らかに信心の内容を意味するものにほかならず、それは端的には、機の信知としての煩悩罪業の覚醒について語ったものである。その意味においては、この悪人正因の思想は、また上に見たところの宿業の思想に重層するものであったのである。かくして、ここにもまた、親鸞における徹底した人間理解をうかがうことができるであろう。

親鸞における信心の性格

このような親鸞における徹底した人間理解は、ひとえにその信心体験の内容をなすものであったが、とすれば、親鸞における信心とは、いかなる性格を持つものであろうか。親鸞における信心とは、単なる一般的な意味での信とは本質的に異なっている。それはもとより、世俗的な意味での信用、信頼といわれるものとも相違するが、また広く宗教的次元において語られる信仰、信心とも明らかに相違している。親鸞における信心とは、何かに対して信ずるというごとき、二元的、対象的な信心ではない。もとよりその表現においては、浄土教の性格として、対象的な言辞が用いられることが多いが、本質的には、まったく主体的な究極的体験であって、それはより明確には、覚醒（めざめ）体験ともいわれるべきものなのである。そのことは、親鸞がその信心を明かすについて、

信心の智慧（『正像末和讃』真聖全二、五二〇頁）

智慧の信心（『唯信鈔文意』真聖全二、六二四頁）

信ずる心のいでくるは智慧のおこるとしるべし（『正像末和讃』左訓、『親鸞全集』和讃篇、一四五頁）

念仏を信ずるは、すなわち、すでに智慧をえて仏になるべきみとなる（『弥陀如来名号徳』真聖全二、七三五頁）

などと語ることによっても、よくうかがわれるところである。親鸞におけるこのような信心体験が持っている特性

については、さらに種々に検討、解明されるべきであるが、いまはそのひとつの特性として、その信心が、きわめてしばしば「真心」（『教行証文類』「信巻」その他）、「まことの心」（『尊号真像銘文』その他）と明かされることに注目してみたいと思う。

親鸞における信心とは、真心（まことごころ）であったわけである。親鸞においては、その称名念仏の道において、称名即聞名として、やがて開けてくる覚醒、信知体験の世界とは、私においては何ひとつとして真実がない、その存在の全体をあげて、虚妄にして不実でしかないという自覚であった。

無始より已来、乃至今日今時に至るまで、穢悪汚染にして清浄の心なし。虚仮諂偽にして真実の心なし。（『教行証文類』「信巻」真聖全二、六〇頁）

とは、親鸞の信心における徹底した内観、洞察から生まれた言葉である。親鸞はこのような告白、慚愧の言葉をしばしば繰り返している。

とても地獄は一定すみかぞかし。（『歎異抄』真聖全二、七七四頁）

という自覚は、親鸞のつねの実感でもあったのであろう。しかしながら、親鸞はまたその信心体験において、たしかに真実にふれ、真実を見ていたのである。その信心を、「真心」といい、「まことの心」と明かす所以である。そのほか親鸞が信心を語るについて、

信心よろこぶそのひとを　如来とひとしとときたまふ
大信心は仏性なり　仏性すなはち如来なり（『浄土和讃』真聖全二、四九七頁）

居すといふは、浄土に信心のひとのこころつねにゐたりといふこころなり。（『末燈鈔』真聖全二、六六二頁）

などと示すものも、また同じ意趣によるものであろう。親鸞においては、信心をうるとは、真実の現成として、す

でに如来とひとしき人となることであり、また心はすでに浄土にいたることであったのである。したがってまた、信心においては、

いよいよ往生は一定とおもひたまふべきなり。（『歎異抄』真聖全二、七七七頁）

と明かされるわけである。かくして、親鸞における信心とは、虚妄の信知と真実の信知、地獄一定のめざめと往生一定のめざめの、まったく矛盾対立する二つの信知が、逆対応的に、同時に相即同一して成立する究極的な信知体験であったのである。このような信心の構造は、論理的にはまったく矛盾するものであって、それが真心と捉えられるとき、その真実とは、無にして有なるもの、すなわち、曇鸞的な表現をもってすれば、「非有而有」というほかはないわけである。しかも、このような非有而有という矛盾の論理を、形式的論理として整合して表現するならば、それはひとえに他者から与えられた、賜わったというほかはない。親鸞が信心を明かすについて、

信心というは則ち本願力廻向の信心なり。（『教行証文類』「信巻」真聖全二、七二頁）

如来よりたまわりたる信心なり（『歎異抄』真聖全二、七九一頁）

などと語るものは、まさしくそのことを意味するものである。「廻向」といい、「たまわる」といっても、それが単に現象的に、二元的に、他者からの授受を意味するものでないことはもちろんであって、それはひとえに、このような論理的な矛盾の構造を表象するものであることは、充分に注意されるべきことである。それをあたかも実体的な授受のごとくに理解するものがあるとすれば、それはまったく稚拙な誤解というほかはない。

親鸞における信心体験が、このような虚妄の信知と真実の信知との、まったく矛盾対立するものが、同時に相即同一するという構造を持っているということは、基本的には、大乗仏教の根本原理、および浄土教の伝統的な教理を継承していることを物語るものであるが、より直接的には、善導の「散善義」および『往生礼讃』に明かされた

二種深信の思想に学び、それを深化、徹底せしめたものであるといいうるようである。すなわち、その善導における二種深信とは、

一には、決定して深く、自身は現に是れ罪悪生死の凡夫、曠劫より已来、常に没し常に流転して、出離の縁あることなしと信ず。二には、決定して深く、彼の阿弥陀仏の四十八願は、衆生を摂受して疑いなく慮なく、彼の願力に乗じて定んで往生を得と信ず。(「散善義」真聖全一、五三四頁)

自身は是れ煩悩を具足せる凡夫、善根薄少にして三界を流転して火宅を出でずと信知す。今弥陀の本弘誓願は名号を称すること下至十声一声等に及ぶまで定んで往生を得しむと信知して、乃し一念に至るまで疑心あることなし。(『往生礼讃』真聖全一、六四九頁)

と明かすものである。親鸞は、それらの前者については『教行証文類』「信巻」と『愚禿鈔』に、その後者については『教行証文類』の「行巻」と「信巻」に引用している。[20] ここでは信心を解するについて、自己自身の煩悩性、罪業性についての信知(機の深信)と、阿弥陀仏の本願の大悲性、決定性についての信知(法の深信)の二種の信知として明かしている。二種深信といわれる所以である。善導自身の二種深信の思想については、種々に考察が必要であるが、それについての法然の理解は、すでに上に見たごとく、この機の深信と法の深信を「はじめの信心」と「のちの信心」と捉え、はじめの機の深信に基づいて、のちの法の深信が成立するとし、この二種の深信を前提としてこそ称名念仏すべしと説くのである。それに対して、親鸞においては、この機の深信としての自己自身の罪業深重性についての信知と、法の深信としての阿弥陀仏の大悲無倦性についての信知、地獄一定のめざめと往生一定のめざめは、絶対的に矛盾対立するものでありながら、またその両者は、そのまま絶対的に相即同一するものであったのである。しかもまた、親鸞におけるそのような覚醒、信知の体験とは、法然における信心が仏道への趣入、

その成立のための前提的必須要件であったのに比べると、それは称名念仏の道の究竟成就としての、究極的体験であったわけである。その点、親鸞における信心の論理は、善導の意趣を継承し、また法然の理解をも超えて、それをいっそう徹底、深化させたものであって、ここにおいて本願の信心の性格、構造が最もよく鮮明化されたといいうるようである。かくして、すでに上に見たところの宿業の思想が、人間の存在の本質について、それが根源的に虚妄であり、罪業の存在であるという自覚を意味し、それがひとえに信心の内実にほかならないといわれ、また同じく上に見たところの悪人正因の思想が、善人とはなお本願疑惑の人をいうのであって、悪人の信知においてこそ往生が可能となる、悪人こそが往生の正因であることを明かしたものであることは、いずれも、この信心の構造としての二種深信における機の信知、虚妄の自覚、地獄一定のめざめ体験の側面について語ったものであることが明らかである。

以上、親鸞における信心の性格について、ことにそれが、「真心」といわれ、「まことの心」と明かされるについて、それがひとえに主体的な信知、覚醒としての究極的な体験であり、それは内容的には、機と法の深信、真実と虚妄の信知、地獄一定と往生一定のめざめ体験であって、それらの両者が、まったく逆対応的に、対立即同一、一具として成立するという構造を持つものであることについて略述したが、親鸞における人間理解とは、まさしくこの信心の内実としての信知、その覚醒にほかならなかったわけである。

註

（1）平川彰『初期大乗仏教の研究』参照。
（2）藤田宏達『原始浄土思想の研究』参照。

(3) 荻原雲来編『梵和大辞典』一〇七〇頁。
(4) 拙著『浄土教における信の研究』「無量寿経における信の思想」参照。
(5) 『念仏往生義抄』(昭和新修『法然上人全集』六八七頁)参照。
(6) 拙著『浄土教における信の研究』「法然における信の思想」参照。
(7) 笠原一男『罪と罰』七三頁参照。
(8) 坪井俊映『法然浄土教の研究』「凡夫について」参照。
(9) 家永三郎『中世仏教思想史研究』「親鸞の宗教の成立に関する思想史的考察」参照。なお坪井俊映「醍醐本・法然上人伝記について」(『印度学仏教学研究』第一三巻第一号)によると、これは隆寛の思想を伝えたものであろうという。
(10) 望月信亨『略述浄土教理史』四三〇頁参照。
(11) 拙稿「親鸞における念仏と信心」『真宗学』第四五・四六合併号参照。
(12) 服部之総『親鸞ノート』「いはゆる護国思想について」参照。
(13) 赤松俊秀『鎌倉仏教の研究』「初期真宗教団の社会的基盤について」参照。
(14) 家永三郎『中世仏教思想史研究』「親鸞の宗教の社会的基盤」参照。
(15) 上田義文『仏教における業の思想』一二七頁参照。
(16) 曾我量深『歎異鈔聴記』(『曾我量深選集』第六巻、九一頁)参照。
(17) 『法然上人伝記』(醍醐本)に基づく主張(一二、法然の浄土教思想)参照。
(18) 鈴木宗忠『親鸞の生涯とその体験』二九九頁参照。
(19) 二葉憲香『親鸞の研究』一九七頁参照。
(20) ただし、親鸞はこの『往生礼讃』の文については、二か所とも智昇の『集諸経礼懺儀』に抄録する文を引用しているが、そこではいずれも「名号を称すること下至十声聞等に及ぶまで」となっている。称名が聞名の意味を持つことを表わす文である。親鸞が原文によらないで、あえてこの『礼懺儀』の文を引用し、「聞等に及ぶまで」と明かした意図は何か。充分に留意されるべき点である。(拙稿「親鸞における称名の意義」『真宗学』第五五号参照)

Ⅲ 親鸞の思想

親鸞における釈迦仏と弥陀仏—『無量寿経』を真実教とする根拠—

一、親鸞における真実教の指定

親鸞は、その『教行証文類』の「教巻」において、

夫れ真実の教を顕さば、則ち『大無量寿経』是なり。（真聖全二、二頁）

と明かしている。そしてその真実教の指定の根拠について、まず『無量寿経』の大意と宗体を説き、それを承けて「何を以てか出世の大事なりと知ることを得るとならば」（真聖全二、三頁）と標し、次いで『無量寿経』の発起序の中の五徳瑞現の文と出世本懐の文、および『如来会』と『平等覚経』の出世本懐の文、そしてまた新羅の憬興の『無量寿経連義述文賛』の五徳瑞現註解の文を引用し、それらを結んで、

爾れば則ち此の顕真実教の明証なり。（真聖全二、四頁）

と語っているのである。親鸞は、一切の経典の中で、『無量寿経』こそが唯一絶対に真実の教であると主張するのであるが、その根拠は、何よりもそれが釈迦仏の出世本懐なる経典であることによるというわけである。

しかしながら、すでに知られるごとく、大乗経典の多くには、同様に出世本懐の意を表わす文が見られて、出世本懐の経典と称せられるものは少なくない。たとえば、『大方広仏華厳経』『妙法蓮華経』『大般若波羅蜜多経』『菩薩瓔珞経』などの経典がそれである。ことに『法華経』が出世本懐の経典であるということについては、天台教学

の基本的な立場でもあって、親鸞はその叡山修学を通じて、そのことは明らかに熟知していたと思われる。その点、親鸞がこのように『無量寿経』を出世本懐の経典と断定するについては、それとの矛盾が意識されたであろうことが推定されるのである。しかしながら、親鸞はそのことについてはまったくふれるところがない。そして親鸞は、その基本の著作においては、子引は別として、直接に『法華経』の文を引用することは、ただの一度もない。『涅槃経』や『華厳経』などの大乗経典は豊富に引用しながらも、この『法華経』はまったく引用しないのである。ここには、親鸞における『法華経』に対する、明確な態度が確立されていたことが窺知されてくるところである。このように、親鸞が『法華経』における出世本懐の主張を無視して、もっぱら『無量寿経』を出世本懐の経典とする立場に立ったのは、単なる転宗者の潔癖なる意識に基づいたというよりも(1)、より積極的には、人間実存の本質に対する徹底した凝視による、天台宗の諸行積習という教理行道の選捨と、浄土教の本願念仏なる教理行道の選取という、自己の主体をかけた宗教的な選択に基づくところの、積極的な領解、決断において成立したものであるというべきであろう。かくして親鸞が、この『無量寿経』を真実の教法と主張するについては、一応は、それが釈迦仏の出世本懐の経典であることによるとしても、より根本的には、親鸞のこの『無量寿経』に対する、独自な領解があったことに依拠するものであるといいうるようである。

その親鸞における独自な理解については、この経典に対する内実的本質的な面と、外相的形態的な面からの、二様の見方がうかがわれるのである。その内実的本質的な面とは、『無量寿経』の宗体を論じて、この経典の宗要、中心は阿弥陀仏の本願であり、その本質、基体は阿弥陀仏の名号(称名)であると捉え、この本願と名号が真実であるがゆえに、それを開説した『無量寿経』もまた真実であるという領解である。またその外相的形態的な面とは、『無量寿経』の説者について問題とするものであって、親鸞は後に至って考察するごとく、この経典は、単に釈迦仏によって開説されたものと見るべきではなく、それはただちに、阿弥陀仏自身によって説示されたものともいうべきであって、そのゆえにこそ、この『無量寿経』が真実であると領解していたようである。以下、それについて論考する。

二、親鸞における本願名号の真実性

まず親鸞は、『無量寿経』の内実的本質的な面において、その宗体なる本願と名号（称名）が真実であるがゆえに、それを開説した『無量寿経』もまた真実であるというわけであるが、とすれば、親鸞においては、何ゆえに阿弥陀仏の本願と名号が絶対真実であるといいうるのであろうか。

阿弥陀仏の本願が真実であるとは、その本願とは、『無量寿経』などに説示されるものであるが、それはより根源的には、釈迦仏が自ら内証した菩提・正覚（さとり）、すなわち究極的真実を、在家者、ことには善根を積習しえず、かえって悪業を犯すことの多い社会の下層階級の人びとのための仏道として、象徴され、説示されたものである。その正覚、究極的真実とは、つねに無限の彼岸なる存在であるとともに、しかもまた、この現実、世俗を離れてはありえず、現実のただ中にこそ存在するものである。真実とは、虚妄と絶対に矛盾対立するとともに、またつねにその虚妄を自己自身としてあるものである。それは超越にして内在、内在にして超越であって、究極的真実とは、超越的内在、内在的超越というべきものである。阿弥陀仏の本願とは、そういう正覚、究極的真実について、ことにはその虚妄に即する、内在性の面、真実が現実に到来する面を中心に象徴したものである。親鸞は、その二十年におよぶ仏道修学の果てに、人間の煩悩罪業に対する徹底した内観、凝視を通して、万人の願求し、到達すべき仏道の目標としての正覚、究極的真実を、この阿弥陀仏の本願に発見し、それにおいて体解したのである。そしてまた、阿弥陀仏の名号が真実であるとは、阿弥陀仏の本願において明かされるわれらの成仏の行道とは、浄土教の伝統の理解によれば、名号に基づく念仏成仏の道であって、親鸞もまた「念仏成仏これ真宗」(『浄土和讃』真聖全二、四九四頁)、「大行とは則ち無碍光如来の名を称するなり」(「行巻」真聖全二、五頁)と明かすところである。この称名念仏行とは、法然によれば、いかなる罪業深重の凡夫でも修習しうる、最も容易なる行業であり、またそのゆえにこそ、この念仏行は一切の人びとに通じるところの、普遍なる行業でもあるというのである。かくして、それは万人がひとしく成仏しうるところの、一切に超勝する行道であるといいうるわけである。(2) そのことは、インド、中国を通じて流伝し、また日本における源信、法然において、次第に継承開顕されてきたところの、浄土教理の基本をなす性格でもあったわけであり、親鸞が「ただ念仏のみぞまことにておはします」(『歎異抄』真聖全二、七九三頁)と語る所以である。そしてそのこともまた、伝統の浄土教が立つところの人間理解に基づくものであって、親鸞がこのように名号―称名念仏をもって真実の行道であると断定したのも、ひとえに人間はつねに深く世俗に沈淪して浄業を修することもなく、またたとえ善根を行ずるとしても、それらはすべて煩悩に汚濁された雑毒の善、虚仮の行でしかないという、人間存在の実相に対する深刻な内観、省察によるものである。

その点、親鸞がこのように、『無量寿経』の宗体としての阿弥陀仏の本願と名号(称名)をもって唯一絶対の真実とする主張は、その浄土教の伝統に依拠しつつも、また親鸞自身における徹底した人間把捉、その世俗性、罪業性に対するきびしくも深い凝視、内省に基づくところの、仏教領解によるものであったといいうるのである。かくして親鸞においては、阿弥陀仏こそ、すなわち、その本願と名号(称名)こそが、唯一絶対なる真実であったわけである。親鸞が『無量寿経』をもって真実教と断定し、主張する基本的な根拠がここにあったわけである。このような『無量寿経』の真実性の論拠としての内実的本質的な面については、かつていささか考察したことがあるので、詳細の論考は省略することとする。(3)

三、親鸞における釈迦仏と阿弥陀仏

次に親鸞がこの『無量寿経』の外相的形態的な面において、それは釈迦仏によって開説されたものというべきではなく、阿弥陀仏自身によって説示された経典であって、そのゆえにこそ、この『無量寿経』が真実であると主張するについては、その基本は上に見たところの、その内実的本質的な面において、その宗体としての阿弥陀仏の本願と名号が絶対真実であるということに根拠するものであるが、より具体的には、親鸞における釈迦仏と阿弥陀仏の二尊観をめぐる、独特な領解があったことが窺われてくるのである。親鸞における釈迦仏と阿弥陀仏の関係については、⑴阿弥陀仏と釈迦仏の別立、⑵阿弥陀仏と釈迦仏の統合、という二面を見ることができるようである。

その阿弥陀仏と釈迦仏の別立については、親鸞には阿弥陀仏と釈迦仏の関係について、その両者を区別して、いわゆる二尊別立の立場において捉える発想がある。そのことは、もと浄土教の伝統に基づくものであって、『無量寿経』においては、

仏阿難に告げたまわく、汝起ちて更に衣服を整え、合掌し恭敬して、無量寿仏を礼したてまつるべし。(中略)即の時に、無量寿仏大光明を放ちて、普く一切の諸仏の世界を照らしたもう。(真聖全一、四二頁)

と説き、また『観無量寿経』においては、

仏まさに汝が為めに苦悩を除く法を分別し、解説すべし。汝等憶持して広く大衆の為めに分別し、解説せよ。

是の語を説きたもう時、無量寿仏空中に住立したもう。（真聖全一、五四頁）

と説かれるごとくである。ここにはいずれも、釈迦仏の教説に対する阿弥陀仏の呼応、此土現前が語られているのである。二尊別立の思想である。このような発想は、その後の浄土教に伝統されるわけであって、龍樹浄土教においては、その『十住毘婆沙論』の「易行品」で、諸仏諸菩薩に関わる信方便易行の道を説示するについて、百七仏章において阿弥陀仏が説かれるに対して、過未七仏章においては釈迦仏が語られているのである。また世親浄土教においては、その『浄土論』の冒頭に、「世尊よ我れ一心に尽十方無礙光如来に帰命したてまつる」（真聖全一、二六九頁）と表白するについても、釈迦仏と阿弥陀仏が対称的に捉えられているのである。また善導が、その『観無量寿経疏』の「玄義分」において、

然るに娑婆の化主、その請に因るが故に即ち広く浄土の要門を開く、安楽の能人は別意の弘願を顕彰す。（中略）釈迦は此の方より発遣し、弥陀は即ち彼の国より来迎す、彼に喚び此に遣わす。豈に去かざるべけんや。

（真聖全一、四四三頁）

などと説いて、釈迦仏と阿弥陀仏の、彼此喚遣を語るところにもよく窺われるところである。これらはいずれも二尊別立、二尊二教として、釈迦仏の教法と阿弥陀仏の教法とを分別し、釈迦仏は此土より阿弥陀仏について示教し、阿弥陀仏は釈迦仏の指示に応じて、彼土において招喚するというのである。

親鸞もまた、そのような理解を継承するところであって、

釈尊の教勅、弥陀の誓願（『尊号真像銘文』真聖全二、五八五頁）

釈迦の発遣を蒙り、また弥陀の招喚に藉り（『浄土文類聚鈔』真聖全二、四五二頁）

釈迦弥陀の二尊の勅命（『尊号真像銘文』真聖全二、五八八頁）

などと明かして、釈迦仏は此土成仏の仏として彼岸なる浄土を教示し、阿弥陀仏は彼土成仏の仏としてわれらを招喚、摂取したもうと領解しているのである。そしてまた親鸞は、

釈迦の慈父弥陀の悲母（『唯信鈔文意』真聖全二、六四一頁）

釈迦弥陀は慈悲の父母（『高僧和讃』真聖全二、五一〇頁）

などとも讃じて、釈迦仏と阿弥陀仏を父と母との関係において捉え、その方便によってこそ、われらはよく浄土に往生をうるというのである。ここにはいずれも、釈迦仏と阿弥陀仏とを対等に捉え、またその両者にそれぞれの存在意義を認めて、それらの相互関係について明かしているわけである。すなわち、二尊別立の立場である。

親鸞においては、以上のような釈迦仏と阿弥陀仏の両者を別立する立場のほかに、両者を統合し一致して捉える立場がある。そしてそれについても、釈迦仏を主として、釈迦仏から阿弥陀仏を捉える立場と、阿弥陀仏を主として、阿弥陀仏から釈迦仏を見る立場との、二様の発想がある。はじめの釈迦仏を中心とする両者統合の視点については、釈迦仏によって阿弥陀仏は教説され、そのように命名されたものであるという立場に立つ理解である。そのことは『阿弥陀経』における、

彼の仏の光明は無量にして十方の国を照らすに障礙するところ無し、是の故に号して阿弥陀仏と為す。また舎利弗、彼の仏の寿命およびその人民も無量無辺阿僧祇劫なり、故に阿弥陀と名づく。（真聖全一、六九頁）

と説かれる文によるところであり、親鸞はその『浄土和讃』に、

十方微塵世界の　　念仏の衆生をみそなはし
摂取してすてざれば　　阿弥陀となづけたてまつる（真聖全二、四九五頁）

と語り、また『唯信鈔文意』には、

この一行一心なるひとを摂取してすてたまはざれば、阿弥陀となづけたてまつる（真聖全二、六四九頁）と明かしている。このような理解は、釈迦仏の教説によってこそ、はじめて阿弥陀仏が開示され、そのように命名されたのであって、釈迦仏と阿弥陀仏の関係は、ひとえに釈迦仏に帰結、統一されるというものである。この立場は、また今日的には、浄土教理史の視点ともいいうるものである。

そしていまひとつの阿弥陀仏を中心とする両者統合の視点については、阿弥陀仏がこの世俗に向かって、釈迦仏として応現垂示したという立場に立つ理解である。そのことについては、『浄土和讃』の中の「諸経意阿弥陀仏和讃」のはじめの二首が注目されてくるのである。そこでは次のごとく讃じている。

　無明の大夜をあはれみて　法身の光輪きはもなく
　無礙光仏としめしてぞ　安養界に影現する
　久遠実成阿弥陀仏　五濁の凡愚をあはれみて
　釈迦牟尼仏としめしてぞ　迦耶城には応現する（真聖全二、四九六頁）

前の和讃は、阿弥陀仏が光明かぎりなき仏身として、彼岸なる浄土に成仏影現したことを讃じたものである。それは僧叡の『三帖和讃観海篇』によれば、語は曇鸞の『讃阿弥陀仏偈』によるも、意趣は『阿弥陀経』の「彼仏光明無量照十方国無所障礙是故号為阿弥陀」（真聖全一、六九頁）に基づくという。(4) また勝山善譲の『浄土和讃講義』によれば、『大方広仏華厳経』巻第二の「如来法身不思議如影分形等法界」（大正一〇、八頁）の文意によるものであるという。(5) また深励の『三帖和讃講義』によれば、これは諸経の中、ことには『法華経』『大日経』などの意によるといっている。(6) また柏原祐義の『三帖和讃講義』によれば、これは『法華経』巻第五「如来寿量品」の「我実成仏已来無量無辺百千万億那由他劫」（大正九、四二頁）などの文によるという。(7) そして後の和讃は、釈迦仏とは、久遠実成の阿弥陀仏が、この此土なる迦耶城に応現したものであることを明かしたものである。ただし、ここでいう迦耶城とは、まさしくは釈尊誕生地のカピラヴァスツ（迦毘羅衛）のことである。(8) それは僧叡の『三帖和讃観海篇』によれば、語は覚運の『念仏偈』により、意趣は『阿弥陀経』の「舎利弗当知我於五濁悪世行此難事」（真聖全一、七二頁）などの文に基づくという。(9) また勝山善譲の『浄土和讃講義』では、覚運の『念仏法語』（『念仏宝号』のことか。筆者）の文によるという。(10) また是山恵覚の『三帖和讃講義』（『真宗叢書』別巻）によれば、語は覚運の『念仏偈』に採って、意は『阿弥陀経』の名義段の所説に合するものといっている。(11) また深励の『三帖和讃講義』によれば、『法華経』巻第五「如来寿量品」によるという。(12) また柏原祐義の『三帖和讃講義』によれば、『法華経』の「如来寿量品」の「釈迦牟尼仏出釈氏宮去迦耶城不遠坐於道場」（大正九、四二頁）などの文によるというのである。(13) このことについては、私見によれば、前の和讃は、曇鸞の『讃阿弥陀仏偈』の「法身光輪徧法界」「仏又号無礙光」（真聖全一、三五〇～三五一頁）などの文により、また後の和讃は、覚運の『念仏宝号』の中の「念仏偈」の、

> 極楽化主弥陀仏、寿命光明無数量、彼仏利益無際限、引接念仏諸衆生、（中略）法華経中最秘密、久遠実成大覚尊、三惑頓尽遍一切、無師独悟無始終、始成正覚釈迦尊、積功修道成正覚、為化往縁諸衆生、迦耶始成非実仏、准例極楽弥陀仏、亦是垂迹応非実、是故実成弥陀仏、永異諸経之所説。（『大日本仏教全書』第四一巻、天台部五、一四〇頁）

という文によると考えられる。しかしながら、それが『諸経意弥陀仏和讃』と名づけられるところからすれば、それは明らかに、いずれかの経典に依拠して作成されたものといわねばならないのであろう。

とすれば、この二首の和讃はいかなる経典に基づくものであろうか。従来の研究においては、管見によるかぎり、上に見た諸説のほかに詳細に考察指摘したものはないようである。そこで私は、いまの二首の和讃は、基本的

には『悲華経』に依拠し、その意趣に基づいて和讃したものであろうと推定するものである。親鸞はその浄土教領解において、『悲華経』を披見し、それから深く学んでいることが推察されてくるのである。すなわち、その『教行証文類』の「行巻」には、真宗の行道を明かすについて多くの経文を引用しているが、その中に『悲華経』に説かれるところの、阿弥陀仏の本願五十一願の中の、『無量寿経』の第十八願文に相当する第四十五願文を引いており[14]、またその「化身土巻」には、『無量寿経』の第十九願文に相当する第四十六願文を引用するところである[15]。またその「行巻」には、憬興の『無量寿経連義述文賛』の文を十文も引用しているが、そこには『悲華経』の文およびその思想が濃厚に反映した文章が引かれているのである。その点、親鸞が『悲華経』に注目したのは、この憬興の『述文賛』に学んだものではないかと思考されてくるところである。

この『悲華経』とは[16]、慈悲の白蓮華（Karuṇā-puṇḍrīka）と名づけられる大乗経典であって、五濁悪世のこの現実世界に出現して、一切の群生を済度する釈迦仏を讃えるものである。その内容は、あらゆる仏たちを浄土成仏の仏と穢土成仏の仏とに区分し、前者については阿弥陀仏を代表せしめ、後者については釈迦仏を代表せしめて両者を対比しつつ、穢土において成仏した釈迦仏こそが、阿弥陀仏に勝れたところの仏であるとし、それを讃嘆するものである。すなわち、転輪王（無諍念王）が、五十一種の願を発し、西方の浄土において成仏したのが阿弥陀仏であり、宝海梵志が、五百種の大願を発し、この娑婆世界において成仏したのが釈迦仏であって、この釈迦仏こそが、阿弥陀仏に勝れた仏であるというのである。親鸞が、上に見たごとき「諸経意弥陀仏和讃」において、阿弥陀仏を讃じて「安養界に影現する」といい、またその阿弥陀仏が、さらには「五濁の凡愚をあはれみて、釈迦牟尼仏としめしてぞ、迦耶城には応現する」と語るのは、このような、阿弥陀仏に対して釈迦仏を優先し、高く評価するところの、『悲華経』の思想を根底とするものであって、阿弥陀仏を釈迦仏に統合し、阿弥陀仏が、その慈悲の必然として、より徹底してこの迷妄に到来し、応現したものが、釈迦仏であると理解していたことを意味するものであろう。上に見た二首の和讃の意趣は、まさしくここにあり、それはこの『悲華経』の思想に基づいて作成されたものと思考されるのである。

そしてまた親鸞は、その「行巻」に、この無諍念王（阿弥陀仏の因位）と宝海梵志（釈迦仏の因位）の成仏について、憬興の『述文賛』(17)の、

既に此土にして菩薩の行を修すと言まえり。即ち知ぬ、無諍王は此の方に在ますことを。宝海もまた然なりと。（「行巻」真聖全二、二七頁）

という文を引用している。この文は、もと『無量寿経』巻下の、

仏言わく、一を観世音と名づけ、二を大勢至と名づく、是の二菩薩は此の国土に於て菩薩の行を修し、命終し転化して彼の仏国に生ぜり。（真聖全一、二七頁）

という文を注解するについて明かしたものであるが、いまはそれを転釈して、阿弥陀仏と釈迦仏について明かすのである。すなわち、この文の意味は、無諍念王（阿弥陀仏の因位）も宝海梵志（釈迦仏の因位）も、ともにかつてこの娑婆世界において菩薩の行を修したのであり、しかもまた、成仏した今も此土当処にまさしく現在するということを明かすものであろう。親鸞がこの文を引用したのは、いかなる意趣によるものであろうか。そこには、親鸞における『悲華経』への注目が前提として存在していることは当然であるが、親鸞はこの憬興の『述文賛』を通して、阿弥陀仏とは、単なる西方過十万億仏土の彼方なる浄土の仏ではなく、それはもと此土において修行したところの、この娑婆世界に深い関わりを持つ仏であり、したがってまた、今もこの此土に確かに現在する仏でもあるということを明かそうとしたのではなかろうか。ここで「無諍王は此の方に在ます」というのは、まさしくそういう

意味を表わすもののようである。ここにもまた、親鸞における阿弥陀仏を主として捉える独特な二尊観が見られるわけである。

そしてまた、いまひとつ親鸞には、この釈迦仏と阿弥陀仏の両者について、阿弥陀仏を中心に統合する理解を物語るものとして、『二尊大悲本懐』（または経釈要文）と呼ばれる一幅の軸物が伝えられている。これはのちに蓮如によって「本尊」とも呼ばれているものであって[18]、中央上段に、太字で釈迦仏の出世を讃える文を書き、その下に、その文を注解して「教主世尊之大悲也」と結んでいる。また中央下段には、太字で阿弥陀仏の誓願を讃える文を書き、その下にその文を注解して「阿弥陀如来之大悲也」と結んでいる。そしてその最上段には、細字で源信の『往生要集』の文と、覚運の『念仏宝号』「念仏偈」の取意の文を書き、またその最下段には、細字で『無量寿経』発起序の五徳瑞現と出世本懐の文を書いたものである。これは親鸞が本尊として敬礼したものであろうともいわれている[19]。それは今日では、東本願寺、西本願寺、専修寺の各本山、および小松市本覚寺に蔵される四本が伝わっているが、その中の東本願寺蔵のものは、昭和二十三年の寺宝調査によって親鸞の真蹟と判定されたものである。そしてまた西本願寺蔵のものは覚如、専修寺蔵のものは顕智、本覚寺蔵のものは蓮如の筆になるものといわれている。これが親鸞の作品であるとすれば、親鸞の何歳のころに成立したものであろうか、きわめて興味あるところである[20]。この『二尊大悲本懐』において、釈迦仏の大悲と阿弥陀仏の大悲が、対称的、呼応的に捉えられていることは注目されるところであるが、またいまの論考に関わって注意をひかれることは、その最上段に書かれた、覚運の『念仏宝号』「念仏偈」について書かれた親鸞による取意の文である。そこでは、

一代の教主釈迦尊、迦耶にして始めて成るは実の仏に非ず。久遠に実成したまへる弥陀仏なり。永く諸経の所説に異なる。（『親鸞聖人全集』写伝篇2、一〇三頁）

と明かしている。原文の「念仏偈」の意趣は、すでに上に引用した文に明らかなごとく、迦耶において成道した釈迦仏は、応身仏であって久遠実成の実仏ではない。それに准例すれば、浄土において成仏した阿弥陀仏も応身仏であって、別に久遠実成の阿弥陀仏がましますす。その点、諸経の所説とは相違する、というわけである。しかしながら、いまのこの取意の文の意味するところは、原文の意味を転じて、一切の経典を開説した釈迦仏とは、迦耶において成仏した仏であるが、それは実の仏ではなく、本来的には、久遠実成なる阿弥陀仏にほかならない。そのことは、諸経が説くところとは永く相違するものである、というのである。ここでは親鸞は、明確に、釈迦仏とは阿弥陀仏にほかならないと明かすのである。それは上に見たところの、阿弥陀仏から釈迦仏への方向における両者統合の発想からすれば、彼土なる阿弥陀仏が、この此土に向かって到来、応現したものが釈迦仏であるという理解であるが、この『二尊大悲本懐』の文によれば、その統合の発想はいっそう徹底されて、釈迦仏とは阿弥陀仏であって、釈迦仏即阿弥陀仏にほかならず、その点では、一代の教法、ことにはまた『無量寿経』の説者は、阿弥陀仏自身であるという領解が見られるのである。

その点、親鸞における釈迦仏を阿弥陀仏に統一する理解については、上に見たごとく、『諸経意弥陀仏和讃』の二首によれば、彼土の阿弥陀仏が、此土に応現したものが釈迦仏であるという発想があり、また「行巻」に引用された憬興の『述文賛』の文によれば、阿弥陀仏も釈迦仏と同様に、此土において修行したのであって、この娑婆世界に関係が深く、いまもここに現在する仏であるという理解が見られるが、またこの『二尊大悲本懐』の文によれば、それはいっそう徹底されて、釈迦仏即阿弥陀仏、阿弥陀仏即釈迦仏にほかならないという領解が見られるわけである。

かくして親鸞においては、阿弥陀仏と釈迦仏の関係について、両者二尊を別立する立場においては、阿弥陀仏とは彼土成仏の仏であり、釈迦仏とは此土成仏の仏であると捉えて、両者が彼此に呼応して、われらを発遣招喚し、また慈悲の父母として、われらを調熟し、摂取したもうというのである。そしてまた、その両者二尊を統合する理解においては、その釈迦仏を中心とする立場からは、釈迦仏によってこそ、よく阿弥陀仏の大悲は開示されたのであり、阿弥陀仏とは、釈迦仏によってそう命名されたのであるという論理をもって両者を統一する発想がある。そしてまたその逆に、阿弥陀仏を中心とする立場からは、彼土なる阿弥陀仏が、此土世俗に応現したものが釈迦仏であるという見方があり、より徹底的には、釈迦仏とは阿弥陀仏にほかならないといって、釈迦仏をただちに阿弥陀仏に重層統一する理解まで見られるのである。ことに、この『二尊大悲本懐』の文に見られるような、釈迦仏と阿弥陀仏をただちに重ねて、釈迦仏とはすなわち阿弥陀仏であるとする領解は、親鸞における独自な発想として、充分に注目されるべき思想であると思われる。

四、むすび

以上、親鸞が『無量寿経』をもって、唯一絶対の真実教であると論定するについて、その根拠として、一応は、それが釈迦仏の出世本懐の経典であるという理由を掲げながらも、より根本的には、その内実的本質的な面においては、この『無量寿経』に開示されるところの阿弥陀仏の本願と名号（称名）が真実であることにより、またその外相的形態的な面においては、この『無量寿経』は釈迦仏の教説というよりも、阿弥陀仏によって開説された経典であると領解することによるという、二面が見られるということについて考察してきたわけである。しかしながら、そこで注意されることは、親鸞においては、釈迦仏と阿弥陀仏の関係について、両者を別立して見る理解と、両者を統一して見るという理解があり、ことにその両者の統一において、釈迦仏とは阿弥陀仏の此土応現の姿であるという見方、またさらには、その徹底としての、釈迦仏とは阿弥陀仏であるという、釈迦即弥陀、弥陀即釈迦にして、一代の教法を開示し、ことにはまた『無量寿経』を説いたのは、阿弥陀仏自身にほかならないという理解があるということである。ことに親鸞が、釈迦仏の出世本懐の経典とは、『無量寿経』のほかに『法華経』その他の経典があることを知りながらも、そのことをまったく無視して、ひとり『無量寿経』のみを釈迦仏の出世本懐の経典であると主張し、そのゆえにこそ、この経典が真実の教法であると論定したのは、その発想の根底に、このような釈迦仏と阿弥陀仏についての見方、領解があったことによるものと窺知されるわけである。

註

(1) 嬰木義彦「親鸞聖人・存覚上人の法華経に対する態度」『真宗学』第四四号参照。
(2) 法然『選択本願念仏集』本願章、真聖全一、九四四頁参照。
(3) 拙稿「真宗教義の真実性に関する一考察」『真宗学』第二五・二六合併号参照。
(4) 僧叡『三帖和讃観海篇』巻二、第四の二丁。
(5) 勝山善譲『浄土和讃講義』三〇八頁。
(6) 深励『三帖和讃講義』巻六、一二丁。
(7) 柏原祐義『三帖和讃講義』四二四頁。
(8) この迦耶城とは、草稿本によれば「しやうほむたいわうのわたらせたまひしところをかやしやうというなり」(『親鸞聖人全集』和讃篇、五四頁)と左訓されているごとく、釈尊誕生地のカピラヴァスツを指すものであろう。この迦耶城については、『妙法蓮華経玄賛』巻第九末には「又言迦耶是仏生処是迦維羅国之都城」(大正三四、八二七頁)といっている。
(9) 僧叡『三帖和讃観海篇』巻二、第四の四丁。

(10) 勝山善譲『浄土和讃講義』三〇九頁。
(11) 是山恵覚『三帖和讃講義』、真宗叢書別巻、三九九頁。
(12) 深励『三帖和讃講義』巻六、一三丁。
(13) 柏原祐義『三帖和讃講義』四二四頁。
(14) 親鸞『教行証文類』「行巻」、真聖全二、八頁。
(15) 親鸞『教行証文類』「化身土巻」、真聖全二、一四四頁。この第四十六願文は、また『浄土三経往生文類』(真聖全二、五四五頁、五五五頁)にも引用するところである。
(16) 『悲華経』大正三、一六七頁以下。
(17) 憬興『無量寿経連義述文賛』巻下、浄土宗全書五、一四九頁。
(18) 西本願寺蔵覚如書写本『二尊大悲本懐』の裏書には、蓮如の自筆によって「右此本尊者覚如上人之手跡也云々」と書かれている。
(19) 雲村賢淳『二尊大悲本懐の研究』一二六頁参照。
(20) 雲村賢淳『二尊大悲本懐の研究』(一二五頁)では親鸞の四十六~四十九歳のころに成立したといい、福原亮厳『二尊大悲本懐の研究』(四七頁)では親鸞の八十三歳前後に成立したものといっている。

親鸞における名号本尊の思想

一、本尊の意義

自ら仏教徒を自覚する者ならば、誰でもひとしく自己の本尊をもっているはずである。本尊とは『仏教大辞典』（望月）によると、

根本の主尊の意。即ち寺院の内陣及び仏壇等に主尊として安置する仏菩薩の像を云ふ。（中略）真宗にては絵木像の外に名号本尊を用ひ、之に南無阿弥陀仏の六字、南無不可思議光如来の九字、帰命尽十方無礙光如来の十字名号の三種あり。(1)

と明かしている。本尊ということの意味は多様に解釈もされるであろうが、基本的には、上の解説のごとく、仏教徒が日常において崇敬礼拝するところの、寺院の内陣および在家の仏壇に安置される仏、菩薩などの像をいうわけである。そして浄土真宗においては、阿弥陀仏の木像、絵像のほかに、その名号をもって本尊とするが、そのことは基本的には、親鸞によって創始されたものである。

ところで、この本尊という語は、親鸞の消息を集めた『親鸞聖人血脈文集』にも見られるものである。すなわち、この『血脈文集』の末尾には、承元元年（一二〇七年）の念仏弾圧による流罪の記録、および『教行証文類』後序の一節と本尊の授受伝統に関する記録が附記されている。その本尊の授受については次のごとく記されている。

右此の真文を以つて性信尋ね申さるるところに、早く彼の本尊を預かるところなり。彼の本尊ならびに選択集、真影の銘文等、源空聖人より親鸞聖人へ譲りたてまつる。親鸞聖人より性信に譲りたもうところなり。彼の本尊の銘文。

南無阿弥陀仏

建暦第二壬申歳正月廿五日

黒谷法然聖人御入滅　春秋満八十（『親鸞聖人全集』書簡篇、一七八〜一七九頁）(2)

この文は、性信が上記される『教行証文類』後序の「若我成仏十方衆生」云々という、『往生礼讃』のいわゆる本願自解の文について尋ねたところ、親鸞は「彼の本尊」を性信に預けられた。「彼の本尊」および『選択集』と「真影の銘文」などは、法然から親鸞に譲り渡し、また親鸞から性信に譲られたものである、ということを明かすものと思われる。ここに本尊という語が二か所にわたって見られるわけであるが、この「彼の本尊」とは、上記の後序の文との関係から推察し、また他の異本の二本ともに「本尊銘文」とあることより勘合すると、かつて元久二年（一二〇五年）に、親鸞が許されて図画し、法然自ら銘を書いたところの、法然の真影を指すものと理解されるのである(3)。とすれば、関東の門弟の間では、このような法然の真像をも本尊と呼んでいたことが知られるわけである。

またこの本尊という語は、覚如の『口伝鈔』の、

聖人のおほせにいはく、本尊、聖教をとりかへすこと、はなはだしかるべからざることなり。（中略）本尊、聖教は衆生利益の方便なれば、親鸞がむつびをすてて他の門室にいるといふとも、わたくしに自専すべからず。如来の教法は総じて流通物なればば也。（真聖全三、九頁）

という文にも見られるものである。この文は、親鸞が関東において行化のころ、その門弟であった常陸の信楽房が、親鸞の教導から離脱していったとき、同じ門弟であった蓮位房が親鸞に対して、信楽房に預け渡されていた本尊と聖教は取り返すように進言したところ、親鸞は、私は弟子一人も持ってはいない、本尊、聖教というものは、衆生利益の方便であれば、どこかでまた仏縁を結ぶはずであろうから取り返す必要はない、と語ったということを記録したものである。このことは『改邪鈔』にも明かされており(4)、また『歎異抄』第六条にも重なるところの(5)、親鸞の教化についての基本的な姿勢でもあったわけである。このことからすると、親鸞はその門弟たちに、本尊と聖教を預け渡していたことが知られるのであって、親鸞の門弟については、『親鸞聖人門侶交名牒』によると四十八名が数えられ、その他の史料によって知られるものが二十八名あり、いま名前の明らかなるものは総計七十六名である(6)。このことからすると、当時すでにかなりの数の本尊が作成されていたことがうかがわれるのである。

また『改邪鈔』にも本尊の語は多く見られるところであって、たとえば、

道場となづけてこれをかまへ、本尊を安置したてまつるにてこそあれ、これは行者集会のためなり。一道場に来集せんたぐひ、遠近ことなれば来臨の便宜不同ならんとき、一所をしめてもことのわづらひありぬべからんには、あまたところにも道場をかまふべし。（真聖全三、七六頁）

と明かしているが、それによると、覚如の時代においては、念仏者の集会の場所として、処々に道場と名づけられるものが設けられ、それに本尊が安置されたことが知られるわけである。そしてまた、

本尊ならびに聖教の外題のしたに願主の名字をさしおきて知識と号するやからの名字をのせおく、しかるべからざる事。（真聖全三、七〇頁）

とも記しているが、親鸞没後、覚如の時代になると、知識と自称するものが、本尊や聖教に、自身の名を署名して

信者に与えていたものがあったことが知られるし、また、

善知識においては本尊のおもひをなすべき条、渇仰のいたりにおいてはその理しかるべしといへども、それは仏智を次第相承しまします願力の信心、仏智よりもよほされて仏智に帰属するところの一味なるを仰崇の分にてこそあれ、仏身仏智を本体とおかずして、ただちに凡形の知識をおさへて如来の色相と眼見せよとすすむらんこと、聖教の施設をはなれ祖師の口伝にそむけり。本尊はなれていづくのほどより知識は出現せるぞや。荒涼なり、髣髴なり。（真聖全三、八六頁）

とも明かして、その当時には、善知識、師を指して、ただちに阿弥陀仏に擬し、それを本尊の思いをもって崇敬せよと説くものがあったことを伝えている。そしてまたこの覚如の時代には、

身業礼拝のために、渇仰のあまり瞻仰のために、絵像、木像の本尊をあるひは彫刻し、あるひは画図す。しかのみならず、仏法示誨の恩徳を恋慕し仰崇せんがために、三国伝来の祖師先徳の尊像を図絵し安置すること、これまたつねのことなり。（『改邪鈔』真聖全三、六六頁）

とも記されるごとく、阿弥陀仏の絵像や木像を本尊として安置し、それに加えて、三国伝統の祖師先徳の尊像を図画して崇敬することが一般化していたようである。しかしながら、覚如自身の理解においては、

おほよす真宗の本尊は尽十方無礙光如来なり。（『改邪鈔』真聖全三、七六頁）

本尊なおもて観経所説の十三定善の第八の像観よりいでたる丈六八尺随機現の形像をば、祖師あながち御庶幾御依用にあらず、天親論主の礼拝門の論文、すなはち帰命尽十方無礙光如来をもて真宗の御本尊とあがめましましき。（『改邪鈔』真聖全三、六六頁）

と明かすところであって、親鸞においては、本尊としては、阿弥陀仏の形像を依用することなく、帰命尽十方無礙

光如来なる十字名号を真宗の本尊として崇敬されたというのである。そのことはまた存覚の『弁述名体鈔』にも伝えるところであって、それには、

高祖親鸞聖人御在生のとき、末代の門弟等、安置のためにさだめおかるる本尊あまたあり、いはゆる六字の名号、不可思議光如来、無礙光如来等なり。梵漢ことなれども、みな弥陀一仏の尊号なり。このほか、あるひは天竺・晨旦の高祖、あるひは吾朝血脈の先徳等、をのおの真影をあらはされたり。（真聖全五、二三五頁）

と明かしている。名号をもって本尊とされるとともに、三国伝統の祖師先徳の真影を崇拝することがあったというのである。事実、親鸞には『尊号真像銘文』と名づけられた広略二本の著書があり、阿弥陀仏の尊号と三国伝統の祖師の真像に附せられたであろう銘文について、詳細な註釈が施されている。ちなみに記するならば、そこには、尊号については、『無量寿経』の「第十八願文」、「往覲偈」の「其仏本願力」の文、釈迦勧誡の「必得超絶去」の文、また真像については、「大勢至菩薩銘文」「龍樹菩薩銘文」「婆藪般豆（世親）菩薩銘文」「斉朝曇鸞和尚真像銘文」「唐朝光明寺善導和尚真像銘文」「皇太子聖徳銘文」「首楞厳院源信和尚銘文」「日本源空聖人真影四明山権律師劉官讃」「比叡山延暦寺宝幢院黒谷聖人真像銘文」「法印聖覚和尚銘文」「和朝愚禿親鸞銘文」などの文が見られるところである。

かくして、親鸞においては、真宗の本尊としては、阿弥陀仏の形像を依用することなく、もっぱら名号をもって本尊とされていたことが明らかであり、そのほかに祖師先徳の真像を掲げて崇敬していたことが知られるのである。そしてまた、その名号なる本尊は、念仏の道場に安置するものであったが、また門弟たちにも預け渡されていたことがうかがわれるところである。(7)

二、名号本尊の諸相

現存するところの親鸞自身の筆になる名号本尊は、今日の学界で認められているものとしては次の六点（七点）がある。

①六字名号（縦八六・五センチメートル、横二八・五センチメートル）　西本願寺蔵

中央本紙（白紙）　南無阿弥陀仏（蓮台）

上部賛銘

大無量寿経言、設我得仏十方衆生至心信楽欲生我国乃至十念若不生者不取正覚唯除五逆誹謗正法、設我得仏国中人天不住定聚必至滅度者不取正覚、愚禿親鸞敬信尊号八十四歳書之

下部賛銘

又言、必得超絶去往生安養国横截五悪趣悪趣自然閉昇道無窮極易往而無人其国不逆違自然之所牽、康元元丙辰十月廿八日書之

②八字名号（縦九三・四センチメートル、横二八・六センチメートル）　専修寺蔵

中央本紙（白紙）　南無不可思議光仏（蓮台）

上部賛銘

大無量寿経言、設我得仏十方世界無量諸仏不悉咨嗟称我名者不取正覚

下部賛銘

又言、我建超世願必至無上道斯願不満足誓不成正覚我於無量劫不為大施主普済諸貧苦誓不成正覚我至成仏道名声超十方究竟靡所聞誓不成正覚、愚禿親鸞敬信尊号八十四歳書之

裏書

方便法身尊号　康元元丙辰十月廿五日書之（上部背紙）

③十字名号（縦九三・四センチメートル、横二八・六センチメートル）　専修寺蔵

中央本紙（白紙）　帰命尽十方無碍光如来（蓮台）

上部賛銘

無量寿如来会言、若我成仏国中有情若不決定成等正覚証大涅槃者不取正覚

下部賛銘

無量寿経優婆提舎願生偈曰、世尊我一心帰命尽十方無碍光如来願生安楽国我依修多羅真実功徳相説願偈総持与仏教相応、愚禿親鸞敬信尊号八十四歳書之

裏書

方便法身尊号　康元元丙辰十月廿五日書之（上部背紙）

④十字名号（縦八九・四センチメートル、横二八・一センチメートル）　岡崎妙源寺蔵

中央本紙（白紙）　帰命尽十方無碍光如来（蓮台）

上部賛銘

大無量寿経言、設我得仏光明有能限量下至不照百千億那由他諸仏国者不取正覚、設我得仏寿命有能限量下至百千億那由他劫者不取正覚、康元元丙辰十月廿八日書之

下部賛銘

婆藪般豆菩薩曰、世尊我一心帰命尽十方無碍光如来願生安楽国我依修多羅真実功徳相説願偈総持与仏教相応、観仏本願力遇無空過者能令速満足功徳大宝海、愚禿親鸞敬信尊号八十四歳書之

裏書

方便法身尊号　□□□□《康元元年》　十月廿八日書之（別幅表装）

⑤十字名号（縦一四三センチメートル、横四〇・二センチメートル）　専修寺蔵

中央本紙（絹本黄地）　帰命尽十方無碍光如来（籠文字）（着色蓮台）

上部賛銘

大無量寿経言、設我得仏十方衆生至心信楽欲生我国乃至十念若不生者不取正覚唯除五逆誹謗正法、又言、其仏本願力聞名欲往生皆悉到彼国自致不退転、又言、必得超絶去往生安養国横截五悪趣悪趣自然閉昇道無窮極易往而無人其国不逆違自然之所牽

下部賛銘

無量寿経優婆提舎願生偈、婆藪般豆菩薩曰、世尊我一心帰命尽十方無碍光如来願生安楽国我依修多羅真実功徳相説願偈総持与仏教相応観彼世界相勝過三界道究竟如虚空広大無辺際、又曰、観仏本願力遇無空過者能令速満足功徳大宝海、愚禿親鸞敬信尊号八十三歳

⑥十字尊号（縦五一・三センチメートル、横二三・七センチメートル）　専修寺蔵

中央本紙（白紙）　南無尽十方無碍光如来（蓮台なし）

上下賛銘なし

①から④は中央に六字、八字、十字の名号が書かれ、その下に共通に蓮台が描かれている。上下の二紙に書かれた銘文は、『無量寿経』、『如来会』および『浄土論』の文であるが、このように銘文を書いた上下の添紙を付する表装は、中国宋代の様式をまねたものといわれている。この四点は、その署名および裏書によると、いずれも八十四歳の筆で、②と③は康元元年十月二十五日に、①と④は同年同月の二十八日に書かれたものである。⑤の十字名号は、絹地に黄色を塗り、中央に名号を双鉤塡墨《そうこうてんぼく》（いわゆる籠文字）で書き、着色の蓮台を添えたもので、籠文字の名号は別人であるとしても、上下の銘文は親鸞の真筆であろうと考えられ、またこの名号は「安城御影」と深い関係があるとも指摘されている。(8) ⑥の十字名号は、蓮台も描かれず、上下の賛銘もないもので、本尊として礼拝の対象ではなく、別の意図のもとに書かれたものか、または本尊として未完成のものであろう。親鸞真筆の名号については、このほかに、東本願寺にいま一点所蔵されているが、これは六字の名号で蓮台も描かれず、賛銘もないもので、もともと本尊として書かれたものではないようである。なお上に見たごとく、②と③は康元元年十月二十五日に、また①と④は同年同月の二十八日に書かれたものであるが、この年の五月二十九日には親鸞は善鸞を義絶しているのである。そして『三河念仏相承日記』によると、この年の十月十三日には、真仏、顕智、専信、随念の主従四人が、親鸞を訪ねて入洛の途次、三河国矢矧の薬師寺に到着し、念仏の興行に参会したという。間もなくこの四人は、京都の親鸞のもとに至り面接したことであろう。このころ、親鸞は『西方指南抄』を書いていた。その奥書によると、その十月十四日には中巻末を書き終わり、十月三十日には下巻本を書き終わっている。この名号四点は、その中間の二十五日と二十八日に書かれているわけである。梅原真隆氏によると、現在専修寺に蔵されている②③⑤の三本は、このときに真仏らが賜わったものであり、妙源寺に伝来する④の一点は、京都に滞留して、遅れて下向し、しばらく三河に留まって念仏を伝えた顕智が頂戴したものであろうといわれている。(9) ただし、宮崎円遵

氏によると、⑤の籠文字の十字名号は、その前年の建長七年に、専信が『教行証文類』の書写を許されたとき、「安城御影」とともに拝受したものであろうともいう。[10] なお最近では、このほかに専修寺蔵の紺地十字名号（賛銘は⑤黄地十字名号と同じ。ただし款記がない）も、親鸞真筆の名号であろうといわれている。

三、名号本尊の成立背景

上に見たごとく、現存する親鸞真筆の名号本尊六点の中、その執筆年時については、不明のものが一点、八十三歳のものが一点、八十四歳のものが四点である。最も早いものが八十三歳ということである。ところで、この名号本尊および先徳真像の銘文について解釈した、親鸞の『尊号真像銘文』には、略本（法雲寺蔵）と広本（専修寺蔵）の二本が伝えられているが、その略本は、奥書によると「建長七歳乙卯六月二日　愚禿親鸞八十三歳書写之」（真聖全二、五七六頁）とあり、広本については、「正嘉二歳戊午六月廿八日書之　愚禿親鸞八十六歳」（真聖全二、六〇三頁）とある。その略本の奥書に「書写之」とあるところよりすれば、原本はそれ以前に成立していたことが知られるわけで、このような銘文を持ったところの名号本尊が、親鸞八十三歳の六月以前に存在していたことが明らかである。[11] とすれば、親鸞における名号本尊の成立は、どれほど早い時期にまで遡及しうるであろうか。上に見た『口伝鈔』および『改邪鈔』によると、親鸞は門弟に、本尊と聖教を「あづけわたさ」（『口伝鈔』真聖全三、九頁）れていたと伝え、また念仏の人びととの集会の場所として建てられた道場には、「本尊を安置」（『改邪鈔』真聖全三、七六頁）したと語っている。ここでいう本尊が名号本尊であるとするならば、[12] 親鸞が関東において教化伝道をすすめていた時代、それがある程度結実してきたころ、すなわち、五十歳から六十歳のころには、すでに原形としての名号本尊が成立していたのではなかろうか。大胆な私の推測である。ただし、先学の中には、建長の初め、親鸞七十五歳前後から採用されたものであろうというものもある。[13]

次にその名号本尊の成立をめぐる歴史的背景については、禿氏祐祥氏によると、名号本尊の思想の源流としては、仏名会の本尊と、真言密教における種子曼荼羅があるといっている。仏名会とは、もとは中国において盛行し、日本では奈良時代に始まったもので、過去、現在、未来の三千仏の像を画いたものを本尊とし、その名号を唱えて、罪障の懺悔と消滅を行なう法会であるが、ここには仏像と仏名とを相対させる発想があり、また種子曼荼羅とは、密教において曼荼羅を本尊とする場合、その曼荼羅に種子、すなわち梵字の曼荼羅を作ることがあるが、ここに文字を形像に代用する例証があるというのである。[14] 従来においては、名号本尊の思想的先蹤として挙げられるものはこの程度であって、まさしき名号本尊の思想としては、「従来の聖道、浄土の諸教に全く見ない所である[15]」というのが、大方の理解であったようである。

しかしながら、いまはこの親鸞の名号本尊の成立に先駆けて、すでに同じ時代の仏教徒である明恵房高弁（一一七三～一二三二）の思想に、その先駆的な理解があったことを指摘し、それについて注目したいと思う。明恵は親鸞と同じ承安三年（一一七三年）に誕生した。ともに幼くして仏門に縁を結んだが、親鸞が比叡山の天台教学を学んだのに対して、明恵は真言密教を学び、また南都の華厳教学の伝統を承けた。のちに親鸞は、伝統の旧仏教から離脱し、鎌倉新仏教の啓拓者の一人として数えられるようになったが、明恵は、南都系の旧仏教の伝統を担う一人として、その復興に尽力したのであり、両者は同時代の仏教徒としてきわめて対称的である。この明恵が親鸞と関わりをもつのは、明恵が法然の『選択本願念仏集』を批判したことによる。明恵は、法然が没したのち、間もなくして出版された『選択集』を読み、それを批判して、建暦二年（一二一二年）十一月に『摧邪輪』三巻を著わした。

法然が主張するところの、一向専修の念仏の道においては、菩提心は不要であるということと、念仏以外の聖道の諸教を群賊にたとえて非難していることの二点について論駁したものである。明恵は、またその翌建暦三年六月に『摧邪輪荘厳記』一巻を書いた。前著の不足を補うためである。しかしながら、明恵はこの法然の専修念仏思想を批判することを通して、またそれに学ぶところもあったようである。『高山寺明恵上人行状』によれば、(16) その翌年の建保二年（一二一四年）のころに、左図のごとく、中央に仏法僧の三種三宝(17)の名字を書いて、その下に蓮台を描き、左右には、万相荘厳金剛界心、大勇猛幢智慧蔵心、如那羅延堅固幢心、如衆生海不可尽心の四種の菩提心名を書き、またその上部には横に三宝の梵号を書いたところの「本尊」（『高山寺明恵上人行状』明恵上人資料、第一の四六、一二九、一九九頁）を作成し、それを礼拝することを始めたという。

三宝梵号		
万相荘厳金剛界心	南無同相別相住持仏法僧三宝	如那羅延堅固幢心
大勇猛幢智慧蔵心	蓮台	如衆生海不可尽心

その明恵自筆の名字本尊は、今も京都の高山寺に蔵されているところである。そして明恵は、そのことの普及をめざして、翌建保三年一月に『三時三宝礼釈』一巻を、またその翌年の十月には『自行三時礼功徳義』一巻を著わして、その意義と礼拝の方法などについて明かし、またその根拠や果徳を述べている。それらによると、中央の三宝の名字、および上部の三宝の梵号は、仏道における所帰の対象を示し、左右の四種の菩提心は、『大方広仏華厳経』（唐・実叉難陀訳）巻第二十七、十廻向品（大正一〇、一四七頁）に明かすところの、菩提心の二十種の異名の

中から選んだものであって、[18] 仏道行者に必須なる能帰の心であり、それをも礼拝の対象としているわけである。この名字本尊を礼拝するについては、この本尊に向かって直立合掌し、「南無同相別相住持仏法僧三宝、生々世々値遇頂戴、万相荘厳金剛界心、大勇猛幢智慧蔵心、如那羅延堅固幢心、如衆生海不可尽心、生々世々皆悉具足」と唱えるが、その「堅固幢心」までは直立のままで、「如衆生海」以下は五体投地の礼拝をしながら唱える。そしてこの礼拝を、毎日三時に毎回三遍、計九遍行なうのである。このような礼拝の行業は、すでにこの一行に二利を円満するのであって、普賢菩薩の十願の修行に相当し、浄土往生を願うものにとっては、『観無量寿経』の九品往生に準ずれば、上品上生の行業となるというのである。そしてまた世俗に沈むことの深い在家の人びとにおいては、この本尊に向かって、「南無三宝後生たすけさせ給へ」と唱えるか、もしくは「南無三菩提心現当二世所願円満」と唱えるだけでもよいといっている。[19] この三時三宝礼は、直接には密教、『華厳経』の思想に基づくとしても、ここには明らかに、法然の主唱する専修称名念仏一行による浄土往生の行道が意識され、それに刺激をうけ、それに対抗するものとして、旧仏教の易行化、大衆化をめざして創設されたものであることがうかがわれるのである。そして今日、高山寺に蔵せられる明恵の消息断簡によると、この三宝の名字本尊を、一時に十五枚も書き与えていることが知られるが、[20] このことからすると、明恵はこの三時三宝礼の名字本尊を自らも安置礼拝するとともに、また他の多くの人びとにも頒布し、その礼拝を勧励していたと思考されるのである。

かくして、ここには親鸞よりも早い時期に、すでに名字をもって本尊としていた歴史を見ることができるのである。ただし、親鸞と明恵との直接的な交渉、関係の事実は見当たらない。しかしながら、親鸞は、恩師法然の主著『選択本願念仏集』に対して、痛烈な批判を行なった明恵の『摧邪輪』および『摧邪輪荘厳記』のことを、早い時期に知っていたであろうことは充分に窺知されるのである。親鸞の主著である『教行証文類』が、ひとえに法然の念仏義の真意を開顕する目的で著述され、それがひとつには、法然門下における念仏理解の混乱を正すためのものであり、またいまひとつには、法然浄土教に対する門外からの批判に応ずる意図を含むものであったことは明らかであるが、その「信巻」における菩提心釈などは、まさしく明恵の『摧邪輪』の批判に応答した主張であると推察されるのである。[21] また、ことに親鸞の『愚禿鈔』は、すでに指摘されているごとくに、[22] その内容において、善導教学についての理解を軸として、『摧邪輪』の主張に対応する思想を展開しているものであるが、この『愚禿鈔』が、もしいわれるように、『教行証文類』以前の覚え書き的な性格を持つものであるとするならば、[23] 親鸞と明恵との間には、きわめて早い時期から関わりがあったといいうることとなるであろう。ともあれ、親鸞が、法然浄土教に対して、教義的思想的なきびしい批判を行なった明恵の思想とその動向について、種々に注目したであろうことは想像に難くないところである。その点において、親鸞における名号本尊の思想が、かかる明恵における名字本尊の思想からの影響によるものとも、考えられないことはないわけである。もしたとえ、そうでないとしても、仏教思想史の流れにおいては、このような明恵の名字本尊の思想を、親鸞における名号本尊成立の先駆的思想として位置づけることができるであろう。

そしてまた、この名号本尊の成立背景としては、間接的、消極的な意味ではあるとしても、社会的な要因が介在したであろうことも想定されてくる。親鸞における信心の社会的な立脚地については、すでに論究したことがあるが、[24] 基本的には、支配者、権力者なる人びととは反対の立場に立ち、そういう「余のひとびと」(『親鸞聖人御消息集』真聖全二、七〇七頁)とともにあることを拒否しつつ、つねに被支配者なる庶民たちの側に、その心も身をも寄せて生きていったのである。親鸞はその『唯信鈔文意』に、

具縛の凡愚、屠沽の下類、無碍光仏の不可思議の本願、広大智慧の名号を信楽すれば、煩悩を具足しながら無

上大涅槃にいたるなり。具縛はよろづの煩悩にしばられたるわれらなり。煩はみをわづらはす、悩はこころをなやますといふ。屠はよろづのいきたるものをころしほふるものなり、これはれうしといふものなり。沽はよろづのものをうりかうものなり、これはあき人なり。これらを下類といふなり。（中略）れうし、あき人、さまざまのものは、みな、いし、かわら、つぶてのごとくなるわれらなり。（真聖全二、六四六～六四七頁）

と説いている。この文は、阿弥陀仏の本願、名号の対象について明かしたものであるが、はじめの「具縛の凡愚」とは、内面的、精神的な視点から語り、のちの「屠沽の下類」とは、職業的、身分階級的な視点から示したものである。親鸞はそのいずれについても「われらなり」といっている。ことにその屠沽の下類については、「いし、かわら、つぶてのごとくなるわれらなり」というのである。猟師や商人、石、瓦、礫のごとき下層の人間こそが、われらであるというわけである。このことは、親鸞が本願を学ぶについて、自己の社会的立脚地を、社会的階級秩序の最も下層の民衆、「いし、かわら、つぶて」のごとき、被支配者としての底辺の庶民のところにおいていたことを如実に示すものであろう。したがって、その教化伝道においても、当然に貴族主義的な伽藍仏教を否定して、同行の私宅か、または太子堂や如来堂などという、既存の素朴な施設を利用したものと考えられる。『改邪鈔』によると、

おほよす造像起塔等は弥陀の本願にあらざる所行なり。これによりて一向専修の行人、これをくはだつべきにあらず。されば祖師聖人御在世のむかし、ねんごろに一流を面授口決したてまつる御門弟達、堂舎を営作するひとなかりき。ただ道場をばすこし人屋に差別あらせて小棟をあげてつくるべきよしまで御諷諫ありけり。（真聖全三、七三頁）

と明かされるごとく、新しく造寺造像を計ることなく、たとえ行者集会のために新しく道場を造る場合にも、少々

小棟をあげて人屋に区別した程度であって、かなり質素な「念仏修行の道場」(『改邪鈔』真聖全三、七六頁)が処々に造られたようである。そしてそこにはそれにふさわしい名号本尊が安置されたであろうと思われる。このような質素な道場とそれに伴なう名号本尊というものは、造像起塔なる伽藍仏教を否定するという教義的な理由もあったであろうが、またより具体的には、すでに上に指摘したごとく、親鸞に導かれて生成してきた念仏集団なるものが、「いし、かわら、つぶて」のごとき、当時の社会の底辺に生きる庶民を中心とするものであったところ、必然的に、伝統的な伽藍を構築し仏像を安置するということは、決して容易なことではなかったはずである。その点、このような名号本尊の成立は、そういう質素な「念仏修行の道場」にふさわしい、実用本位なる手軽な本尊として要求されたものであり、そこには明らかに、かかる念仏集団の状況に基づく、社会的、経済的な理由があったといいうるであろう。(25)

四、名号本尊の教学的根拠

親鸞における名号本尊の成立に関わる歴史的背景および社会的背景については、上に見てきたごとくであるが、さらにその教学的根拠について考察を進めてゆくこととする。それについては、(一)仏身論の立場、(二)教法論の立場、(三)行道論の立場の、三視点から見ることができるであろう。

まず、その仏身論の立場から見るならば、龍樹の『大智度論』巻第九には、

是の法性身は十方虚空に満ちて無量無辺なり、色像端正にして相好荘厳せり、無量の光明、無量の音声ありて聴法の衆は虚空に満てり。此の衆もまた是れ法性身にして生死の人の見うるところにあらざるなり。常に種種

の身、種種の名号、種種の生処、種種の方便を出して衆生を度し、常に一切を度して須臾として息む時なし。是の如きは法性身仏なり。（大正二五、一二一〜一二二頁）

と明かしているが、それによると、法性身としての仏は、つねに十方世界に遍満して無量無辺であり、世俗、生死の世界を超えた存在であるが、それはまた同時に、つねに「種種の身」「種種の名号」「種種の生処」「種種の方便」を出して、この世俗、生死の世界に顕現するものであるというのである。この世俗に向かって、色身ないしは名号として示現、到来しつつあるというわけである。それについて、龍樹はまた『十住毘婆沙論』巻十二の「助念仏三昧品」に、念仏三昧を明かすに、

行者は先ず色身仏を念じて、次いで法身仏を念ずべし。何を以っての故に、新発意の菩薩は三十二相八十種好を以って仏を念ずること先きに説くが如くすべし。転じて深く入りて中勢力を得れば、まさに法身を以って仏を念ずべし。心転じて深く入り上勢力を得れば、まさに実相を以って仏を念じて貪著せざるべし。（中略）是の人いまだ天眼を得ざる故に、他方世界の仏を念ずるも則ち諸山の障礙あり。是の故に新発意の菩薩は、十号の妙相を以って仏を念ずべし。新発意の菩薩は、十号の妙相を以って念仏すれば、毀失無きこと猶し鏡中の像の如し。十号の妙相とは、いわゆる如来、応供、正遍知、明行足、善逝、世間解、無上士、調御丈夫、天人師、仏世尊なり。（大正二六、八六頁）

と説いているが、それを上に引いた『大智度論』の文に対配して理解すると、法性身がこの世俗に向かって種種の身を出して色身として示現するも、なお「いまだ天眼を得ざる故に」「諸山の障礙あり」て、その色身を念ずることの不可能なものにとっては、同じ法性身の世間的顕現態としての名号をたよりとして仏を念ずるならば、それはまさしく鏡中の像を見るがごとく、毀失なくして念仏を成ずることができるというわけである。すなわち、この名

号こそが、仏の世俗に対するより具体的な顕現、到来の相であって、人はいかに多くの煩悩障礙があろうとも、この名号を方便として仏を念ずるならば、やがて色身を念じ、法身を念じ、ついには能所の分別を離れ、我執を空じて、実相を念じ、空法を体解することを成就しうるというのである。ここには明確に、仏の世間的顕現態としては色身と名号とがあり、その色身を念ずることの困難なるもののために名号があることを明かしており、この名号による行道が、より容易な道であることが知られるのである。龍樹がその『十住毘婆沙論』巻第五の「易行品」において、在家菩薩の道について難行道と易行道を分別し、その易行道とは、聞名に基づくところの信方便易行の道であると明かし、その道を自らも帰敬することを表白する所以であろう(26)。

このような龍樹の仏身理解を継承し、その浄土教思想を展開せしめたのが曇鸞である。曇鸞は浄土往生の行道として十念念仏往生の道を明かしたが、この十念念仏とは、すでに詳細に論考したごとく(27)、専心に阿弥陀仏を憶念する心に基づき、称名ないしは仏と浄土とを観想することにより、その心の相続徹底として、臨終に至って成立するところの宗教的な境地、状態を意味するものであり、かかる十念念仏を成ずることによってこそ、よく浄土に往生をうるというものであった。しかしながら、曇鸞はその十念念仏の道において、ことに観想行よりは称名行を重視しているのであって、ここに曇鸞浄土教の特色があるわけである。曇鸞がその『往生論註』巻下において、

彼の無碍光如来の名号は、能く衆生の一切の無明を破し、能く衆生の一切の志願を満たす。(真聖全一、三一四頁)

などと明かして、名号の功徳を讃え、その名号を称することの功用の大きいことを説くことは、曇鸞における浄土教理解が、阿弥陀仏について、仏身よりも仏名、名号にその中心をおいていることをよく物語るものであろう。

この曇鸞の浄土教思想を、道綽を通して継承したものが善導である。善導はその『往生礼讃』に、

問うて曰く、何が故ぞ観をなさしめずして、直ちに専ら名字を称せしむるは何の意かあるや。答えて曰く、なおし衆生は障重く境は細にして心は麁なり。識颺り神飛びて、観は成就し難きに由りてなり。是を以って大聖悲憐して直ちに勧めて専ら名字を称せしむ。正しく称名易きに由るが故に相続して即ち生ず。（真聖全一、六五一頁）

と明かしている。煩悩深重の衆生にとっては、阿弥陀仏とその浄土を観見することが成就しがたいところから、釈尊はことに悲憐して名号による行道を教示されたのであり、ただ専ら称名念仏を相続するならば、まさしく往生をうるというのである。ここには明らかに、龍樹、曇鸞の仏身論を継承して、阿弥陀仏に対する理解において、仏身より仏名、名号を中心とする立場に立っていたことが知られるのである。すなわち、善導の浄土教とは、観仏三昧を廃して念仏三昧を立てるものであって、「利剣は即ち是れ弥陀の号なり。一声称念するに罪みな除こる」（『般舟讃』真聖全一、六八八頁）とは、その基本的領解であったわけである。

このような善導の理解を、さらに継承し、それをより徹底深化せしめたものが法然の阿弥陀仏領解である。法然はその『選択本願念仏集』において、

然れば則ち弥陀如来、法蔵比丘の昔、平等の慈悲に催されて普く一切を摂せんがために、造像起塔等の諸行を以って往生の本願となしたまわず、唯称名念仏の一行を以ってその本願となしたまえるなり。（真聖全一、九四五頁）

などと明かしているが、ここには明らかに、観仏その他の善根、諸行を廃して、称名念仏一行こそが、まさしき往生の行業であることを主張しているのである。法然にとっては、阿弥陀仏の名号とは、

名号は是れ万徳の帰するところなり。然れば則ち弥陀一仏の所有する四智三身十力四無畏等一切の内証の功徳、

相好光明説法利生等の一切の外用の功徳、皆悉く阿弥陀仏の名号の中に摂在す。故に名号の功徳最も勝れたりとなすなり。(『選択集』真聖全一、九四三〜九四四頁)

と説くごとくに、阿弥陀仏のあらゆる内証の功徳、外用の功徳を包摂せるものであって、この名号を称唱するならば、いかなる善根功徳にも超勝して、無上の利益をうることができるというのである。その点、法然における阿弥陀仏についての理解は、仏身に対して決定的に名号を優先して捉えているわけであって、善導においては、「一心に専ら阿弥陀仏の真金色の身を念じて、或いは一日、三日、七日、或いは二七日、五、六、七七日、或いは百日に至り、或いは一生を尽して、至心に観仏し、及び口称心念すれば、仏は即ち摂受す。すでに摂受を蒙れば、定んで知る、罪は滅して浄土に生ずることを得べしと」(『観念法門』真聖全一、六二九頁)などと明かすごとくに、なお観仏の思想も介在していたのに比較すると、法然のそれはきわめて明確であるというるようである。

親鸞における阿弥陀仏に対する領解は、まさしくこの法然の思想を継承するものであった。親鸞によると、阿弥陀仏とは「仏は則ち是れ不可思議光如来」(「真仏土巻」真聖全二、一二〇頁)と明かすごとくに、無量なる光明を意味するものであった。親鸞においては、真実なる仏とは、形像的、数量的な仏身を超えるものであって、ただ光明とのみ表象されるべきものであった。しかも、その光明とは「光明は智慧なり」(『一念多念文意』真聖全二、六一六頁)と語られるごとくに、智慧を象徴するものであった。かくして親鸞においては、

阿弥陀仏は智慧のひかりにておはしますなり。(『弥陀如来名号徳』真聖全二、七三六頁)

無碍光仏は光明なり智慧なり(『末燈鈔』真聖全二、六七七頁)

などと説くように、阿弥陀仏とは、究竟なる真実、智慧にほかならず、この真実、智慧を象徴して阿弥陀仏といい、またそれを無量なる光明とも明かしたわけである。しかもまた親鸞は、阿弥陀仏の名号についても、しばしば「智

慧の名号」（『唯信鈔文意』真聖全二、六二二頁、その他）と語るのであるが、とすれば、親鸞においては、この究竟なる真実、智慧の象徴としては、光明無量なる如来といい、またそれを名号とも捉えていることが知られるのである。そのことは、『一念多念文意』に、

この一如宝海よりかたちをあらわして、法蔵菩薩となのりたまひて、無碍のちかひをおこしたまふをたねとして、阿弥陀仏となりたまふ（中略）この如来を方便法身とはまふすなり。方便とまふすは、かたちをあらわし、御なをしめして、衆生にしらしめたまふをまふすなり。すなわち阿弥陀仏なり。（真聖全二、六一六頁）

と説かれるところに明瞭である。一如、真実なる智慧が、それ自身の必然的なありようとして、この世間に向かって方便到来し、形を現わし、名を示したものを阿弥陀仏というのであって、阿弥陀仏は、つねに光明として、また名号として、ここに現在しつつあるというのである。親鸞における阿弥陀仏とは、より具体的には、名号として捉えられていることが明らかである。すでに上に見たごとく、親鸞がその真蹟名号の裏書において、この名号を呼ぶのに、ことに「方便法身尊号」というのは、まさしくそのことを意味するものである。またその敬信の尊号に、一様に蓮台が描かれているのも、同様な意趣を意味するものであろう。

以上の考察で明らかなごとく、浄土教理史上における仏身論の展開においては、仏身に対して名号が注目され、真実、一如がこの世間に向かって、最も身近く方便到来したものが名号であるということ、乃至は、それを煩悩具足なる凡夫に最も相応して象徴したものが名号であるということ、すなわち、私にとっての阿弥陀仏とは名号にほかならぬということが、次第に開顕されてきたのであって、そのことが最も明確になったのが、親鸞における阿弥陀仏の領解であるといいうるのである。そのことは、より本質的には、『無量寿経』の原意趣、本願文の玄義を鮮明化したということでもあったわけであるが、ともあれ、ここにこそ、親鸞が形像本尊を拒否して、名号をもって

本尊と定めた根拠がうかがわれるのである。

次に、教法論の立場から見るならば、親鸞は自己の仏教領解の立場から、きわめて明確な仏教全般にわたる価値分判を行ない、そこに真実教と真実ならざる方便教があることを論定している。そしてその真実教とは、

夫れ真実の教を顕さば則ち『大無量寿経』是れなり。(「教巻」真聖全二、二頁)

と明かすごとく、ひとり『無量寿経』であるというのである。そして親鸞は、この『無量寿経』について、さらにその宗体を論じて、本願をもって経の宗致とし、名号(称名)をもって経の体とすると明かしている。本願文こそが『無量寿経』の中心であり、名号こそが『無量寿経』の本質であるというわけである。かくして、この名号とは、真実教なる『無量寿経』に貫徹するところの本質をなすものであり、この名号の意義を敷衍したものが『無量寿経』であるというのである。その点、親鸞は、この『無量寿経』こそ、出世本懐なる「如来興世の正説」(「教巻」真聖全二、四頁)であって、釈迦はこの経典を説くために出世したのであると領解したが、また同時にそのことは、

たたあみたのみやうかうをときたまはむとてよにいてましますへ(『浄土和讃』真蹟本左訓、『親鸞聖人全集』和讃篇、三五頁)

とも語るごとく、釈迦の出世本懐は、ひとえにこの名号を説くためであったとも理解しているのである。かくして親鸞においては、かかる論理からすれば、『無量寿経』の教法、さらにいえば、釈迦の全教説は、ことごとくこの名号に帰結するものであって、仏法に帰依することはこの名号に帰依することであり、仏法を学ぶということは、この名号を学ぶことにほかならなかったのである。そしてその名号とは、親鸞にとっては、すでに上に引用した『一念多念文意』の文にも明らかなごとく、単なる阿弥陀仏の名称という意味にとどまらず、それは真実、一如についての宗教的象徴としての指示、命名の言説の、最も凝縮したものであるとともに、またその真実、一如の世間

に対する無相の相、超言の言なる開示、告名としての、純粋言語、絶対言語ともいうべき意味を持つものであったのである。[28] ここに親鸞が帰依礼拝の対象として、ことに名号を選んだ根拠があると理解されるのである。親鸞においては、名号とは阿弥陀仏の名であると同時に、それはより根本的には、真実なる教法の本質として領解されていたのである。親鸞がその名号本尊において、いずれもその上下に、経文や論文を賛銘として書き添えた理由は、まさしくそのことに基づくものであろうとうかがわれるのである。

次に、いまひとつ、親鸞が名号を本尊とした教学的根拠としては、行道理解の問題があると考えられる。浄土教における行道の思想については、その〈初期無量寿経〉としての『大阿弥陀経』および『平等覚経』の願文によると、ことに在家者にして、日ごろは悪を犯すことが多く善行を積むことが困難であり、かつまた社会の底辺に生きて貧苦である人びとの行道としては、聞名に基づく道が明かされており、そのことは〈後期無量寿経〉としての『無量寿経』『如来会』および『サンスクリット本大経』の願文においても、共通して継承されているところであって、ことに〈後期無量寿経〉においては、聞名の利益がいっそう強調されているのである。[29] その点、親鸞が主張したところの、煩悩具足せる凡夫の行道としての本願念仏の道とは、初期、後期の〈無量寿経〉に一貫して明かされる聞名思想の継承と、その開顕にほかならなかったのである。そしてまた、その〈無量寿経〉とほぼ同じころに成立したと考えられる『阿弥陀経』に説かれる行道も、聞名に基づく道である。かくして、この〈無量寿経〉における在家者の行道、および『阿弥陀経』の行道としては、ともに聞名を中心とする道を語っているというのである。それに対して、『観無量寿経』についていえば、そこに明かされる行道とは、明らかに観仏を中心とする道である。かくして、浄土教においては、その原点としての『浄土三部経』に説かれる行道についていえば、〈無量寿経〉と『阿弥陀経』によれば、基本的には、阿弥陀仏の名号に基づく聞名の道が明かされ、『観無量寿経』によれば、阿弥陀仏の仏身に基づく観仏の道が明かされているわけである。そして浄土教理史上における行道思想の展開構造としては、この名号を中心とする聞名（称名）の道と、仏身を中心とする観仏の道の交差とその純化の流れとして捉えることができるのである。その詳細は別の論考に譲るとして、(30) インド浄土教についていえば、龍樹浄土教においては、ことに信方便易行の道として聞名不退の道が明かされ、世親浄土教においては、ことに起観生信心の道として観仏往生の道が説かれているのである。そして中国浄土教においては、曇鸞は、上の両者を継承しつつも、基本的には、龍樹浄土教に基づいて名号に注目することにより、称名を中心とする十念念仏の行道を明かしている。この曇鸞における理解は、道綽を経由して善導に至ると、より鮮明となった。すなわち、善導においては、往生の行業としては、読誦、観察、礼拝、称名、讃嘆供養の五正行を説いたが、その中心は称名にあり、前三後一はその助業であるとし、専ら称名を修めることこそが、本願に契う行道であると主張したのである。この善導の行道思想に依拠し、それをより明確化したのが法然の念仏思想である。法然においては、ただ称名念仏の一行こそがまさしき浄土往生の行業であるというのである。主著としての『選択本願念仏集』は、まさしくそのことを開顕したものであって、その冒頭には、

南無阿弥陀仏、往生之業念仏為本（真聖全一、九二八頁）

と明かし、またその結文においては、

夫れ速かに生死を離れんと欲わば、二種の勝法の中に、且らく聖道門を閣きて選びて浄土門に入れ。浄土門に入らんと欲わば、正雑二行の中に、且らく諸の雑行を抛ちて選びて正行に帰すべし。正行を修せんと欲わば、正助二業の中に、猶助業を傍にして選びて正定を専らにすべし。正定の業とは即ち是れ仏名を称するなり。称名は必ず生を得る。仏の本願に依るが故に。（真聖全一、九九〇頁）

と述べている。称名念仏行こそが、阿弥陀仏の本願に誓われるところの唯一の浄土往生の行業であるという、いわゆる専修念仏の主張である。

親鸞は、この法然に出遇い、この法然による念仏往生の道を学んだわけである。

親鸞におきては、ただ念仏して弥陀にたすけられまひらすべしと、よきひとのおほせをかふりて信ずるほかに、別の子細なきなり。（『歎異抄』真聖全二、七七四頁）

とは、まさしくそのことを物語るものである。親鸞が、その『教行証文類』において、真実の行を指定して、

大行とは、則ち無碍光如来の名を称するなり。斯の行は、即ち諸の善法を摂し諸の徳本を具せり。極速円満す。真如一実の功徳宝海なり。故に大行と名づく。（「行巻」真聖全二、五頁）

と明かし、また『入出二門偈』に、

念仏成仏する是れ真宗なり。（真聖全二、四八三頁）

と語り、また『尊号真像銘文』に、

往生の要には如来のみなをとなふるにすぎたることはなしと也。（真聖全二、五九四頁）

などと説くものは、いずれも親鸞によって開顕された本願真実の行道が、ひとえに称名念仏の道であることを示すものである。しかしながら、親鸞はまた他面において、

不思議の仏智を信ずるを　報土の因としたまへり
信心の正因うることは　かたきがなかになをかたし（『正像末和讃』真聖全二、五二一頁）

この信心を阿耨菩提の因とすべしと也。（『尊号真像銘文』真聖全二、六〇〇頁）

などとも明かして、信心こそが往生成仏の正因でもあるというのである。親鸞におけるこのような念仏成仏と信心

正因の表現をめぐって、親鸞没後において、その理解に混乱を生じることとなったが、(31)親鸞における行道理解の基本的立場は、すでに上に引用した『教行証文類』における真実行の指定の文にも明らかなごとく、称名念仏の道にほかならなかったのである。にもかかわらず、親鸞がその著作において、あえて信心正因の主張をしたのは、すでに別に論考したごとく、(32)法然の没後、その門下において、念仏についての解釈が分裂したことをめぐって、その本願念仏の真義を開顕するために、自己自身の思想深化に基づいて、称名念仏に仮なる念仏と真なる念仏があることを区別したことによるものである。すなわち、親鸞によれば、真実なる本願他力の念仏とは、私における究極的真実に向かう一途なる志願、選択として成り立つものでありながら、またそれにおいて、自己自身の虚妄性が根源的に問われ、それがきびしく自覚されてゆくことによって、求むべき究極的真実が、彼岸からの到来として、自己の上に確かに現成してくるという宗教的体験として成り立つ念仏をいうのである。そのことはさらにいうならば、私から仏への方向において成り立つ、帰命としての私の念仏が、そのまま仏から私への方向において成り立つ、勅命としての仏の念仏となること、すなわち、称名がそのまま聞名となるような念仏をいうわけである。そして親鸞においては、このような称名がそのまま聞名であるような心的境位を信心というのである。その意味において、親鸞にあっては、真実の念仏とは、すなわち信心でもあったわけである。

真実の信心は必ず名号を具す。（「信巻」真聖全二、六八頁）

信の一念、行の一念ふたつなれども、信をはなれたる行もなし、行の一念をはなれたる信の一念もなし。（中略）行をはなれたる信はなしときゝて候。又信はなれたる行なしとおぼしめすべし。（『末燈鈔』真聖全二、六七二頁）

などと明かされる所以である。真実の念仏のほかに信心はなく、信心をはなれて本願の念仏はありえないのである。

ここに親鸞が、念仏成仏を語りつつも、また信心正因を説いた根本の理由があるわけである。しかしながら、すでに上に指摘したごとく、親鸞におけるまさしき行道とは、称名念仏の道にほかならなかったのであり、念仏成仏こそが、浄土真宗における行道の基本構造であったのである。

親鸞がその礼拝対象としての本尊を、あえて名号本尊とした教学的根拠のひとつにこのことが推察されるのである。関東の門弟たちによって新しく建てられた道場は、「念仏修行の道場」（『改邪鈔』真聖全三、七六頁）とも呼ばれているが、この念仏成仏の道を学ぶ人びとの集う道場の本尊としては、まさしく名号本尊こそが最もふさわしいものであったのであろう。ことに親鸞が、その名号本尊において、梵名を音写した六字の名号以外に、八字または十字なる意訳の名号を用いたのは、その称名念仏の行道においては、称名念仏という行為自体に意味や価値があるのではなく、その行業を介して、その称名念仏の心奥に対する響きを通して、究極的真実を体解し、それに値遇してゆくことを目指すものであったからであろう。そこには親鸞における、称名念仏の行為そのものに執着し、それにこだわることを排除するための、深意ある配慮があったことが推察されてくるのである。それについて、門弟の覚信坊がその臨終において、「南無阿弥陀仏、南無無碍光如来、南無不可思議光如来」と称名したということも(33)、合わせ考えられてくるところであって、ここには親鸞における称名念仏に対する独自な領解と、それによる日常的な教化が窺知されるところである。

以上考慮したごとく、親鸞がことに名号をもって本尊としたのは、親鸞自身における、このような真宗理解、ことには、その仏身論、教法論、行道論の各々の立場からの、必然でもあったと思考されるわけである。

註

(1) 望月信亨『仏教大辞典』巻五、四六九七頁。
(2) この『親鸞聖人血脈文集』は、恵琳寺本のほかに、恵空筆写本と上宮寺本が伝わり、各々に出没があるが、この部分についても、いささかの相違が見られて、内容の理解については種々の疑問も残るところである。
(3) 多屋頼俊『親鸞聖人全御消息序説』五一頁、古田武彦『親鸞思想』二六〇頁参照。
(4) 『改邪鈔』真聖全三、六九頁参照。
(5) 『歎異抄』真聖全二、七七六頁参照。
(6) 教学研究所編『親鸞聖人行実』二〇六〜二〇八頁。
(7) なおまた親鸞には、いわゆる「二尊大悲本願」なる弥陀釈迦二尊の大悲を讃仰した軸物があり、東本願寺、西本願寺、専修寺、小松市本覚寺に伝えられている。その東本願寺蔵のものは親鸞の真蹟といわれ、西本願寺蔵のものは覚如、専修寺蔵のものは顕智、本覚寺蔵のものは蓮如の筆になるものであるが、蓮如はこれを「本尊」と呼んでおり、これもまた親鸞が本尊として敬礼したものではないかといわれている。拙稿「親鸞における釈迦仏と弥陀仏」『日本仏教学会年報』第五三号参照。
(8) 平松令三「高田本山所蔵の名号本尊について」『顕真学苑論集』第五〇号
(9) 梅原真隆「親鸞と名号本尊」(上)『顕真学苑論集』第四九号参照。なおそれによると、この真仏、顕智、専信、随念の四人は、善鸞義絶のあと、京洛に心寂しく暮らしていた親鸞を慰めるために上洛したものといわれている。ただし、この年の五月二十八日附の覚信房宛の手紙には、「専信坊京ちかくなられて候こそ、たのもしうおぼえ候へ」(『末燈鈔』真聖全二、六七一頁)と書かれているところからすると、真仏の弟子であった専信は、すでにこのころには、三河国に移住していたことが想像されるのである。
(10) 宮崎円遵『初期真宗の研究』「本尊としての十字尊号」参照。
(11) この略本の『尊号真像銘文』の中に記せられる名号本尊の銘文は、建長七年、親鸞八十三歳のときに書かれた十字名号本尊(籠文字)の銘文と同一である。
(12) 赤松俊秀『親鸞』によると、当時の本尊は、名号か、または名号を中心にして、その左右に高僧先徳の肖像を配した光明本尊であったとする。
(13) 禿氏祐祥「本尊としての仏名と経題」『日本仏教学協会年報』第三年参照。
(14) 禿氏祐祥「本尊としての仏名と経題」『日本仏教学協会年報』第三年参照。
(15) 石田一良『浄土教芸術』一八八頁。
(16) 『高山寺明恵上人行状』(『明恵上人資料』第一の四六、一二九、一九九頁)参照。
(17) 三種三宝とは、同相、別相、住持をいい、その同相とは、法身の理についていうもので三宝はこの法身に摂まることをいい、別相とは、仏身、教法、教団の三宝のことをいい、住持とは、その具体相としての仏像、経巻、僧侶のことをいう。
(18) ただし、この万相荘厳金剛界心とは、大正大蔵経の原本(高麗本)によると、卍相荘厳金剛界心となり、宮内省図書寮本では万相荘厳金剛界心となっている。
(19) 明恵『三時三宝礼釈』および『自行三時礼功徳義』(増補改訂日本大蔵経、第七四巻、華厳宗章疏三)参照。
(20) 明恵自筆消息「三ぽう十五枚まいらせ候」『高山寺古文書』五六頁。
(21) 嬰木義彦「摧邪輪と親鸞教学との対応」『真宗学』第三八号参照。
(22) 武生譲「愚禿鈔の問題と摧邪輪の所論」『真宗研究』第四輯参照。
(23) 安井広度「愚禿鈔に対する一考察」『大谷学報』第一二巻第一号参照。ただし、村上専精『愚禿鈔の愚禿草』(一二一頁)では、親鸞の吉水時代のノートに加筆したものであろうという。
(24) 拙稿「親鸞における信と社会的実践」『親鸞教学』第三八号参照。
(25) 村上速水「真宗本尊論の三願転入」(『顕真学苑論集』第五〇号)では、外面的理由としての社会的契機の介在をまったく否定している。
(26) 拙著『浄土教における信の研究』第二章「龍樹浄土教における信の思想」参照。
(27) 拙著『浄土教における信の研究』第四章「曇鸞における信の思想」参照。
(28) 拙稿「阿弥陀仏論」『龍谷大学仏教文化研究所紀要』第一〇集参照。
(29) 拙著『浄土教における信の研究』第一章「無量寿経における信の思想」参照。

(30) 拙著『浄土教における信の研究』参照。

(31) 拙稿「覚如における信の思想」『龍谷大学論集』第四二四号、「存覚における信の思想」『真宗学』第七一号参照。

(32) 拙稿「親鸞における称名の意義」『真宗学』第五五号参照。

(33) 『末燈鈔』「蓮位添書」、真聖全二、六八〇頁参照。

親鸞における還相廻向の思想

一、はじめに

親鸞はその主著『教行証文類』において、浄土真宗の教義の綱格を示し、

謹んで浄土真宗を按ずるに二種の廻向あり、一には往相、二には還相なり。(「教巻」真聖全二、二頁)

と明かしている。真宗の仏道には、往相と還相の二種の道がある。その往相とは、私が浄土に向かって往生成仏してゆく道をいい、往の相、入の門としての自己自身が成仏してゆく面を意味し、還相とは、私が浄土よりこの現土に還来して衆生を摂化する道をいい、還の相、出の門としての他者をして作仏せしめてゆく面を意味する。そしてこの往相と還相の二種の仏道が、ともに如来の願力廻向に基づいてこそ成立するというわけである。すなわち、親鸞によって開顕された浄土真宗の仏道とは、現生においては、迷妄を離脱して往生成仏せんことをめざし、当来においては、浄土から還来して他者をして得度作仏せしめるという、自利利他の道を、現当二世にかけて実践してゆくということであった。ところで、この親鸞が明かした浄土真宗の仏道について、死後来世、成仏以後において、さらにこの現世に還来して衆生を済度するということは、他の諸宗教および仏教諸宗派の教義に比較すると、きわめて特徴ある教義理解といいうるようである。

そこで、いまは親鸞におけるこの還相廻向の思想について、ことに親鸞が死後来世において、なお衆生済度の実

践を語る意趣について考察を試みることとする。

二、親鸞における往還二廻向思想の教理史的背景

このような親鸞における往還二廻向思想の根拠は、中国の浄土教思想に基づくものである。曇鸞が『往生論註』巻下に、五念門行の第五廻向門を釈して、

廻向に二種の相あり。一には往相、二には還相なり。往相とは己れが功徳をもって一切衆生に廻施し、作願して共に彼の阿弥陀如来の安楽浄土に往生せしめんとなり。還相とは彼の土に生じおわって奢摩他毘婆舎那方便力成就することをえて、生死の稠林に廻入して一切衆生を教化し、共に仏道に向えしむるなり。若しは往、若しは還、皆衆生を抜いて生死海を渡さんがためなり。（真聖全一、三一六～三一七頁）

と明かすところである。廻向とは、すでに曇鸞が、「およそ廻向の名義を釈せば、謂く己れが所集の一切の功徳を以って、一切衆生に施与して共に仏道に向えしむるなり」（『往生論註』真聖全一、三四〇頁）と示すごとく、自己が修める善根功徳を他者に廻施し、迷妄を離れて涅槃に入らしめるという、衆生済度の利他行をいうわけで、それについて、現生における往生浄土のための行としての往相廻向と、来世における浄土の菩薩の成仏得証のための行としての還相廻向があるというのである。その点、ここでいう廻向とは、慧遠の『大乗義章』巻第九に、廻向を釈して、菩提廻向、衆生廻向、実際廻向の三種の廻向を明かす中[1]、衆生廻向に相当するものである。そしてこのような曇鸞における廻向思想は、世親の『浄土論』に根拠することは明らかである。その『浄土論』では、浄土願生の行道として五念門行を説示し、その第五に廻向門を明かしている。そしてこの廻向門を釈して、

云何が廻向する、一切の苦悩の衆生を捨てず、心に常に作願して、廻向を首となして大悲心を成就することをうる故に。(真聖全一、二七一頁)

といい、また、

菩薩の巧方便廻向とは、謂く説きつる礼拝等の五種の修行をして、集むる所の一切の功徳善根をもって、自身住持の楽を求めず、一切衆生の苦を抜かんと欲するが故に、一切衆生を摂取して共に同じく彼の安楽仏国に生ぜんと作願す。是を菩薩の巧方便廻向成就すと名づく。(真聖全一、二七五～二七六頁)

と語っている。浄土往生の行業として、自己所修の善根功徳を一切の衆生に廻施し、共に願生すべきことを主張している。そしてまたこの『浄土論』では、浄土に往生したのち、さらに成仏をめざして励むべき行道として入出五種の門を教説するわけであるが、そこでも第五に「廻向利益他の行」を挙げ、

大慈悲を以って一切苦悩の衆生を観察し、応化の身を示して、生死の園、煩悩の林の中に廻入して、神通に遊戯し教化地に至る、本願力の廻向を以っての故に、是を出第五門と名づく。(真聖全一、二七七頁)

と釈している。かくして『浄土論』では、今生、此土における浄土願生の行としての衆生廻向と、当来、彼土における成仏得証の行としての衆生廻向を説くわけであるが、曇鸞における往相廻向と還相廻向が、それを継承していることは明瞭であろう。

とすれば、この世親浄土教における二種の廻向思想は何に根拠するものであろうか。世親における五念門行の思想的背景については、すでに多くの先学によって種々に考察が試みられているが、結論的には、世親自らが、その基本的立場であった瑜伽唯識教学の行道に基づきつつ、奢摩他、毘婆舎那の行を中核とする浄土の行業として、新しく創唱したものであろうと理解されるところである。(2) ただしその廻向思想についての根拠は明確ではないが、こ

の世親浄土教に先行する龍樹の浄土教について見ると、龍樹はその『十住毘婆沙論』の「易行品」によれば、入初地、如来の家に生まれる行道として信方便易行の道を明かし、憶念、称名、礼敬の三業奉行を教示している。そしてその「易行品」に続く「除業品」においては、

> 阿惟越致を求める者は、ただ憶念、称名、礼敬のみにあらず、また諸仏の所において懺悔、勧請、随喜、廻向すべし。（大正二六、四五頁）

と説いており、廻向もまた入初地の行業として、重要な意義を持つものと理解していたことがうかがわれ、世親浄土教に先行する思想として充分に注目されるところである。[3] しかしながら、仏道における自利に対する利他行の実践は、大乗仏教における菩薩道の基本的性格でもあって、この『浄土論』が明かすところの浄土願生の行道としての五念門行の道が、大乗菩薩の道として捉えられているところ、ここに衆生廻向としての利他行が説かれることはまた当然のことでもあろう。

そしてこのような曇鸞における廻向思想は、道綽の『安楽集』にも継承されている。すなわち、

> 廻向の義を釈せば、ただ一切衆生は既に仏性あるを以って人人皆成仏を願う心あり。然れども所修の行業に依っていまだ一万劫に満たず。已来は猶いまだ火界を出でず、輪廻を免れず。是の故に聖者この長苦を愍み、西に廻向するを勧めて大益を成らしめんとす。（真聖全一、四三五頁）

と語り、続いて廻向の意義について六種を明かしている。そこには菩提廻向、衆生廻向、実際廻向の思想が見られるようであるが、[4] その中心は菩提廻向で、所修の行業を廻向して浄土を願生することである。ただし、そこでも「衆生に廻施し悲念して善に向う」（真聖全一、四三五頁）というごとく、今生、往相における衆生廻向を、また「所修の諸業をもって弥陀に廻向すれば、既に彼の国に至りて還って六通を得て衆生を済運す」（真聖全一、四三五

頁）といって、当来における還相の衆生廻向を説いていることは注目されるところである。

また善導においては、『往生礼讃』において、『浄土論』の五念門行の思想を継承してそれを釈すに、

五には廻向門とは、いわゆる心を専らにして若しは自作の善根、および一切の三乗五道一一の聖凡等の所作の善根、深く随喜を生じ、諸仏菩薩の所作の随喜の如く我もまた是の如く随喜して、此の随喜の善根、および己れが所作の善根を以って、皆悉く衆生と之を共にして彼の国に廻向する故に廻向門と名づく。また彼の国に到り已りて、六神通を得て生死に廻入して衆生を教化すること、後際を徹窮して心に厭足無く、乃至成仏までをまた廻向門と名づく。（真聖全一、六四九～六五〇頁）

と明かしている。ここに見られる善導における廻向の思想とは、現生、此土における、自己所修の善根、および他者の善根に対する随喜の善根とを、浄土に向けて発願廻向するものと、当来、彼土に至ってからの還相摂化の衆生廻向を意味するものとがあり、現生における衆生廻向としての往相廻向の発想がいささか稀薄になっているようである。もとより上に引く文の中に「皆悉く衆生と之を共にして彼の国に廻向する」といい、また『観経疏』の「玄義分」に「願わくは此の功徳を以って平等に一切に施し、同じく菩提心を発して安楽国に往生せん」（真聖全一、四四二頁）というところからすれば、現生における衆生廻向の思想もうかがえるわけであるが、基本的には、現生における廻向が菩提廻向として、浄土に対する発願廻向の意味に解釈されていることは注意される点である。善導はまたその『観経疏』の「散善義」において、廻向発願心を釈すについて、

廻向発願心とは、過去および今生の身口意業に修する所の世出世の善根、および他の一切の凡聖の身口意業に修す所の世出世の善根を随喜して、此の自他所修の善根を以って、悉く皆真実の深信の心の中に廻向して彼の国に生ぜんと願ず。故に廻向発願心と名づくるなり。（真聖全一、五三八頁）

また廻向と言うは、彼の国に生じ已りて、還って大悲を起して生死に廻入し衆生を教化するをまた廻向と名づくるなり。（真聖全一、五四一頁）

と説いているが、ここにもまた同様に、現生においては浄土に対する発願廻向が、当来においては還相による衆生廻向が語られているわけである。

次に源信の『往生要集』においては、世親の五念門行の思想を継承し、その廻向門を解するについて、

廻向門を明かさば五義具足するもの是れ真の廻向なり。一には三世の一切の善根を聚集す。二には薩婆若心と相応す。三には此の善根を以って一切の衆生を共にす。四には無上菩提に廻向す。五には能施所施施物皆不可得なりと観じて能く諸法の実相と和合せしむるなり。此れらの義に依って心に念い口に言い修する所の功徳と、および三際の一切善根とを、自他法界の一切衆生に廻向して平等に利益し、滅罪生善して共に極楽に生じて普賢の行願を速疾に円満し、自他同じく無上の菩提を証して未来際を尽すまで衆生を利益し、法界に廻施して、大菩提に廻向するなり。（真聖全一、八一一～八一二頁）

と明かしている。ここでも廻向の意義については、菩提廻向、衆生廻向、実際廻向の三種の理解を承けているようであるが、(5)その中でもことに、善根功徳を「自他法界の一切衆生に廻向して平等に利益」するといい、また「共に極楽に生じて普賢の行願を速疾に円満し、自他同じく無上の菩提を証して未来際を尽すまで衆生を利益」するというところは、現生における衆生廻向と、当来往生後の還相による衆生利益を強調するもので、充分に注目されるところである。

また法然においては、その『選択集』の二行章で、正雑二行について五種の相対を行ない、その第四に廻向不廻向対を説いて、

正助二行を修する者は、縦令別に廻向を用いざれども自然に往生の業と成る。（中略）雑行を修する者は、必ず廻向を用うるの時往生の因と成る。若し廻向を用いざるの時は往生の因と成らず。（真聖全一、九三七～九三八頁）

と明かしている。それによれば、本願の仏道としての念仏の道には廻向は不用であり、それ以外の雑行を修める場合には廻向が必用であるというわけである。しかしながら、法然はまたその三心章では、

廻向発願心の義別の釈を俟つべからず。（真聖全一、九六七頁）

とも示して、廻向発願心については、上に引用したところの善導の「散善義」の理解をそのまま踏襲することを表白している。その点からすれば、法然における廻向についての領解には、また善導と同じく、現生においては浄土に向かうところの発願廻向、当来においては還相による衆生廻向という、二種の廻向思想があったことがうかがわれるようである。たしかに法然は、その法語において、

廻向発願心といふは、過去および今生の身口意業に修するところの一切の善根を、真実の心をもて極楽に廻向して往生を欣求する也。これを廻向発願心となづく。（「三心義」『法然全集』四五七頁）

廻向発願心といふは、修するところの善根を極楽に廻向して、かしこに生ぜんとねがふ心也。別の義あるべからず。（「念仏往生義」『法然全集』六九一頁）

などと説いている。かくして法然においては、廻向とは基本的には、自己所修の善根功徳を、自己の往生に資するために浄土に対して廻向することであり、曇鸞が主張したところの往相廻向、還相廻向の思想は、明確には継承されることはなかったようである。(6) ただし、上に見たところの、念仏行に関わる「不用廻向」の思想は注意されるべきであって、後に見るところの親鸞における如来廻向の思想は、このような法然の廻向思想の延長とその深化にお

いて成立したものと思考されるところである。

三、親鸞における信心の性格

親鸞における信心の性格については、すでに論究したごとく(7)、その信心の内実を端的に示すならば「真心」「深心」「願心」の三心に集約して理解することができる。その中で、信心が「願心」であるということについては、親鸞は、

能生清浄願心と言うは金剛の真心を獲得するなり。(「信巻」真聖全二、六七頁)

と語ることによっても明瞭である。また親鸞は、本願の三心を明かすについて、「信楽」の楽を字訓して「欲也」「願也」と示し、信楽とは「欲願愛悦の心」(「信巻」真聖全二、五六頁)と釈している。また「欲生」の欲を字訓して「願也」「楽也」と明かして、欲生とは「願楽覚知の心」(「信巻」真聖全二、五六頁)とも釈している。いずれも信心が願心(ねがい)を意味することを表明するものである。親鸞においては、信心とは願心に生きてゆくこと、仏道の究極としての菩提(さとり)を志願して生きてゆくことであったわけである。

願力不思議の信心は大菩提心なり(『浄土和讃』真聖全二、四九八頁)

大菩提心即ち是れ真実信心(『文類聚鈔』真聖全二、四五三頁)

などと明かすところである。そしてその菩提心とは、

浄土の大菩提心は　願作仏心をすすめしむ
すなはち願作仏心を　度衆生心となづけたり(『正像末和讃』真聖全二、五一八頁)

真実信心は即ち是れ金剛心なり。金剛心は即ち是れ願作仏心なり。願作仏心は即ち是れ度衆生心なり。(「信巻」真聖全二、七二頁)

と説くごとくに、願作仏心と度衆生心であるというのである。この願作仏心、度衆生心とは、曇鸞の『往生論註』に、

此の無上菩提心というは即ち是れ願作仏心なり。願作仏心は即ち是れ度衆生心なり。(真聖全一、三三九頁)

と説くところに根拠するものであるが、親鸞はその二種の心を理解するについて、願作仏心とは、

弥陀の悲願をふかく信じて仏に成らんと願う心を菩提心とまふすなり(『正像末和讃』左訓、『親鸞全集』和讃篇、一四七頁。ただし原文は片仮名)

といい、その度衆生心とは、

よろづの有情を仏に作さんと思う心なりと知るべし

と明かしている。菩提心とは、自ら仏に成らんと願う心とよろずの衆生を仏に作さんと思う心、自己成仏を願う心と他者作仏を願う心のことである。かくして信心、願心とは、自己成仏と他者作仏の願心を意味するもので、この二者を一つとして生きてゆくことを真実の信心というのである。親鸞が「信巻」の三心釈の中の欲生釈において、世親の『浄土論』の五種門の中の第五園林遊戯地の文[8]を引用して、

出第五門とは、大慈悲を以って一切苦悩の衆生を観察して、応化の身を示して生死の薗煩悩の林の中に廻入して神通に遊戯し教化地に至る。本願力の廻向を以っての故に。是を出第五門と名づく。(真聖全二、六七頁)

と説く意趣は、信心、浄土往生を欲願する心が、自己の成仏に即して、他者作仏、衆生利益に生きることを明示するものであろう。

かくして親鸞における本願の信心とは、自己成仏と他者作仏を志願する心を意味し、それは一般化していうならば、自己が真実なる人間として成就し、社会が真実なる世界として成就してゆくこと、その個人成就と社会成就を深く思念して生きてゆくことを意味するものであったのである。そのことは、さらにいうならば、親鸞が信心の人を讃えて「必定菩薩」(『愚禿鈔』真聖全二、四六〇頁)と明かしているごとく、真実信心に生きるとは、大乗の菩薩道、自利利他なる菩薩の道を生きてゆくことにほかならないことを意味するものである。

このように真実信心の人が、その信心の必然として、他者作仏として利他行に生きるということについては、親鸞はその『教行証文類』の「信巻」に、現生における信心の利益を十種挙げているが、その第九に「常行大悲の益」(真聖全二、七二頁)を語るところにも見られるものである。信心に生きる人は、その必然として、常に大悲を行ずるようになるというわけである。大悲を行ずるとは、その「信巻」の次下に『安楽集』の文を引用して、

大悲経に云わく、云何が名づけて大悲と為る。若し専ら念仏相続して断えざれば、其の命終に随って定んで安楽に生ぜん。若し能く展転して相勧めて念仏を行ぜしむる者は、此れらを悉く大悲を行ずる人と名づく。(9)(真聖全二、七七頁)

と明かすごとく、他者に勧進して念仏を行ぜしめることをいうわけで、他者作仏の実践を意味するものである。親鸞においては、真実信心に生きるものには、必然にこのような念仏の勧進、衆生廻向が生まれてくることを、深く実感していたわけであろう。

そのことについて、親鸞はまたその『正像末和讃』に、

南無阿弥陀仏をとなふれば　　衆善海水のごとくなり
かの清浄の善みにえたり　　ひとしく衆生に廻向せむ(10)(『親鸞全集』和讃篇、一四三頁)

と説いている。そしてその「かの清浄の善みにえたり」の文には、

南無阿弥陀仏と称ふれば、名号におさまれる功徳善根を、みなたまはると知るべし（『親鸞全集』和讃篇、一四三頁。原文は片仮名）

と左訓し、またその「ひとしく衆生に廻向せむ」の文には、

名号の功徳善根をよろづの衆生にあたうべしとなり（『親鸞全集』和讃篇、一四三頁。原文は片仮名）

と左訓している。念仏を申す身には、名号に摂まるすべての功徳善根が頂戴できる、その善根を平等に一切の衆生に施し与えるべきである、というのである。ここでは名号の功徳善根を、私が他者に対して「廻向」（あたえる）すべきことを語っているわけである。親鸞の現生における衆生廻向の教示である。このような発想は、『親鸞聖人御消息集』に、

一念のほかにあまるところの念仏は、十方の衆生に廻向すべしとさふらふも、さるべきことにてさふらふべし。十方の衆生に廻向すればとて、（真聖全二、六九八頁）

なをなを一念のほかにあまるところの御念仏を法界衆生に廻向すとさふらふは、釈迦、弥陀如来の御恩を報じまいらせんとて、十方衆生に廻向せられさふらふらんは、さるべくさふらふへども、（真聖全二、六九九頁）

という文にも見られるものである。ここでいう「さるべき」とは、「もっともなこと」「賛成できる」[11]という意味を表わすものと理解されるが、その点、親鸞はここでもまた現生における念仏の衆生廻向を語っているのである。

かくして親鸞は、現生における念仏者の他者に対する利他的な働きかけ、衆生廻向の実践を勧めていることが明白である。しかもまた親鸞は、

願土にいたればすみやかに　無上涅槃を証してぞ

すなはち大悲をおこすなり　　これを廻向となづけたり（『高僧和讃』真聖全二、五〇三頁）

とも明かしている。ここでいう廻向とは、私の行為としての還相摂化の働きそのものを意味するとうかがわれ、親鸞においては、現当二世にわたる衆生廻向の理解があったことが知られるのである。ともあれ、親鸞は明確に現生における衆生廻向を語っているが、それは明らかに、曇鸞の『往生論註』に、

廻向に二種の相あり。一者往相、二者還相。往相とは己れの功徳を以って一切衆生に廻施し作願して、共に彼の阿弥陀如来の安楽浄土に往生す。（真聖全一、三一六頁）

と説いて、現生における往生の行道としての利他行、衆生廻向を語る思想を継承したものと思考されるところである。

そしてまた親鸞は、このような信心に基づく衆生廻向、常行大悲の実践を、衆生利益、利益有情などとも呼んでいるのである。すなわち『正像末和讃』には、

如来の廻向に帰入して　　願作仏心をうるひとは
自力の廻向をすてはてて　　利益有情はきはもなし（真聖全二、五一八頁）

と語って、真実信心に生きるものには、その必然として、無限の常行大悲、衆生利益の実践が展けてくることを讃嘆している。これは正嘉元年、親鸞八十五歳ころの作である。[12] ここでいう利益有情、衆生利益の内実は何を意味するものか、基本的には、常行大悲の実践として、念仏の法義を勧進することに極まるものであろう。しかしながら、他面において『恵信尼消息』の、

この十七、八年がそのかみ、げにげにしく三部経を千部よみて、衆生利益のためにとてよみはじめてありしを（『親鸞全集』書簡篇、一九五頁）

という文に重ねて理解するならば、そこには当時の農民の窮乏に対する熱い祈念の意味も込められているとも想像されるのである。[13]すなわち、親鸞における衆生利益とは、基本的には、常行大悲の実践として念仏を弘通してゆくことであったが、また広義には、仏法を伝え弘めようとするものの社会的責務として、また仏法を求め学ぶための基盤としての、生活根拠の確立という、経済的、政治的な配慮というものも含むものであったろうと思われるのである。その点は、親鸞における衆生利益の内実として充分に注意されるべきことであろう。しかしながら、親鸞はまたこの衆生利益について、『正像末和讃』に、

小慈小悲もなき身にて　有情利益はおもふまじ
如来の願船いまさずば　苦海をいかでかわたるべき（「愚禿悲歎述懐」真聖全二、五二七頁）

とも悲歎している。現生における衆生廻向、衆生利益の限界についての、深く悲痛な歎息告白である。常行大悲、衆生利益というとも、しょせん今生の人間の営為であるかぎり、さまざまな障害に遭遇し、限界が生じてくることも当然である。この和讃は正嘉二年、親鸞八十六歳ころの作であるといわれている。[14]あるときは「利益有情はきはもなし」と讃じ、またあるときは「有情利益はおもふまじ」と歎じるわけである。ここには親鸞における度衆生心、衆生利益をめぐる思念の「ゆれ」が伝わってくるようである。親鸞においては、ひたすらなる衆生利益の念願とその実践、そしてその反面、それについての挫折と限界への悲歎、その両者が、生涯を貫いて交差し続けていたのではなかったろうか。「おもうまじ」という語にこもる、親鸞の熱い思念がしのばれてくるところである。

かくして親鸞における信心とは、そのまま大菩提心であり、願作仏心と度衆生心を意味するものであった。そしてまたその度衆生心とは、他者作仏の心として、常行大悲、衆生廻向、衆生利益の実践を意味するものであったが、親鸞がこのように今生における衆生利益についての挫折と限界を自覚しながら、なおもその生涯をかけて念仏弘通、

衆生利益の熱い志願を抱き続けたところに、曇鸞の思想を継承して還相廻向を説き、来世当来における衆生利益を強調した心情的な理由があったとうかがわれるのである。

四、親鸞における還相廻向の思想

親鸞は『歎異抄』第四条に、

慈悲に聖道浄土のかはりめあり。聖道の慈悲といふは、ものをあはれみ、かなしみ、はぐくむなり。しかれどもおもふがごとくたすけとぐること、きはめてありがたし。浄土の慈悲といふは、念仏していそぎ仏になりて、大慈大悲心をもて、おもふがごとく衆生を利益するをいふべきなり。今生にいかにいとをし不便とおもふとも、存知のごとくたすけがたければ、この慈悲始終なし。しかれば念仏まふすのみぞ、すゑとをりたる大慈悲心にてさふらうべきと云々。(真聖全二、七七五〜七七六頁)

と語っている。親鸞は慈悲について独特の解釈を行なって、慈悲に聖道の慈悲と浄土の慈悲があるといい、その聖道の慈悲とは、今生現身における慈悲のことをいうが、それは末通らざるものであり、浄土の慈悲とは、浄土往生による還相廻向に基づく慈悲のことで、それこそが末通るまことの慈悲であるというのである。親鸞においては、今生においていかに不憫と思うとも、聖道の慈悲をもってしては助け遂げることが至難であるが、ただ浄土の慈悲によってこそ、思うがごとくに衆生を利益することが可能であったのである。このような親鸞における慈悲の理解は充分に注目されるべきであり、ここに親鸞の還相廻向思想の根拠があるといいうるようである。かくして親鸞にとって浄土往生とは、自己自身のためのものではなく、まったく他者のためのもの、衆生利益のためにこそ願われ

済とは、

たわけである。

親鸞における救済とは、現世今生における救済と死後来世における救済とが説かれている。その現世における救済とは、

まことの信心をえたるひとは、すでに仏になりたまふべき御身となりておはしますゆへに、如来とひとしきひとと経にとかれてさふらふなり。(『末燈鈔』真聖全二、六八〇～六八一頁)

念仏を信ずるは、すなわちすでに智慧をえて仏になるべきみとなる(『弥陀如来名号徳』真聖全二、七三五頁)

と説く、信心において仏教的内実としての新たなる人間成長を遂げてゆくことを意味し、また、

金剛の真心を獲得すれば、横に五趣八難の道を超え必ず現生に十種の益を獲る。(「信巻」真聖全二、七二頁)

と明かすごとくに、現生において冥衆護持などの十種の福益を身に獲得することをいう。そしてまた、

信心をうればすなわち往生すといふ、すなわち往生すといふは不退転に住するをいふ、不退転に住すといふは、すなわち正定聚のくらゐにさだまるとのたまふ御のりなり。これを即得往生とはまふすなり。(『唯信鈔文意』真聖全二、六四二頁)

などと語るごとく、現生において往生をうる、迷妄を超えて究極的な真実の境地に立つことを意味する。そしてまた、その来世における救済とは、

念仏衆生は横超の金剛心を窮るが故に、臨終一念の夕大般涅槃を超証す。(「信巻」真聖全二、七九頁)

と説くごとく、臨終捨命において獲得するところの「無上涅槃の極果」(「証巻」真聖全二、一〇三頁)をいう。親鸞は真実信心における救済を、このように現世と来世に区分して語っているが、そのことは現世における救済が不徹底、未完結であるということではない。現身の信心においてその救済は完結し、円満しているのである。そのこ

とは、

必ず無上浄信の暁に至れば三有生死の雲晴る、清浄無碍の光耀朗かにして一如法界の真身顕る。(『文類聚鈔』真聖全二、四四八頁)

金剛堅固の信心の　さだまるときをまちえてぞ
弥陀の心光摂護して　ながく生死をへだてける(『高僧和讃』真聖全二、五一〇頁)

信心をえたる人おば、無碍光仏の心光つねにてらしまもりたまふゆへに、無明のやみはれ、生死のながきよすでにあかつきになりぬとしるべしと也。(『尊号真像銘文』真聖全二、六〇一～六〇二頁)

などと明かす文に明瞭である。親鸞においては、信心とはすでに迷妄を超脱することであった。しかしながら親鸞はまた、いかに信心を深く生きようとも、この現生の有漏の肉体を有するかぎり、証悟、成仏は語らなかった。

凡夫といふは、無明煩悩われらがみにみちみちて、欲もおほくいかりはらだちそねみねたむこころおほくひまなくして、臨終の一念にいたるまでとどまらず、きえずたえずと水火二河のたとえにあらわれたり。(『一念多念文意』真聖全二、六一八頁)

というごとく、人間がその肉体を持つかぎり、煩悩の束縛から離脱することが不可能であることを信知していたからである。親鸞はその信心において、いっそう自己の煩悩を凝視し、その有漏性について悲歎せざるをえなかったのである。ここに親鸞がその信心においてすでに生死の迷妄を超えながらも、現身において成仏、得証を語りえなかった理由がある。そしてまたその故にこそ、上に述べたごとくに、この現身における衆生廻向、衆生利益には必然に限界が存在することとなるのである。かくして真実の涅槃の証果は、ひとえにこの有漏の肉体を放棄、捨身したのちにこそ語りうるわけであり、その衆生利益についてもかかる仏果の成就においてこそよく円満することとなるわけである。その点、親鸞にとって来世死後における浄土往生、成仏、得証ということは、自己自身のためのものではなくて、まったく他者のためのもの、衆生利益のためにこそ願われるべきものであったのである。上に見たところの『歎異抄』第四条の文は、よくそのことを明かすものであろう。

親鸞における真実の涅槃の証果とは、その「証巻」の冒頭に、

謹んで真実証を顕さば、則ち是れ利他円満の妙位、無上涅槃の極果也。即ち是れ必至滅度の願より出でたり。また証大涅槃の願と名づくる也。然るに煩悩成就の凡夫、生死罪濁の群萌、往相廻向の心行を獲れば即の時に大乗正定聚の数に入るなり。正定聚に住するが故に必ず滅度に至る。必ず滅度に至るは即ち是れ常楽なり。常楽は即ち是れ畢竟寂滅なり。寂滅は即ち是れ無上涅槃なり。無上涅槃は即ち是れ無為法身なり。無為法身は即ち是れ実相なり。実相は即ち是れ法性なり。法性は即ち是れ真如なり。真如は即ち是れ一如なり。然れば弥陀如来は如より来生して報応化種種の身を示現したまう也。（真聖全二、一〇三頁）

と明かして、真実の証果、涅槃とは、滅度であり、常楽であり、寂滅であり、無為法身であり、実相であり、法性であり、真如であり、一如である。そしてその故にこそ、この真実の証果、涅槃とは、その必然として種種の報応化の身を示現すると語っている。すなわち、仏教における究極的な真実とは、つねにあらゆる虚妄、無明を超越しているが、またそれ自身の必然として、真実とは、つねにこの現実の虚妄、無明のほかにはなく、そのただ中にこそ存在するものであるというのである。真実というものは、虚妄とは全く異質にして、それとは対極的に遠く隔絶した存在である。しかしながら、虚妄が虚妄それ自身を虚妄と知りうるのは、真実に出遇うことにおいて初めて成立する。虚妄とは真実において虚妄であるわけである。真実もまた単に虚妄と隔絶したままで真実でありうるはずはなかろう。真実というものは、つねに自己に敵対するものをも自己自身とし、それを真実ならしめる働きをもっ

てこそ、まさしく真実といいうるものである。真実とは虚妄と隔絶しながらも虚妄に即してこそ真実なのである。

かくして仏教における証果、涅槃、究極的な真実とは、この現実の迷妄を遠く超えながらも現実のただ中に存在するものとして、超越にして内在、内在にして超越なるものである。「煩悩即菩提」「生死即涅槃」と説かれるゆえんである。また無著の『摂大乗論』(真諦訳)に真実なる涅槃について釈して「無住処涅槃」(大正三一、一二九頁)と明かし、世親がそれを注解して『摂大乗論釈』に、

菩薩は生死と涅槃の異なるを見ず。般若に由りて生死に住せず、慈悲に由りて涅槃に住せず。若し生死を分別すれば則ち生死に住し、若し涅槃を分別すれば則ち涅槃に住す。菩薩は無分別を得る。分別するところ無き故に住する所無し。(大正三一、二四七頁)

と示している。真実なる証果、涅槃とは、生死、迷妄にも住せず、涅槃、真実にも住することのない、まさしく「無住処涅槃」なのである。

その意味においては、念仏者が来世死後に往生成仏するということは、そのまま無住生死、無住涅槃として、この現世に還来し、神通遊戯して衆生利益するということでもあるわけである。だから、真実の浄土には往生人は誰一人として居住してはいない、浄土は無人なのである。ここに親鸞が明かした還相廻向思想が成立する論理的根拠がある。親鸞がその「証巻」において、仏道における究極の証果を明かすのに、そのほとんどの紙数を費やして、『浄土論』および『往生論註』の文を引証し、浄土からの還相摂化の功徳とその相状について説いた理由がここにある。親鸞はその「証巻」を結ぶに、

爾れば大聖の真言誠に知りぬ、大涅槃を証することは願力の廻向に籍りてなり。還相の利益は利他の正意を顕わすなり。是を以って論主は広大無碍の一心を宣布してあまねく雑染堪忍の群萌を開化す。宗師は大悲往還の

廻向を顕示してねんごろに他利利他の深義を弘宣したまえり。仰いで奉持すべし、特に頂戴すべしとなり。

（真聖全二、一一九頁）

と述べている。

親鸞は浄土における往生成仏の徳を讃えて、しばしばこの還相廻向を語っている。

願土にいたればすみやかに　無上涅槃を証してぞ
すなはち大悲をおこすなり　これを廻向となづけたり（『高僧和讃』真聖全二、五〇三頁）
安楽浄土にいたるひと　五濁悪世にかへりては
釈迦牟尼仏のごとくにて　利益衆生はきはもなし（『浄土和讃』真聖全二、四八八頁）
安楽無量の大菩薩　一生補処にいたるなり
普賢の徳に帰してこそ　穢国にかならず化するなれ（『浄土和讃』真聖全二、四八八頁）

このさとりをうれば、すなはち大慈大悲きはまりて生死海にかへりいりて、よろづの有情をたすくるを普賢の徳に帰せしむといふなり。（『唯信鈔文意』真聖全二、六二四頁）

などと明かすごとくである。真実信心の人は、往生成仏ののち、ただちに還来穢国して衆生利益、衆生廻向を実践することができるというのである。ただし今日においては、この還相廻向を信心の現実生活の相として理解する発想がある。いわゆる信後還相説と称せられる考え方である。(15)しかしながら、親鸞においては、還相とは「証巻」に明かすごとく、当来の証果の内容であって、先に引用した諸文に「願土にいたれば」「安楽浄土にいたるひと」「安楽無量の大菩薩」などと語るところである。またその「還」の字の原義は「ぐるりと一周してもとに戻る」ことであって、(16)親鸞が「五濁悪世にかへりては」「生死海にかへりて」というごとくである。その点、還相廻向とは、来世における涅槃の証果の力用であって、まさしく聖道の慈悲に対する「浄土の慈悲」の内実であり、その顕現にほかならぬというべきであろう。

五、むすび

かくして親鸞における廻向の思想をめぐっては、その廻向の主体についていえば、私を主語、主体とする、私から他者、衆生に向かう衆生廻向と、仏を主語、主体とする、仏から私、衆生に向かう如来廻向、他力廻向の二種類があり、その私を主体とする衆生廻向についても、現生の信心の利益としての衆生廻向と、当来の仏果得証の内実としての衆生廻向の二種の廻向があり、またその仏を主体とする如来廻向、他力廻向についても、私の往生浄土としての入の門なる仏道における如来廻向と、私の還来穢国としての出の門なる仏道における如来廻向の二種の廻向があるということとなる。すなわち、親鸞における廻向についての理解を端的に図示すれば、

- 廻向
  - 衆生廻向（私から他者へ）
    - 現生における信心の利益としての廻向
    - 当来における証果の内実としての廻向
  - 如来廻向（仏から私へ）
    - 私の往生浄土なる入の仏道についての廻向
    - 私の還来穢国なる出の仏道についての廻向

といいうるのである。その中で、従来の教学が語るところの往相廻向と還相廻向とは、基本的には、その如来廻向

の入の門としての仏道と、出の門としての仏道を指すわけである。そして親鸞におけるこのような廻向の思想は、曇鸞の『往生論註』における往相還相二廻向の思想と覈求其本釈の思想[17]を継承し、それをさらに発展深化せしめたものであることはいうまでもないことである。

そしてこのような親鸞における廻向思想について、私から他者への廻向、ことにはその現生における信心の利益としての衆生廻向を語っていることは、従来の教学においてはほとんど無視されていたが、この思想は真宗における信心の現実性、その度衆生心、常行大悲なる社会的実践の原理を構築するために、充分に注目されるべきものと思われる。

かくして親鸞において当来における仏果得証の利益として語られた還相廻向とは、単に死後の利益として観念の世界において要請されたものではなくて、それはすでに上においても見たごとくに、成仏得証の必然の論理的結果として生起してくる作用、出来事であるということである。そしてまた、親鸞においてこの還相廻向が説かれるのは、すでに上においても指摘したところの、『歎異抄』第四条などに見られるごとく、現生における真実信心の必然の利益としての衆生廻向、衆生利益のきびしい限界、挫折と、それに対する深い悲歎という心情的理由に基づくもので、ここで明かされる浄土の慈悲としての還相廻向とは、現生における信心にこめられた熱い志願、信心の社会的実践の果てることのない延長として思念されたものであろうということである。その点、親鸞における還相廻向とは、単なる私の死後の問題ではなくて、この現生における真実信心の内実、そこに宿されるところの、満つることのない衆生利益の無限の志願を象徴するものにほかならないというべきであろう。

註

（1）慧遠『大乗義章』巻第九、大正四四、六三六頁参照。
（2）拙著『浄土教における信の研究』第三章「世親浄土教における信の思想」、一一一〇頁以下参照。
（3）拙著『浄土教における信の研究』第二章「龍樹浄土教における信の思想」一六〇頁参照。
（4）道振『安楽集大意』四八丁左参照。
（5）僧叡『往生要集偏帰箋』真宗叢書六、五八七頁参照。
（6）なお証空の『観経散善要義釈観門義鈔』巻第五（西山全書三、三五四頁）によれば、『観経』の廻向発願心を釈するについて、廻向に往相と還相があり、往相とは往生極楽の思いをいい、還相とは浄土より凡地に還来して衆生利益の行を起こすことをいうとする。ただしここでは往相還相を往想還想と表記していることは注目すべきである。また良忠の『徹選択集』巻五（浄土宗全書七、一一七頁）および『選択伝弘決疑鈔』巻四（浄土宗全書七、二九〇頁）によると、『観経』の三心を解するについて、廻向をすべて現生に属するものとし、その自利の面を往相廻向、利他の面を還相廻向と捉える理解が生まれている。ただしここでも往相還相を往想還想と表記している。
（7）拙著『親鸞における信の研究』上巻、第三章第一節第三項「親鸞における信の性格」二三三頁以下参照。
（8）世親『浄土論』真聖全一、二七七頁。
（9）『大悲経』（大正一二、九四五頁以下）には、この文に相当する文はない。道綽による積極的な取意によって作文されたものであろう。
（10）顕智書写本によると「南無阿弥陀仏をとなふるに」（『親鸞全集』和讃篇、二七八頁）となっている。
（11）三省堂『古語辞典』金田一京助監修、四四八頁参照。
（12）『親鸞聖人全集』和讃篇、解説参照。
（13）拙著『親鸞における信の研究』下巻、第四章「親鸞における信と実践」五八九頁参照。
（14）『親鸞聖人全集』和讃篇、解説参照。
（15）大原性実『真宗教学史研究』第三巻「真宗異義異安心の研究」二八三頁参照。
（16）藤堂明保『漢字の語源研究』六二一頁参照。

（17）曇鸞『往生論註』巻下、真聖全一、三一六頁、三四七頁参照。

親鸞における国王不礼の思想—宗教における政治の問題—

一、はじめに

西本願寺教団は、過ぐるアジア・太平洋戦争の最中、一九四〇年（昭和一五年）四月五日に、『聖教の拝読ならびに引用の心得』なるものを作成して、教団の下部組織に通達配布しました。その内容は、十二項目にわたる真宗聖典の数多くの文言について、引用、拝読してはならない、またはその読み方を変更せよというものでした。その中には、たとえば親鸞の主著である『教行証文類』「化身土巻」の中の、

出家の人の法は、国王に向って礼拝せず、父母に向って礼拝せず、六親に務えず、鬼神を礼せず。（真聖全二、一九一頁）

主上臣下法に背き義に違し、忿を成し怨を結ぶ。（真聖全二、二〇一頁）

などという文も含まれていました。いずれも当時の天皇中心の国家体制、ならびにその基本原理としての国家神道イデオロギーに抵触するという理由によるものでした。ことに上引の文は、すでに近代初頭から、近代天皇制が確立され、その徹底化がすすめられる中で、しばしば問題となった文言であり、明治の初めに、東西本願寺教団は共に、その「主上臣下」の文字を伏字抹消し、その後も何度かそのように決定し通達しました。そして教団は再び戦時下の思想統制に順応して、自らの意志によってこのような聖典削除を決定したわけです。このことをめぐって、

当時の教団においては反対論が続出し、各地の心ある僧侶や信者たちが、教団当局に繰り返して抗議を申し入れるということがありましたが、教団はこのことは宗義安心には関係ないと主張して強行実施しました。先年アメリカへ行ったときに、カリフォルニア州のある真宗寺院所蔵の『御伝鈔』の削除指令箇所に、白い紙が貼ってあることを知りました。戦争中、遠くアメリカの地にもこの指令が届き、それが戦後はるかにしてなおその跡をとどめていたことに驚きました。教団は今もって、この削除指令を撤回してはおりません。無責任にもそのまま放置していますす。私は今まで何度も、教団の戦争責任問題とともに、このことについて明確な総括が必要であろうと提言しましたが、残念ながら今もなお何ら結実してはおりません。

それどころか、西本願寺教団においては、戦後においても、改めてこの国王不礼の文が否定されるということがありました。教団は一九七五年（昭和五〇年）の夏に、『門信徒会運動計画書』なるものを作成、配布しましたが、その中で、親鸞のこの「国王不礼」の文を引用して、これからの教団は、平等な人間関係を形成し、権力主義を克服する新しい同朋社会の実現をめざすべきである、と明かしていたものが、教団当局の中枢部で問題となりました。この文章は、国王を否定し、したがって教団を破壊し、門主制を否定する危険な思想を宿しているもので、決して認められないということでした。そこで教団当局は、教義解釈に関わる教団最高の審議機関である勧学寮に諮問したところ、この文の教義的な意味については、「宗祖が国王や父母などに対する礼を否定されたものと考えるのは早計であり、曲解である」という回答が出されました。そこで教団当局はそれを受けて、この「国王不礼」の文については、「これは出家人の法」であって、在家の仏道を生きる真宗者には無縁なものであるとし、この『門信徒会運動計画書』を大幅に改定して、改めて全国組織に配布しました。西本願寺教団においては、戦後の民主主義の社会においても、今もなお、この親鸞の「国王不礼」の文が問題となり、この文に基づいてものを言おうものなら、徹底して否定されるという雰囲気があるようです。当時の勧学寮のトップにあった学者が、のちにこの『教行証文類』の講義録を出版されましたが、そこでもこの『菩薩戒経』問題にふれて、国王不礼とか父母不礼という思想は、親鸞の意趣においてはまったくありえないことだといわれています。

そこで、親鸞におけるこの「国王不礼」の主張は、いったいいかなる意味内容を持っているのか、その親鸞の真意について、いささかうかがってみたいと思います。

二、『菩薩戒経』の原意

ところで、この「国王不礼」の文は、もと『菩薩戒経』に説かれるもので、それを親鸞は、自らの『教行証文類』「化身土巻」に引用しているわけです。そこでしばらく、この原典である『菩薩戒経』の原意について見ることとしたいと思います。

この『菩薩戒経』は、詳しくは『梵網経盧舎那仏説菩薩心地戒品』といい、その序文によれば、広本の『梵網経』の中から、この一品のみを誦出漢訳したもので、鳩摩羅什の訳といわれます。しかしながら、今日の学術的研究によりますと、この経典は中国の劉宋の時代、紀元五世紀のころに、中国において成立したものであろうと考えられています。それは上下二巻あって、その上巻では盧舎那仏や菩薩の十地の階位などについて説明され、下巻には十重禁戒や四十八軽戒が詳細に説示されています。ことにこの下巻において明かされる戒法は、大乗仏教における戒であって梵網戒とも呼ばれ、在家者と出家者の両者に通じる戒であるところに、その特性があるわけです。とくにその四十八軽戒は、諸種の経典に説かれる戒の合糅とともに、当時の中国の仏教界の状況をも反映して構成されたものと考えられ、そこには飲酒、食肉、食五辛など、あるいはまた、蓄刀杖、人身売買、他人誹謗、放火、名利私欲の否定など、仏教徒として守るべき、日常的行儀について詳細に規定しています。そして、このような大乗仏教独自の戒は、のちに中国仏教および日本仏教において大いに注目されることとなり、ことに日本においては、最澄がこの経典に基づいて、比叡山に大乗戒壇の建立を企図し、『顕戒論』を著わしたことは有名です。

いまの「国王不礼」などの文は、その四十八軽戒の中の第四十戒に明かされている文です。この四十八軽戒の中で、国王不礼の文がいかなる意義を持つかについては改めて検討されるべきところでしょうが、そこではたとえ「出家の人の法」とあっても、この四十八軽戒の全体が、すでに上に指摘したように、大乗の戒法として在家者と出家者とに共通する戒法であったということは充分に注意されるべきところでしょう。またこの国王不礼の文については、望月信亨『浄土教の起源及発達』によれば、それは中国浄土教の先達であった廬山の慧遠（三三四〜四一六）の『沙門不敬王者論』の思想を承けたものであろうといわれています。すなわち、中国ではもともと王者の支配は、あらゆる国土と人民のうえに及ぶべきものでしたが、仏教が盛んになると、僧侶たちは方外の士、出世間の人として、王権の外に立つようになってきました。そこで東晋の時代、儒教主義の為政者たちは、僧侶に対して王者に向かって敬拝するよう要求しましたが、僧侶たちはこぞってこれを拒否しました。そのころに、桓玄というものが権力の座について、僧侶に対して国王に敬礼するよう求めたのについて、慧遠が不敬王者の論を主張して、ついに桓玄の意志を屈服せしめたことがありました。その慧遠がこの主張の趣旨にそって著わしたものが『沙門不敬王者論』です。ここでは慧遠は、僧侶たるものは、無生不変なる究極的な涅槃をめざすものであって、世俗の王化に従うべきではなく、もっぱらその宗致こそ求めねばならないと明かし、また化益不変なる涅槃に比べれば、国王の政徳はきわめて微少でしかないと論じて、政治権力を徹底して相対化しています。いまの『菩薩戒経』の「国王不礼」の文は、これらの主張、思想を継承したものであるというわけです。その意味においては、この文における国王不礼、父母不礼、六親不務、鬼神不礼の四事の中のはじめの三事は、ともにこの世俗に属するものを絶対なる究極的価値として認識し、それに対して帰依し、敬礼することを否定したものと理解されるべきでしょう。すなわち、ここで不礼といい、不務という場合の「礼」とか「務」とは、いずれも出世間なる仏道における仏法への帰依、帰向と同じ意味を持つものとして、国王や父母などの世俗の権威や依拠に対して、それを絶対的なものとして、それに帰依、帰順してはならないと教誡したものと見るべきです。ここには、私たち仏教徒の在るべき基本的姿勢として、この世俗の諸価値に眼を奪われ、それらの渦中に埋没して生きる日常的な在り方をきびしく否定して、一途に出世志向の道を生きるべきことを教示していると領解されるところです。その点、この文は、この四十八軽戒の第十七戒に、仏教徒が「自ら飲食財物利養名誉のための故に、国王、王子、大臣、百官に親近する」ことを誡めているものと、深く重層する戒法であると思われます。

ところで、この『菩薩戒経』の「国王不礼」の文の原意は、以上のごとく理解されるとしても、親鸞は、この文をその主著『教行証文類』に、いかなる意味をこめて引用したのでしょうか。それについて、その親鸞の意趣をたずねる前に、それについて伝統の真宗教学においては、いったいどのように解釈されてきたのか、いささか一瞥してみることとします。

三、伝統の真宗教学における解釈

親鸞の『教行証文類』について、最も古い註釈書である存覚の『六要鈔』には、ただ、

菩薩戒経、文の意、見易し。（真聖全二、四二五頁）

とのみあるだけです。その文意は容易である、文言のとおりに読解せよということでしょう。次に本願寺派の主なる註釈書について見ると、智暹の『本典樹心録』には、

国王父母を拝せずとは、ただこれ律儀にして不忠不孝を啓するの謂に非ず。賓頭盧、優塡王を拝し、袈裟を売つて食を求め、仏受けずして父母に供するの類、孝は戒の本なり。

と明かしています。玄智の『教行信証光融録』には、

梵網経戒本取意の文の国王父母を礼せずとは、出家の人の律儀を説く。出家は悉く礼を作さざると言うにあらず。唯道俗の別を示す。豈これ不忠不孝の謂ならんや。故に用うると否とは時に従う。賓頭盧の優塡王を迎えて七歩を縁ずるが如し。

と説いています。また月珠の『本典対問記』には、

今この引意は鬼神を礼せざるを其の所主と為し出家の法を示す。鬼神を礼すべからざるの意を彰すのみ。

といっています。また僧叡の『本典随聞記』には、

最後の梵網経の戒、不向国王礼拝不向父母礼拝六親不務までの三つ、此等は世間へ取て不都合なことの様なが、凡そ出家たる自分、仏弟子たる者、三世諸仏解脱幢相の服たる袈裟かける者は、俗に向て礼拝すること無きことなり。（中略）故に梵網経の説、身を高振ることでは決して無し。此は袈裟を尊敬するなり。俗人などへの応対のときはほとほと心得あるべきことなり。

と明かしています。また善譲の『本典敬信記』では、

此文已下別して出家の人に就て、邪道に事ること勿れと誡るなりと言へり。爾るべきことなり。但し此文を心

得損うときは、唯身を高ぶるの道具となりて甚だ仏意に背く。此の仏弟子たるものは、三世諸仏の解脱幢相を身に纏ふが故に、国王等と礼せずと云へることは、仏の御衣服たる袈裟を重んずるが故なり。心の内には国王等に向ては、憍慢にならざる様心掛けざる可からず。実に袈裟を重んじて国王等を礼せざるときは、則ち御咎めには預らざれども、心得違ふて身を高ぶるときは、御上より御咎めに逢ふ。心得べきことなり。

と説いています。また梅原真隆の『教行信証新釈』には、

出家の法規は在家と趣を異にすることを示した経文であるが、今ここに引証されたのは鬼神不礼の一事に存するのであつて、他は同文故来である。

といっています。

また大谷派の註釈書については、まず頓慧の『教行信証講義』では、

これは文に乗じて出家の人の律法を示したものなり。之れ出家の徳に約して説くなり。（中略）但し律法は此の如くなれども世法に順ずる時は一概に思ふこと能はざるべし。樹心に賓頭盧尊者の因縁を出す、就いて見るべし。此所の御引文は鬼神不礼の句が正しく入用で、余は同文故来とも言ふべきなれども、通解すれば国王父母をも礼せず、何ぞ況んや鬼神に於いてをやと顕し、且つ自力修行の出家すら是の如し、況んや念仏行者に於いておやと顕すこころなり。

と論じています。また宣明の『広文類聞誌』には、

今は別して出家の人の法を説けり、爰では文の如く義を取るは宜しからず。

といい、また鳳嶺の『教行信証報恩記』には、

今国王父母を拝せずと言うは文に乗じて律法を示す。経律の中にいまだ在家を拝するの文を見ず、若し世法に

随順すれば則ち用捨あるべし。

と明かしています。これらの解釈を通じて、それぞれの真宗領解がいかなる性格を持っているかがよくうかがわれるところです。そしてここでは多く、それがひとえに出家者のための戒法であって、在家なる真宗者には相当しないこと、あるいはまたそれは専ら鬼神不礼について明かすものであって、そのほかのことは単に付属の文章として引用したものにすぎないなどと明かしています。そしてさらにはまた、この文については、「不忠不孝を啓するの謂に非ず」「文の如く義を取るは宜しからず」「用うると否とは時に従う」「世法に随順すれば則ち用捨あるべし」「心得違ふて身を高ぶるときは、御上より御咎めに逢ふ。心得べきことなり」などといって、権力体制に配慮しつつ敬遠の姿勢をとっています。いずれにしても、ここには存覚、蓮如らによって培われ、やがて徳川封建体制下において強化されてきたところの、世俗権力と妥協した王法為本、仁義為光の信心理解の伝統教学の性格が、ものの みごとにうかがわれるところです。ただその中にあって、ひとり僧叡が、その国王父母不礼の文を真宗僧侶の立場から捉えて「俗に向て礼拝することは無きことなり」と主張していることは、独自な解釈として注目されるべきでしょう。

しかし、かかる伝統教学における大同小異な引意理解に対して、それとは明確に相違しているのが、山辺習学、赤沼智善共著の『教行信証講義』です。そこでは次のように明かされています。

出家ということは、これ迄もっていた思念を棄てることである。言い換えれば今迄は生活の真の意義を知らず、真の力を有せず、唯客観の出来事に動かされて浮草のように生活して来たのである。左様な心にて王を拝し父母眷属を拝しても何の所詮もない。然るに家を捨てて道を修めるに当り、未だ真道に入らざる中にややもすれば此の世俗の習慣に従って道を棄てんとする。今はそれを戒しめたのである。即ち真に道の生命を我が生命とすればそこに自然に俗諦が流れて来る。この境地に達せねばならぬ。然るに多くの修道者は片手に世間の道を握り、片手に仏道を握っている。そして此の二段に立ち縮んで、二兎を追う愚人のように一兎も得ることが出来ないのである。先師曰く、「如来の奴隷となれ、其の他の奴隷となる勿れ」、道に進む人はこれ等の文字を平淡に解せずに、深く其の奥旨を知らねばならぬ。

ここでは出家の人の法ということも、帰するところ、念仏者の生きるべき道として把捉し、その四事不礼についても、ひとえに世間道をすてて仏道を選ぶべきことを明かすものと理解し、清沢満之の『当用日記』の言葉を引用して、如来以外のいかなるものの奴隷になるなかれと明かし、この文については「平淡に解せず」「深く其の奥旨を知れ」と述べています。数多い『教行証文類』の註釈書の中で、ひとり際立つ領解です。結論を先取りしていいますと、私はこのような理解こそ、まさしく心して学ぶべき、親鸞の本意に沿うところの、珠玉のごとき先達の示教であると思うのです。

四、親鸞における引用の意趣

そこで次に、この『菩薩戒経』の文についての、親鸞自らの引用の意趣についてうかがうこととします。すでに上に見たごとく、この文については、伝統教学の多くの註釈書、および一九七五年（昭和五〇年）当時の本願寺当局の理解によりますと、はじめに「出家の人の法」とあるところ、この文は出家者の戒法について示したものであって、在家仏教としての念仏者の道を明かすものではないということですが、そのような理解には疑問が生じてきます。もともとこの『菩薩戒経』に明かされる戒法は、すでに上にもふれたように、大乗法として在家者と出家者との両者に共通する戒でした。そしてまたこの経典は、最澄における大乗円頓戒の主張の根拠になったものでしたが、当時の南都仏教側からは、この戒法はひとえに在家者のための戒であって、出家者のためのものではないと批判されたほどです。しかしながら、最澄はこの経典に基づいて、大乗円頓戒の独立を宣言し、それが「真俗一貫」して万人に開かれたものであることを主張したわけです。若き日、二十年にもわたって、比叡山で修学した親鸞にとっては、そのことは充分に識知されていたはずです。とするならば、親鸞がそういう歴史的な背景を持っているこの『菩薩戒経』の文を引用するについて、それを単に自己の立場とは異なった、出家者の道としてのみ理解して引いたと考えるよりも、むしろそれは、最澄の独自な大乗戒に対する解釈の延長上において、仏教徒一般、ことには念仏者のあるべき道として領解したうえでの引用と解するほうが、より当を得た見方であると思われます。もしたとえ、それがなお聖道教の出家者についての戒法を示したものであるとしても、親鸞はこの『教行証文類』において、この「国王不礼」の文の少し前に、最澄の作といわれる『末法灯明記』の文を引用して、

然ればすなわち、末法の中に於てはただ言教のみありて行証なけん。若し戒法あらば破戒あるべし。既に戒法なし。何の戒を破せんによって破戒あらんや。破戒なおなし。いかにいわんや持戒をや。（真聖全二、一七〇頁）

たとい末法の中に持戒あらば、既に是れ怪異なり、市に虎あらんが如し。此れ誰か信ずべきか。（真聖全二、一七一頁）

などと明かしています。その点からすれば、親鸞の時代認識においては、すでにこの末法の世にあっては、戒法もなく、またしたがって、持戒者は一人としてありうるはずはなかったわけでしょう。そしてまた、親鸞の仏教理解の立場からするならば、その『教行証文類』の同じ箇所で、聖道の諸教は、「全く像末法滅の時機に非ず、已に時

を失し機に乖ける」ものであって、成仏道としては「唯浄土の一門有って通入すべき路」であると明かすごとく、出家仏教としての聖道教は、すでにその存在意義を喪失したと認識していました。かくしてこのように、戒法とその持戒者の存在を全面的に否定し、また出家教団としての聖道教の仏道の崩壊を指摘して、ひとり念仏道の一門のみを成仏道として承認する親鸞にあっては、その仏道領解においては、もはや在家者の仏道、出家者の仏道という区別はなかったはずです。そこではひとえにこの念仏の道を生きるものこそ、まさしく「真の仏弟子」（「信巻」）であるという、深い自覚があったわけでしょう。その意味においては、この『菩薩戒経』の文は、単に出家者の道、その戒法を示すためのものというよりも、まさしく真仏弟子としての念仏者のあるべき道を明かすものとして、ここに引用したと理解すべきであると考えられます。

またことに、親鸞の著述における「出家の法」という語の用例を検すると、親鸞が同じ『教行証文類』の「信巻」に『涅槃経』の文を引用するについて、次のごとき文を記しているのは充分に注意されるところです。

法に二種あり、一には出家、二には王法なり。王法といふは、謂くその父を害せり、則ち王の国土たり。是れ逆なりといふと雖も実に罪あることなけん。迦羅羅虫のかならず母の腹を壊りて、然してのち生ずるが如し。生の法是の如し。母の身を破ると雖も実にまた罪なし。騾腹懐妊等のまたまた是の如し。治国の法は法として是の如くなるべし。父兄を殺すと雖も実に罪あることなけん。出家の法は乃至蚊蟻を殺すもまた罪あり。（真聖全二、八二〜八三頁）

この文は、王法では父母を殺すと雖も罪とならないことがあるが、出家の法では蚊や蟻を殺しても罪となると明かしているわけです。ここでいう出家の法とは、在家の法に対するものではありません。それは明らかに、王法としての世俗の法に対する出世、仏教の法を指すものです。いまの『菩薩戒経』の文における「出家の人の法」という語も、この「信巻」引用の「出家の法」という立場からすれば、まさしく仏教、出世の法の意味にも解しえられるところです。その点からすれば、「出家の人の法」とあるからといって、親鸞における引用の意趣が、直ちに出家者の道を明かしたものとのみ解することには問題があり、むしろそれは広く仏教者の道について示したものとも理解できましょう。かくして、親鸞の仏教理解の立場からするならば、この『菩薩戒経』の文の引用の意趣については、単に自己の立場とは相違する聖道教の戒法、出家者の道を示したものと解するよりも、まさしく真仏弟子としての、念仏者のあるべき道、出世の法を明かそうとして、ここに引用したものと理解すべきであろうと考えられるのです。

次に、この『菩薩戒経』の文が、国王、父母、六親、鬼神の四事不礼を明かすについて、伝統教学の註釈書、および一九七五年（昭和五〇年）当時の本願寺当局の見解によると、ことにその勧学寮の回答書では、

その文中には国王、父母、六親、鬼神の四事が出ているけれども、国王、父母、六親に関して示された文は、他の三十六文の中に一箇処もありません。したがって、この経をご引用になった意は、まさしく「鬼神を礼せず」というところにあることが明らかに知られます。

ということです。そこには国王不礼、父母不礼、六親不務、鬼神不礼の四事が明かされているが、その鬼神不礼の意は他の引用文にも見られるが、その他の三事の意趣は、この引用文の一文のみであるから、直接には意味はなく、この文はひとり鬼神不礼の主張を示すために引用したものであるというのです。まことにもって奇妙な論理です。ただ一か所しかないから、その文の意味はとらないというわけです。とすれば、教団当局は親鸞の著書の解釈において、二か所以上に同じ意味を示す文がなければ、親鸞の意趣とは見ないというのでしょうか。まことに勝手な解釈というほかはありません。親鸞の著書には、たとえ一か所しか明かされていなくても、貴重な意味が宿されてい

る言葉は、ほかにもあります。むしろただ一か所しかない文言こそ、ただ一か所なるがゆえに、心をひそめて大切に、その意趣をうかがうという姿勢も大切であろうと思われます。いまのこの文についても、四事の一々の文言に深い意味があるものとして、その全体を一連にして読むべきでしょう。決して恣意に断章取義してはなりません。

もしたとえ、それが勧学寮の回答書にいうように「鬼神不礼」のみを示す意味において引用されたとするならば、親鸞は何ゆえに他の三事の文を捨てて、ただ「鬼神不礼」とのみ引用しなかったのでしょうか。それでは文章に主語がなくなるとか、文章が短くなりすぎるというのであれば、その直前の『集一切福徳三昧経』の引文は「余乗に向はざれ余天を礼せざれ」とあって、そこには主語はありません。また同じ引文で、最後のほうに引用される度律師の文は「魔那悪道所収」とのみあって、わずか六字の短文です。それに順ずれば、もしこの文がいわれるように、ただ鬼神不礼のみを明かすための引用だとすれば、「菩薩戒経言鬼神不礼」と示してもよかったはずです。にもかかわらず、親鸞は、あえて「出家の人の法は、国王に向って礼拝せず、父母に向って礼拝せず、六親に務えず、鬼神を礼せず」と引用しているわけです。その点、そこには親鸞が、そのように引用した意味が充分にあったはずです。しかしながら教団は、何ゆえにその引用文の一部を切り捨てて解釈するのでしょうか。それは伝統教学の解釈がそうであることに基因するとも考えられますが、そのことは、現実の教団状況や社会状況のところから解釈しようとする、体制癒着に基づく理解であって、それは根本的に問題があり、決して納得できる解釈ではありません。

しかしながら、このようにいいますと、親鸞は決して人倫道徳を否定したはずはない、という反論がかえってくるかもしれません。だがここで『菩薩戒経』の文が、父母不礼といい、六親不務というのは、何も直ちに父母や肉親の恩義を否定し、それに対する人倫を排除することではありません。ここで父母に対して礼拝するとは、次の「鬼神不礼」の礼拝と同語であって、それは鬼神に対するごとく、もっぱらそれに帰依し、帰向することであり、父母をおのれの人生の畢竟依とすることを意味します。私にとって父母とは、おのれの生命の故里として、最も懐かしく、頼りとすべき存在です。この地上において、父母の慈愛、その真情がどれほど偉大であり、かけがえのない意味を持つかは、言うまでもないことです。しかしながら、父母の慈愛がいかほど深く大きくあろうとも、またそのことが私にとってどれほど欠くべからざるものであろうとも、「今生いかにいとをし不便とおもふとも、存知のごとくたすけがたければ、この慈悲始終なし」(『歎異抄』)と明かされるごとくに、それはしょせん、末通らざるものであり、やがては空しいものとなってゆくものです。ここに人生の現実があるわけです。かくして仏教では、決して父母をおのれの畢竟依とし、それに帰依することがあってはならないと説き、そういう世俗の原理を超えて、ひたすらに出世の道を選び取って生きるべきであり、ここにこそまことの人生が成就してくると教えるのです。親鸞が『歎異抄』において、

親鸞は父母の孝養のためとて、一返にても念仏まふしたること、いまださふらはず。(真聖全二、七七六頁)

と明かしたのも、また畢竟、上にいうごとき、本願念仏の立場が、ひとえに世俗の原理を超脱していることを示すものでしょう。この世俗の世界は、すべて「よろづのこと、みなもて、そらごと、たわごと、まことあることなき」(『歎異抄』)世界です。そこには、おのれがついに帰すべき畢竟依は、何一つとして存在しない世界です。そのことは念仏者にとっては、たとえどれほどきびしかろうとも、まさしく私の存在と、この世の現実として、如実にこそ承認されるべき事柄です。そしてそのゆえに、念仏者は世俗なるものに対しては、それがたとえいかなる権威であろうとも、またいかに価値あるものであろうとも、またそれが最も血縁深き父母や六親であろうとも、決してそれに帰依してはならず、それを礼拝してはなりません。

国王不礼の問題もまた、この父母不礼、六親不務の思想とまったく重なるものです。親鸞がここで礼拝というの

は、すでにふれたごとく、それをもっておのれの人生の畢竟依とし、それに拝跪してゆくことを意味するものでした。その点からして、この『菩薩戒経』の国王不礼の文の引意は、明確に国王に帰依、拝跪し、それに隷属して生きるということを否定し、教誡するものであると考えられるのです。念仏に生きるということは、この世俗の世界について、「よろづのこと、みなもて、そらごと、たわごと、まことあることなし」と、如実に信知しつつ生きてゆくことでなければなりません。その意味においては、政治権力がどれほど外形的に権威や神聖さを装うとも、それもまた、上に見た父母や六親と同様に、末通るものではないところ、決してそれを究竟処と思い誤り、それに拝跪してはならないわけです。かつて過ぐるアジア・太平洋戦争下において、本願寺教団の学者たちは自己の信心を喪失して、天皇と阿弥陀仏とは同じであり、天皇の詔勅と釈尊の教言は重なる、天皇の影像に向かって念仏し礼拝せよといいましたが、このことについてはよくよく反省し、懺悔すべきです。

政治権力というものには自己否定という立場はありません。それはつねにおのれを絶対視し、みずからを善として、さまざまに自己を神聖化しつつ民衆の前に立ち、一切を裁いてゆこうとするものです。そしてそのかぎり、いつでもおのれに与するものは正であり、善であって、反対におのれに敵対するものを邪とし、悪として排斥しようとするものです。しかしながら、そのことがどれほど末通るものでしょうか。それはつねに歴史とともにうつろいゆくものでしかないことは、すでに明白なところです。ひたすらに自己の現実存在の相を凝視し、出世を志向して、念仏をこそ究竟の真実と選び取ってゆく念仏の道と、おのれを絶対視し、さまざまに装いつつ、一切を裁断しようとする政治権力とは、本来的に矛盾相反するものです。親鸞の「信心の智慧」(『正像末和讃』)の眼には、そのことが明瞭に見えていたのでしょう。親鸞は、門弟宛ての手紙において、

余のひとびとを縁として、念仏をひろめんと、はからひあはせたまふこと、ゆめゆめあるべからずさふらふ。

（『御消息集』真聖全二、七〇七頁）

これよりは、余の人を強縁として、念仏ひろめよとまふすこと、ゆめゆめまふしたることさふらはず、きはまれるひがごとにてさふらふ。（『御消息集』真聖全二、七〇八頁）

といって、「余の人」すなわち権力者を縁として、念仏の布教を計ってはならないときびしく誡めています。親鸞はきわめて鋭敏に、権力との関係、それとの癒着を拒絶したのです。かくして親鸞においては、政治権力としての国王を神聖化し、それを究竟処として拝跪することは、また鬼神を礼拝することにほかならなかったのです。親鸞が念仏者の道として、国王不礼を主張する意趣がここにあるわけです。

親鸞のこのような念仏者の道における、国王不礼、父母不礼の思想は、また同じ時代に生きた道元および日蓮にも見られる思想です。道元は、その『正法眼蔵』に、

いたづらに名利のために、天を拝し、神を拝し、王を拝し、臣を拝する頂門を、仏衣頂戴に廻向せん。（巻第十二）

と明かし、またその『永平広録』には、

国王大臣に近づかず、檀那施主を貪らず、生を軽んじて山谷に隠居し、法を重じて叢林を離れず、尺璧も宝とせず、寸陰是れ惜み、万事を顧みず、純一弁道なり。此れ乃ち仏祖の嫡孫、人天の導師なり。（巻第八）

と語っています。また日蓮はその『報恩抄』の中で、

仏法を習いきわめんとおもわば、いとまあらずば叶うべからず。いとまあらんとおもわば、父母師匠国主等に随いては叶うべからず。是非につけて出離の道をわきまへざらんほどは、父母師匠等の心に随うべからず。

と説いています。いずれも、おのれの仏道を進むについては、「王を拝し、臣を拝し」「父母師匠国主等に随いて」

はならないというわけです。ここで「拝す」といい、「随う」というものは、いずれも上に見たごとく、その神聖視、それに対する拝跪を意味するものでしょう。ここでもまた同じように、ただ一途にこそ、世俗を超えて出世を志求すべきであると教誡しているのです。このように親鸞、道元、日蓮に共通して見られる、国王不礼、父母不礼の思想は、鎌倉新仏教の持つ基本的な性格であったともいいうることで、そのことは充分に注目されるべきことでしょう。

五、むすび

以上、親鸞における『菩薩戒経』の引用の意趣、その国王不礼の思想について、ことに西本願寺教団当局の見解が、その経文の引用については、それはもっぱら出家者の戒法を明かすものであって、在家仏教としての念仏者の道を示したものではないとし、またそこには国王不礼、父母不礼、六親不務、鬼神不礼の四事を明かしているものの、その引用の意図は、ひとり鬼神不礼のみであって、他の三事は親鸞にとっては意味はなかったと主張することをめぐって、いささか親鸞の本意をたずねてみました。そこで私が思うことは、このように本願寺教団当局が、親鸞における真宗領解の中から、国王不礼、父母不礼等の思想をあくまでも排除しようとするのは、その勧学寮の「回答書」が、

仏法は出世間道を明らかにするだけでなく、世間道をも示すものであって、宗祖も世間の人倫道徳を否定されるものでないことが知られます。

と述べているように、教団当局の仏教理解が、仏法とは出世間の道と世間の道の二種の道を説くものであり、また

親鸞における信心についても、信心の道のほかに世間の人倫道徳の道の、二種の生きざまを教えていると理解することによるものであろうと思われます。すなわち、教団当局の理解する仏法、真宗とは、念仏、信心の論理に基づくところの仏、浄土をめざす出世間の生きざまとともに、それとはまったく異なった、世間の論理に基づく人倫道徳の道をも大切に生きよと教えるものである、ということのようです。すなわち、仏教、そして真宗とは、出世間の道と世間の道の二種の道、念仏、信心の道と人倫道徳の道の二元、真俗二諦の論理を、ほどよく、うまく生きてゆけよと教えているというわけです。

しかしながら、まことの仏教というものはそういうことを教えるものでしょうか。また親鸞はそういうことを明かしたのでしょうか。私が領解する仏法、真宗念仏の道とは、ひとえに出世間の道をこそ示すものであって、世間道を教えたものではないと学んでいます。この世俗のただ中に生き、この世俗の雑染汚濁にまみれて明け暮れている私が、この世俗の虚妄性と無常性、おのれにおける罪と死の深淵さを思い知らされつつ、またひたすらに大悲を思念し、浄土を願生しつつ、ただ一途にこそ、出世を志求して生きる道、そういう「出世の道」を明示するものこそが、仏法であり、真宗念仏の教えであるといただいているわけです。すなわち、仏法の立場とは、基本的には『流転三界偈』に示すところの「流転三界中、恩愛不能断、棄恩入無為、真実報恩者」（『清信士度人経』）の道といいうるものでしょう。そしてまた、そのことは親鸞の言葉に寄せていうならば、『歎異抄』に、

聖人のおほせには、善悪のふたつ惣じてもて存知せざるなり。（真聖全二、七九二頁）

本願を信ぜんには他の善も要にあらず、念仏にまさるべき善なきゆへに。悪をもおそるべからず、弥陀の本願をさまたぐるほどの悪なきゆへにと（真聖全二、七七三頁）

煩悩具足の凡夫、火宅無常の世界は、よろづのこと、みなもて、そらごと、たわごと、まことあることなきに、

ただ念仏のみぞまことにておはします（真聖全二、七九二〜七九三頁）

などと語られるものこそがそれであり、ここに親鸞における念仏成仏の道の基本的な立場があったといいうると思われます。そこにはひたすらに出世の道としての念仏を選び取り、浄土をめざして生きてゆく、ただ一条の道があったただけでしょう。そして親鸞は、このような念仏において成立してくる出世の道を、自らの人生の営為とし、それを日々の世間の道として生きよと教えているのです。その一条の出世なる念仏の道が、そのまま私における世間道でもあるというのです。

親鸞は決して、出世と世間、念仏信心と人倫道徳という二つの原理、二種の道を生きることを教えてはおりません。それを二つの原理と理解するとき、そこには必然的に、真諦と俗諦、信心為本と王法為本というごとき、真俗二諦論的な発想が生まれ、いたずらに真と俗とに分裂した信心が語られ、また現実状況と遊離した、観念的な信心が勧められるようになってくることとなります。しかしながら、そのような真俗二諦論的な理解は、親鸞の信心の世界とは明確に異質なものです。親鸞の念仏信心の道とは、上にも明かしたごとく、それは基本的には出世の道を意味するものであって、この世俗のただ中において、ひたすらに大悲を思念し、浄土を願生しつつ、この世俗をきびしく凝視し、それを超出して生きようとする、念仏に基づく日々の人生の営為そのものをいうのです。いまの親鸞における国王不礼の思想は、ひとえにこのような出世の道の立場、その視座から主張されたものにほかなりません。その意味においては、本願寺教団が、このように「仏教は出世間道を明らかにするだけではなく、世間道をも示すもの」「宗祖も世間の人倫道徳を否定されるものではない」という立場に立つかぎり、そしてまたこの日本国に天皇制が存続するかぎり、今後ともこの国王不礼、父母不礼の文は、あくまでも真宗信心と矛盾、対立するものとなり、その伝道教化においては、大きな足枷となり、削除されるべき文言となりましょう。そのことは、すでに上において見たごとくに、近世における多くの真宗学者たちが、その『教行証文類』の註釈においてさまざまに弁明の言辞を弄し、また近代初頭以来、これらの文言がしばしば問題となり、ついには戦時教学の下において削除指令が出されるに至り、それはなお今日においても撤回されないままであること、そしてまた戦後の今日、再び『門信徒会運動計画書』から削除されたことによっても明白です。

かくして、西本願寺教団においては、その教学理解、信心理解が、出世間道と世間道という真俗二諦論的であるかぎりは、必然的に、この「国王不礼」の文は、真宗聖典の中においては、今後とも、あるべからざる文言であり続けることでしょう。そしてまた、いま現に西本願寺教団が精力的に展開しつつある、さまざまな差別の克服という、平和運動の推進というも、教団の教学が、仏教そしてまた浄土真宗とは、そのような出世の道と世俗の道の二種の道を説き、真諦と俗諦の二元の原理を教えるものであると理解するかぎり、その念仏、信心は、過去にそうであったように今後もまた、しばしば世俗の原理にからめとられ、その中に埋没してゆくであろうことは明白であり、決して差別を解消してまことの平等社会を実現し、また争乱を治めてまことの平和世界を建設するというような、新しい念仏者の営為実践を創出してゆくことは、とうていできないことでしょう。

参考文献

（1）中濃教篤編『戦時下の仏教』、講座『日本近代と仏教』6、国書刊行会。
（2）信楽峻麿編『近代真宗思想史研究』、法藏館。
（3）信楽峻麿編『近代真宗教団史研究』、法藏館。
（4）信楽峻麿著『親鸞における信の研究』上下二巻、永田文昌堂。

参考資料

・西本願寺当局（神田寛雄総長）より勧学寮（大江淳誠寮頭）に対する照会の文。

さきに『昭和五十年度門信徒会運動計画書』に化身土巻の菩薩戒経の一文を引用してありましたが、このご引文について、教義上の祖意を明示くださるよう照会いたします。

参　考

この引文につきましては、同計画の解説原文では、誤解を生じる恐れがありましたので、小職としては既に回収措置をしたのでありますが、このたび十一月十九日の第百七十八回臨時宗会の席上、教学的解明をするよう要請がありましたことに基づいて、照会するものであることを念のために申し添えます。（昭和五〇年一一月二七日）

・勧学寮より教団当局に対する回答の文。

『本典』化巻末二十四丁（真聖全二、一九一頁）に、『菩薩戒経』の文を引かれてありますが、そのご引用の祖意を窺うにあたっては、宗祖の『本典』における真仮偽のご批判を知らねばなりません。而して、特にこの経を引用されたのは、その中の「偽」を明かされた一段であります。すなわち、化巻本三十三丁（真聖全二、一六七頁）に、「然るに、正真の教意に拠って古徳の伝説を披く。聖道浄土の真仮を顕開して、邪偽異執の外教を教誡す」と示され、それを承けて化巻末一丁（真聖全二、一七五頁）には、「夫れ、諸の修多羅に拠って、真偽を勘決して、外教邪偽の異執を教誡せば」といって、『涅槃経』より『論語』にいたるまで三十七文を出されてあります。その中、初めの十一経二十三文は「正真の教意」であり、後の十一論釈十四文は「古徳の伝説」にあたります。その思召しは、全体が「外教邪偽の異執を教誡する」というお言葉におさまるのであります。

まず初めに『涅槃経』の一文と『般舟三昧経』の二文が出ておりまして、『涅槃経』の文は、「仏に帰依せば、ついにまたその余の諸の天神に帰依せざれ」と明かし、『般舟三昧経』の初めの文は、三宝に帰依する者は、余道につかえて天を拝し鬼神を祠り吉良日を視てはならぬと示し、後の文も同じく天を拝し鬼神を祠ってはならぬと誡められてあります。その意味を後に種々の経釈の文をお出しになって明らかにされたのであります。すなわち、ご引用の三十七文全体が、正しい因縁の道理を説く、仏法に帰依する者は、外教のごとき正因縁の理に違する邪偽の法に帰依してはならない旨を、内道・外道対弁して誡められるのであります。
今の『菩薩戒経』は右のごとき趣旨を明かされる一段の中に引かれたものであって、その文中には国王・父母・六親・鬼神の四事が出ているけれども、国王・父母・六親に関して示された文は、他の三十六文の中に一箇処もありません。したがって、この経をご引用になった意は、まさしく「鬼神を礼せず」というところにあることが明らかに知られます。故に、仏教を信奉する者が他の鬼神を礼するごときは邪偽異執であると誡められる思召しであると窺うべきであります。

〔付記〕

宗祖が国王・父母・六親などに対して如何なる考えを持たれたかということは、ひろく宗祖のご文を検討して総合的に考究すべき課題であります。今その所見の一端を付記すれば、次のごとくであります。

まず、本願とその成就文に「唯除五逆誹謗正法」と説かれてありますが、その五逆の中に、父母を害することは恩田に背く重い逆罪とされています。また『大経』の下巻にはひろく五善五悪の勧誡が示され、『観経』には「孝養父母奉事師長」等を世善として挙げ、その世善を含む世戒行の三福を「三世諸仏の浄業正因なり」と説かれてあります。もっとも、これらの行はこれをもって往生の因法とするときは要門自力の行となりますが、それ自体が善法であることに異論はありません。

よって、宗祖は『本典』信巻末十三丁（真聖全二、八一頁）以下に、『涅槃経』を引いて難化の三機、難治の三病を示されていますが、五逆はその中の一つであります。そこで次には『論註』と善導の文などを引用して、謗法と五逆について明かされてあります。その『論註』の文には、五逆が正法のないことから生ずる旨を示して、「もし諸仏菩薩、世間・出世間の善道を説いて衆生を教化する者ましまさずば、あに仁・義・礼・智・信あることを知らんや。かくのごとき世間の一切善法みな断じ、出世間の一切賢聖みな滅しなん」等と明かされてあります。国王につきましては、たとえば行巻の正信偈の前、五十丁（真聖全二、四三頁）のところに、知恩報徳の義を示されるために、「孝子の父母に帰し、忠臣の君后に帰して、動静己に非ず、出没必ず由あるがごとし」等という『論註』の釈を引用せられてありますが、この中にやはり忠臣・孝子ということが出ております。

これらの文によりますと、仏法は出世間道を明らかにするだけではなく、世間道も示すものであって、宗祖も世間の人倫道徳を否定されるものでないことが知られます。なお、かくのごとき文例は、このほか多数に見られますが、すべてこれを略します。

したがって、化巻にご引用の『菩薩戒経』に、「出家の人の法は、国王に向って礼拝せず、父母に向って礼拝せず、六親につかえず」とあるからといって、直ちに宗祖が国王や父母などに対する礼を否定されたものと考えるのは早計であり、曲解であると申さねばなりません。

もっとも、仏法を否定し、念仏に仇をなす者に対しては、国王といえどもこれを許容せられず呵責せられたことは、『本典』後序（真聖全二、二〇一頁）に示されたご文のごとくであります。要は、いかなる場合にも、正法を基とし、真実の教えを指南として仏道を歩み、苦難のご生涯を生き抜かれたのが宗祖聖人でありました。したがって、うるわしい人間関係を保持し、平和にして明るい社会の実現を念願して、念仏聞法を実践することが、わが同朋教団に属する者のあるべき姿勢であり、門信徒会運動の目的であります。

（昭和五一年二月二四日、中外日報）

なお『本願寺新報』紙も昭和五一年三月一日付にて同文を掲載している。

Ⅳ 真宗教団史

近代真宗教団の社会的動向

一、はじめに

およそ八百年におよぶ真宗教団の歴史の中で、その近代史は、変革と伝統、上昇と下降の両契機を含みつつも、さまざまな起伏と曲折の足跡を残して過ぎていった。日本における近代の理解については、どこを始点とし、いつを終期とするかをめぐって、種々なる見解があるが、いまここでいう近代とは、明治維新を起点とし第二次世界大戦の終結までとする。すなわち一八六八年（明治元年）から一九四五年（昭和二〇年）までの、およそ八十年間をいうわけである。その近代における真宗教団の動向について、以下いささかの概観を試みることとする。

それについて、その近代全体を、便宜的に、明治前期、明治中期、明治後期、大正期、昭和前期の五期に区分することにする。その明治前期とは、明治元年から、明治十八年に井上円了（一八五八～一九一九）の『真理金針』が発刊されて、従来の伝統とは異なり新しい西欧思想に基づく真宗理解が始められてくるまでの、明治元年から明治十七年までをいい、明治中期とは、それ以後、明治三十四年に清沢満之（一八六三～一九〇三）によって『精神主義』が創刊され、新しい近代真宗学への胎動が生まれてくるまでの、明治十八年から明治三十四年までをいい、明治後期とは、それ以後明治四十五年までをいう。そして大正期に次いで昭和前期とは、昭和元年から第二次世界大戦終結の昭和二十年までをいう。近代真宗教団の歴史を、以下このように区分し、それぞれの時代における教団の動向について見てゆくこととする。

二、明治前期

まずこの時代は、徳川幕藩体制が、外的圧力と内的諸要因の相乗作用によって崩壊していったあと、新しく維新政府が樹立され、さまざまな混乱をともないつつも、世界の列強諸国を目標に、天皇制に基づく新しい国家権力を確立し、それを支えるための経済的基盤を形成していった時代であった。新政府は中央集権的官僚体制を整備しながら、富国強兵、殖産興業をめざして、身分制度の廃止、貨幣制度の統一、学制の公布、徴兵令の施行、地租改正などの開化政策を次々に展開していったのである。しかしながら、他方では、それに対応して、専制支配に反対し、人権の確立を求めるという自由民権運動が勃興し、広範な国民的支持をうけたが、政府権力の強力な弾圧により、充分に結実することもなくして後退していった。かくしてこの明治前期とは、やがて確立してくる天皇主権の国家体制への路線が、着々と敷設されていった時代ともいいうるのである。

このような激動の時代における真宗教団は、さまざまな困難な課題を背負わなければならなかったが、そのひとつに、近世から引き継いだ廃仏運動への対応があった。すなわち、仏教教団はすでに近世において、儒教、国学、神道のそれぞれから、きびしい批判をうけていた。儒教の立場からは仏教の持つ非現実的な性格について、国学や神道の立場からは、もっぱら国粋主義的な発想によって、またそのほか経世論の立場からは、政治、経済的な視点によって、仏教教義とその教団の現状に対して、辛辣な論難が加えられていたのである。そのような思想的背景の中で、一八六八年（明治元年）三月には、天皇制国家の思想的基盤の確立を意図して、神道国教主義体制の形成をめざす神仏分離令が出されたが、そのことは各地においては、いわゆる廃仏毀釈の運動にまで発展していった。その内容は、教団により、地域によって相違するが、真宗教団においては、地方権力によって強行された廃合寺の問題が深刻であった。それは各地に起こったが、ことに一八七〇年（明治三年）十月の富山藩における合寺令は、各寺院の仏具を供出せしめるとともに、各宗各派を一寺に統合するという指令であった。当時の藩内の真宗寺院は千三百数十寺にのぼっており、その合寺令が、いかに過酷なものであり、混乱を招いたかがうかがわれよう。そのほか、一八七一年（明治四年）三月に起こった、愛知県三河菊間藩の僧侶と信者による抵抗運動や、一八七三年（明治六年）三月に起こった、福井県の大野、今立、坂井三郡にわたる僧侶と信者の抵抗運動などは有名であるが、いずれも首謀者らが死罪に処せられるという結果であった。このような廃仏思想に対応し、幕末から近代初頭にかけて、仏教側から多数の護法論が述作されたが、ことに真宗においても、曇龍（一七六九〜一八四一）の『垂釣卵』（文化八年）、潮音（一七八三〜一八三六）の『掴裂邪網編』（文政二年）、南渓（一七九〇〜一八七三）の『角毛偶語』（弘化元年）、龍温（一八〇〇〜一八八五）の『闢謗概譚』（文久三年）、『総斥排仏弁』（慶応元年）、義導（一八〇五〜一八八一）の『和合海中垂訓』（元治元年）など、きわめて多くの著述が生まれている。そこでは、儒教、国学、神道の主張に対する直接的な反駁のほか、その廃仏論を受けて、真宗者としての自戒自省を訴えるものや、三教一致を説いて儒教や神道との融合を図るものが見られるが、結論的には、真宗とは民衆を教導して、よく国家に奉仕するものであることを弁明し、新しい国家体制に対して、もっぱら国家真宗、護国真宗と自己規定しつつ、この廃仏運動をかわしていったのである。

またいまひとつ、この時代の真宗教団が緊急に対応を迫られた問題に、キリスト教の進出があった。かつて近世初頭に伝来したキリスト教は、その後は長く禁制されていたが、幕末には長崎で隠れキリシタンが発見され、また新しい宣教師の渡来によって、再び伝道が行なわれるようになってきた。ことに真宗においては、自らが信心を中核とする教団であり、また教義内容においても、一神教的な性格を軸とする類似点を持つところから、このキリスト教に対しては、最も積極的な対決を試みていった。東西本願寺ともに、幕末のころからキリスト教対策に配慮をすすめていたが、一八六八年（明治元年）、本願寺派教団では学林に破邪学科を設置し、キリスト教防止のための人材育成を行なうこととした。また大谷派教団でも、この年に学寮の分寮として護法場を設けて、キリスト教破斥の体勢を整えた。キリスト教についての研究も進められて、多くの反駁書が著作された。南渓の『杞憂小言』（慶応三年）、超然（一七九二〜一八六八）の『寒更霰語』（慶応三年）、細川千巌（一八三四〜一八九七）の『破斥釈教正謬前編』（明治三年）、島地黙雷（一八三八〜一九一一）の『復活新論』（明治三年）、石川舜台（一八四二〜一九三一）の『耶蘇教秘密説』（明治五年）、佐田介石（一八一八〜一八八二）の『仏教創世記』（明治一二年）などである。そこに見られる主張の基本は、キリスト教を邪教視して、キリスト教を破斥することは、すなわち国家を擁護することであるという護国観念に根ざすものであった。ここにもまた国家真宗の性格が見られるわけである。しかしながら、やがて一八七三年（明治六年）にキリスト教禁制政策が撤廃され、一八七五年（明治八年）十一月に、信教自由の口達書が発布されるに至ると、かかる護国観念に基づくキリスト教反駁論は、その立場を喪失することとなり、真宗におけるキリスト教批判は急速に退潮化していった。

またこの時代の真宗教団が担わねばならなかった重大な課題に、西洋文明との対決があった。その新文明のひとつに自然科学がある。そこで説かれる新しい知見としての地動説や進化論などの主張は、古代の宇宙観や世界観に依ってきた真宗教学にとっては、大きな波紋を生じることとなった。西方浄土の教説は、ひとえに須弥山説に基づくものであるというところから、さかんに須弥山説擁護論が展開された。ことに佐田介石が、地球儀に対抗して視実等象儀なるものを作成し、実証的に須弥山説を主張したことは有名である。またこの介石は、極端な国粋主義に立って欧化思想に抵抗し、ランプ亡国論や鉄道亡国論を主張し、一時は多くの共鳴者をえたが、やがてかかる見解があえなく瓦解していったことはもちろんである。当時の政府の基本方針は、もっぱら欧米の先進文明を吸収することであったが、また真宗教団においても、一八七二年(明治五年)には、本願寺派からは、梅上沢融、島地黙雷、赤松連城(一八四一〜一九一九)らが、また大谷派からは現如(一八五二〜一九二四)、石川舜台、成島柳元らが、欧州諸国の文明視察のために出発した。これらの先進的な動向が、やがて島地黙雷を中心とする大教院分離運動を生み、政教分離の原則に立つ信教の自由権を獲得したことは、そこには一定の限界はあったとしても、充分に評価されるべきことであろう。ことに本願寺派教団においては、一八八一年(明治一四年)に、第一回の定期集会を開催したが、この集会とは、教団全体の僧侶によって選挙された代表者らが集って衆議する議会のことで、これはのちに成立した帝国議会の先駆をなすものであって、その高い開明性がうかがわれるところである。また一八八四年(明治一七年)には、島地黙雷、大洲鉄然(一八三七〜一九〇二)、赤松連城、渥美契縁(一八四〇〜一九〇六)、井上円了などの真宗の僧侶らが中心となって、令知会なるものが結成されたが、それは新しい西洋文明に注目して、政府の文明開化運動に呼応するものであり、真宗僧侶が先導的意識をもって啓蒙思想に同調し、その促進に協力していったことは注目されるところである。

この時代における真宗教団の動向は、上に見たごとく、まことに多様であったが、基本的には新政府の国家政策に対応し、それに追随するものであった。本願寺派教団においては、幕末に尊皇攘夷運動が興ると、いち早くこれに呼応し、防長出身の僧侶らの先導のもとにもっぱら尊皇路線を進んでいった。しかし、大谷派教団は、かつての徳川家康以来の恩義もあって、幕末における政局の動向についても幕府との結縁を断ちえず、新政府への対応も遅延していた。しかしながら、幕藩体制が崩壊して新政府が成立すると、直ちに教団をあげて新体制に順応していったわけである。明治新政府は、一八七二年（明治五年）三月に、新しく教部省を設置し、四月には神官および僧侶を教導職に任じ、

一、敬神愛国の旨を体すべき事。
一、天理人道を明にすべき事。
一、皇上を奉戴し朝旨を遵守せしむべき事。

という新政府の基本方針としての三条教則を発布して、教導職をしてその教則の宣布にあたらせた。そして翌一八七三年（明治六年）には、この教導職の養成機関として大教院を設置したが、そこではまったく神道優先がはかられ、国家権力によって、宗教、仏教を支配しようとするものであった。しかしながら、島地黙雷らの主唱によって反対され、ついに一八七五年（明治八年）には大教院が解散し、やがて教部省と教導職も廃止されるに至ったわけである。だが真宗教団の路線は、基本的には天皇中心の国家体制に追随するものであって、その教義理解も、またそれにふさわしく、ついには国家権力に収斂されてゆくものであった。すなわち、釈尊による仏法とは、真諦として心を養い、来世に浄土往生を遂げる法であり、天皇主権の国法とは、俗諦として身を修め、現生に国家の忠良となってゆく法であって、この仏法と国法、真諦と俗諦がよく相依するところに、真宗信心の本義があるという、いわゆる真俗二諦の教義を構築していったわけである。一八七一年（明治四年）九月に発布された、本願寺派の広如の遺訓に、

希くは一流の道俗、上に申すところの相承の正意を決得し、真俗二諦の法義をあやまらず、現生には皇国の忠良となり、罔極の朝恩に酬ひ、来世には西方の往生をとげ、永劫の苦難をまぬかるる身となられ候やう、和合

を本とし自行化他せられ候はば、開山聖人の法流に浴せる所詮此うへはあるまじく候。（真聖全五、七七七頁）

と示されるごとくである。

しかしながら、かかる天皇権力に追随する教義理解が、親鸞の原意趣としての本来の真宗信心とは異質であり、それと齟齬することは必然であって、大谷派では、一八七三年（明治六年）一月に、『御伝鈔』などの文について、天皇権威と神道イデオロギーに関わって忌諱にふれる文を指摘し、それを読誦する場合には、読み替え、ないしは省略するよう指令した。そのころ本願寺派においても、同様な意趣のもとに、『教行証文類』「化巻」の「主上臣下」の文などの伏字を決定するということがあった。

またこのころ東西本願寺教団は、共同して、親鸞に対する大師号の宣下を請願したが、本願寺教団が、維新に際して、多額の献金をし、忠誠を尽くしたという功労も認められて、一八七六年（明治九年）に「見真」という大師号がおくられ、ついで翌年には、その勅額が下賜された。また、一八八二年（明治一五年）には蓮如に対して「慧燈」という大師号が宣下された。本願寺派の明如（一八五〇～一九〇三）は、この親鸞に対する大師号の宣下にあたって、「一宗の面目遺弟の光栄、天恩謝する所なく候」（『御消息』）と無条件に感激しているが、国家権力に弾圧され、僧籍を剥奪されて、遠く流罪に処せられながら、なおもひとすじに自己の信心を貫徹し、その教法を民衆に伝えて生きた親鸞に、いまさら何ゆえに天皇権威による大師号や勅額が必要なのか。このような大師号の請願とその勅額の拝受は、まさしく近代における真宗教団が、天皇権力に拝跪し、その国家体制に隷属していったことを、もののみごとに象徴するものであった。

かくして、この時代の真宗教団は、次々と改革を試みつつ、表面的には近代的装いを整備しながらも、内実的には、依然として封建的な体質をそのまま温存しつつ、天皇制国家に見合うところの、法主絶対の中央集権的な教団を形成していったのである。かくしてそのことは、本質的にはひとえに国家権力に追随するところの、新しい国家真宗の確立にほかならなかったわけである。

三、明治中期

明治も中期に至ると、国家的には、産業革命が進行して、ことに紡績業などの軽工業が発展し、重工業も官営を中心に次第に展開したが、その反面では、人口の過半数を占めている農民層が、地主制のもとで徹底して収奪されてゆくという構造を生み出していった。そしてそれにともなって、資本主義体制が形成されてゆくこととなったが、また政治的には、それらを背景として近代天皇制に基づく国家形態が、いっそう強固な基盤を確立していったのである。

新政府の基本的な課題は、列強諸国に伍する国家権力を形成し、その基礎をなすところの国家財政を成立せしめることであった。そしてその権力の支配機構の強化をめざして、一八八九年（明治二二年）には大日本帝国憲法を制定し、また翌年には、帝国議会を開設し、教育勅語を発布した。その憲法は、一面では公選議会制を認める立憲君主制としての側面を持ちながらも、より本質的には、天皇を絶対の主権者とし、それに直属する官僚によって総括されるところの、絶対主義的君主制としての国家体制の形成を企図するものであった。そしてまた教育勅語とは、忠孝に帰結する国家主義的な臣民道徳を強調するところの、天皇制国家理念の精神的基盤をなすものであって、それは帝国憲法を補完する役目を果たすものであった。その後この勅語は、義務教育に導入され、長く国民教化の聖典として尊重されていったわけである。かくして、法制的な機構としての帝国憲法と、精神的な理念としての教育勅語との、内外両面にわたる規制に基づいて、近代天皇制国家は体制的に確立していったのである。この教育勅語が発布されるや、続々とその解説書が出版されたが、真宗においても、本願寺派の多田賢住（一八三一～一九一〇）が『普通教育勅諭演讃』（明治二四年）を、赤松連城が『勅語衍義』（明治二四年）を、そしてまた東陽円月（一八一九～一九〇二）が『勅語奉体記』（明治二六年）を著わしている。真宗信心の名をもって、それに無条件に追随しつつ、国民教化の一翼を担っていったのである。

なおこの教育勅語に関わっては、一八九一年（明治二四年）一月に、第一高等中学校での勅語奉読式で、同校の教員であった内村鑑三（一八六一～一九三〇）が、勅語への礼拝を拒んだという理由で、世論から強い非難をうけるという、いわゆる内村鑑三不敬事件が生起した。そしてこの事件をめぐって、教育と宗教との衝突論争が行なわれることとなったが、東京帝国大学教授の井上哲次郎（一八五五～一九四四）は、わが国の教育方針は、教育勅語の精神、すなわち、国家主義の精神、忠孝の思想に基づくべきであって、キリスト教の精神とは相違することを主張し、キリスト教側からは、植村正久（一八五七～一九二五）らが、その国家主義や忠孝倫理を批判した。この論争の中で、仏教者はいっせいにキリスト教打倒の声をあげ、真宗においても島地黙雷らがさかんにキリスト教を攻撃したが、ひとり本願寺派の古河老川（一八七一～一八九九）の論評のほかは、ほとんど感情的反発によるもので、本質的には、井上の主張する国家主義、忠孝の思想に便乗し、ないしはそれを補完する論調であって、かつての明治前期におけるキリスト教破斥運動の延長線上に立つものであったといいうるであろう。この論争を通じて、キリスト教は反国家主義的であるという烙印が押され、やがて日本のキリスト教は、全体的には、天皇制に妥協してゆくという方向を歩み始めたが、また仏教、そして真宗は、これを契機に、いっそう国家主義的な性格を濃くしていったわけである。この問題をめぐる主な論説には、大谷派の井上円了の『教育宗教関係論』（明治二六年）、村上専精（一八五一～

一九二九）の『仏教忠孝編』（明治二六年）などがある。

この時代は、上に指摘したごとく、資本主義体制が確立してゆき、またそれにともなって、天皇制国家形態も強固となってきたが、真宗教団も、またそのような国家の動向に敏感に対応していった。そのひとつに監獄教誨がある。その近代的教誨としては大谷派の蓑輪対岳を嚆矢とするもので、蓑輪は新政府によって獄制の改良が企てられるに呼応して、一八七二年（明治五年）に東京府に願い出て石川島徒場に出張し、囚徒を諭説教化した。その年、間もなくして名古屋および金沢でも、東西本願寺の僧侶が監獄教誨を行なうということがあった。その後においては、仏教各宗の僧侶および神職らが、それぞれの地方において監獄教誨を請願し、進出してゆくこととなり、一八八一年（明治一四年）には、全国のすべての監獄において刑務教誨が行なわれたという。またこの年には監獄則が制定されて、各監獄には教誨者を置くことが義務づけられたが、その手当てが僅少であったために、他宗派による教誨は衰退し、東西本願寺教団が中心になることとなった。その後、キリスト教からの進出もあり、巣鴨監獄の教誨をめぐって、大谷派とキリスト教との対立が生じ、ついには帝国議会に上提されるほどの政治問題にもなることがあったが、東西本願寺教団は、独自に教誨者の人物養成をはかり、大谷派は大学寮に教導講習科を設けたり、東京に教導講習院を開設した。また本願寺派では京都に教務講究所を開いた。なおまた、その教誨者の俸給や旅費の大部分は教団が負担するなどして積極的に関わっていった。しかしながら、一九〇三、四年（明治三六、七年）のころ、大谷派教団が財政の窮迫に陥ってからは、この方面については、本願寺派教団が圧倒的に勢力を拡張してゆくこととなった。

また真宗教団は、早くより軍隊布教を企て、師団によっては、毎月出張して仏教講話を行なっていたが、一八九四、五年（明治二七、八年）の日清戦争に際しては、東西本願寺教団ともに、直諭を発し、臨時部、出張所を設けるなどして戦時体制を組織したが、ことに大谷派の平松理英（一八五五～一九一六）が最初に従軍布教を志願し、その後には仏教各宗からも次々と願い出るものがあって、総計五十余名の従軍僧が、一八九四年（明治二七年）十二月に宇品港を出発して大連に向かった。そして各地で法話を重ね、慰問を続けたが、終戦ののち、翌年の五月には帰還した。その間、旅順攻撃の激戦ののちに、戦死者の追弔法要を営んだが、その翌日には陸軍の首脳を説得して、清国戦死者の追弔法要も行ない、多くの清国人の感謝を受けたという。その後において、真宗教団においても軍隊布教ということが重視されるようになったようである。南条文雄（一八四九～一九二七）は、軍隊布教のための参考書ということで、『軍隊勅諭衍義』（明治二九年）という書物を著わしている。

いまひとつ、真宗教団が当時の国家体制に追随していったことには、北海道などの未開教地への布教と、日本の海外進出にともなうところの海外開教の問題がある。北海道に対する布教は、すでに幕末のころから、北方防備の目的のもとに、東西本願寺教団による進出が見られていたが、近代になると、まず大谷派教団によって精力的に着手された。それは新政府の殖産事業の進展に対応するものであって、教団は北陸方面出身の開拓民を多数入植させて新道を建設するとともに、次々と寺院を建立してゆき、一八七〇年（明治三年）には、札幌に東本願寺管刹所（のちの別院）を建設した。本願寺派教団も、やや遅れて、開教使を派遣し、教線を拡張していった。仏光寺派、興正派などの真宗各派教団も進出していった。

また近世以来長く真宗の布教を禁止していた薩摩藩に対しても、一八七六年（明治九年）に布教の自由が認められるや、東西本願寺教団は、直ちに鹿児島に開教使を派遣して伝道を開始した。

また海外に対する開教については、韓国、中国、シベリヤ、アメリカなどがある。その韓国への開教については、一八七六年（明治九年）に日韓修交条約が結ばれ、各地に日本人が進出するにともなって、新政府が大谷派教団に対して開教伝道を依頼することから始まった。大谷派教団は奥村円心を釜山に送り、その後は各地に別院、布教所を建立して、次第に教線を拡張していった。いっぽう本願寺派教団は、日清戦争ののち、韓国開教を企て、一九〇二年（明治三五年）には釜山に布教場を建立し、一九〇七年（明治四〇年）にはソウルに朝鮮別院を創建した。そのころ、本願寺派の厳常円によって韓国人対象の布教が進められ、韓人教会（のちに大聖教会と改称）なるものが成立し、多くの韓国人信者が生まれたことは注目されるところである。

中国に対する開教については、一八七三年（明治六年）に、単身で中国に趣いた大谷派の小栗栖香頂（一八三〇～一九〇五）が、一八七六年（明治九年）に再び中国に渡り、上海に東本願寺別院を創設し、翌年には北京にも進出していった。そして日清戦争ののち、一八九九年（明治三二年）には、上海に清国開教本部を設置して、以後は上海居留の日本人らを中心に各地に開教を展開していった。本願寺派教団においても、一八九九年（明治三二年）に大谷光瑞（一八七六～一九四八）が中国各地を巡教するころから開始された。台湾に対する開教は、日清戦争ののち、一八九六年（明治二九年）に、本願寺派によって開始され、台北を中心に、在留日本人および台湾人に対して伝道が進められていった。

満州、シベリヤ方面に対する開教は、長崎、熊本、佐賀の出身を主とする居留日本人、および軍人、軍属の後を追って、一八八七年（明治二〇年）に、本願寺派の多門連明がウラジオストックに派遣されたことから始まった。その後、ハバロフスク、ブラゴエシチェンスク、ストレチンスク、イルクーツク、ニコリスクなどに布教場を設置していった。大谷派もその後に出張布教を始めた。それは日露戦争によって一時は中断されたが、その後再びさかんになっていった。

アメリカへの開教については、本願寺派によって始められた。ハワイに移民した日本人に対する布教のために、一八八七年（明治二〇年）に曜日蒼龍が渡ったが、その後ハワイがアメリカに合併されて移民も急増したところから、一八九七年（明治三〇年）には開教使を派遣し、翌年には初代開教監督（総長）として里見法爾を駐在させた。日本からの移民の多くが、広島、山口、熊本、福岡の各県の出身者であったところから、この地方を布教基盤とする本願寺派の進出が際立ったわけである。その後における本願寺派のハワイ開教は急速な発展を遂げ、オアフをはじめ、マウイ、ハワイ、カウアイの各島に布教所が多く設立されていった。アメリカ大陸に対する開教も、主としてはハワイから転住して、サンフランシスコを中心とするカリフォルニアに渡った日本人に従って始まり、一八九八年（明治三一年）には、本願寺から派遣された本多恵隆、宮本恵順を迎えて、サンフランシスコにおいて仏教青年会が発足した。次いで翌年には、開教使として薗田宗恵（一八六三～一九二二）（初代総長）と西島覚了が渡って、サンフランシスコに本願寺出張所を開設した。その後は日本人の進出移住にともなって、真宗の伝道は北米全域に拡大していった。またその延長として、一九〇五年（明治三八年）には、カナダにも開教が進められていった。大谷派も遅れてロスアンゼルスを中心に開教を進めたが、アメリカ、ハワイでは、本願寺派教団の教線が圧倒的に強力である。このように、ことに明治期には真宗の海外進出が著しいが、それらはいずれも、現地の未信者に対する開教ではなく、日本より移住した人びとの後を追ってゆく、移住者を対象とする布教であったわけである。しかしながら、これら移民に対する精神的な慰撫と成長をもたらすものとしては、充分に意味があったわけである。

またこの時代の仏教界では、言論出版の風潮が高まり、すでに一八八〇年（明治一三年）には、本願寺派教団は、機関誌として『龍谷新報』を発刊し、また大谷派においても、同じ年に東京の開導社から『開導新聞』を刊行した。しかしながら、この言論界でことに注目されることは、一八八七年（明治二〇年）に本願寺派の普通教校の学生有志たちによって『反省会雑誌』が創められたことである。その同人は高楠順次郎（一八六六～一九四五）、杉村楚人冠（一八七二～一九四五）、古河老川（一八七一～一八九九）らであった。この雑誌は、その後発展して、一八九六年（明治二九年）には、本部を東京に移して独立した総合雑誌となり、坪内逍遥、正岡子規、国木田独歩、幸田露伴、島崎藤村、与謝野鉄幹らの寄稿をうることになったが、その後、一八九九年（明治三二年）には、誌名を『中央公論』と改題した。この雑誌が今日に至るまで長く近代日本の言論界の主流を形成してきたことは周知のごとくである。

この時代における真宗教団の動向として、いまひとつ注目すべき問題は、明治初期からの流れを継承して、真宗教団の近代化のための改革運動が起こされたということである。本願寺派教団においては、維新の動きとともに、一八六八年（明治元年）七月には、防長の僧侶である島地黙雷、白鳥唯唱、赤松連城らが連署して、改革を求める建言書を本山に提出した。そして教団当局の弊習として、法義のためにという姿勢がないこと、いたずらに私欲を貪っていること、賄賂や情実によって動いていること、の三点をあげ、改革すべき基本としては、僧侶と信徒を一致して宗政に参加させること、それについては人材を登用すること、会計収支を明確健全化すること、などの三点を主張した。これは長州藩の改革に学んだもので、また中央新政府の長州出身高官とも通じる動向であった。宗主広如（一七九八～一八七一）は、これらの建議を大幅に採用して次々と改革を図り、長い伝統の坊官制度も廃止されたが、さらに新しく、明如（一八五〇～一九〇三）が宗主を継職したのち、一八七五年（明治八年）には、寺務所を設けて執綱に日野沢依、執事に大洲鉄然、島地黙雷が任じられ、そのもとに議事と行事の二局と、教務、法務、度支、監正の四課が設けられた。維新政府を背景とした防長出身者による教団改革であったが、宗政の実権はこれら防長僧侶の新官僚の手に帰したわけである。しかしながら、本願寺教団は続いて新しい改革の動きをもった。新政府における長州出身の主流派に対する非主流派の土佐出身者たちを中心とする、自由民権運動が拡がってゆきつつあったころ、一八七九年（明治一二年）六月に、明如は東京において、突如として現行の寺務所組織を廃止し、その諸役員である島地、赤松、大洲らを免職することを宣言して、新しく革正事務局を設置し、その総理には反防長派の中心人物であった北畠道龍（一八二一～一九〇七）を任命することを発表した。その革正の具体案は、本山を東京に移転すること、教団の管長および本願寺住職は末寺住職による公選とすること、大谷家戸主は大谷本廟の守真者となること、伝統の檀家制度は廃止すること、寺格、堂班は撤廃すること、などの思い切った内容であった。しかしながら、このことは教団の内外に大きな波紋を生じていった。京都に残留する島地、大洲らの必死の抵抗と、伊藤博文らを通じて動いた中央政界の三条実美、岩倉具視が、明如に対して強力に説得に努めたことや、ひそかに勅使までも派遣されるということがあって、明如はついにこの革正運動を中止することとなった。権威に生きるものは、より強力な権威に対してはまったく脆弱であったということであろうか。近代における最大スケールの教団改革計画は、あえなくも一場の夢と化したのである。

大谷派教団における近代化のための改革運動は、本願寺派のそれが維新政府の動向に連動する形態をもって始まったのに比較すると、いささか相違している。それは上にもふれたところの、一八六八年（明治元年）に、キリスト教破斥対策のために設けられた護法場に端を発した。この護法場は空覚（一八〇七～一八七一）によって指導されていたが、ここに学んだ青年僧侶たちは、やがて真宗の護法運動は、外敵を破る前に内部の旧弊を改革することこそが先決であるという自覚を持ち、さかんに本山の封建的宗制を批判することとなった。その流れに従って、一八七一年（明治四年）十月には、従来の坊官制を廃止して寺務所が開設され、この護法場で育った渥美契縁、石川舜台らが議事に任じられた。この改革をめぐって、坊官派が空覚を暗殺するという事件も起きたが、教団近代化の方向は、京都府権大参事の槇村正直の応援をうるという新政府の権力を背景として、いっそう進められていったのである。しかしながら、その宗制機構については、本願寺派においては、すでに上にもふれたごとく、一八八一年（明治一四年）において、公選された僧侶によって衆議されるという開明的な集会が開設されていたのに対して、そういう立憲制を否定する法主専断制がそのまま温存されていたのである。そしてまたこの大谷派においては、一八七九年（明治一二年）より両堂の再建を発願し、一八九五年（明治二八年）に完成を見たが、その募財をめぐって教団の世俗化が著しく、また信心、教化についても逼塞し衰退するところがあった。かかる現状に対して、その翌一八九六年（明治二九年）十月、清沢満之（一八六三～一九〇三）をはじめとする井上豊忠、清川円誠、稲葉昌丸、今川覚神、月見覚了の六名が首唱して、教団改革運動を起こした。洛北の白川村に本拠を定め、『教界時言』を発刊して大谷派の有志に呼びかけたが、その反響は大きく、共鳴者は全国的に拡がっていった。この運動の中から、寺務体制、財政機構、教学布教などについて新しい提案を行なったが、教団はこの六名らの僧籍を剝奪し追放した。その混乱のあと、石川舜台が参務となってこの改革運動に対応し、一八九七年（明治三〇年）には、議制局（のちの宗議会）が開設されるなどの改革が進められた。改革派もそれに期待をかけたが、教団の封建体質は根深くて、充分な結実を見ることもなくして挫折していった。しかしながら、この清沢満之らの教団改革運動は、近代教団史上でことに注目すべき意義を持つものであった。それは成熟した近代思想を基盤とした理念に基づく運動であったところ、たとえその運動が充分には成果をおさめえなかったとしても、やがて展開していった精神主義運動を通して、思想、教学を中心とする新しい真宗近代化の潮流を創出し、後世に偉大な影響を残していったわけで、その点については、本願寺派には見られない特徴を持つものであった。

四、明治後期

日清戦争のあと、日本における資本主義はいっそう発展し、産業革命も大きく前進することとなった。軍備の拡張政策は諸産業を拡大させ、台湾の取得と朝鮮半島への進出は、新しい海外市場を確保した。しかし他方においては、さまざまな深刻な社会問題が噴出してくることとなり、貧農、小作の農民層の没落も生まれ、農村の疲弊は著しかった。またその政治状況は、近代天皇制を基軸とするところの専制的な国家機構はいっそう強化されてゆき、やがて一九〇四、五年（明治三七、八年）の日露戦争ののちには、帝国主義国家を形成していったのである。

かかる政治経済的な状況の中にあって、この時代の真宗教団はいかなる動向をもったのか。一九〇四年（明治三七年）二月に日露戦争が始まると、東西本願寺教団ともに、全国の門徒に対して戦争協力を説諭し、従軍布教使の派遣や追弔会の勤修など、積極的に対応していった。ことに本願寺派は臨時部を設置して、軍資金の献納、軍人の送迎、傷病兵の慰問、留守家族の援護など、全面的に協力したが、その功労によって、大谷光瑞（一八七六～一九四八）は、戦後に明治天皇から「其功尠からず、朕深く之を嘉す」という勅語を授与されたほどである。この日露戦争に際しては、社会主義の立場に立つ人びと、および一部のキリスト教徒によって、反戦の主張がなされたが、真宗者のほとんどは無条件に戦争を肯定していた。その中にあって、一九〇一年（明治三四年）より、清沢満之の浩々洞から発刊されていた『精神界』に掲載された戦争論が、基本的には戦争を肯定しながらも、戦争が宿すところの罪悪性や虚妄性をきびしく指摘していることは注目される。またのちに大逆事件に連座した大谷派の高木顕明（一八六四～一九一一）は、真宗教義を社会主義的世界の建設をめざすものと捉えて、一貫して非戦論を主張した。

そして無我苑を創始した伊藤証信（一八七七〜一九六三）もまた、その『無我の愛』において痛烈な戦争批判を行なった。これらは、教団あげての戦争讃美の中にあって、ひとり非戦の立場を堅持した真宗者の貴重な動きである。

またこの時代には帝国主義形成の進行の中で、さまざまな社会問題が生起してきた。ことに独占企業においてストライキが続発した。この労働問題についても、真宗教団は工場布教などを通して関わっていったが、それは労資間の対立の緩和を求めるもので、結局は資本家、経営者側の利益に加担していったのである。また栃木県の足尾銅山において鉱毒事件が発生し、重大な政治問題にもなったが、それについても真宗教団は積極的に対応し、見るべき動きもあったが、これも結論的には、問題の本質を充分に捉えないままの慈善事業にとどまった。また一九〇二年（明治三五年）、本願寺派の布教使が、和歌山で布教中に、未解放部落の人びとに対する差別的言辞を発したということで社会問題となり、教団はこの布教使を罷免し、門末に対しても教諭した。このころから真宗教団では、各地において部落問題に取り組む動きが生まれたが、それらはいずれも改善融和活動の域を超えるものではなかった。この和歌山における差別事件を契機として、一九一二年（明治四五年）八月には、奈良の光明寺において大和同志会なるものが発足した。これは部落改善運動推進をめざすものであったが、この運動には真宗僧侶が関わってはいないものの、その機関誌『明治の光』においては、さかんに西本願寺教団の改革が主張された。僧階売位制の撤廃、懇志強要への批判、法主の公選制の主張などが出され、教団も法制調査会を設置し、協議を重ねるところがあったが、何らの結実も見ることなくして消滅していったようである。

次にこの時代において注目すべき動向としては、真宗信心ないしは真宗教学において、近世以来の権力随順の封建的体質の信心や、護教的注釈学的な宗学から脱皮し、近代思想に支えられた主体的な真宗領解、自由討究による近代教学の形成という風潮が生まれてきたということである。本願寺派の古河老川は一八九四年（明治二七年）一月に、「懐疑時代に入れり」（『仏教』）という論文を発表しているが、そこでは将来の仏教の在りようを論じて、今日の仏教は伝統の崩壊によって新しく懐疑の時代に入ったが、それはより進んで、批評となり、さらにはまた新独断としての近代的な新仏教までに展開してゆくべきである。それについて、今後は仏教徒の中からさまざまな危激の言辞を発するものも輩出するであろうが、それらはこの新しい仏教形成のための、必然的動向として是認すべきであると主張している。まことに深い洞察による大胆な提言である。古河らはこの年に経緯会を創始したが、それが展開して一八九九年（明治三二年）十月には、仏教清徒同志会（のちに新仏教徒同志会）が発足した。その綱領には、健全なる信仰の確立、社会の根本的改善、仏教宗教の自由討究、迷信の勦絶、伝統の教団制度の否定、政治権力からの独立、という六項目を掲げている。ここには仏教の近代化の方向が明確に指示されているのである。その同人たちは、機関誌『新仏教』によって、政治権力の宗教利用の動きに反対し、戦争を批判し、公娼廃止を主張するなど、さまざまな社会的活動を行なっているが、それは充分に注目されるべきところである。

このような新仏教徒の運動とは、いささか性格を異にした新しい信仰樹立運動として生まれたものが、大谷派の清沢満之の精神主義の提唱である。満之は一九〇〇年（明治三三年）九月に、暁烏敏（一八七七～一九五四）、佐々木月樵（一八七五～一九二六）、多田鼎（一八七五～一九三七）とともに、東京に浩々洞を開設した。その精神主義とは、近代思想と浄土信仰とのきびしい交錯の中に生まれたところの、絶対無限者に依拠して確立される、人生における完全な立脚地としての主体的な自由、自律の思想を意味するものであった。それは明治初期の真宗が、廃仏毀釈の嵐のあと、新政府権力に追随しつつ、おのれを国家真宗と自己規定してゆき、また明治中期の真宗が、そのような方向の中で、形態的にはさまざまに近代的な装いを整備していったことに対して、当時の産業革命と帝国主義の進向にともなって、さまざまな社会問題が噴出してくる中にあって、近世以来の伝統教学とも訣別し、また近代における時流迎合の真宗解釈をも批判しつつ、ひとえに内観主義的に、西洋思想と東洋思想の接点を模索する方向において、新しい親鸞思想の近代的主体的な把握を試み、またその実践道を開拓していったものであった。この満之の精神主義は、日本近代思想史の上ではことに注目すべき意義を持つものであって、のちの西田幾多郎の哲学にも影響を及ぼしているが、それが上に見たごとき東本願寺改革運動に対する断念により、ひたすらに自己の内面に向かって沈潜してゆくことを通して形成されたものであるところ、現実状況との対決の限界も見られるところである。この清沢満之を敬愛しつつ、それとは異なった立場から新しい近代的な真宗信仰を提唱していったのが、同じ大谷派の近角常観（一八六九～一九三一）である。常観は洋行ののち、一九〇二年（明治三五年）五月に、東京に求道学舎を開設し、一九〇四年（明治三七年）から『求道』を発刊したが、それは情熱的な求道と伝統に終始するものであった。また一九〇五年（明治三八年）六月には、同じ大谷派の伊藤証信（一八七六～一九六三）が、東京に無我苑を開き、雑誌『無我の愛』を発刊して、無我愛運動を創始した。その無我愛とは、宇宙の真相を無我の愛と捉え、人間はすべて自己の運命を他者の愛にまかせ、また同時に全力をあげて他者を愛すべきで、ここに絶対平安の境地が開けてくるという主張である。証信は大谷派から離脱してこの運動を進めたが、それは当時の帝国主義に基づく逼塞的な社会状況の中では、きわめて新鮮な解放的新生の主張として受けとめられたようで、徳富蘆花、幸徳秋水、堺利彦らは書面を寄せて賛意を表している。ことに河上肇がその主張に共鳴して無我苑に入ったことは著名である。またこの伊藤証信が、日露戦争についてきびしい戦争批判を行なったことは、上にもふれたごとくである。このように大谷派出身の清沢、近角、伊藤が、ともに伝統の真宗理解を否定し、また教団をも超えて、新しい近代的な真宗信心を確立していったことは、充分に注目されるべきところであろう。

またこの時代に至ると、教団における学制も定まり、その教学研究においても近代教学への胎動が始まってくるようになった。その学制については、本願寺派においては、近世以来の学林が一八七六年（明治九年）には大教校となり、一八九一年（明治二四年）には主として宗学を教授する大学林と、主として普通学科を教授する文学寮を設けたが、さらに一九〇〇年（明治三三年）には大学林を仏教大学と称し、文学寮を東京の高輪に移し、のちに高輪仏教大学としたが、両者の対立を排するために、一九〇四年（明治三七年）には高輪仏教大学を廃して京都の仏教大学に合併し、その後は、研究科、本科、予科をもって構成し、一九二二年（大正一一年）には大学令による認可をうけて龍谷大学となった。また大谷派においては、近世以来の学寮が一八八二年（明治一五年）に大学寮と改称され、さらに一八九六年（明治二九年）には真宗大学と称し、それとは別に宗学を主とする真宗高倉大学寮を設立した。その後、一九〇一年（明治三四年）には、この真宗大学は東京の巣鴨に移転したが、一九一一年（明治四四年）には再び京都に帰り、高倉大学寮と合併して真宗大谷大学と称し、その後は研究科、本科、予科を設けて、一九二二年（大正一一年）には、龍谷大学と同じく大学令による認可を経て大谷大学と称することとなった。いずれも真宗学、仏教学を中心として、哲学、史学、文学、語学などにわたる、教団最高の研究教育機関としての形態を整えたわけである。ことにこの時代においては、自由にして科学的な研究が進められ、特には歴史意識が濃厚に摂取されることになった。その流れの中で、一九〇一年（明治三四年）七月には、大谷派の村上専精（一八五一～一九二九）が『仏教統一論』を著わし、いわゆる大乗非仏説を主張した。そこには近代における新しい仏教解釈への強い念願が宿されていたが、教団内外より激しい非難が集中して、ついにその年の十月には僧籍を剝奪されるということがあった。また本願寺派の前田慧雲（一八五七～一九三〇）は、一九〇〇年（明治三三年）に『仏教古今変一班』なる書を著わして、仏教の法門は歴史とともに変化しており、真宗においても、親鸞の領解には七祖からすれば変化が見られ、また覚如、存覚、蓮如の真宗理解にも変遷があると論じた。そして一九〇三年（明治三六年）には

『大乗仏教史論』を著わして、いわゆる大乗非仏説論を肯定し、多くの批判を受けるということがあった。この慧雲もその翌年には、東京高輪仏教大学廃止問題もあって僧籍を剝奪された。このような教学の近代化をめぐる種々の軋轢は、当時の教団状況からすれば必然でもあった。またこの時代、本願寺派の大谷光瑞が、一九〇二年（明治三五年）から一九一〇年（明治四三年）にかけて、三次にわたって中央アジアに探検隊を派遣し、西域文化の貴重なる資料を収集したことは特筆すべきであろう。

この時代の日本は、いっそう資本の独占化と帝国主義政策が進められてゆき、それにともなって種々の社会的矛盾が続出してくることとなったが、真宗教団は、労働問題、慈善事業、感化事業などの諸問題に、他教団に先駆けて積極的に取り組んでいった。しかしながら、いずれの場合にも、自己の教学、信心に基づく主体的な立脚地点を設定しないままの運動であったがため、それらはすべて、独占資本下における帝国主義政策に妥協し、それを精神的な側面から補完するという役割を担っただけで、真宗独自の社会運動とはなりえなかったのである。かくして真宗教団は、その近代化の胎動を内に秘めながらも、大勢としては、伝統の封建的体質をそのまま重く引きずりながら、次の大正期を迎えることとなったわけである。

五、大正期

大正期の時代は、わずか十四年あまりであったが、そこには多様な動きが見られてくる。第一次世界大戦のあと、軍事産業の発展にともなって、資本の独占化はいっそう進行し、国民生産についても農業中心から工業中心へと移行してゆき、都市人口も急増して、大幅な経済的変動が見られるようになった。その反面、農村の近代化は依然として遅れたままで、やがて襲った恐慌のもとで深刻な打撃を受けることとなるわけである。他方、政治的には、その独占資本の成長と連動しながら、帝国主義を確立していったわけで、日本は、日清戦争によって台湾および澎湖島を、日露戦争によって樺太の北緯五〇度以南および関東州を、そしてまた一九一〇年（明治四三年）には、日韓併合の名目で朝鮮を植民地としたが、さらに第一次大戦後には、太平洋の赤道以北のドイツ領南洋群島を植民地としたのである。それらの植民地は、日本の本土の八〇パーセント近くになるもので、日本はその近代史の半世紀において、アジアに君臨するほどの帝国主義国になったのである。しかしながら、またこの時代には、次第に民衆が政治に強い影響力を持つようになり、過去の藩閥や官僚勢力に対して、政友会や憲政会などの政党が台頭し、政党政治が出現してきた。そしてそれとともに、いわゆる大正デモクラシーが生まれてきたのである。

この大正期において注目すべきことは、近代真宗学の形成が見られ始めたということである。上にふれたごとく、一九二二年（大正一一年）に龍谷大学、大谷大学が、ともに大学令に基づく大学に昇格し、伝統の教学も真宗学という新しい名称とともに近代化が進められていった。その動向を概観すると、龍谷大学においては、『仏教大辞彙』の編纂が計画され、一九〇八年（明治四一年）より一九二二年（大正一一年）までの十四年間をかけて完成された。総頁四千六百頁、二万五千の語彙を収めたものである。そして一九一三年（大正二年）より妻木直良によって『真宗全書』七十四巻が発刊されたが、それには真宗各派の先哲著述の四四八部一二三一巻が収集されており、また一九一六年（大正五年）よりは『真宗大系』三十七巻が発刊されたが、それには大谷派の学匠の主要著述一三二部三一二巻が集録されている。いずれも近代的学問研究の影響のもとに、過去の学的遺産の集大成を意図するものである。高楠順次郎らが『大正新修大蔵経』を刊行し始めたのも一九二三年（大正一二年）であった。またこの時代になると、真宗学においても、伝統的な宗学の主流のほかに、ようやく近代的な研究法に基づくところの新しい歴史的体系的な研究が台頭し、また訓詁注釈学的、部分的論題研究とは相違した主体的な領解を重んじる気風が生まれてきた。西谷順誓『真宗教義及宗学の大系』（明治四四年）、金子大榮『真宗の教義及其歴史』（大正四年）、中井玄道『真宗綱領』（大正六年）、鈴木法琛『真宗学史』（大正九年）、梅原真隆『浄土真宗』（大正九年）、佐々木月樵『真宗概論』（大正一〇年）、広瀬南雄『親鸞聖人の宗教』、曾我量深『救済と自証』（大正一一年）などは、いずれもそのような傾向をもって出版されたものである。龍谷大学、大谷大学の昇格、真宗学の名称の誕生を契機とし、当時の大正デモクラシーの影響もあって、真宗学の研究をめぐり教権の制約を超えた学問としての自由研究を主張する風潮が強くなってきたが、他面では、真宗学とはどこまでも教権を尊重すべきであり、その制約を受けるべきであるという勢力も少なくなかった。この問題をめぐる両者の論文、主張が、大正末期から昭和の初期にかけての諸種の研究誌や『中外日報』『文化時報』などに、数多く掲載されている。

当時における新しい真宗学界の動向を最も端的に示すものに、異端事件がある。龍谷大学教授の野々村直太郎（一八七一～一九四六）の『浄土教批判』をめぐる問題である。野々村は一九二三年（大正一二年）より『中外日報』に「浄土教革新論」と題する論考を連載したが、五月には、それを中心として『浄土教批判』と題する著書を刊行した。その内容は、浄土教では三世因果、弥陀成仏、浄土往生などの神話表現が多いが、その神話は過去の遺物であり、またそのことは浄土教の本質ではない。浄土教の本質とは、旧い原理を破壊して新しい人生の統一原理に生きることであって、それは二種深信に帰結される、という主張であった。大正デモクラシーを背景とするヒューマニズムの思潮を踏まえたところの、実存論的な真宗理解である。それは近代的理性を立場とする真宗理解であって、真宗学の近代化にとっては、必然的に遭遇しなければならない課題でもあったわけである。しかしながら、当時の教団人は、この見解に対していっせいに反発した。そして本願寺派教団の教権は、この野々村の真宗理解は異端であるとし、それを徹底して圧殺すべく対応していった。まず勧学寮を設置して教権の護持体制を固めた。そして一方的に野々村の僧籍を剝奪し、龍谷大学から追放した。そしてさらに、伝統教学を擁護するために、教団最高の真宗学研究教育機関として新たに宗学院を設置し、教権的な信心統制、教義解釈統制のために、安心論題三十題、教義論題七十題の合計百種の論題が制定された。この一九二三年（大正一二年）には、堺利彦らが検挙された第一次共産党事件、関東大震災、甘粕大尉による大杉栄虐殺事件、難波大助の虎の門事件など、さまざまな事件が起こり動揺混乱が続いた。そしてその後の日本では、やがて治安維持法の公布、共産党の弾圧などを経て、次第にファシズムが台頭していったのである。このような社会的潮流の中で、野々村の真宗学批判は何らの新しい芽をもたらすこともなく、空しく潰えていったわけである。そしてまた、かかる近代的真宗学と伝統教学との衝突は、大谷派教団においても、ほとんど時期を同じくして起きた。すなわち、大谷大学教授の金子大榮（一八八一～一九七六）が、一九二五年（大正一四年）に、『浄土の観念』および『彼岸の世界』を著わし、また翌一九二六年（大正一五年）には『如来及浄土の観念』を公刊した。それは当時の哲学でもあったドイツ観念論の新カント学派の影響があったといわれるが、伝統的に語られてきた浄土について、その神話的な表現を排し、近代的理性に基づいて新しい解釈を試みたものであった。そこでは、浄土とは、彼岸の世界としての、まだ見ぬ真実の国、魂の郷里であって、それは我々の徹底した自己内観において感知されるものであるというのである。仏教の原理は無我である。真実なる批判が自己において成立するならば、それに即して現前自証されるものは、我ならぬ如来であり、この世ならぬ彼岸の世界である。すなわち、自己の内に向かってたずねる意志の極限において、その極限自我として、まったく我ならぬものとして如来が現前するとき、その如来の世界として認知されるものが浄土であり、それは純粋客観にして、また同時に根本的主観として観念せしめられる世界である、と主張したわけである。ここにもまた近代的な認識論の立場からの、新しい真宗学の営為を見ることができるが、伝統宗学からは宗義に違背する理解であるとされ、種々に紛糾を重ねた末、一九二八年（昭和三年）に至って、ついに金子大榮は大谷大学から追放され、その翌年には僧籍を剝奪された。そしてまた、一九三〇年（昭和五年）には、同じく大谷大学教授であった曾我量深（一八七五～一九七一）も、法蔵菩薩とは阿頼耶識であるという領解を論考した『如来表現の範疇としての三心観』なる著書が、教団当局から宗義に違反すると非難されて、自ら大谷大学を辞するということがあった。このような異端事件にともなって、大谷大学では、一九二八年（昭和三年）に金子追放に抗議して、学長の稲葉昌丸ら教授十一名が連袂辞職することがあり、また龍谷大学でも、一九二九年（昭和四年）に、野々村事件のあとの教団権力による大学支配に抗議して、森川智徳ら十四名の教授が辞職するということがあった。大学における学問研究の自由は護れえなかったとしても、これらの出来事は、いずれも真宗学の近代化の歩みにおける貴重な歴史として注目されるべきであろう。

いまひとつ、この時代の真宗教団における動向として見るべきものに、本願寺派教団における黒衣同盟の結成がある。本願寺派の奈良の西光万吉（清原一隆、一八九六～一九七〇）をはじめ、阪本清一郎、駒井喜作らによって発議された新しい部落解放運動としての水平社が、一九二二年（大正一一年）三月に、京都市の岡崎公会堂で創立された。そこで採択された決議の中には、東西本願寺教団に対するきびしい要求も掲げられていた。この水平社の運動に呼応し、本願寺派に属する奈良の広岡智教の主唱によって、その年の一九二二年（大正一一年）十月に生まれたのが、この黒衣同盟である。それは本願寺教団における売位制度としての堂班制の撤廃を要求する立場から、身分階級的な色衣の着用を廃して、最下級の僧侶の衣であり、また開祖親鸞が生涯身に着けていた黒衣を着用することとの宣言を意味するものであった。またこの黒衣同盟は、ついには俗衣同盟にまで進展させる計画があったというが、それはまったくの在家教団の創出を意図するものであったようである。翌一九二三年（大正一二年）の水平社の第二回大会においては、この黒衣同盟を支援し、本願寺教団より独立した新しい自由教団を創立するという意見まで採択された。このような黒衣同盟の動きは、その後、本願寺派教団の各地においても共鳴賛同をうるということがあった。そしてこの年の春、本願寺派教団では、立教開宗七百年記念法要が行なわれたが、この法要において、被差別関係寺院の住職が法要の役職からはずされていたことに端を発して、そのさなか、広岡智教を中心に五十余名が結集して教団当局を弾劾するということがあり、その五月には、本派本願寺有志革新団が結成された。その綱領としては、近代的合理の教団の樹立、黒衣同盟の完成、合理的寺檀制度の確立、水平運動に即応する対社会的姿勢の四項目が掲げられた。この運動は、やがて兵庫、大阪、和歌山などの約百か寺の寺院住職の参加をうることとなったが、その後には、運動体内部における見解の相違、分裂によって、ついには自己崩壊していったようである。因習の根強い伝統的な教団の民主化、改革が、いかに至難の事業であるかを思わせる歴史の一齣である。

全国に散在する被差別地域の人びとの所属宗教の八五パーセントは浄土真宗であり、その中の八〇パーセントが本願寺派教団に属しているといわれている。この被差別解放の問題は、真宗ことには本願寺派教団にとっては、きわめて重要な課題であったが、教団はむしろ近世以来さまざまな差別や収奪を事とすることが多かった。しかしながら、この大正期に至ると、大正デモクラシーの背景もあって、一気に教団改革運動と連動しつつ、その解放運動が台頭してきたわけである。ことに水平社運動、黒衣同盟の動きは、本願寺教団に対して大きな覚醒を与えたようで、一九二五年（大正一四年）には本願寺派教団に一如会が、また翌一九二六年（大正一五年）には大谷派教団に真身会が結成されて、教団は全面的に解放運動に取り組むこととなったが、それは基本的には融和運動として、政府主導の、変革的風潮を制御してゆくという、融和事業の一環として作用するにとどまったのである。本願寺教団は、ここでもまた絶好の教団改革、その近代化への機縁を空しく逸したわけである。

六、昭和前期

大正期以来の日本の産業構造は、工業の急速な発展と農業における未発達という根本的な矛盾を抱えていたが、そのことは大震災への対応の失敗も重なって、昭和初期においては、日本の経済は、世界大恐慌の連鎖によって、深刻な混乱に陥り、重大な危機を迎えることとなった。そしてそのことは政府と独占資本の結合をいっそう強めることとなり、独占資本主義への移行、その強化をもたらしていった。しかしながら、その反面では、農村の窮乏、危機はいよいよ深刻化し、各地において悲惨な状況が続出した。このような恐慌に連動して、ファシズムの形成が進行した。そしてその恐慌の脱出策としての対外侵略が企図されていったわけである。一九三一年（昭和六年）九月、関東軍は満州事変を起こした。その後、翌一九三二年（昭和七年）一月には上海事変が起きた。そしてその年の五月には、陸海軍青年将校の襲撃によって犬養首相が暗殺され、今までの政党政治に替わって、軍人、官僚のリードする政治になっていった。そしてその後、一九三六年（昭和一一年）二月、陸軍青年将校らによるクーデターをねらった事件が起こされたが、それ以来、政治に対する軍部の発言力がいっそう増大し、日本のファッショ化はいよいよ進行することとなった。その延長線上において、国内における思想弾圧はさらに徹底し、対外的には、一九三七年（昭和一二年）七月、日中戦争を起こし、また一九四一年（昭和一六年）十二月には、ついにアメリカ、イギリスなどを敵とする太平洋戦争を始めたのである。

このような昭和前期において、真宗教団の動向はどうであっただろうか。まずその時代における、戦争体制と真宗教団および真宗教学との関係について見ることとする。一九二八年（昭和三年）は天皇即位をめぐる諸種の祝賀行事が行なわれたが、また他面では、共産党弾圧事件があって多数が検挙され、それにともなって治安維持法が改定され、特高警察部が新設されるなど、思想取り締まり体制が確立されていった。その翌一九二九年（昭和四年）、政府は教化総動員なるものを実施したが、それは当時の状況下における、政府主導の思想善導、思想統制政策であったことは明らかであるが、本願寺派教団は、それに協力し臨時特別伝道を実施して、三百五十万の信者を動員したという。

一九三一年（昭和六年）九月には満州事変が始まったが、その十月に、本願寺の大谷光瑞は、『支那事変と国民の覚悟』を著わして、軍部の行動を称賛し、仏教徒は正義のために戦争をするもよい、と主張した。一九三二年（昭和七年）には上海事変が起きたが、その戦いで死んだ肉弾三勇士はいずれも本願寺派教団の出身であった。本願寺派教団は京都の西大谷に大きな記念碑を建立して、その功を讃えた。またこの年に、本願寺派においては、非常時国難に対応するために龍谷国防研究会を設置した。大谷派においても一九三四年（昭和九年）に大谷国防研究会が設けられた。

またこのころには、検挙された左翼運動家の中で転向するものが少なくなかったが、その転向の動機のひとつに親鸞思想への傾倒によるものが多かった。それは教誡師の大半が真宗僧侶であったということも考えられるが、また親鸞の思想にも関わるものとして興味あるところである。

一九三三年（昭和八年）には、無産者新聞京都支局長の永井哲二が真宗に転向を表明した。本願寺派では、この思想犯の保護観察によく協力し、一九三五年（昭和一〇年）には、思想犯釈放保護団体として白光会を創立し、その代表者に前記の永井哲二を任命した。またこの年の十二月に開かれた真宗各派の代表者と軍部の懇談会では、真宗教義とは天皇のために死ぬる態度を支えるものであり、楠木正成の七生報国の精神は、真宗信心に基づくものだと返答した。

一九三七年（昭和一二年）七月に日中戦争が始まり、翌年には国家総動員法が公布されたが、東西本願寺教団はそれに呼応して、門信徒に対し、国策に順応し皇道の宣揚につとめるべきことを諭達し、宗教報国運動を展開した。本願寺派では『興亜精神と仏教』（梅原真隆）を刊行し、正しい戦争は肯定され、要求されるべきであり、天皇が進められる戦争は正しいといった。いわゆる「聖戦」論の主張である。

一九四一年（昭和一六年）には太平洋戦争が始まったが、大日本仏教会は仏教徒銃後奉公会を結成して、各宗派ともに戦争支援体制を調えた。大谷派では、殉国精神昂揚の教書を発示し、国威宣揚時局突破報国法要を勤修し、大師堂門前には、皇威発揚、生死超脱、挺身殉国の看板を立てた。

そして一九四二年（昭和一七年）には、大谷派の金子大榮は『正法の開顕』を著わして、この戦争は世界平和という誓願に立つ聖戦であるとし、仏法とは神道の一部であり、日本とは神によって生まれた国であり、仏法は皇国の道におさまるといった。また暁烏敏（一八七七～一九五四）は『臣民道を行く』において、釈尊のすがたの上に、英米に対して戦いを宣して立ち上がった日本帝国の雄姿を発見して、合掌恭敬の念を禁ずることができない。この戦争は、神が人類を浄化せられる禊ぎ祓いの活動である。お勅語を飛行機で運んでいこう。お勅語を軍艦で運んでいこう。大砲でお勅語を打ち込もう、重爆でお勅語を広めよう、と語っている。そしてこの年の五月には、金属回収令によって、全国の寺院の仏具や梵鐘などの強制供出が命ぜられた。

一九四三年（昭和一八年）四月には龍谷大学に興亜科が設置された。この年に出版された本願寺派の普賢大円の『真宗の護国性』によると、親鸞聖人は絶対他力の境地を示すに自然法爾といわれたが、それは我を忘れて本願に帰依し奉るという絶対無我の感情であり、小さき個人の功利を離れて、大君の御前に承詔必謹する臣民道の神髄に通うものであって、ここに神ながらの道の開顕を発見しうる、護国的立場は、この精神に裏づけられてこそ、はじめて生命を吹き込まれるのであり、ここに日本国家と一枚になった理想的宗教の形態がある、といっている。

またその翌一九四四年（昭和一九年）四月に本願寺派では、戦時教学指導本部を設置した。この年に著わされた本願寺派の加藤仏眼の『念仏護国論』では、明治時代の勤皇僧たる明如上人は、「後の世は弥陀のちかいにまかせつつ、いのちを安く君に捧げよ」と詠じた。けだし、これぞ親鸞教徒、真宗信者の立信報国愛国奉公の金科玉条である、といい、また、浄土真宗が一切群生を平等に救う唯一の宗教であり、わが帝国があらゆる民族を真実に幸福ならしむる聖なる国柄である故にこそ、はじめて真宗の他力念仏行者であることと、真実なる日本国民であることが完全に一致しうるのである。すなわち、真実なる宗教生活と真実なる皇民生活とが融合して、一念仏生活となる、と明かしている。

そして戦況がいよいよ絶望的状況となった一九四五年（昭和二〇年）になると、五月には、西本願寺の大谷光照法主は、念仏の大行は千苦に耐えて万難に克つ、今こそ金剛の信力を発揮して、念仏の声高らかに、あくまで驕敵撃滅に突進すべし、という皇国護持の消息を発した。そして六月には、真宗十派連合の名において、全国の門信徒に対して、念仏護国の宗風を発揚し、無窮の皇運を扶翼せよと諭達し、東本願寺の大谷光暢法主は、念仏もろとも大義につき、皇国を死守すべし、われ自ら陣頭に立たん、という殉国必勝の教書を出した。そのころに掲げた東西本願寺のスローガンは、

（西本願寺）

国難を救うものは三宝なり。祖訓の本領ひとえに奉公に帰す、今ぞその念仏を捧げて、皇国を護持すべきなり。

迷う勿れ、皇軍は必勝す、襲敵何事かあらん。苦しむ勿れ、草を食べ野に臥するも、護国の勤めは楽し。悩む勿れ、本願名号を信ずべし。（東本願寺）

というものであった。まことに壮烈というほかはないが、真宗教団は、このようにして、日本ファシズム体制に完全にからめとられ、また自ら進んで、その侵略戦争に荷担し、それを信心の美名において聖戦と呼び、またその教学を戦時教学、決戦教学とも名づけつつ、専ら真宗信者をして、戦列に向けて動員していったのである。

しかしながら、このような真宗教団の出身者で、昭和初期のファシズムの嵐の中にあって、社会主義者としてひたすら抵抗と受難の道を生きたものもあった。高律正道（一八八三～一九七四）である。彼は広島県の本願寺派末寺に出生し、若くして真宗学を学び住職を継いだが、農村の貧困、社会の矛盾に開眼して東京に出てゆき、日本共産党の結成にも参加するが、第一次共産党事件で検挙されて本願寺からは僧籍を剝奪された。

その後、一九三一年（昭和六年）に日本反宗教同盟を結成し、宗教の反動的性格を批判しつつ無産階級の解放を目指す運動を進めていったが、その本意のところでは、ヒューマニズムの運動として、社会主義と宗教を止揚統一したところの実践を念願していたようである。また日中戦争が始まったころ、三重県の高田派の住職であった植木徹誠が、戦争に反対して、いつも出征軍人を見送るのに、敵を殺さないように、また自分も死なぬようにと訓誡して、ついには逮捕されるということがあったが、彼はまた早くより部落解放運動にも挺身していた。そして岐阜県の大谷派の住職で、法要の席上この日中戦争を侵略戦争だと批判したことで起訴されたものもあり、また島根県の真宗僧侶が、講演会の席上で、出征兵士のための神社参拝や千人針は、いずれも迷信であるから止めるべきだと説いて処罰され、また一九三九年（昭和一四年）には、富山県の本願寺派の住職が、戦争を批判して処罰を受けるということもあった。そして同じく一九三九年（昭和一四年）には、三重県の大谷派住職訓覇信雄が、また一九四一年（昭和一六年）には、石川県の大谷派住職高光大船が、それぞれ反戦思想を流布したという名目で検挙起訴されるということもあった。それらはいずれも、きびしい戦時下における真宗者の数少ない抵抗の跡であるが、この時代の真宗教団は、全体的には、その戦争体制に全面的に追随し、それによく協力していったわけであって、教団は自らがその真宗信心の名において犯した戦争責任を充分に自覚すべきであろう。

次にこの時代の問題として、真宗教団と神道イデオロギーとの関係がある。この神道の問題については、真宗教団にとっては、ことに一八六八年（明治元年）の神仏分離令、一八七〇年（明治三年）の惟神の大道を宣揚するという大教宣布の詔の発布以来、近代教団史を一貫する重要な問題であった。とくに天皇制権力は、つねにその思想的基盤としての神道イデオロギーの鼓吹を企図し、その国教化政策を強力に進めようとしたが、神祇不拝の立場をとる親鸞を開祖と仰ぐ真宗教団においては、そのことは決して容認しえざるところであった。しかしながら、政府は一八八〇年代ごろより神社は宗教に非ずという論理を立て、国民一般にその崇敬を強制しようとしたのである。

一九一二年（明治四五年）、明治天皇の病気に際して、全国の神社、寺院において平癒祈願が修められたが、本願寺教団はこれを行なわなかった。また一九一五年（大正四年）十一月、大正天皇の即位大典には、各戸にしめ縄を張らせ、伊勢神宮の大麻を奉安せしめようとした地方もあったが、真宗教徒が強硬に抵抗して紛争が起きるということがあった。一九一六年（大正五年）には、本願寺派当局も、真宗者たるものは、決して神棚を安置し、しめ縄を張ることはできないと発言している。また一九二六年（大正一五年）十二月、大正天皇の病気に際しても、東西本願寺ともに、その病気平癒の祈祷をすることを拒否した。

一九二九年（昭和四年）になると、教化総動員の運動を通し各地方において神棚を安置することが奨励されるようになった。その年、滋賀県においても、この教化総動員の一環として、小学校および役場に神棚を安置し、大麻を奉安するということになったが、地方の真宗僧侶が反対し、大きな混乱を起こすということがあった。そしてその年の十二月には、内務省に神社制度調査会が設置され、神社非宗教の主張がいっそう明確にされていった。

それに対して、一九三〇年（昭和五年）一月には、真宗十派の神社制度調査会が、神社は宗教に非ずと確認し、政府に対して、神社は宗教的意義においては崇敬せず、国民道徳的意義において崇敬すると申し入れた。明らかに真宗信心の神道イデオロギーへの妥協である。しかしながら、その年、本願寺派の勧学寮は、伊勢神宮の大麻頒布問題について、「大麻は祈祷の意味を含みおるものと認められ候間、無祈祷を標榜する真宗信徒としては、拝受奉安せざるを可とすと存じ候」と答申している。

そして一九三四年（昭和九年）七月にも、本願寺派教団は、末寺住職の質問に答えて、大麻の拝受を拒否せよといっている。しかしながら、日本ファシズムがいっそう急進するにしたがって、真宗教団の神祇不拝の姿勢は次第に曖昧になってきた。

一九三六年（昭和一一年）十二月には、本願寺派当局は定期集会における質問に答えて、「大麻の受不受は一般国民としては勝手たるべしとの太政官布達によるほかはない」と弁じている。

そしてその後、一九三七年（昭和一二年）十二月には、本願寺派教団は、門信徒に対して、神宮大麻は天照皇大神の大御璽であって、日本国民であるかぎり、それを拝受崇敬するのは俗諦教義上至当である、と通達した。一転して神宮大麻を奉安すべきことを指示したのである。

それから一九四〇年（昭和一五年）十月には、真宗各派協和会は、大麻および敬神に関して、「大麻は皇大御神の大御璽として配授せらるるものなるをもって、宗教の如何を問はず、皇国の臣民たるものは、報本反始の誠意を抽で等しく拝受すべきものなり。一般奉安の形式は特に適宜の施設を用ひ、不敬に亘らざるよう注意すべし。寺院にありては庫裡の適処に奉安すべし。敬神崇祖は国家彝倫《いりん》の標準なれば、宜しく其の本義を明確にして、益々忠君愛国の至誠を発揮すべし」と決定し、本願寺派の勧学寮、大谷派の侍董寮ともに、それを宗義上差し支えなしと是認したのである。驚くべき変貌というほかはない。このような真宗教団の国家神道に対する姿勢は、その前年に新しく制定された宗教団体法に従って、一九四一年（昭和一六年）三月に改正された本願寺派の宗制にも見られるところであって、ここでは真宗の宗風を定めて、「特に皇恩の辱きを感戴し、皇謨翼賛の重任を荷負し、敬神崇祖報本反始の誠意を抽づべきこと」と明かしている。ここにもまた真宗教団の、天皇体制への癒着と、真宗信心の神道化の傾向がみごとにうかがわれるところである。そして、その年の二月に開かれた大谷派の教学懇談会の記録によると、真宗信心と神道との関係について、曾我量深は、

日本の神と弥陀とは似ている。弥陀は吾々の祖先だと思う、天照大神も吾々の祖先で似ている。「大慈救世聖徳皇、父のごとくにおはします。大悲救世観世音、母のごとくにおはします」の聖徳皇のかはりに天照大神の名を、観世音のかはりに弥陀を立ててよい。父と母は形は二つあるが絶対である。子より見れば一体である。国家のために死んだ人なら神となるのだ。神になるなら仏にもなれる。弥陀の本願と天皇の本願と一致している。仏には仏国の歴史があり、神国には神国の歴史があるが、そのまま一如を感ぜられる。

と発言し、また金子大榮は、

太子が日本に仏教を受け入れられたことは、神の御心に仏教が受け入れられたことと解している。それで仏教が神の思召にかなったものであるということに確信している。従って仏の御国が神の御国となることは間違いない。祖先の国は浄土であり、浄土の聖典は国民の聖典である。浄土の念仏がそのまま神の国への奉仕である。

などと主張している。また一九四三年（昭和一八年）に著わされた、本願寺派の普賢大円の『真宗の護国性』では、

親鸞の自然法爾とは、神ながら言あげせぬ国という信念を意味し、それはまた要するに、天皇を現人神と仰ぎ、これに絶対信頼をささげ、すべてを大御稜威と仰ぐ国体信念でもあるということが出来る、敬神尊皇の道と帰依仏法の道とは、決して相矛盾し相反撥するものではない。敬神は現実界の存在としての神を敬することであり、信仏は超越界の存在としての仏に帰することである。かくて、この両つの道は単に衝突しないというに止まらず、相互に他を顕揚し、深化せしめる。神を敬うことといよいよ深ければ深きだけ、われわれは仏を信ずることの強さを加へ、仏を信ずることますます強ければ強きだけ、われわれは神を敬うことの深さを加へる。

と明かしている。そして一九四四年（昭和一九年）七月には、東本願寺の大谷光暢法主は伊勢神宮にまで参拝したのである。

真宗教団は、日本ファシズムの進行の中で、権力の支配に屈して、国家神道を非宗教と規定しながら、開祖親鸞の立場も忘却して、習俗でしかないこの神祇崇拝を、自己の信心の中にまで呼びこんでしまったわけである。真宗信心の国家神道化、それへのみごとなまでの変質である。

いまひとつ、この時代の動向として注目すべき現象としては、真宗信心と天皇帰依の癒着の問題がある。真宗においては、近代初頭以来、その非真宗的な習俗性の側面では、他の宗派に比較してより深く天皇信仰に重層するということがあり、かつて宮城県、兵庫県、広島県の真宗信者で、明治天皇を生祠信仰の対象として崇敬するという事例があったが、また多くの真宗信者の家庭においては、天皇一家の写真が仏間に掲げられるということが顕著であった。ことに東本願寺では、戦後の最近に至るまで、阿弥陀堂の本尊須弥壇上の、右脇には「今上天皇聖躬万歳」、左脇には「大正天皇尊儀」と書かれた天牌が奉安礼拝されていたが、一九一三年（大正二年）には、この天牌を全国の末寺にも奉安せしめたのである。これらのことは真宗信心と天皇崇拝との癒着重層が、いかに深刻なものであるかをよく物語るものである。もともと親鸞の思想は国王不礼の立場に立つものであって、そのかぎり、真宗信心においては天皇崇拝というものが成立するはずはない。

すでに上にもふれたごとく、明治初年には、東西本願寺教団ともに、真宗聖典の中で、天皇権威に抵触する文言を伏字、削除するということがあったところである。しかしながら、この時代に至ると、日本ファシズムの急進の中で、真宗信心はいっそう深く天皇崇拝に重層していったのである。一九三五年（昭和一〇年）には、大谷派の暁烏敏は『神道と仏道』の中で、天皇は生仏であるといった。そして一九三六年（昭和一一年）、本願寺派教団においては、勧学寮において、聖典削除に関して検討し、『教行証文類』「化巻」の「主上臣下」の文と、『御伝鈔』上巻の聖徳太子が親鸞を敬礼したという文を伏字することを決定して、天皇権威との矛盾衝突を糊塗した。なおこの年には大谷派教団においても、『御伝鈔』の「主上臣下」などの文の拝読を省略遠慮するように決定した。

また一九三九年（昭和一四年）六月には、龍谷大学予科の教科書である『真宗要義』巻下に用いられていた、勅命、教勅などの語が天皇不敬にあたるといって、文部省から注意をうけるということがあり、大学は急遽削除および改訂した。なおこのときに『教行証文類』の「主上臣下背法違義成忿結怨」の文の削除を命ぜられたという説があるが（『近代大谷派年表』）、その事実はないようである。またその教科書には、この文は引用されていない。そして本願寺派教団は、この教科書事件に触発されたのであろうか、その翌一九四〇年（昭和一五年）には、真宗聖典について全面的な検討を行ない、勧学寮が問題の文言五十三か条を抽出して当局に答申するということがあった。そしてその年の四月、真宗聖典の中から十二か条にわたる文を削除することを決定し、「聖教の拝読ならびに引用の心得」なるものを作成して、下部組織に通達したのである。

このような聖典削除問題は、日蓮宗教団にも見られたものであるが、それはまさしく真宗信心の天皇権威に対す

る敗北としかいいようがなかろう。この年に出版された本願寺派の佐々木憲徳の『仏教の忠義哲学』では、

真宗信仰は、国家の一員として国民の立場に立つときには、天皇陛下を絶対至上、神聖不可侵と仰ぎたてまつり、大御心のままに信順奉行する臣民道に向う。

といい、また一九四二年（昭和一七年）に著わした『恩一元論』では、

もし釈尊が日本国に来生せられるならば、必定まず天皇絶対をお説きになり、もって国体を明徴したまうであろう。第十八願文の誹謗正法とは、国王の勅諭に随順しない叛逆罪のことであって、弥陀はこれを救わないと除却してある。ゆへに真宗の教旨が皇国体に順ぜないということのあるべき道理がない。すなわち、弥陀の救済に安住するが故に、よく皇国の良民となりうる所以があって、真宗こそ最もよく皇国体にかなうところの宗教である。

と明かしている。また上にも見た一九四一年（昭和一六年）の大谷派の教学懇談会では、暁烏敏は、

天皇の本願と阿弥陀仏の本願と同様であると思う。対立せば問題となる。天皇が奥の院である。弥陀はその前にある。丁度御開山堂（大師堂）と阿弥陀堂の関係である。それは天皇のお勧めにより弥陀に教へられるからである。日本の仏教は十七条憲法による。真宗七祖の系統はこの中に現われている。その憲法が未だ生きているから天皇の仰せを通して仏法がある。

といっている。また大須賀秀道は、

天皇の仰せの上に弥陀の仰せがつけられる。本地垂迹思想以上に弥陀の仰せの中に天皇の仰せがある。つまり弥陀の仰せられける様はということは天皇の仰せられけるやうはということである。

といい、曾我量深は、

開山の教行信証の総序を拝読すれば、いかにして二つの文字、天皇の勅語と臣民の総序とどうしてこんなに同一になるであろうか。教行信証の総序こそは教育勅語に対する仏教徒の領解である。

と語っている。また一九四三年（昭和一八年）に出版された、本願寺派の普賢大円『真宗の護国性』には、

真宗の信仰もまた、その信仰を挙げて天皇に帰一し奉るのである。一声の念仏を称うるにしても、その念仏にこもる力を挙げて、上御一人に奉仕しているのである。真宗でいう信といい行というものは、勿論仏を対象として起されたるものには相違ないが、その信行にこもる力、仏を信ずるものの宗教体験を、すべて天皇に捧げ奉るのである。

といい、また神子上恵龍は、その『教行信証概観』において、

真宗の教義、信心とは、最も根本的本質的にいえば、天皇に対する絶対随順である。この絶対随順の思想は、悠久の昔より我が国に存在する国体の精華である。然るに親鸞に依って主張さるる教義の重要な部分は、この絶対随順の思想に依って占められ、宗祖また生涯を通じてこの絶対随順の境地を弘宣し、自己もこれを実践したのである。

と述べている。いずれも徹底した真宗信心、親鸞思想の名による天皇帰一の思想である。そこにはすでに国王不礼を主張し、一切の世俗権威を相対化していったところの、親鸞の根本意趣はまったく見失われている。この時代、太平洋戦争下に生まれた戦時教学とは、これほどまでに天皇権威にからめとられたところの真宗理解であったのである。真宗教学の完全なる自己喪失というほかはないであろう。

七、むすび

近世徳川幕藩体制が崩壊したのち、新しく樹立された明治維新政府は、基本的には、新しい資本主義構造を基盤とし、天皇権力を軸として、かつての近世封建体制を修正的に継承したところの、絶対主義的な国家を確立していったわけである。その点、近代における真宗教学、真宗教団の根本課題は、このような新しい資本主義社会をいかに把握し、それとどのように交渉をもってゆくかということであり、またそういう社会のうえに形成された天皇制国家権力といかに対峙し、対決してゆくかということであった。そしてそのことは、また逆の面からいうならば、明治以来、日本の歴史の底流として引き継がれていったところの、人間個々の自覚と自立に基づく、自由と平等の原理による市民社会の形成という近代思想の潮流に、この真宗教学と真宗教団はいかに関わるべきであったか、ということでもある。

しかしながら、真宗教団は、東西本願寺教団ともに、明治維新に際しては、早々に直諭を発して勤皇を謳い、天皇権力に追随してゆくという姿勢をとった。そしてその教学においても、当時の代表的な宗学者であった本願寺派の瑕丘宗興（一八一五〜一八八〇）は、

霊の行くすえは大悲の弥陀に打ちもたれ、今生は至仁の天子に打ちもたれ、現当二世、両手に花の道こそが最上。（『山房夜話』）

と説き、また大谷派の福田義導（一八〇五〜一八八一）は、

『無量寿経』とは、王法を守り人道に順ずべきことを説いたもので、この経によって念仏するものは、別して

天皇を奉戴し朝旨を遵守すべし。(『天皇奉戴附録』)

と明かしている。真宗教団は、近代初頭において、いち早く天皇制国家権力に追随しつつ、おのれを国家真宗と自己規定していったわけである。そしてそれがその後の近代を貫くところの真宗教団の基本的な性格ともなったわけである。そのことはより具体的には、表面的にはいささかの近代的な装いは整えたとしても、その教団形態としては、組織的には、近世以来の封建的な本末制度、寺檀制度をそのまま踏襲し、内実的には、古代社会から中世、近世へと引き継いできた死霊鎮魂の民衆意識と、中世社会から近世を通じて伝承された封建社会における血の論理、家の論理に基づくところの祖先崇拝を主流とし、また教義理解としては、仏法と王法、真諦と俗諦とを、来世と現世、養心と修身の二元論的に区分して捉える真俗二諦の教学を構築していったのであって、それは本質的には、近世封建時代の教学と教団とを、いささか修正的に継承したということにほかならなかったのである。そしてそのことはさらにいうならば、近代の天皇制国家の論理にそのまま重層、癒着するということでもあったわけで、日本における伝統の封建倫理は家を基盤とするものであったが、それは家長はその家業を継いで家族構成員を主宰し、保護するとともに、その祖先を祭る責任者であって、家族はその家長を中心に一致協力して家業に専念し、家門の繁栄に努力して、もって先祖の恩に報いることを要請しているのである。いわゆる孝の倫理である。天皇制国家の論理とは、まさしくこの家の倫理に重ねてそれを拡大したものであって、家を国に、家長を天皇に、家族構成員を国民に重ねたわけである。かくして日本国の家長としての天皇は、その祖先神である天照大神の神徳を承けてこの国を統率するものであり、国民たるものは、祖先神としての天照大神、伊勢神宮を崇敬し、また家長としての天皇に献身し、もって国家の繁栄に尽力すべきであって、ここにまことの国民の実践道があるというわけである。いわゆる孝に対する忠の倫理である。近代天皇制イデオロギーとは、まさしくこのような伝統の家の倫理を母胎とし、それを拡大することによって形成されたものである。日本においては、国がまた「国家」といわれる所以でもある。近代における真宗教団とは、このような天皇制国家をそのまま支持し補完していったわけで、教団はその底辺なる家の論理に対しては、もっぱら実態として、祖霊崇拝の儀礼を司って支持し、また国の論理については、その理念、教学として、真俗二諦なる信心を語り、もって天皇への忠誠を補完していったわけである。かくして近代における真宗教団とは、その内実、構造ともに、近世以来の封建教団の延長でしかなく、近代の歩みの中では、過去の封建教団の体質を何ら批判し克服することもなく、したがってまた、新しい個の自覚、自立を立場とする近代思想は、ほとんど摂取されることもなかったのである。

しかしながら、かかる近代真宗教団の歩みは、一九四五年（昭和二〇年）八月十五日、太平洋戦争の敗戦において決定的に挫折し、自己の歴史の錯誤が明白になったはずである。しかしながら、現実の真宗教団には、それについての自覚がどれほどあるのか、はなはだ疑問である。もっとも身近な過去の戦争責任についてもまったく問われることもなく、また法主の消息も、聖教削除の指令も取り消されることなく、今もすべてそのままである。またその教団の組織については、依然として門主中心の末寺制度、寺檀制度を引きずり続け、習俗としての祖霊崇拝を中心とする家の宗教としての形態を根強く温存したままである。その教学についても、なお本質的には、真俗二諦論的な性格を克服してはいない。真宗教団は、近代としての市民社会に対応するところの、近代教団までにはいまだ脱皮、成長してはいないといわねばならないようである。とすれば、これからの真宗教団はいったいどこへゆくのであろうか。真宗の蘇生は、上に指摘したところの前近代的な教団体制と、真俗二諦的な教義解釈とを徹底して自己否定し、それを克服してゆくほかはないと思われるが、もしそのことが不可能であるとするならば、これからの真宗教団は、もはや開祖親鸞の意趣とは無縁に、いよいよ民族宗教、習俗の泥沼の中に転落してゆくほかはないであろう。噫。

主要参考文献

『本願寺年表』本願寺史料研究所編
『近代大谷派年表』真宗教学研究所編
『真宗史概説』赤松俊秀・笠原一男編
『日本仏教史』Ⅲ、圭室諦成監修
『明治文化史』宗教篇、岸本英夫編
『講座近代仏教』第一巻・第二巻、法藏館
『講座日本近代と仏教』「戦時下の仏教」中濃教篤編
『真宗史料集成』第十一巻・第十三巻、同朋舎
『近代日本宗教史資料』田丸徳善・村岡空・宮田登編
『資料大日本帝国下の真宗大谷教団』北陸群生舎編
『現代仏教』「明治仏教の研究・回顧」現代仏教社
『昭和特高弾圧史』宗教篇、明石博陸・松浦総三編
『神社問題と真宗』福島寛隆編
『親鸞聖人の教義と伝記』真宗連合学会編
『日本近代仏教史研究』吉田久一著
『日本の近代社会と仏教』吉田久一著
『日本ファシズム下の宗教』市川白弦著
『近代日本の宗教と政治』中濃教篤著
『近代日本の思想動員と宗教統制』赤沢史朗著

『真宗教団論』信楽峻麿著
『宗教と現代社会』信楽峻麿著

真宗における聖典削除の問題

一、西本願寺教団における聖典削除

西本願寺当局は一九四〇年（昭和一五年）四月五日、宗祖親鸞の著述である『教行証文類』と『高僧和讃』および『正像末和讃』の中の一部、そしてまた覚如によって記述された親鸞の伝記『御伝鈔』などの一部の文言が、日本の国体観念に矛盾し、天皇神聖の原理に抵触すると認めて、国家への忠誠を表するために、それらの文を拝読し引用するについては、削除ないしは改訂すべきであると決定した。そしてその趣旨を示した『聖教の拝読ならびに引用の心得』なるプリントを作成して、教団の下部組織である全国の教区管事および輪番宛てに通達配布した。その通達の文書は次のごとくである。

一、（イ）『教行信証』行巻の「是以帰命者本願招喚之勅命也」
（ロ）『教行信証』信巻の「招喚諸有群生之勅命」
（ハ）『浄土文類聚鈔』の「奉持如来教勅」
（ニ）同「超捷易往之教勅」
（ホ）同「招喚諸有衆生之教勅」

右の中の「勅命」「教勅」は、引用の際は「恩命」若くは「教命」となし、「恩命」「教命」若くは「おほ

上」は引用若くは拝読せざること。

二、（イ）『教行信証』化巻の「菩薩戒経言、出家人法不向国王礼拝、不向父母礼拝、六親不務、鬼神不礼已
せ」と拝読すること。

三、（イ）『教行信証』流通分
（ロ）『御伝鈔』下巻
右の中「号後鳥羽院」「号土御門院」及「号佐渡院」の「号」は「号したてまつる」と拝読すること。

四、（イ）『教行信証』流通分の「主上臣下背法違義成忿結怨」
（ロ）『御伝鈔』下巻の「主上臣下法にそむき義に違しいかりをなしあたをむすふ」
右二文は空白とし引用若くは拝読せざること。

五、（イ）『教行信証』流通分の「不考罪科猥」
（ロ）『御伝鈔』下巻の「罪科をかんかへすみたりかはしく」
右二文は引用若くは拝読せざること。

六、（イ）『教行信証』流通分
（ロ）『御伝鈔』下巻
右の中の「今上」は「今上天皇」と拝読すること。

七、（イ）『教行信証』流通分
（ロ）『御伝鈔』上巻
（ハ）『報恩講私記』

（ニ）『御文章』第三帖
右の中の「真影」は「影像」若くは「みすがた」と拝読すること。
八、（イ）『御伝鈔』上巻第三段（六角夢想段）
（ロ）下巻第四段（箱根霊告段）
（ハ）下巻第五段（熊野霊告段）
右の三段は拝読せざること。
九、（イ）『御伝鈔』上巻「聖徳太子、親鸞上人を礼し奉て曰」は空白とし、引用拝読せざること。
十、（イ）『御伝鈔』下巻「陛下叡感をくだし」は「陛下叡感をくだしたまひ」と拝読すること。
十一、『高僧和讃』一首
（イ）「源空勢至と示現しあるひは弥陀と顕現す、上皇群臣尊敬し京夷庶民欽仰す」
（ロ）「承久の太上法皇は本師源空を帰敬しき、釈門儒林みなともにひとしく真宗に悟入せり」
十二、『正像末和讃』一首
（イ）「救世観音大菩薩聖徳皇と示現して、多々のごとくにすてずして阿摩のごとくにおはします」
右三種の和讃は一般に拝読せざること。
十三、今後聖教若しくは祝辞弔詞の朗読、又は説教講演等に於て皇室に関する辞句に接する場合は、特に威儀を正しくして一礼して敬意を表すべきこと。
以上の通達文書に対して、西本願寺の市田枢密部長は、
「要するに本願寺派の人々に（門末全部に）『心得方』を示し、当本山の赤誠の心もち、宗祖の御意志を歪曲せし

めたくないためになしたことであります。宗祖は王法為本の御精神を基礎とされ、特に国家観念の強烈なる方でありります。決してその点『誤解さるべき方』ではない。よって正しき宗祖以来の歴史的伝統的精神をこの際明瞭に内示したのであります」(『中外日報』昭和十五年五月九日)

という談話を発表している。これによっても聖典の削除改訂を行なった西本願寺教団の意図は明瞭であろう。

西本願寺当局はさらに六月七日に至って、この『心得』についての『内示趣旨』なるものを発表した。それによると、この聖典の文字削除は、ひとえに「王法為本の宗風を遵守して国体明徴の周到を期せんが為」めになされたものであって、その削除については「宗義安心に関しては」「全然触るる所なし」といっている。そしてこの聖典の削除は、帰結するところむしろ「宗意を開顕せる」ものであり、このことは「勧学寮に諮問し其他これに関係する各種の研鑽を総合し」て「合法的に決意せる」ものであって、批判反対は許さないという、きわめて強圧的な姿勢を示している。そしてまた同年七月十九日、当局は重ねてその『心得』の註釈を作成して、全国の管事と輪番に通達し、さらにはまた同年十月四日にも、執行長の名をもって、

「先般御聖教拝読並に引用に関する心得を内示を以て通知致し置き候処、尚多少の疑義を生じたる憾みも有之やに存ぜられ候に付ては、右内示の趣旨は一に王法為本の宗旨を開顕し、国体明徴の宗徳を発揮せむがために外ならざるものに有之候へば、時局を考慮し、この上共十二分に宗旨の徹底を期し、誤解を生ぜざるよう」

という通達を発している。この聖典削除をめぐって、教団内部において種々の疑惑が生じ、また批判がなされたのに対して、再度弁明し、その反対運動を鎮圧しようとしたものである。

ここで問題視され、削除改訂された文言の意味について概観しておこう。その『教行証文類』とは親鸞の主著であり、浄土真宗においては教義の基本構造を明示する根本聖典として、ことに尊重されてきたものである。そして

ここで削除された文言の中、（一）の（イ）（ロ）（ハ）（ニ）（ホ）において指摘された「勅命」および「教勅」とは、真宗教義の根幹をなす用語であって、親鸞がその念仏ないしは信心についての領解において、それが私の人生における究竟的な選び、如来真実に対するいちずなる帰依の態度を意味するものでありながら、そのことはまた、そのまま真実からの私に対する照破、如来そのものの招喚到来にほかならないということを表わすものであった。それは真宗における他力廻向の論理を明かす要語でもあったわけである。また（二）の文は、親鸞における仏教理解の基点を示すものであって、それは念仏の道とは、ひとえにこの世俗のただ中に生きつつも、なおその世俗性を拒否し、出世を志向して歩む生き方として、つねに国王というごとき政治権力や財力と対峙し、また父母六親というごとき血縁類閥につながる恩愛を超え、さらにはまた、私たちの内心に生起してやまぬ我執我欲の投影として造られる、民族宗教神としての邪神の崇拝をきびしく否定してゆくことであり、そのような世俗的、自己中心的な生きざまを、徹底して拒否し続けてゆく姿勢のところにこそ、はじめてまことの念仏の道が成立してくることを明かすものであった。また（三）（四）（五）（六）の文は、親鸞がかつて三十五歳にして法然の門下であったとき、その念仏教団が旧仏教教団および国家権力によって弾圧され、法然および親鸞らが追放流罪になったおり、自らの信念を吐露主張して、その国家権力と旧仏教教団を鋭く批判した文である。かくしてそれはまた親鸞の信の本質を表わす文言でもあって、上の（二）の文とともに、真宗教義の世俗に対する基本の姿勢を示す文である。また（八）（九）（十一）（十二）の文は、主として聖徳太子が観音菩薩の化身であり、その太子が親鸞を尊敬したこと、および天皇や上皇が法然を尊仰したというごとき記述が、天皇不敬になることと、神道イデオロギーと矛盾することについて配慮したものであろう。また（七）の文は、「真影」という語が上の「勅命」と同様に、天皇制の用語と重層共通することから粛正し、（十）の文は、天皇に対する敬語について注意を指示したものである。

このような聖典の文言を削除粛正したということは、ひとえに真宗教義の根幹としての、世俗的な体制と民族信仰に対するきびしい対峙拒否の姿勢ということが、全面的に抹殺否定されたということを意味するものであって、そのことはまた本質的には、この教団から親鸞の心としての信心が欠落していったということでもあった。すなわち、天皇に関わる文言記述が、厳然たる歴史的事実までも隠蔽して粛正されたということは、ひとえに真宗教団の、そしてまたその信仰の、近代天皇制に対する全面的な屈服を意味し、また権現神が親鸞を尊敬したというごとき記述が問題になったということは、この教団が当時の神道イデオロギーからの批判に対して、完全に敗北したということであった。かくして西本願寺教団は、次第に強化されていった天皇制ファシズムによる国体明徴運動、宗教統制の潮流の中に自ら進んで追随し、その信仰において、最もきびしく対峙すべき国家権力に対して、ついにはおのれの魂を売り渡していったのである。

このような教団における聖典削除の断行は、当然に教団の内外にさまざまな波紋をもたらした。中央の政界の反応については『中外日報』（昭和十五年六月二十六日）によると、文部省宗教局はその成り行きに注目し、望月圭介元内相も深く関心を寄せていると報じている。また『中外日報』（昭和十五年七月五日）によると、内務省警保局は宗教警察の立場から、

「当局としては国体に一元化された宗教の確立と云ふことを根本にして、凡ゆる教団に発生する事件或は宗教行為を監視し、また反国体的なものに対してはどしどし適当な方法を採っている。言葉の粛清は各教団自身に於て十分これを徹底せしめて貰ひ度いと希望する」

と語り、文部省宗務課長の、

「教団の言葉粛清は国体に基いてその線に沿ひ、今後とも充分に徹底されなければならない」

という談話も伝えられている。そこには西本願寺教団の先取り的な聖典削除を評価しつつも、さらにその徹底と他教団への広がりを期待し、すべての宗教を国体精神に一元化して、それを絶対天皇制に統一してゆこうとする意図が明確に看取されてくる。

しかしまた他面、この問題は教団内部においても大きな反響を呼ぶこととなった。聖典削除が発表されてから間もなく、西本願寺教団に所属する大阪の行信教校校長の利井興隆は、五月二十三日の『中外日報』において、「西本当局の猛省を促す」という題のもとに、

「近来国学者や神道家が仏教を外来思想として排斥し、片言隻語を蚤取眼で探し出して無暗に難癖をつけんとする悪い風潮がある。国体及び皇室の尊厳に対して、畏敬の念を捧ぐべきことの臣子の分であることは申すまでもない。かかる謹厳なるべき臣子の本分に違背するものとして、恣に難癖をつけるものがあらば、自己の名誉のために敢然として之に抗議し、無智なるものに対してはその蒙を啓き、悪意あるものに対してはその謀計を摧きて、飽くまで聖教の真意を闡明するこそ、幾千万人の信仰と幾百年の歴史を擁護する所以の道ではないか」

「今日国体明徴に障害ありとするものがあれば、本願寺当局たるもの得意の口と筆とを以って猛然として弁駁すべきであるのに、却って御無理御尤もとして退却し、門末に向っては傲然として拝読引用の心得を指示し、以って王法為本の宗義を宣揚するとか、宗祖の熾烈な国家観念を明著にするとか嘯くに至っては、その心事の陋且つ劣なるに愛想をつかさざるを得ぬ」

「曲学阿世とは正にこの事をいふのであらう」

などと堂々と論じて、『聖教の拝読ならびに引用の心得』を発布した西本願寺当局の、時代世流に追随する軟弱な姿勢を批判し、そのことが真宗の歴史を晦冥ならしめ、教義信仰を混乱せしめることになると指摘して、それはま

さに曲学阿世の行為であるときびしく非難している。そして『中外日報』の報ずるところによると、この利井を中心に同志があいより、全教団に檄を飛ばして、この『心得』の撤回を要求する全国的運動を展開することになったといい、その撤回要求の言上書は全国の僧侶と信者の署名をえて、おびただしい数が集まりつつあると伝えている。そしてまたその行信教校を中心とする全国の信者の名においても、門主宛ての陳情書が提出されたが、そこにはこの聖典削除の蛮行によって、わが教団においては正しい法義を伝統し、聴聞することが不可能となり、やがては真宗信仰が衰退滅亡することとなる。よろしく善処されるようにという要求が掲げられていた。このころの『中外日報』には、利井興隆の主張とその反対運動をめぐって、賛否両論の論説投書が続々と掲載されてにぎわっている。ことにその中の六月二日から八日までに連載された山下義信（真宗僧侶・戦後社会党所属の参議院議員）の「言葉の粛正の問題―西本願寺当局処置の可否―」という論文は、

「聖典の改竄といふことに二つの場合が想起される。一は宗祖の遺文中不敬の部分がありとすれば全体に亘って滅亡すべきが当然であって、改竄削除で胡魔化しても何んにもならぬ。二は宗教は超国家的なものであって、信仰に篤い宗教家ならば首がチョン切られても守らねばならぬ」

「西本当局は、われたとひ死刑におこなはるともさらにそそがざるべからず、といふ立場をすてて、やや第一の場合に近接しつつあるやうである。しかも不敬の疑惑をそそがざるのみならず、太子信仰国体尊信の真宗信仰が歪曲せられんとする観あるは、恰も大廈の将に覆へらんとするの光景に髣髴するではないか」

などと論じて、西本願寺当局の責をきびしく問うている。

やがて利井興隆は西本願寺の本多恵隆執行長と会見して、種々自説を開陳するところがあった。かくて当局は六月七日に、前記のごとき『内示趣旨』を発表通達したが、それは明らかに、利井らの全国的な僧侶および信者の反

対運動についての対応策であり、そこには弁明とともにその運動を鎮圧しようという意図があったようである。それについては、この聖典削除が、勧学寮などの研究機関に諮問されたものであり、またそれは宗義安心については何ら関係ないものであると主張しているが、すでにこの聖典削除そのものが、宗義安心の根本に触れ、その決定的な改変を意味するものであったのである。しかしながら、そのことが教団当局においてはまったく自覚されてはいなかった。その点、宗義安心を取り締まる機関といわれる勧学寮の責務はきびしく問われるべきであろう。その後、利井興隆はさらにこの『内示趣旨』を批判して、『中外日報』七月十一日に、

「聖教の文字章句を読むなとか、読み易へよとかの注意は、聖教の本文を加減することでないから『聖教尊重の意を全』うしてゐるといふは、全く当局の詭弁に過ぎぬ。仏像の片目に紙を貼り、片手に袋を被せ、腰に布を纏はしめておいて、仏像自体には毫も傷をつけたのではないから円満な相好は全うされてゐると嘯くものがありとせば、誰かその非礼と詭弁とを悪まざるものがあらう。事は宗義安心に関係がないから『時機相応の注意』も敢へて真宗の生命に違害がある訳ではないと、当局は伏線を張ってゐるが、真宗の教義や歴史を晦冥ならしむる失を免がれない限り、知らず識らず真宗の生命を侵蝕するの恐る可き結果を見るに至ることは、智者を待って始めて知る所ではない」

と論じているが、まことに的確な指摘である。事実、西本願寺教団はこのころからさらに急速に自己を喪失して、天皇制ファシズム体制に癒着し、その中に埋没していったのである。

この聖典削除に対する利井興隆の反対運動は、その後も根強く続けられていったが、やがてその主張に呼応して、奈良県の有志僧侶の樹下宝隆、花岡大雄、片山正道、尾城誠順らによる聖典削除反対運動が生まれ、六月中旬、樹下宝隆は「教行信証抹殺の理由と責任承りたし」という質問をもって、西本願寺当局と会見を行なった。また六月

二十七日より四日間にわたって、京都六角会館において開催された龍谷布教協会の総会でもこのことが取り上げられ、理事であった雑賀貞浄は利井らと共に、その撤回を要求して、「我々の背後には二千万の信徒がついている、聖典は一字一句と雖も変更することには反対する」「此の問題は要するに、天皇様につくか、阿弥陀様につくかの問題である。最後迄踏止って抗争し、場合に依っては往年の天草式結束も敢て辞せず」（『社会運動の状況』十二、内務省警保局編）と主張した。教団当局からも梅原真隆執行が出席して縷々弁明し、質疑応答を重ねたが、両者の見解は鋭く交差したままに終わった。また兵庫県の有志僧侶も、連名して『聖教の拝読ならびに引用の心得』なるものを、全面的に撤回せよという要求書を教団当局に提出した。そしてまた九月十一、十二日には、広島県の本願寺信徒代表の津田嘉次郎、藤田秀次郎らが上京して、聖典削除反対の陳情書を上程し、当局と会談を重ねて、その削除の実施を向こう三年間延期せよと迫った。その後、一九四二年（昭和一七年）に至っても、なおこの聖典削除についての反対運動は続けられており、その年の二月、第九十二回の定期集会において、前記の奈良県の樹下宝隆より、『聖教の拝読ならびに引用の心得』の撤回を要求する建白書が出されたが、ついに採択されなかった。それ以後、この聖典削除をめぐる反対運動は姿を消していったようである。そして西本願寺教団はいよいよ速度を速めつつ日本ファシズムの渦中に転落していったのである。しかしながら、これら一連の在野からの、真摯にして、しかもまた徹底した、反対抵抗運動が繰り返して続けられたということは、たとえその結果は実らなかったとしても、本願寺教団史上においては、充分に注目すべきであり、また評価されていいことであろう。

なおこの西本願寺教団における聖典削除問題が、真宗の他派教団に及ぼした影響については、真宗大谷派東本願寺教団にも波及したようであり、昭和十五年の六月の大谷派宗議会においてはそのことが問題になり、それについて当局の所信が問われるということがあった。それに対して安田宗務総長は、目下西本願寺当局と会議を続けており、当教団としても調査中であるが、それを実施するについてはさらに熟慮したいと答えている。関心を寄せながらも、きわめて慎重な態度で臨んでいることがうかがわれる。また同じ六月中旬には、真宗の高田派、仏光寺派ら真宗八派の教団当局者も木辺派本山錦織寺に会合して、この聖典削除について協議したが、西本願寺教団の単独行動を批判しながらも、この問題については、しばらく静観することに決したという。かくして、真宗各派の中、ひとり西本願寺教団のみがこのような聖典削除を行なったわけである。

二、聖典削除に先行する教団の動向

西本願寺教団はこの聖典削除の断行を通して、天皇制ファシズムの国家体制におのれの魂を売り渡し、その体制にみごとに癒着し追随してゆくこととなったのであるが、何ゆえにこの西本願寺教団が真宗他派教団に先駆けて、このように聖典削除を行なうことになったのであろうか。その理由については、当時の教団を取り巻いていた日本の思想的状況、さらには政治的な状況が指摘されねばならないであろう。この聖典削除ということは、単に教団の事情によるというよりも、時の思想的、政治的な教団をめぐる外的な状況が、教団に対して要求した圧力に基づいてなされたものであったのである。しかしながら、また他方このような聖典削除をあえて実施した理由は、西本願寺教団の内部にも充分に存在していたのであり、それはまさしくそれまでの教団の体質とその歴史的歩みが、必然に逢着しなければならなかったところの大きな躓きの石でもあったわけである。

そこでまず、その理由における外的な状況についてふれるならば、西本願寺教団における聖典の文字粛正の問題は、それまでに一再ならず惹起したことがあったのである。すなわち、一八六八年（明治元年）、天皇中心の国家体制の確立を理想とした明治新政府は、神仏判然令を発布し、もっぱら仏教を排斥して神道を中心とする宗教政策をとり、もって国民一般に神道思想を鼓吹することを通して、天皇親政の論理的基盤を形成しようと意図した。そして、政府はさらに、一八七二年（明治五年）、この国民思想統一の政策に、新しく仏教教団を包括利用する方針をたて、神道と仏教を統制する機関として教部省を設立し、神官、僧侶などによる教導職の制度を創始し、「敬神愛国」「天理人道」「皇上奉戴朝旨遵守」の三条教則なるものを制定して、新しく国民教化を進めていった。かくして明治初期の仏教は、きびしい廃仏毀釈の嵐のあとに、このような天皇体制、神道イデオロギーに基づく宗教政策によって、統制利用されていったのであるが、仏教教団自らもまた、基本的には、このような体制に進んで癒着し、おのれを国家仏教と規定することによって、その地位を再び復権してゆくこととなったのである。そして真宗教団もまたその動向にともない、自らの教義の解釈において、新しく「真俗二諦」という項目を立てて、念仏という真の論理と政治権力という俗の論理との、本来は矛盾するはずの二つの論理の共存融和を図り、仏恩と皇恩、如来帰依と天皇帰一の真と俗の二元の教学を形成していったのである。そしてそのころ、西本願寺教団においては、かかる教義理解と並行して、自己の聖典の中の文言に天皇体制と矛盾抵触する点のあることが問題となり、当時の代表的な宗学者であった水原宏遠の提唱によって、親鸞の著述である『教行証文類』「化巻」の「主上臣下」の文字を伏字抹消し、また『御伝鈔』下巻、第五段の「平太郎熊野参詣夢告の文」を伏字抹消するということがあった。またそのころの一八七三年（明治六年）二月には、東本願寺教団においても、同じ理由によって、聖典の拝読について、『御伝鈔』下巻、第一段の「主上臣下法にそむき義に違し、いかりをなしあたをむすふ」などの文、および蓮如の『御文章』の文の一部を省略削除することを決定通達した。

その後、西本願寺教団においては、一九三三年（昭和八年）六月、大阪の行信教校専精舎刊行の信仰誌『一味』

の六月号に掲載された、「信仰往復の書」と題する同人の鈴木啓量執筆の文中に、「如来大悲の勅命」という語があったが、その文言が内務省より指摘され、編集責任者の利井興隆が大阪府警察部特高課に呼び出されるということがあった。その「勅命」という語が神権天皇体制に抵触し不敬にあたるというわけである。利井はその際に弾圧の不当性について種々弁明したが、ついに大阪府知事宛の始末書を作成提出せしめられた。利井は直ちにそのことを西本願寺当局に報告し、本願寺大阪教区管事の千葉康之は文部省宗務局に出頭して、その不当弾圧に対する意見書を提出し抗議したが、事務官はその趣旨を理解する旨を口頭で返事するにとどまるのみであった。思うに、昭和六年九月には満州事変が、昭和七年一月には上海事変が勃発して、日本の満州、中国大陸に対する侵略が開始され、そのファシズム化の道は一路急進してゆきつつあった。そしてこの昭和八年には、二月に小林多喜二の検挙拷問惨死事件があり、四月には京都大学の滝川事件が起こり、その六月には、内務省が出版物の徹底的な取り締まりを断行することとなり、出版物検閲制度を改革して出版警察の拡充強化を行なうこととなった。この『一味』誌における「勅命」問題もその検閲にふれたものと考えられる。当時の『中外日報』（六月二十四日）は、西本願寺勧学寮ではこの事件を契機に、聖典の字句について調査検討を始めたと報じている。

その後、西本願寺教団における聖典削除の問題については、一九三六年（昭和一一年）、前田執行長のもとで、勧学寮において聖典削除、大麻受領、神社問題について検討することがあり、聖典削除については、『教行証文類』「化巻」の「主上臣下」の文と、『御伝鈔』の上巻、第四段の聖徳太子が親鸞を礼拝したという文などを伏字にすることに決定した。そしてまたその年の八月に、西本願寺布教部では、『改訂真宗聖典』を編纂発行したが、その節には『教行証文類』「化巻」の「主上臣下」の文を、ことに「主上の臣下」と「の」字を挿入して、天皇体制との矛盾衝突を糊塗するということを行なった。なおまたこの年の十月には、東本願寺教団においても、『御伝鈔』

下巻の「主上臣下」などの文の拝読は、省略遠慮するよう決定内示するということがあった。

またこの聖典文字に対する天皇権力の検閲弾圧は次第にきびしくなってゆき、一九三九年（昭和一四年）六月二十一日には、荒木貞夫文部大臣の名によって、龍谷大学の予科において使用されていた真宗学の教科書『真宗要義』巻下（龍谷大学教授中井玄道執筆、昭和四年、龍谷大学出版部発行）の内容について厳重な注意をうけるということがあった。すなわち、その中の「勅命」「教勅」「仏勅」という語は、すべて天皇に対する不敬の用語であって、その使用は許されないということであった。このころ昭和十四年三月に、文部省は大学における軍事教練を必修課目とすることに決定し、また四月には文部省が大学の予科および高等学校の教科書の認可制を強化して、二十四種の教科書を却下したことがあり、また五月には『青少年学徒に賜わりたる勅語』が下され、六月には国民精神総動員委員会が学生の長髪を禁止するということがあった。いまの龍谷大学の教科書事件も、このような次第に強化されていった日本ファシズム化の動向の中で、ことに文部省の教科書認可において問題にされたものと思われる。龍谷大学当局はこの注意によって直ちに対応するところがあった。すなわち、同年七月五日、その『真宗要義』巻下の全体にわたる三十五か所について、指摘された用語の削除および改訂を行ない、改めてその使用認可を申請した。そして再審査ののち、許されて九月十日にその改訂版を印刷発行し、文部省に再提出してようやくこの問題は落着した。なおこのときに親鸞の『教行証文類』後序の「主上臣下背法違義成忿結怨」という文の削除が命ぜられたという見解（『現代日本思想大系』七、「仏教」三二頁、筑摩書房・『近代大谷派年表』）があるが、筆者の調査したかぎりでは、その事実は証せられなかった。なおまた、この教科書（巻下）には、その文は引用されてはいない。この教科書事件に触発されたものであろうか、同年の八月には東西本願寺教団の当局が聖典の文字粛正について合同の会談を開き、また西本願寺教団では勧学寮において真宗聖典について全面的な検討を加え、一九四〇年（昭和一五年）

の春には、問題の文言五十三か条を抽出して教団当局に答申することがあった。昭和十五年四月の西本願寺教団における聖典削除の動き、『聖教の拝読ならびに引用の心得』の決定通達は、まさしくこのような一連の歴史的な流れの中で生まれてきたものであった。まことに日本仏教の歴史の中で、親鸞ほど政治権力に対して、きびしく対峙し、それを拒絶する思想を構築したものはない。しかしながら、またそのゆえに、この親鸞を開祖とする真宗教団は、教団形成以来、ことにより具体的には近代以降、このような親鸞のきびしい権力批判の思想とその文言を、やっかいな重荷として背負い続けねばならなかったのである。上に見たごとき、真宗教団近代史における聖典削除の繰り返しは、まさしくそのことを物語っているのである。

ちなみに国家権力の仏教教団に対する聖典削除の圧力は、日蓮教団についても繰り返して行なわれ、一九三四年（昭和九年）十一月には、日蓮宗諸教団に対して日蓮上人遺文の削除を命じ、また一九三七年（昭和一二年）には、文部省が『本門法華宗教義綱要』に不敬の思想ありとして、その改訂を要求するなどのことがあったという。

三、聖典削除を行なった教団の体質

これら西本願寺教団における聖典削除は、すでに概観したごとく、教団を取り巻く外なる圧力としての、神権天皇制権力への屈服として生まれたものであるが、それはまた他面、内部的には、この教団自らが宿していた自己自身の体質に基づくものであったともいわねばならないのである。

すなわち、この西本願寺教団の近代における歩みは、ことに国家権力との関わりを中心として見ると、明治維新を通して成立した新政府には、すでに上にも若干ふれたごとく、その政治的理想を天皇親政、祭政一致なる王政復古に求めたが、政府はまたその必然として、このような新しい国家体制形成の精神的基盤とすべく、神道イデオロギーを鼓吹してゆくこととなった。一八六八年（明治元年）三月、祭政一致、神祇官再興の布告が出され、続いて神仏判然令が発せられた。そして一八六九年（明治二年）には宣教使の制度を設けて神官を宣教使として位置づけ、翌三年には「宜しく治教を明らかにして惟神の大道を宣揚すべし」という。大教宣布の詔勅を発布した。新政府の宗教政策は、明確に神道中心主義となり、その国教化が進められていったのである。そしてその反面、今まで徳川幕藩体制のもとに統制され、それに癒着することを通して、社会的地位を確保し続けてきた仏教教団は、一挙に自らの基盤を失ってゆくこととなった。廃仏毀釈の風潮は、過激な破仏運動から単なる流言まで、さまざまな混乱をともないながら全国的に広まっていった。仏教教団にみなぎる危機感は深刻であった。

しかし、この新政府の神道中心の教化政策は、多くの矛盾を生じ、またその実効も上がらなかった。一八七一年（明治四年）、廃藩置県を行なって、ようやく新体制の基礎を確立した政府は、今まで排除してきた仏教に対して、民衆教化の伝統とその実力を再評価し、それを自らの体制内に組み入れて、近代天皇制形成強化の一翼たらしめる方針を立てた。一八七二年（明治五年）三月、政府は新たに大教宣布の宣揚機関として教部省を設け、その管轄のもとに教導職制度を作って、神官や僧侶らを動員任命した。そしてまた続いてその国民教化の基本綱領として、「敬神愛国の旨を体すべき事、天理人道を明にすべき事、皇上を奉戴し朝旨を遵守せしむべき事」という三条教則を制定した。説教の折には、この三条を奉持してその趣旨に従って教化せよというのである。ここには天皇に対する帰一、そしてその精神的基盤としての敬神思想、およびそれに基づく国民道徳を、一方的に強制する国民教化路線が示されている。仏教は激しい廃仏毀釈の嵐のあと、このような新しい国民教化運動の中に組み込まれていったのである。

かかる明治政府における神仏分離と神道国教化の意図、さらには仏教の新体制内への再編成という宗教政策に対して、西本願寺の島地黙雷らは、政教の分離を主張し、信教の自由を求めて、その三条教則を批判し、大教院からの離脱運動を展開していった。この廃仏毀釈の風潮と、それに次ぐ政府の仏教統制の動向には、伝統の仏教教団が自らの在りようについて深く覚醒し、新しく近代に向かって脱皮自立してゆく契機があったと思われるが、実際には向外的にも向内的にも、きびしい対決と脱皮をもつことはほとんどなかった。そして仏教教団は全体的には、その政府の仏教統制に唯々として応じ、そこに幕末以来失墜していた自らの社会的地位を回復してゆこうと願ったのである。一八六八年（明治元年）、西本願寺教団において、そしてまた続いて東本願寺教団においても、新しい開明の思潮にのった本山改革が断行されて、教団は近代的な機構を整えていったが、それも結論的には、今まで幕藩体制下において徳川政権に癒着していた教団が、新しく政権を交替した天皇中心の維新政府に、再び結合していったということにほかならなかった。西本願寺の門主明如は、一八七二年（明治五年）六月、三条教則の発布に直ちに応答して、全国の門徒宛に消息を下し、敬神愛国、天理人道、朝旨奉戴をうたい、「此遇がたき弘願他力の法を聞き得ること偏に至仁徳化の恩沢によるがゆへなれば敬神尊王の道を専ら」にすべしと訓告した。かかる傾向はまた当時の教学にも明確に見られるところである。代表的な真宗学者であった東本願寺派の福田義導（一八〇五～一八八一）には、『天恩奉戴録』（明治元年刊）、『勤王報国弁』（明治元年刊）、『真宗王法為本談』（明治一一年刊）など、西本願寺派の瑕丘宗興（一八一五～一八八〇）には、『山房夜話』（明治七年刊）、『真宗二諦弁』（明治八年刊）などがある。福田義導はその中で、「国王を敬輔し尊重すること仏の如くすべし」といって、天皇と阿弥陀仏を同一視し、「皇恩は現当二世の大恩なり」と語って、天皇の大恩は現実の生活のみならず、来世の浄土往生にまで及ぶといっている。権力が仏法を覆い、世俗が出世を支配するというごとき領解である。また瑕丘宗興は、魂は「大悲の弥陀に打ちもたれ」、体は「至仁の天子に打ちもたれ」よと教え、「生きては国家の良民となり、死しては浄土の聖聚となれ」と説いて、阿弥陀仏と天皇、仏法と王法を、魂と体、後生と今生とに二元的にとらえ、それを今世の皇恩を中心に解釈しているのである。そのいずれもが、きびしい信心の欠落したままの王法為本なる国家主義的な真宗理解である。かくして本願寺教団は、教団運営レベルにおいても、教学レベルにおいても、もっぱら世俗にのめりこんでゆき、明治新政府の指向した近代天皇制の確立、それによる富国強兵の路線に追随し、その仏教統制の政策に組み込まれて、一路、国家仏教の道を歩み始めていったのである。そしてこのような明治初年における動向の中で、すでに上に見たごとく、東西本願寺教団では共にすすんで、自らの聖典について、天皇制と矛盾する文言を省略削除していったわけである。

本願寺教団の近代天皇制癒着の状況は、また宗祖親鸞に対する大師号の宣下についても見ることができる。この大師号の下賜については、かつて一七五四年（宝暦四年）、親鸞の五百回忌法要を期して、東西本願寺が朝廷に対してそれぞれ競願したが、買収費をめぐる収賄事件まで起こして取り下げとなり、一七五八年（宝暦八年）には、再び両寺の連名により、幕府を通じて勅許を求めたが成就しなかった。その後、親鸞の五百五十回忌法要を迎えるにあたり、さらに東西本願寺らが願い出たが、その節にもなお許されなかった。このような度重なる出願と却下の繰り返しを経て、一八七六年（明治九年）十一月、ようやく親鸞に対して、「見真大師」の諡号がおくられ、ついで一八七九年（明治一二年）にその勅額が下賜されたのである。それについては、明治維新に際して、経済的に困窮していた新政府側に、本願寺教団がたびたび政治献金を行なうなどの忠誠を尽くしたことに対する見返りということが考えられるが、また三条実美、岩倉具視らの特別の斡旋があったともいわれている。そして西本願寺教団においては、一八七七年（明治一〇年）五月、その諡号宣下の記念法要が親鸞の影像の前でいとも盛大に繰り広げられた。

ここにもまた、近代初頭における教団の政治権力に対する完全なる屈従、天皇制への追随ぶりが見られるのである。

また明治政府は、その中央集権的国家体制を完成させてゆく過程の中で、仏教各教団をも教導職制度を通して、その体制に組み入れていったが、完全な教団統制が確立したあとには、政府は教導職制度を廃止して、教団の統率権を各管長に移譲することとした。そして政府は国家の認可した宗制と寺法とにしたがって、管長を頂点とする仏教各教団を指導統制してゆくこととなったのである。西本願寺教団は一八八〇年（明治一三年）に、まず寺法を制定したが、そこでは伝統を踏襲して、大谷家嫡流の本願寺住職が法主および管長にあたるという三位一体制を構想し、この法主による末寺門徒の支配という、明治憲法の天皇中心の国家体制に見合う絶対主義的な教団体制を確立していった。そして一八八六年（明治一九年）には、さらに宗制を定めたが、ことにその第二条において教義を規定するについては、「仏号聞信」「大悲念報」という出世の論理と、「人道履行」「王法遵守」という世俗の論理との、二つの論理の相依を明かしている。いわゆる「真俗二諦」といわれる真宗領解である。このような教義理解は、親鸞の没後ほど遠からぬころから発生し、さらに蓮如に見られるごとき、信心為本を語りつつ、また同時に他面においては王法為本、仁義為先を説くという、出世と世俗を二元的に把捉する思想を背景とするものであったが、それはまた明治政府の神道中心、仏教排斥の基本的政策に対して、本願寺教団がその天皇制国家体制の中で、自らの生存地位を確保するために、新しく強調していった教団の論理であったわけである。教団はやがてこの「真俗二諦」という論理をパイプとして、いよいよ天皇制国家権力に巻き込まれ、自己を喪失してゆくこととなるのである。

そしてまた本願寺教団は、かかる歩みを通して、いよいよ国家権力に対して御用化していったわけであるが、日本帝国主義の形成という側面においても、思想的、精神的にきわめて重要な役目を果たしていった。すなわち一八九四、五年（明治二七、八年）における日清戦争に際しては、ただちに教団をあげて軍資金を募って献じるとともに、従軍布教使を戦地に派遣して士気を鼓舞することにつとめた。また一九〇四、五年（明治三七、八年）の日露戦争が勃発するに至っては、いち早く臨時部とその全国的規模の出張所の設置を中心とする戦時奉公の体制を組織し、軍資金の献納、国債への応募、傷病兵の慰問、戦地に対する従軍布教使の派遣など、多方面にわたる戦争協力に尽力し、その活動は仏教各教団の中でも独り抜群であったという。のちに明治天皇がとくに西本願寺教団に対して、「其功尠からず朕深く之を嘉す」という、嘉賞の勅語を下賜したということによっても、そのことは明らかである。また西本願寺教団はこの日清戦争の終結以後、朝鮮、台湾、中国のアジア諸地域の開教に進出することとなり、その各地に別院および多くの出張布教所を設置して、次第にそれを定着せしめていったが、そのことは基本的には、日本の帝国主義政策の中に編成され、アジア植民地化の野望を補完するものであったともいわねばならないであろう。

そしてこのような西本願寺教団の天皇制国家体制への癒着、さらには帝国主義政策への追随という姿勢については、より底流的には、かかる近代日本の国家原理として構築されていった神道イデオロギーに対する、本願寺教団の完全なる屈服という問題がある。この神道問題は本願寺教団にとって、ことに一八六八年（明治元年）の神仏判然令、一八七〇年（明治三年）の「惟神の大道を宣揚する詔」発布以来、近代教団史を貫く重要な問題であった。明治政府は天皇制の思想的基柱として神道イデオロギーの鼓吹を企図し、その国教化政策を強力に推し進めていったが、神祇不拝を主張した親鸞を開祖と仰ぐ本願寺教団にとっては、それは決して妥協しえざるところであった。しかしながら、一八七二年（明治五年）六月、教部省は三条教則を制定したのち、その路線の延長として伊勢神宮の神札大麻を全国民に頒布し、その奉祀を強制するということがあり、真宗教団においてもその受領を指令するということがあった。だがその後、一九一二年（明治四五年）、明治天皇の病臥に際し、全国の寺院や神社において平癒祈願が行なわれたことについては、本願寺教団はこれを修めなかったし、また一九一五年（大正四年）、大正天皇の即位大典には、各戸にしめ縄を張らせ、伊勢神宮の大麻を奉安せしめようとした地方もあったが、真宗教徒たちが強硬に抵抗して紛争が起きるということがあった。一九一六年（大正五年）、西本願寺当局も、真宗教徒たるものは決して神棚を安置し、しめ縄を張ることはできないと発言している。しかし政府の神道国教化の政策は一貫して続けられ、一九二〇年（大正九年）には、各地方庁に対して伊勢神宮の大麻の頒布について通達し、その徹底を指令するということがあった。その後も本願寺教団においては、この神道問題、ことには大麻問題について種々な対応を試みつつ、神祇不拝という自らの信仰的立場を堅持擁護していった。ことに一九二九年（昭和四年）には、滋賀県において、小学校および役場に神棚を安置し大麻を奉安するということが決定されたのに対して、真宗教徒は敢然として反対するということがあった。また一九三四年（昭和九年）七月には、西本願寺当局は所属の寺院住職の質問に答えて、神宮大麻は「真宗信徒としては拝受奉安せざるを可とす」といっている。しかしながら、やがて天皇制ファシズムがいよいよ急進する過程において、このような神祇不拝、大麻拒否という西本願寺教団の基本的な姿勢は、次第に曖昧になっていった。一九三六年（昭和一一年）十二月十八日の定期集会において、教団当局は議員の質問に答えて、「大麻の受不受は一般国民としては勝手たるべしとの太政官布達による外ない」と弁じている。そしてその後、『中外日報』（昭和十二年十二月八日）の報ずるところによれば、西本願寺当局はその翌年の十二月には、神宮大麻は信仰の対象ではなく、「天照皇大神の御分霊」であって、日本国民であるかぎり、それを奉戴するのは当然であるという統一見解を決定発表したのである。そして翌一九三八年（昭和一三年）には、全国の信者に対して、「国民道徳としての敬神を奨励し来れる本宗としては、之を拝受して丁重に崇敬を致すが俗諦教義上、至当と存ぜられ候」と、一転して大麻を奉安すべきことを通達したのである。そしてまた一九四〇年（昭和一五

年）には、真宗各派協和会の名において、

一、大麻は皇大御神の大御璽として配授せらるるものなるをもつて、宗教の如何を問はず、皇国の臣民たるものは、報本反始の誠意を抽で等しく拝受すべきものなり。

一、一般奉安の形式は特に適宜の施設を用ひ、不敬に亘らざるよう注意すべし。

一、寺院にありては庫裡の適処に奉安すべし。

一、敬神崇祖は国家彝倫《いりん》の標準なれば、宜しく其の本義を明確にして、益々忠君愛国の至誠を発揮すべし。

と決定し指令した。西本願寺の信心取り締まり機関としての勧学寮に対しても、この四か条は諮問されたが、「宗義上差支なきものと存候也」という答申がなされた。驚くべき変貌というほかはない。それは親鸞に学ぶべき真宗信心の完全な喪失であり、神道イデオロギーへの全面的な屈服を意味するものにほかならなかった。

このような本願寺教団の神道イデオロギーに対する姿勢は、新しく制定された宗教団体法にしたがって、一九四一年（昭和一六年）三月に改正された宗制にも見られるところであって、ここでは教団の宗風を定めて、「特に皇恩の辱きを感戴し、皇謨翼賛の重任を荷負し、敬神崇祖報本反始の誠意を抽づべきこと」と示している。そこには本願寺教団の天皇制への癒着ぶりと、神道イデオロギーへの傾斜がみごとにうかがわれるのである。もって西本願寺教団が近代史をどのような方向に向かって歩んでいったかが明白であろう。

そしてこの西本願寺教団は、やがて一九四一年（昭和一六年）、太平洋戦争の開戦によって、内に対してはいっそう神権天皇の絶対化をすすめ、外に向かってはアジア征服をめざす侵略的行動に猛進していった日本ファシズムの歩みに、そのまま同調追随していったわけである。ことにその教団教学は「戦時教学」や「決戦教学」という名のもとに、その侵略戦争を全面的に肯定し、それを支持翼賛したが、そのころに刊行された戦時教学の代表的な著作としては、『仏教の忠義哲学』（昭和一五年一〇月）、『神ながらの道と浄土真宗』（昭和一六年九月）、『恩一元論―皇道仏教の心髄―』（昭和一七年六月）、『神典の根本思想と真宗教学』（昭和一七年一二月）、『真宗の護国性』（昭和一八年八月）、『日本仏教の性格』（昭和一八年一一月）、『念仏護国論』（昭和一九年八月）などがある。今それらに見られる主張を拾うと、次のごとき文が眼につくのである。

「もし仏陀が日本国に来生せられるならば、必定まづ天皇絶対をお説きになり、以て国体を明徴したまふことはいふまでもないことであらう」

「真宗では根本弥陀の願意よりして、人の世に処し国民としての生活をなすに於ては、王法を以て本とし、勅命に絶対随順したてまつれと教へてゐるのである。したがって反対に叛逆罪を犯すものは、弥陀もこれを救はないと除却してある。ゆへに真宗の教旨が、皇国体に順ぜないなどといふことのあるべき道理がない。すなはち弥陀の救済に安住するが故に、よく皇国の良民となり得る所以があって、真宗こそ最もよく皇国体にかなふところの宗教であり得るとされやう」（『恩一元論』）

「これを真宗の信仰思想に徴するに、一仏崇拝の信仰により絶対帰依のまことをささぐる一心一向の信順の心より、移つて国家圏に入り来たり国家の一員として国民の立場に立つとき、すなわち畏くも天皇陛下を絶対至上、神聖不可侵と仰ぎ奉り、ひたすら大御心のままに信順奉行する無二の臣民道におのづから趣き向ふものである」（『仏教の忠義哲学』）

「真宗の真実信心の上には、君国の恩、父母の恩、社会の恩は勿論、一滴の水にさへも無限の恩沢を感受し得るのである。惟へばまことに、皇国の臣民なるが故にこそ、この平和な幸多き日々を恵まれ得ることが、既に粉骨砕身してなほ報じ尽されぬ鴻恩であるが、その浄高なる聖恩をば、この御稜威の中に生を享けたればこそ、吾等は今や久遠劫来の宗教的要求を初めて而も完全に満足せしめらるるを得たるてふ歓喜によって、数層倍加して感荷せしめらるる幸を有する」

「浄土真宗が一切群生を平等に救ふ唯一の宗教であり、吾が帝国があらゆる民族を真実に幸福ならしむる聖なる国柄である故にこそ、初めて真宗の他力念仏行者であることと、真実なる日本国民であることが完全に一致し共行し得るのである。即ち真実なる宗教生活と、真実なる皇民生活とが融合して一念仏生活の中にあり得るのである」

（『念仏護国論』）

「真宗の信仰も亦、その信仰を挙げて天皇に帰一し奉るのである。一声の念仏を称ふるにしても、その念仏にこもる力を挙げて、上御一人に奉仕してゐるのである。真宗でいふ信と云ひ行と云ふものは、勿論仏を対象として起されたものには相違ないが、その信行にこもる力、仏を信ずるものの宗教体験を、すべて天皇に捧げ奉るのである」

「敬神尊皇の道と帰依仏法の道とは、決して相矛盾し相反撥するものではない。敬神は現実界の存在としての神を敬することであり、信仏は超越界の存在としての仏に帰することである。（中略）この両つの道は単に衝突しないといふに止まらず、相互に他を顕揚し、深化せしめる。神を敬ふことといよいよ深ければ深きだけ、われわれは仏を信ずることの強さを加へ、仏を信ずることますます強ければ強きだけ、われわれは神を敬ふことの深さを加へる」

（『真宗の護国性』）

「わが国は一君万民の国体であって、一君を除いて外のすべての国民は、蒼人草として現人神たる陛下の御前にひれ伏すより外はない。万民は『みたみわれ』として、大君にまつろひ奉るのみである。（中略）浄土真宗の有する凡人の自覚と絶対帰依の感情は、全くこの国体に相応するものである。己れを空ふして如来に帰依する凡人の意識を、そのまま現人神たる上御一人に捧げ奉るとき、ここに最も理想化されたる承詔必謹の臣民道が顕れ、すべてを如来の御恩と仰ぐ感情を、大君の御前に捧げ奉るとき、ここに常に大御稜威を仰ぐ背私向公の無我道が生れる。『凡夫の宗教』たる親鸞聖人の宗教は、まことにこの意味に於いて『臣民の宗教』とも称すべきであると思ふ」（『神ながらの道と浄土真宗』）

「浄土に往生して、仏と成つたならば、神様にはなれないではないかと云ふ疑問があるやうであるが、之れは最も幼稚な疑問であって、浄土教義に於てさやうなことを云はず、又教徒も実際にもさう考へてはゐない。（中略）仏になり神になる、それに何の矛盾もなければ衝突もない、亡き父の在す国に仏となり、故国の空に護国の神と顕はるる、そこにこそ、自在我の徳を成じた、涅槃常住の世界たる浄土の妙用がある」（『前進仏教』―靖国の祭祀と浄土教に就いて）

以上は西本願寺の教団教学が「戦時教学」「決戦教学」の名のもとに、太平洋戦争に追随し、それを補完していった主張の一端であるが、そこには神道イデオロギーと真宗信仰とが短絡的に結びつけられて、両者の協調が語られ、天皇帰一の論理と阿弥陀仏信仰の論理が、何らの矛盾もなく重層して捉えられ、またさらには仏恩の感知がそのまま皇恩に対する滅私奉公の鼓吹として明かされているのである。かかる教義解釈が、いかに真宗の本義に背くものであるかは言うまでもないことである。戦時教学の犯した誤謬は、改めてきびしく反省されねばならない点である。

そしてまた西本願寺教団では、かかる「戦時教学」と一連に、門主の消息および教辞がしばしば発布されて、天皇制ファシズムを讃美しつつ、真宗教徒をその渦中に巻き込んでいった。一九四五年（昭和二〇年）五月二十一日に発せられた「皇国護持の消息」には、

「祖師聖人はかねて念仏者は無碍の一道なりとも示したまひ、また大悲の願船に乗じて光明の広海に浮びぬれば、

至徳の風静かに衆禍の波転ずとも諭しおきたまへり。洵に念仏の大行は千苦に耐へ万難に克つ、国難何んぞ破砕し得ざることあらむや。遺弟今こそ金剛の信力を発揮して念仏の声高らかに各々その職域に挺身し、あくまで驕敵撃滅に突進すべきなり。（中略）かへすがへすもおくれをとりて六字のみ名をけがすことなからむやう、切に望むところに候なり」

と述べている。すでに敗色濃くなった戦争末期において、なおひたすら信者を戦争に駆り立てていった皇国護持の説諭である。そしてまた一九四四年（昭和一九年）十一月三日の教辞には、

「かかる勝法に値遇すること、是れ偏に曠劫多生の因縁により御稜威に浴せる恵みにして、皇国に生を享けたる身の倖なれば、苟も口に仏名を称ふるもの誰か皇恩の深きを感戴せざらんや。殊に皇国未曾有の国難に際しては、衆に先んじて身命を捧げ私に背いて奉公の誠を効すは、まことに念仏行者の本懐と謂つべし」

といい、また同年十二月には、

「念仏の心が背私向公の赤心となって祖国を護る生命線となり、喜んで身命を大君のために献げまつる捨身の行となつて臣道実践の根基を培養するのであります。言ひ換へれば、我々の皇国臣民としての実践をより正しくより強くせしむる力が信仰であります」

「衣食足らずとも礼節を知るといふ心構と、笑って身命を大君に捧ぐる士魂とを養ふことが、今日の国民教化に特に要請せらるべきであって、それには我々の心の一隅に根強く存在する利己主義、自我主義、自由主義などを清算して、自己犠牲の精神、即ち自我否定の精神の修練が必要となるわけであります。この意味においても、今日仏教のもつ思想的役割が非常に大きなものであることを見逃してはならぬと思ふのであります。私は今日の国家危急の時機にあたって、わが宗団の持つ伝統の宗風に則り、真に宗団の総力を献げて祖国の護持と進展の大業を翼賛すべ

く覚悟致しております」

と語っているのである。そしてこの教団は、昭和二十年五月二十一日には次のごとき「宗門決戦綱領」なるものを決定したのである。すなわち、

国難を救ふものは三宝なり。祖訓の本領偏に奉公に帰す。今ぞ其の念仏を捧げて、皇国を護持すべきなり。

一、住職は教団の支隊長なり。其の統理する寺院機能を、戦力補給の一途に結集し、寺族を手兵として、随処に不請の友愛を傾け、以て門徒の教化に任じ、在郷の法将として、敢然戦列に先駆すべし。

一、坊守は一郷の法母なり。常に冥見を仰いで、寺庭に道義生活の範を示し、衣食足らずとも礼節をあやまらず、慈光の下毅然として、皇国婦道の堅塁を死守すべし。

念仏者に生死なく退転なし。猊下は一千万の陣頭に在り、即時布達の任務に就きて、必勝の念仏朗々と、其の身、其の命、其の財を尽して、以て御信条に奉答すべし。

というものである。まことに壮烈というほかはない。しかしながら、ここには親鸞がその生涯をかけて顕わそうとした本願念仏の意趣の一片だもありはしない。それとはまったく異質の地点に立ったものである。だがこのような昭和二十年における西本願寺教団の状況は、かつて近代の初頭に際して、新しく構築されてゆく天皇制権力に癒着しつつ、自らを保身してゆく道を選んで以来、上に見たごとき一連の流れの中で、もっぱら世俗権力に追随してきた、教団近代史八十年の歩みの必然的帰結でもあったのである。そしてそれはまさしく、近代天皇制国家権力への屈従であり、神道イデオロギーに対する敗北であり、また日本ファシズムの奔流への埋没であったが、そのことは何よりも、教団自身の責任による、自己喪失の姿にほかならなかったのである。

四、聖典削除をめぐる今日的課題

この聖典削除という問題は、かつての戦時中に起きた忌まわしい出来事であり、またそれが西本願寺教団の近代史を貫く誤謬の歩みの必然であったとしても、それは決して単なる過去の問題ではない。それは現代において、親鸞の信を学んで生き、今日の大衆に親鸞の信を弁証しようとするためには、当然このことは避けては通りえず、この問題に対する態度を明確にせざるをえないであろう。その当時「此の問題は要するに、天皇様につくか、阿弥陀様につくかの問題である」（『社会運動の状況』十二、内務省警保局編）と叫んだ先輩の言葉は、そのまま今日の我々念仏者の在り方に関わる基本の問題であろう。親鸞を学ぶということ、真宗の信心に生きるということは、おのれの内なる我執を見つめ、それを痛みつつ、つねに仏法の原理の中にこそ、その我執の身を処して生きてゆくことであり、それはより具体的には、真宗の信心とは、おのれがそこで生きている世俗の体制のただ中にあって、しかもまたその体制としての権力や財力、そしてまた血縁や派閥などの、ドロドロとした世俗ときびしく対峙しつつ、それへの埋没を拒み、それを超えて、いちずに出世を志向し続けて生きる姿勢においてこそ、はじめて成立してくるものである。その点、まことの真宗信心の立場に立つかぎり、この世俗的な権威や権力に屈従しておのれの魂を売り渡し、自己を喪失していった過去の教団の歩みに対しては、必然に、明確な反省とそれからの脱皮という営みが生まれてくることであろう。

しかしながら、今日に至るまでの西本願寺教団においては、上に見たごとき、かつての戦時下における誤謬の教学であったはずの「戦時教学」や「決戦教学」は、本質的には何らの反省もなされてはいないようである。そしてまた上に掲げたごとき、戦時中に発布された門主の消息や教辞についても、その失効宣言をすべきであると要求したところ、それに対して、西本願寺当局は『宗報』（昭和四十七年二月号別冊）において、

「ご消息というのは、一人一人の教学とは違って、教団では宗制の中でお聖教の中に数えられているものだと思います。ですから三部経を初めとして教行信証その他の聖教と同じ価値をもっておると、こう見られておるものです。これはおしいただいて、いただくものとしています」

「そういうご消息を廃止するというか、そういう処置をとったらどうかというような議論が教団の一部にあるわけなんです。私はそうではないと思います。今自分が法縁を結ばせていただいているという、この時点に立って、尊い先輩方のご苦労を偲ぶ尊い手本として、私共はいつまでもいつまでも、これは大切に奉戴していくべきである」

「ご消息については、門末といいますか、宗門の一般は、絶対に批判は許さない。どのようなものでも、ご消息をめぐる論争などは、もってのほかであるという結論になる」

という見解を示したのである。門主の消息とは、『浄土三部経』などの経典や親鸞の著述と同じ価値を持つものであって、たとえ戦時中のものであろうとも、絶対に批判は許されない。これが門主の戦時下消息に対する今日の教団当局の公式見解である。西本願寺当局は、いまもって、あの戦時下の行動は、全面的に正しかったと考えているわけである。なんという時代錯誤か。その点、この西本願寺教団においては、昭和二十年八月十五日という日は、いったい何であったのだろうか。この教団の歩みの中では、この八月十五日という日は、何ら自覚されることはなかったようであり、戦前はそのまま戦後に引き継がれたままで、今日に至っているのではないか。

ことに西本願寺教団では、昨昭和五十年の夏、現在この教団が精力的に推し進めている教化運動の年度計画書として、『昭和五十年度門信徒会運動計画書』なるものを発行したが、その中で、この運動の目標を「同朋教団の確

立と実践」と規定した。そしてその解説において、この同朋を定義するについて、親鸞の主著『教行証文類』に引用されている、『菩薩戒経』の「国王に向て礼拝せず、父母に向て礼拝せず、六親に務へず、鬼神を礼せず」という文を引き、

「ここでいわれる国王とは財力、武力、権力であり、政治主義、権力主義でありましょう。父母、六親とは、血族、民族、人類であり、拡大すれば学閥、派閥をも意味すると解釈できます。本文でいわれる集団エゴイズムでありま す。鬼神とは差別、欲望、怨憎、殺戮を象徴するエゴイズムの神々でありましょう。同朋とはこれらからの訣別を意味していると思われます。自己中心に考え行動していた人間が、如来よりたまわりたる真実信心を自己の主体として生きるということは、具体的に申せば人間の関係と社会のしくみに、国王、父母六親、鬼神に象徴される個人や集団のエゴイズムを超えて、平等な人間の関係と、権力主義を克服する社会のしくみ、すなわち同朋社会の実現をねがって実践することであります」

と説明していた。この『計画書』は門信徒会運動本部において、公式に作成決定されたものであり、すでに全国の所属寺院一万余か寺に配布されていたが、その発行後間もなくの七月初旬、教団当局の内部において、この解説中の国王不礼、父母不礼などの文については、真宗教義の理解において、重大な錯誤があると指摘され問題となった。すなわち、『中外日報』(昭和五十年七月二日、三日)によると、この『菩薩戒経』の文は、出家教団のきびしい戒律を示したもので、在家教団としての真宗教団にとってはまったく異質なものであり、さらには国王を否定し、したがって教団を破壊し、門主制の破壊にもつながるような思想を宿しているこの『計画書』は、根本的に誤謬であり、訂正されるべきであるということであった。

そこで教団当局は改めて別刷を作成配布して、

「前の解説に『化身土巻』に引用せられている菩薩戒経の文を出して、同朋教団のあるべき姿を述べましたが、化身土の末巻は『外教の邪偽異執を教誡』せられたもので、菩薩戒経の文も、外道邪偽の鬼神などに仕えてはならぬという思召しで引用せられたものと考えられます。『国王に向つて礼拝せず、父母に向つて礼拝せず、六親につかえず』とありますのは、これは『出家人の法』でありまして、人倫社会の中にあって生活する私共が、人倫社会の秩序を否定してよいという意味でないことは、ご消息などに出ている宗祖のお言葉やご生涯の生活態度の全般から窺って、自明のことであります」

と弁明し、その解説の文も、大幅に改訂した。しかしながら、この改訂問題について、七月十一日には龍谷大学大学院真宗学専攻生有志により、また七月十三日には「教団改革をすすめる会」の全国集会において、それぞれ反対の声明が出された（『文化時報』昭和五十年七月十九日参照）。その後、教団内部においては、このことをめぐってさまざまな議論が繰り返されていたが、ついに十一月十九日の第百七十八回臨時宗会において、この教団における教学と信仰に関する最高の審議決定機関である勧学寮に対して、その見解是非の最終的決裁を要請することとなった。そして勧学寮はそれを受けて種々検討の結果、昭和五十一年二月に、その回答を示したわけである。その『回答書』は、結論として、

「この経をご引用になった意は、まさしく『鬼神を礼せず』というところにあることが明らかに知られます。故に、仏教を信奉する者が他の鬼神を礼するごときは、邪偽異執であると誡められる思召しであると窺うべきであります」

「したがって、化巻にご引用の『菩薩戒経』に、『出家の人の法は、国王に向って礼拝せず、父母に向って礼拝せず、六親につかえず』とあるからといって、直ちに宗祖が国王や父母などに対する礼を否定されたものと考えるの

は早計であり、曲解であると申さねばなりません」

と述べている。すなわち、親鸞におけるこの『菩薩戒経』の文の引用の意趣は、ひとえに「鬼神を礼せず」の意を明かすためのものであって、決して国王や父母などに対する礼拝を否定したものではない、「国王に向て礼拝せず、父母に向て礼拝せず、六親に務へず」とは、親鸞の意趣ではないというのである。しかしながら、すでに見たごとく、ここで問題になっている親鸞引用の『菩薩戒経』の文は、かつて一九四〇年（昭和一五年）四月五日、西本願寺教団がそのほかの親鸞遺文などとともに、日本の国家観念と矛盾し、天皇神聖の原理に抵触するものとして、勧学寮の見解に基づいて削除したものである。そしていま戦後三十年、巷には天皇制復権の兆しが見えて、天皇制論議がやかましいおり、時を同じくして、西本願寺教団はまた再び、この文を教団の『教化運動計画書』の中から全面的に削除し、教団最高の教学と信心の審議機関である勧学寮は、その「国王に向て礼拝せず、父母に向て礼拝せず、六親に務へず」とは、親鸞の意趣にあらずと切り捨てたのである。しかしながら、この『教行証文類』の「化身土巻」を虚心にひもとけば、親鸞がここに『菩薩戒経』の文を引用した意趣は明瞭である。我々は親鸞が、この国王父母礼拝を拒否し、門主制の否定に連なるごとき文を、何ゆえにここに引用しているのか、親鸞がここで語ろうとした真意は何かを明確に知るべきであろう(1)。ともあれ、この『菩薩戒経』の「出家の人の法は国王に向て礼拝せず、父母に向て礼拝せず、六親に務へず、鬼神を礼せず」という文が、かつて戦時下において削除され、今日また再び、教団の『教化運動計画書』の中から削除されていったということの意味の重大性を覚えずにはおれない。私は上において、この西本願寺教団の歴史には、昭和二十年八月十五日という日はなかったのではないかと疑ったが、この運動計画書改訂問題は、改めてそのことを実感せざるをえないような出来事である。

我々の西本願寺教団は、現代の世界史の流れの中において、いったいいかなる方向に向かって歩んでいるのであろうか。昨今の教団状況を見るかぎり、前途はなお混沌として、その方向は定かには見出しえていないように思われる。その点、かつての歴史の中で犯したこの「聖典削除」という誤謬を明確に見据えて、それに対するきびしい痛恨と自悔とを持たないかぎり、この教団の未来に対する展望は何一つとして展けることもなく、またこの教団からいよいよ親鸞の根本意趣が失われてゆくのではなかろうか。私は今そのことをしきりに思いつつ、ひとまずこの論考の筆を擱くこととする。

註

（1）この点に関する私の理解は、「親鸞における唯信の思想」（『龍谷大学論集』第四〇〇・四〇一号、昭和四八年三月刊）および「親鸞における国王父母不礼の思想—西本願寺勧学寮回答書への疑義」（『教団改革』第一五号、昭和五一年六月）において論究したことであるので、ここではふれないこととする。

参考文献

『中外日報』中外日報社
『文化時報』文化時報社
『教海一瀾』教海雑誌社
『本願寺新報』本願寺新報社
『宗報』本願寺出版協会
『本願寺集会議事速記録』西本願寺
『本願寺史』第三巻、本願寺史料研究所
『教化研究』七三・七四、真宗教学研究所
『教団改革』第一集、第一号～第十号、教団改革をすすめる会

市川白弦「仏教における戦争体験」『禅学研究』第四九号〜第五三号
『社会運動の状況』十二、内務省警保局編
『近代日本総合年表』岩波書店
なお資料の調査収集にあたって、『一味』誌問題については、当時それに関係のあった龍谷大学教授山本仏骨氏より種々資料の提供をたまわった。またその他の資料調査については、多く龍谷大学大学院の毛利悠、大江修両氏にひとかたならぬ助力をいただいた。ここに記して感謝の意を表する。

初出一覧

「宗教多元主義と浄土教」
『比較を超えて』―宗教多元主義と宗教的真理―シンポジウム基調講演、一九九七年（平成九年）三月、龍谷大学仏教文化研究所

「キリスト教と真宗学―明治真宗教学史の一断層」
『顕真学苑論集』四八号、一九五九年（昭和三四年）一二月、顕真学苑

「阿弥陀仏論」
『龍谷大学仏教文化研究所紀要』二〇、一九八二年（昭和五七年）三月、龍谷大学仏教文化研究所

「浄　土」
『親鸞思想入門』一九七三年（昭和四八年）八月、永田文昌堂

「世親の浄土論」
『大法輪』一九七五年（昭和五〇年）一〇月、大法輪閣

「善導―その生涯と著作と思想―」
『講座・親鸞の思想』六、一九七八年（昭和五三年）六月、教育新潮社

「法然浄土教と親鸞浄土教―その仏道と人間理解をめぐって―」
『仏教思想』九、一九八四年（昭和五九年）一〇月、平楽寺書店

「親鸞における釈迦仏と弥陀仏―『無量寿経』を真実教とする根拠―」

『日本仏教学会年報』第五三号、一九八八年（昭和六三年）三月、日本仏教学会

「親鸞における名号本尊の思想」

『真宗学』七八号、一九八八年（昭和六三年）三月、龍谷大学真宗学会

「親鸞における還相廻向の思想」

『龍谷大学論集』第四三八号、一九九一年（平成三年）七月、龍谷大学

「親鸞における国王不礼の思想―宗教における政治の問題―」

『龍谷大学論集』第四四五号、一九九五年（平成七年）二月、龍谷大学

「近代真宗教団の社会的動向」

『近代真宗教団史研究』一九八七年（昭和六二年）五月、法藏館

「真宗における聖典削除の問題」

『講座日本近代と仏教』六、一九七七年（昭和五二年）一月、国書刊行会

信楽峻麿（しがらき　たかまろ）

1926年広島県に生まれる。1955年龍谷大学研究科（旧制）を卒業。1958年龍谷大学文学部に奉職。助手、講師、助教授を経て1970年に教授。1989年より龍谷大学長に就任。

現在　龍谷大学名誉教授、文学博士。
　　　仏教伝道協会理事長。

著書　『浄土教における信の研究』『親鸞における信の研究』（上・下）『真宗教団論』『親鸞の道』『宗教と現代社会』“The Buddhist world of Awakening” その他。

住所　宇治市木幡桧尾20の11

親鸞と浄土教

二〇〇四年六月二〇日　初版第一刷発行

著　者　信楽峻麿
発行者　西村七兵衛
発行所　株式会社　法藏館
京都市下京区正面通烏丸東入
郵便番号　六〇〇-八一五三
電話　〇七五-三四三-〇〇三〇（編集）
　　　〇七五-三四三-五六五六（営業）

印刷・製本　中村印刷

ISBN4-8318-4140-4 C3015